U0929361

中国区域跨文化心理学：

ZHONGGUOQUYU KUAWENHUA XINLIXUE LILUNTANSUO YU SHIZHENG YANJIU

理论探索与实证研究

张海钟等 著

人民出版社

责任编辑：王怡石
封面设计：田杰华

图书在版编目（CIP）数据

中国区域跨文化心理学：理论探索与实证研究 / 张海钟 等著.
–北京：人民出版社，2012.12
ISBN 978－7－01－011011－0

I. ①中…　II. ①张…　III. ①文化心理学－研究－中国　IV. ① G05

中国版本图书馆 CIP 数据核字（2012）第 142764 号

中国区域跨文化心理学：理论探索与实证研究
ZHONGGUO QUYU KUA WENHUA XINLIXUE LILUN TANSUO YU SHIZHENG YANJIU
张海钟　等著

人民出版社 出版发行
（100706　北京东城区隆福寺大街 99 号）

北京中科印刷有限公司印刷　新华书店经销

2012 年 12 月第 1 版　2012 年 12 月北京第 1 次印刷
开本：710 毫米 × 1000 毫米 1/16　印张：25.5
字数：390 千字　印数：0,001－2000 册

ISBN 978－7－01－011011－0　定价：58.00 元

邮购地址 100706　北京东城区隆福寺大街 99 号
人民东方图书销售中心　电话：（010）65250042　65289539

国家社会科学基金项目（08SHX009）
《区域文化心理差异与和谐社会建设研究》成果

《中国区域跨文化心理学：理论探索与实证研究》

合作研究著作者

张海钟　赵文进　安桂花　姜永志　张小龙

张鹏英　胡志军　王　欢　段宝军　张万里

序一

区域文化心理差异与和谐社会建设是一个具有现实性和前瞻性的研究课题，它将和谐社会建设具体化和深入化，从文化心理角度观照社会建设。张海钟教授带领研究生完成的专著《中国区域跨文化心理学：理论探索与实证研究》，就是从跨文化心理学角度探索区域文化心理差异与和谐社会建设的著作。它的出版，无论是对文化心理学的发展，还是对我国的和谐社会建设，都具有重要的理论意义和实践价值。

该书首先论述了中国区域跨文化心理学学科理论基础。作者认为中国东北、西南、东南、西北、华北、华中、华南等各大区域不仅地理环境、历史人文、经济发展水平、民族构成不同，而且在文化传统、生活方式等方面也存在巨大差异。目前，跨文化心理学主要研究不同民族、不同国家的人们的心理差异，甚少将一个国家的不同区域人群的心理差异纳入研究视野。中国城乡跨文化心理学研究将城市和乡村作为两个大的区域来比较研究，中国区域心理学则将不同区域的人群的心理共同性和差异性作为研究对象。其理论假设是：不同区域的文化存在着大差异，生活在这些区域的人的心理也存在很大差异。作者认为，中国区域跨文化心理学可以简称为中国区域心理学，中国城乡跨文化心理学可以纳入中国区域心理学的范畴；中国区域跨文化心理学的上位学科是跨文化心理学。因此，该书填补了中国跨文化心理学研究的空白。

在中国区域跨文化心理学的大背景下，作者开展了甘肃区域各个市、县文化与心理健康、人格(性格）特质、人际信任、社会支持、社会态度、攻击性、刻板印象等心理调查研究和实验研究。在地理上，甘肃是一个狭长的省份，黄河将全省分割为河西和河东两大区域。黄河以东有兰州、天水、白银、定西、庆阳、平凉、陇南、甘南、临夏 7 市 2 州，总人口约 2100 万，城乡居民生活水平普遍较低，多数县是国家级贫困县。黄河以西是河西走廊，总人口约 500

万，土地宽广，沙漠戈壁中散落着大大小小的几十个绿洲，形成21个县（市、区），组成5个市，从西到东分别是嘉峪关、酒泉、张掖、金昌、武威。依靠祁连山雪水灌溉，绿洲土地肥沃，城乡居民生活水平明显好于河东地区。河东文化属于陇右文化，基本上是秦文化的延伸，河西文化则是陇右文化与西域文化的杂糅。甘肃人的群体气质与性格是甘肃人在世世代代的改造自然、征服自然的活动中积淀起来的"集体无意识"，以钟爱土地为核心，形成了独具特色的社会心理特征：如勤俭吃苦的生活习惯，淳朴忠厚的风土人情，相对封闭的交往结构和文化氛围，同时也形成了安于现状的惰性性格，实用为本的需要定式，阿波罗式的情感定向，无可奈何的崇祖迷信、长老中心的道德裁定以及超限忍耐的意志品质等。

作者还采用SCL—90、双性化人格问卷、攻击性问卷（AQ）、社会支持量表、自我和谐量表（SCCS）、生活事件量表（LES）、Y—G人格测验、农民工社会认同语义自评量表、气质类型调查表、社会态度调查问卷、人际信任调查问卷、刻板印象形容词表等，先后3次对甘肃省河西河东汉族为主的地级市属各个县市区城乡居民进行抽样调查，调查范围包括甘肃省12个市域（甘肃河东的天水、平凉、白银、庆阳、定西、陇南6个地级市区域和河西的张掖、武威、酒泉、金昌4个地级市区域以及兰州市区域）的社区、村庄原住20年以上使用本地方言的成人居民。调查发现，甘肃居民在心理健康、双性化人格类型、攻击性问卷水平、社会支持利用度、生活事件发生率、性格特质、气质类型、热点问题社会态度、人际信任水平、自我和谐程度、相互刻板印象等方面，存在与现有全国其他地区调查结果的同一性和差异性，也存在省内不同市域的同一性和差异性，不同区域居民因性别、年龄、文化程度等人口学变量的差异而存在个体和社会心理差异。通过刻板印象的省际比较发现，甘肃人的刻板印象由宜人性、稳定性、认真性、区域文化性、外倾性、忧郁性六个因素构成，存在刻板印象的区域差异、城乡差异，刻板印象具有文化心理差异。区域刻板印象是普遍存在的，区域刻板印象的激活是自动的，不同加工方式对区域刻板印象的激活程度不同，区域间的城乡刻板印象没有显著差异。这些同一性和差异性是由区域文化的同一性与差异性决定的。区域文化同一性和差异性以及具体的生态环境、生活方式、经济发展、政治体制、社会结构、教育水平、风俗习惯、风土人情等差异，是影响区域居民心理健康、性格特质、社会态度、刻板印象等心理机能的重要变量。

难能可贵的是，作者还提出并研究了老乡观念（乡党观念）、老乡认同的社会心理学理论基础和心理维度，进而研究了老乡效应，编制了老乡观念问卷，开展了问卷调查研究和实验研究。作者认为，老乡观念的本质是祖籍族群认同。中国人的老乡观念表现在离开家乡到外地后对家乡的怀念、对家乡人的依恋、对家乡方言的认同、老乡之间的相互帮助行为，乃至老乡之间的组织行为。老乡观念是形成区域心理性格的基础，也是区域文化差异与人格差异相互作用的重要标志。老乡观念是民族认同、国家认同的心理基础。老乡认同的核心是社会文化认同，社会文化认同以语言认同为内核。方言是一个特定地理区域中某种语言的变体，是全民语言在不同地域上的分支。因此，方言认同与老乡认同是区域心理学研究的主要内容。在区域心理学视野中，方言是研究区域文化和区域心理差异的核心，它背后载负的更多的是区域文化心理问题。区域心理学视野中的方言与老乡认同问题研究将缩小区域文化心理差异，扩大区域文化心理和谐的可能性，老乡认同效应由语言认同、文化认同、情感认同、习俗认同、地域认同等成分组成。老乡形成的必备条件是由中心因素和外围因素组成，中心因素包括离家在外、地缘切近、文化趋同和相互扶持。

作者还组织了相当庞大的研究团队，走出高校课堂，走入农村、城市社区，广泛收集数据资料，对甘肃省域居民文化心理差异进行了多方面的描述和分析，这些研究丰富了甘肃省域文化心理研究。作者是将心理和谐看做区域社会和谐建设的核心，同时提出了中国区域跨文化心理学的学科建设主张。

总之，无论从选题立意上看，还是从实际研究上看，该书都具有很大创新性，在许多方面填补了国内跨文化心理学研究的空白。我最为欣赏的是“区域心理”和“老乡心理”两个方面的理论和研究，它们代表了当代中国跨文化心理研究的两个很有希望的方向。由于条件限制，也由于水平制约，虽然有一些具体研究还显得粗浅，研究技术和手段还有些简陋，一些基本理论和基本概念还有待深化和精确，但毕竟在两个重要研究领域做了开创性工作，可以引发学术上的争鸣和探索。爱因斯坦说过，发现问题比解决问题更重要。从这一意义上说，张海钟教授和他的团队做了很有价值的工作。《诗经》云：“有匪君子，如切如磋，如琢如磨。”学术探讨无止境，学术争鸣也是令人向往的。在党和政府大力发展文化事业的大背景下，愿中国区域心理学这一朵含苞待放的花蕾开放得更加妖艳，成为跨文化心理学百花园中的一朵奇葩。

是为序。

张积家

2011年12月14日

（张积家：北京师范大学心理学博士，华南师范大学心理学系教授、博士生导师，主要研究认知心理学和语言心理学以及民族心理学）

序二

兰州城市学院张海钟教授主持，课题组成员赵文进、安桂花、姜永志、张鹏英、张小龙、王欢、段宝军、胡志军、张万里等参与完成的国家社会科学基金项目《区域文化心理差异与和谐社会建设研究》(08SHX009)，最终成果为系列论文重新组合而成的约35万字的《中国区域跨文化心理学：理论探索与实证研究》研究报告。

该课题研究成果采用逻辑语意分析法、文献法、调查法、问卷调查法、实验室实验法、田野工作法等方法，深化和扩展了跨文化心理学和社会心理学以及健康心理学的研究领域，初步探索了中国区域跨文化心理学的学科内容基础和理论意义，分析了中国文化类型与区域心理学研究的框架，促进了心理学的本土化研究。选择甘肃省作为区域案例，采用问卷调查法和实验室实验方法，比较系统地研究了省域各个市县城乡居民社会心理、人格心理、文化心理的同一性和差异性，尝试了省际跨文化比较研究，为后续研究提供了探索思路。首次提出开展老乡观念研究并作了尝试性实验研究。成果可以作为党政机关部门制定发展规划、开展心理教育、减少省市区域冲突、消解城乡矛盾、促进和谐社会建设的决策参考依据，也可以作为人文地理学、文化人类学、心理人类学、健康心理学研究的重要参考资料。研究成果受到学术界的广泛关注，被多次引用，正在逐步形成社会影响，产生学术效益、社会效益。成果在中国区域心理学学科创建、甘肃居民区域文化心理差异实证研究和老乡认同理论和实验研究方面具有很好的理论创新、学术特色和思想建树。

该成果是探索性研究，前后数年，因为思想不断深入，某些概念前后存在用法差异，系列论文尚未能很好地揭示区域文化与心理行为之间的相互关系和作用机制；中国区域跨文化心理学的理论体系尚未形成，研究限于省地域市县之间比较，需要进一步扩展到省际、县际文化与心理比较研究。今后的研究应该着力进行学科理论完善和省际、县际比较研究，更好地运用田野工作等方法，揭示区域文化与心理行为之间的相互关系和作用机制，形成理论模型，为建设和谐社会提供理论依据，为本土心理学建设和心理学的本土化而努力。

综上所述，该研究问题复杂，理论难点较多，学科基础薄弱，但成果理论和方法方面都有创新性，提出并探索性开展了中国区域跨文化心理学学科建设，取得突破性进展；成果把城乡看做特殊区域，将前期提出并开展研究的中国城乡跨文化心理学纳入中国区域跨文化心理学，通过新的论证，丰富和完善了跨文化心理学理论，虽然可能引起争鸣，但探索精神可嘉；提出并采用问卷和实验法证实了老乡效应；开展了甘肃区域文化与心理差异的问卷调查研究，提出了区域心理和谐建设的对策建议。研究成果既为心理学学科建设作出了探索性贡献，也为区域和谐社会建设提出了心理学角度的建议。这些研究在国内心理学界具有唯一性、独特性，具有鲜明理论创新性和特色思想建树性。成果理论前提科学，资料准确充实，研究方法科学适当，概念明确，逻辑严密，引证规范，引用资料、观点来源清楚，有助于心理学本土化理论问题和和谐社会建设现实问题的学术性解决。

王兴隆

2011 年 10 月 31 日

（王兴隆：兰州城市学院党委书记、兰州城市学院社会管理学院教授）

目 录

第一章 中国区域跨文化心理学导论

20世纪60年代以来，因为文化学、文化人类学、心理人类学的影响，西方心理学家越来越发现，以西方文化为中心建立起来的心理学理论体系及其探索总结的规律，难以解释非西方国家人的心理行为。为了追求普适心理学体系的建立，心理学家越来越重视文化与心理的关系的研究。希望通过不同文化背景下人的心理行为共同性和差异性的研究揭示人类心理行为的超文化的普遍规律和文化差异下的特殊规律。于是在1972年成立了国际跨文化心理学协会，其宗旨是加强各国心理学界的学术交流，促进关于文化因素对人类心理和行为影响的研究。该协会每两年举办一届国际跨文化心理学大会。20世纪80年代以来，我国选派出国留学的部分学者将跨文化心理学介绍到中国，随后的跨文化心理学与我国心理学本土化思潮汇合，形成中国特色的跨文化心理学。2004年8月2—6日，第17届国际跨文化心理学大会在西安举行，来自全球52个国家和地区的400多名代表汇聚陕西师范大学，围绕"文化差异与21世纪的心理学展望"的主题展开探讨和交流。其中本课题主持人所写的《中国城乡跨文化心理学刍议》得以在会议交流。其后的几年来，我们先后发表多系列论文和研究报告，就中国区域跨文化心理学的理论和学科建设进行了探索，从此拉开了中国区域跨文化心理学研究的序幕。

第一节　中国跨文化心理学的起源及其研究缺憾

正如心理学的发展历史一样，跨文化心理学也有一个漫长的过去，短暂的历史。在现代实验心理学诞生之前，古代“心理学”学家的研究成果就已经注意到人的社会文化性质，比如中国古代老子、孔子的哲学心理学研究，比如古希腊的苏格拉底、亚里士多德关于灵魂的哲学思辨。但是后来的哲学心理学家越来越忽视了人的社会文化性质，从17世纪笛卡尔的交互作用理论、斯宾诺莎的一元论、莱布尼滋的平行论到康德的心理活动认识、情感、意志三分法，再到后来德国费希纳、冯特的实验心理学，都使得心理学越来越成为西方文化背景下的个体心理学。当代心理学已经十分重视心理学理论的跨文化研究和本土心理学的建设，但是究竟如何具体开展本土文化心理学的研究，是学术界有争论的问题。

一、西方跨文化心理学的历史回顾和路线争论

跨文化心理学的早期研究得益于人类学文化学和社会学家提供的大量的相异文化背景中人们生活方式的资料。18—19世纪，欧洲一些国家的殖民者到了异族国家，逐渐对异族文化与心理产生了兴趣，从而促成了人类学、文化学的研究，19世纪末，摩尔根出版了《古代社会》，米尔首次提出种族学概念，这些人类学、文化学者同时开展了许多文化心理学研究。但是此时心理学尚未从哲学、生理学中分离出来，所以学者们还没有开展真正的跨文化心理学研究。

20世纪初，美国耶鲁大学的萨姆纳针对德国人倡导的民族精神，提出从民俗学角度给予研究，表现出对跨文化心理学的兴趣。后来人类学家博厄斯通过对印第安人的部落考察，初步研究了文化与人格的关系，他的学生本尼迪克特通过对日本民族的远距离研究，出版了《菊花与军刀》，成为文化人类学的经典著作。而实际上，实验心理学创始人冯特，从开始就注意到文化多心理的影响，所以他在1900年就出版了《民族心理学》10卷。他的学生马林诺夫斯基还著作了《野蛮人的性生活》，开展了心理学的跨文化研究。与此同时，一些社会学的研究成果也开始关注文化与人格的关系。但是这些研究一直没有得到主流的实验心理学的重视，因为20世纪前20年，虽然精神分析心理学也产生了巨大影响，但主流心理学是美国的行为主义心理学，以至于在西方文化背景下研究得来的心理学理论失去了文化普适性。

20世纪30—40年代，耶鲁大学成立了大型的学术联合机构——“人类关

系研究中心”，这个中心聚集了一大批当时最有才华的人类学家和心理学家，使得跨文化研究成为可能。同时该大学还建立了人类关系区域档案，使跨文化心理学进入了最辉煌的发展时期。20 世纪 60 年代以后，跨文化心理学进入了一个发展黄金时期，创造性的研究积累了大量的资料，产生了本尼迪克特、马林诺夫斯基、米德、卡丁纳、林顿等一批文化人类学家，出版了一大批与心理学紧密相关的著作。1980 年，美国著名的心理学家推蒂斯组织编纂的六卷本《跨文化心理学手册》正式出版。与此同时，人类学家和心理学家共同编辑的《跨文化人类发展手册》也正式出版。这两部书的出版标志着跨文化心理学的建立。至此，跨文化心理学作为一个成熟的研究领域才为西方主流心理学所认可。同年，马塞拉主编的《跨文化心理学》出版，1991 年塞格尔又出版了《跨文化心理学》。从此跨文化心理学成为心理学中的一个重要学科。

然而，跨文化心理学从一开始就是一个有争议的学科，许多心理学家把它作为一种心理学的方法论。比如马塞拉主编的《跨文化心理学》和塞格尔的《跨文化心理学》就是这样。20 世纪 80 年代以后，随着跨文化心理学研究的深入，心理学家又开始重视对本土文化社会中亚文化的研究，出现了本土化研究趋向。于是就出现了路线争论。有些心理学家认为，跨文化心理学应该被称为心理学的跨文化研究，不能叫做跨文化心理学，因为它的任务就是将某一文化中形成的心理学理论移植到相异文化中进行验证；有些学者则认为，跨文化心理学的方向是本土心理学。21 世纪以来，大家对学科性质的兴趣逐渐降低，各自开展自己的工作，不同国家不同文化背景的心理学家合作研究加强，共同推动跨文化心理学的发展。

二、中国跨文化心理学的简短历史和研究思路

我国的跨文化心理学研究 20 世纪 70 年代末 80 年代初，当时一批留学归国的心理学者将西方的跨文化心理学研究方法介绍到国内，引起了国内心理学的极大兴趣，以至于 20 世纪 90 年代初，大陆一度形成跨文化心理学热潮。1980 年，在中国台湾“中央研究院”民族研究所召开的“社会及行为科学的中国化”研讨会上，杨国枢先生宣读了题为《心理学研究的中国化：方向与问题》

的论文，被看成是中国心理学正式迈向本土化的第一步[①]。根据郑雪的著作，他们在1984年和1988年，采用瑞文智力测验、感知能力测验、记忆能力测验对海南岛不同地区120名黎族和汉族中小学生进行了测试。1985年，沙流英对海南汉族和少数民族初中学生对自然对象的概括能力进行了比较研究。1990年，陈中永和刘彦泽用瑞文智力测验探讨了7—12岁蒙汉儿童推理能力发展的民族差异和地区差异。1993年，郑雪及其合作者用跨文化研究方法探讨了中国不同地区和不同民族的460个普通成人的日常智力概念，被试被分为8组：粗耕组、精耕组、捕鱼组、游牧组、狩猎组、林业组、工业组、商业组。除了介绍探索性的论文之外，有些心理学家如张世富、万明钢等还带领研究生开始了西北西南汉族和少数民族心理的跨文化研究，甚至远在上海的心理学家都积极鼓励研究生开展跨文化研究。王宏印著的《跨文化心理学导论》、郑雪著的《跨文化智力心理学研究》、万明钢著的《文化视野中的人类行为——跨文化心理学导论》三本著作就是在这种背景下出版的。20世纪90年代中期以来，跨文化心理学在我国心理学界被更为广泛的关注，同时也发生了路线和方法论的争论，这些争论与国际跨文化心理学的争论紧密相关。许多学者坚持跨文化心理学不能成为一个学科，只能是心理学中的一种方法；而中国香港、中国台湾的心理学家坚持将跨文化心理学理解为一种本土心理学。杨中芳、杨国枢等心理学家主张将研究的重点放在中国特有问题上，采用自己的研究工具，使研究的对象对本土有意义，而不是一味的采用“移植式”。[②]这些思想逐步得到大陆心理学界的认同。但是，本土心理学的理论和方法问题又是一个棘手的问题，有些学者在理论上主张“草根式”，而实际上仍然痛苦的沿袭西方科学实证主义的传统。因为难以找到一种大家可以认可本土心理学方法。如果采用中国传统的理论思辨和语意分析，就会使心理学回到哲学。所以中国的跨文化心理学和本土心理学建设还有很长的路要走。但是，目前大家基本认可台湾著名的心理学家杨国枢提出的本土化研究的思路：重新验证国外的重要研究和发现；研究中国人特有的与社会文化因素有关的行为特征；修正创立新的概念和理论；设计出

① 万明钢：《文化视野中的人类行为——跨文化心理学导论》，甘肃文化出版社1996年版，第8页。

② 杨国枢：《华人自我的理论分析与实征研究社会取向与个人取向的观点》，《本土心理学研究》2004年第2期。

适合中国人用的测量工具[①]。同时也认可万明钢深入的挖掘中国古代丰富的心理学思想与理论，研究中华民族多元文化体系中的各种亚文化及少数民族心理等问题的研究方向[②]。最近几年，林崇德、朱滢倡导研究区域心理学和地区文化差异心理学也引起了大家的共鸣。

三、中国跨文化心理学的概念及其研究缺憾

20 世纪 80 年代后期，万明钢给出了一个跨文化心理学的概念，他认为，跨文化心理学与人类学，特别是心理人类学有极为相似之处，无论是人类学家还是心理学家，都一致认为，跨文化心理学起源于人类学。它与人类学的一个分支“心理人类学”的区别仅仅在于，以人类学家的身份，从人类学的角度来研究异质文化背景中人类行为的差异，就被称为心理人类学。而以心理学家的身份，从心理学的角度研究相同的问题就被称为跨文化心理学。他认为，跨文化心理学是指比较研究两个或多个社会或文化背景中，个体或群体心理发展和变化的规律，从而找出哪些是适用于任何社会或文化背景中人类行为的普遍法则，哪些是仅适用于特殊文化背景中人类行为的特殊法则。它的研究目的在于查明，人类的心理在多大程度上是以相同的方式发展的，用什么来解释不同社会和文化之间人们明显的个性和认知特征方面的差异，用什么心理因素能够解释哪些文化的变异或是用文化因素能够解释哪些心理的变异[③]。

中国心理学的发展是一条曲折的道路，先学西方，后跟苏联。著名心理学家潘菽晚年颇为沉重地总结说：“这七八十年的历史总的看来不能不说是偏贫乏的。我们对心理学的大部分精力是花在了引进上的，自己的研究创新工作相形之下显得少了些，这是包括我们自己在内而说的。”[④]社会历史文化传统本身就是心理学本土化的依托点和生长点，中国几千年来悠久的历史文化本身就是一座取之不竭的心理学宝库。在独特的中国文化中，包含了对自然、社会、自身的认知，

---

① 李桦：《迈向二十一世纪的华人心理学——访台湾大学杨国枢教授》，《开放时代》1996 年第 5 期。

② 万明钢：《文化视野中的人类行为——跨文化心理学导论》，甘肃文化出版社 1996 年版，第 17 页。

③ 万明钢：《跨文化心理学的兴起和发展对我国心理研究的启示》，《西北师范大学学报》1989 年第 4 期。

④ 潘菽：《论心理学基本理论问题的研究》，江苏教育出版社 1987 年版，第 32 页。

但由于思想分布的散乱，研究专家的缺乏，导致中国文化资源的闲置，以至于让西方心理学理论长驱直入。建构中国化的心理学体系，当务之急就是振兴中国文化，开发中华民族源远流长的心理学资源；本土化的心理学需要本土化的研究方法，那种照搬西方研究方法来研究中国人的心理的倾向是不合适的。要根据语言、艺术、宗教、神话、社会风俗等文化现象对中华民族的影响而形成的独特民族心理这一客观现实，积极探索民族心理的研究方法。要寻求历史学家、哲学家等与心理学家的积极配合，进行跨学科的研究，并通过理论分析、实证研究、专家评判和整体分析等多渠道、多元化的研究方法构建本土化的方法论体系。

中国是一个多民族国家，各民族都有其独特的文化，各民族的经济结构、社会结构、风俗习惯和语言等都有各自特点。20 世纪 80 年代以来，结合本土化研究，中国心理学工作者已作了许多跨文化心理学的研究，限于篇幅，这里不做详细综述。但是查阅这些资料发现，绝大多数研究都是民族跨文化心理学研究，没有将地理区域、行政区域、历史区域等文化区域作为变量来研究区域跨文化心理学或者区域心理差异的跨文化研究。这显然不符合万明钢的定义中“比较研究两个或多个社会或文化背景中，个体或群体心理发展和变化的规律”的要求[①]，因为多个社会或者文化，显然应该包括不同地理、历史、行政等文化区域，同时更不符合中国心理学本土化的要求。

第二节　中国区域跨文化心理学的概念及其学科建设

中国是世界四大文明古国之一，幅员辽阔，山河壮丽，气象万千，物产丰富，历史文化悠久。五千年的人文创造和天开万物造就的自然景观为我们留下了景象骄人、数量繁多的名胜古迹，创造了辉煌的文化艺术。位于亚洲东部、太平洋西岸，面积 960 万平方公里。人口约 13 亿，共有 56 个民族。是世界上人口最多的国家，也是面积最大的国家之一；设有 4 个直辖市，23 个省，5 个自治区，2 个特别行政区。可以划分为东北、西南、东南、西北、华北、华中、

① 万明钢：《跨文化心理学的兴起和发展对我国心理研究的启示》，《西北师范大学学报》1989 年第 4 期。

华南等大区。不仅各个宏观区域的地理环境、历史人文、经济发展水平、民族构成不同，而且省县乡区域也在文化传统、生活方式等方面也有巨大差异，因此，进入20世纪80年代以来，国内先后产生了区域经济学、区域教育学、区域文化学等学科。但还没有一门区域心理学。因此结合跨文化心理学的缺憾，借鉴社会心理学、跨文化心理学理论，建设区域跨文化心理学，既有学科建设的学术意义，也有和谐社会建设的现实意义。

一、西方与中国区域跨文化心理学理论滥觞

早在20世纪50年代，美国就已经成立了区域心理学协会，而这个协会所指的区域主要是全世界的不同国家、不同地区。我国1995年在广州成功举办了区域性的国际会议及亚非区域心理学大会。20世纪90年代以来，受跨文化心理学和区域经济学以及国际区域心理学发展的影响，心理学界有的学者已经开始了中国的区域心理学的研究。新世纪刚开始的2000年，中国心理学会副理事长林崇德就在起草教育部人文社会科学“十五”项目课题指南，总结“九五”期间心理学学科发展情况时指出：由于社会的、历史的、环境的等诸多原因造成区域发展的不平衡性。特别是西部一些地区在经济、文化与教育等方面滞后于东部地区。对西部地区人群的心理学研究有着特殊的意义和价值。第一，西部地区是个多民族地区，不同的生活方式、民情风俗造就了众多的亚文化区域，这为跨文化的心理学研究提供了良好的研究背景与条件。反过来讲，亚文化的心理学比较研究结果能为我国的少数民族政策提供一些可靠的依据。第二，教育乃国之大计。在西部，文化教育落后的状态下，儿童青少年的心理特点是怎样的？他们所处的教育与心理困境具体体现在哪些方面？心理学对西部地区儿童青少年的智力、心理健康、社会技能等方面的研究将为具体的教育政策提供针对性的建议。第三，国家提出开发大西部的号召，将西部地区的人们置于观念更新的时空当中，西部地区的人们对西部开发持怎样的观念与心态？这些观念和心态与他们在西部开发中的作为有何联系？这些都是心理学家值得思考的课题。[①]

---

① 林崇德、陈英和：《中国发展心理学30年的进展》，《北京师范大学学报（社会科学版）》2009年第1期。

近几年，区域心理学成为基层心理学工作普遍谈论的话题，比如福建省电大组织编写的中国广播电视大学《社会心理学》教材，已经有“福建人的性格”一章；我们早在1992年就已经发表了《“三西”农民心理总体改概观》（宁夏的海原、西吉、固原，合起来称海西固与甘肃的定西、河西走廊合称“三西”）[①]；2003年又发表了《河西走廊农民社会心理的多学科现象学分析》[②]；有许多学者在教育心理、发展心理、社会心理、人格心理、心理卫生研究中，所抽取的样本都是某一地区的人群，带有区域心理学的性质。林崇德在2005年5月20日召开的“中国心理学与西部大开发”第四届学术研讨会大会报告中，再次纵论中国不同省区的人的性格，包括河南、上海、宁夏、甘肃等，倡导心理学界积极开展不同区域民众社会性格研究。实际上，区域心理学的发展不仅仅包括这些，在许多社会学、文化学、人文地理学的研究论著中，大量涉及了区域心理学的研究，只不过研究方法与心理学不同而已。从古到今，不同地区的作家在文学作品中对不同地区人群的社会心理的描述则更是汗牛充栋。2008年有好事者从历史学角度写了一篇大文章，题目是《中国各省人的性格渊源分析》，发表在百度贴吧，被广泛转帖，反映了社会对区域心理学研究的渴望。20年前，我们作为《河西学院学报》编辑就收到过陕西师范大学历史学博士关于为什么山东多出相而山西多出将的研究论文。人文地理学的研究表明，因为地理环境的不同使地球上不同区域的人形成了不同的性格，生活在热带地区的人，由于酷暑难忍，多在户外活动，性格暴躁易发怒；居住在寒冷地带的人，经常在不大的空间里与家人相处，养成了控制情绪，学会忍耐的性格，比如北极圈的爱斯基摩人被称为永不发怒的人；生活在温暖水乡的人，风景秀丽，气候湿润，人对周围事物比较敏感，多愁善感，机智敏捷；山地居民开门见山，视野开阔，人烟稀少，声音洪亮，性格直爽，诚实守信；草原牧民，地广人稀，风沙漫天，交通不便，骑马奔驰，尽情舒展自己，性情豪放，热情好客；现代大都市的人，高楼林立，交通拥挤，降水较少，污染严重，住宅狭小，憋闷的环境常常成为抑郁性格的高发区。阎耀军在《理论与现代化》2002年第3期发表《论区域文化性格概念》，认为区域文化性格，是从地理空

---

① 张海钟、雒焕国：《“三西”农民消极心理概观》，《兰州师专学报》1992年第3期。

② 张海钟：《河西走廊农民社会心理学的多学科理论分析》，《科学·经济·社会》2004年第1期。

间的角度，对人类的“群体性格特征”在地域分布上的状况进行观察时所感知到的一种文化现象。它既不同于个人性格、群体性格，也不同于国民性格，它是一种层层嵌套的复杂系统，只有在文化人类学、社会心理学、文化地理学的基础上才能对它进行科学的研究。它具有自发自动的功能，众趋定向的功能，中介传导功能，对精神文明建设具有十分重要的意义[①]。后又在《社会心理科学》2006 年第 2 期发表《文化区域与区域文化性格的识别》，把近几年东南大区文化学者的区域文化研究推进到心理学领域[②]。

二、中国区域跨文化心理学的概念解析

前已述及，跨文化心理学是指比较研究两个或多个社会或文化背景中，个体或群体心理发展和变化的规律，从而找出哪些是适用于任何社会或文化背景中人类行为的普遍法则，哪些是仅适用于特殊文化背景中人类行为的特殊法则。它的研究目的在于查明，人类的心理在多大程度上是以相同的方式发展的，用什么来解释不同社会和文化之间人们明显的个性和认知特征方面的差异，用什么心理因素能够解释哪些文化的变异或是用文化因素能够解释哪些心理的变异。从心理学的发展来看，目前中国的跨文化心理学主要研究的是不同民族的心理差异，没有把不同省或者不同地理文化区域人群的心理差异研究纳入研究范围，我们研究的中国城乡跨文化心理学研究是将城市和乡村作为两个大的区域来比较研究[③]。而中国区域跨文化心理学则是将中国不同生态地理、历史人文、行政建制等文化区域的人群的心理共同性和差异性作为研究对象，是指比较研究两个区域或多个区域社会或文化背景中，个体或群体心理发展和变化的规律，从而找出哪些是适用于任何中国社会或文化背景中人的行为的普遍法则，哪些是仅适用于区域特殊文化背景中人类行为的特殊法则。它的研究目的在于为跨文化心理学提供区域资料。中国区域跨文化心理学也可以简称为中国区域心理学或区域心理学，其理论假设是不同区域的文化存在很大差异，

---

① 阎耀军：《论区域文化性格概念》，《理论与现代化》2002 年第 3 期。

② 阎耀军：《文化区域与区域文化性格的识别》，《社会心理科学》2006 年第 2 期。

③ 张海钟：《中国城乡跨文化心理学刍议》，《心理科学》2005 年第 5 期。

因而其心理也必然存在很大差异，因为文化是影响社会心理活动的一个重要因素。中国有句古话叫做“十里一风，八里一俗”，风俗是文化的集中反映。中国太大，不仅不同民族在语言、神话传说、生活习惯、宗教信仰等方面存在巨大差异，而且由于地理、历史、经济、政治等原因，不同大区、不同省区乃至不同县乡、不同自然村的在语言（方言）、生活习惯、风俗习惯等方面也存在巨大差异，这些差异全部可以归结为文化差异。因为人类学、文化学领域的广义的文化包括了人类所创造的一切物质和精神文明的总和。

因此将区域心理学中国化，采用现代心理学的研究方法，借鉴人类学、民俗学、文化学、人文地理学的方法和成果，开展中国不同地区、不同省区的人格心理、教育心理、心理健康、社会心理的比较研究，具有十分重要的理论和现实意义。中国城乡跨文化心理学和区域跨文化心理学都属于跨文化心理学的分支学科，是对国内不同文化区域的个体和群体心理进行比较研究的学科；如果把城市和乡村作为两个大的区域，那么，中国城乡跨文化心理学实际上又属于中国区域跨文化心理学。也就是说，一级学科心理学，二级学科跨文化心理学，三级学科中国区域跨文化心理学，四级学科中国城乡跨文化心理学。本土心理学是针对西方移植的心理学而言的，主要是概念和方法问题。本土心理学不是一个学科，属于心理学基本理论问题研究，但本质上仍然是文化问题。之所以要本土化，是因为中国文化与西方文化存在巨大差异，在西方文化背景下研究出的个体和群体心理规律，难以解释、预测、指导中国人的心理行为。所以，本土心理学实际也是文化差异心理学。统而言之，跨文化心理学、本土心理学都可以简称为文化心理学，中国城乡跨文化心理学和区域跨文化心理学都属于文化心理学范畴。无论是哪个角度、哪个层面的研究，都将促进中国特色心理学的学科建设。我们呼吁心理学工作者，积极开展区域心理学和城乡跨文化心理学研究，为创立中国化的心理学体系而努力。

第三节　中国区域跨文化心理学与人文地理学

历史和实践证明，跨文化心理学和中国跨文化心理学的研究和学科建设不仅要参考人类学、社会学、地理学、历史学、哲学、文学的研究成果，更要依赖人文地理学、文化学、生态学的理论和实证研究。中国区域跨文化心理学的研究同样需要参考这些学科的研究成果，并正确处理与这些学科之间的理论关系和研究边界。

一、人文地理学的概念与边界

人文地理学是从地理科学中分化出来的，与之并列的是自然地理学，一般认为人文地理学是研究人类活动空间组织以及人类与环境的科学，主要研究人文现象的地理分布、扩散和分化以及人类社会活动的地域结构的形成和发展规律。它以人与环境的关系作为研究核心，以人地关系论作为基础理论来探讨人类活动的空间结构、人类活动的效益分析、人地关系的时间演化、人与自然的互相影响、人对环境的调和与改造，最终达到人与自然见的高度统一。而最为核心的“人地关系”在人文地理学中的重要性可想而知，它强调了人的地位与作用，这与区域心理学的人是交叉的，但是人文地理学中的人地关系是与心理学略有不同的，他们认为“人”是指在一定生产方式下，在一定区域空间中从事生产活动的人。既是自然属性、社会属性的人，也是理性与非理性相统一对立的人。“地”是指与人类活动密切相关的无机物与有机物的自然诸要素有规律结合的地理环境，往往也融进了社会文化的烙印。因而人文地理学的研究关注的是人与环境的相互作用和影响，其研究的意义在于解决人地关系，促进人类与地理环境的有整合，促进人地和谐统一。我们认为区域心理学与人文地理学的关系是密切的，二者相互之间都有交叉，也都有互补之处，无论在研究对象、研究内容还是研究目的都有相似之处，因而我们可以通过对他们之间关系的阐述来揭示二者是如何交叉，如何相互影响以及如何融合的。

二、区域地理环境与区域文化性格

心理学研究关于性格的研究认为，人的性格一方面是通过传统文化来影响的，比如国民性格；另一方面性格也受其历史、经济和地理的影响，历史原因包括历史性事件、历史上的战争等，经济原因包括区域内的经济形态，经济发展水平，经济基础决定上层建筑，因此经济因素可以影响制度性文化的建立。

地理原因主要包括，地理环境、水文、地形、气候等，不同的地理环境下的人为了生存会产生不同的生活方式，不同的生活方式影响着该区域内的风俗习惯、宗教信仰、思维方式、价值观念等。比如人文地理学可以把中国分为不同的文化区域，两淮文化、湘楚文化、吴越文化、台湾文化、燕赵文化、荆楚文化、中州文化、齐鲁文化、三秦文化、徽州文化、黔贵文化、陈楚文化、青藏文化、岭南文化、西域文化、琼州文化和草原文化等文化区，如秦晋文化依托黄土高原，范围西起河西走廊，东抵太行山脉，北以长城为界，南至岭南，因而特殊的地理区域形成了淳朴、爽直、踏实的性格和勤俭持家、秉承传统的习俗；关东文化其范围主要是东北三省，西起大兴安岭，东达长白山，北界黑龙江，南抵辽东半岛，中部为东北大平原，寒冷的气候，视野的开阔形成了开拓、古朴、粗犷、开放的区域性格；湘楚文化地处长江中游的两湖区域，河流纵横交错，湖泊星罗棋布，是我国的粮仓，区域内气候温暖湿润，土地肥沃，因而形成了楚人好辞，信巫鬼，性多劲悍决烈的区域性格；内蒙古草原文化，位于北方草原，“天苍苍，野茫茫，风吹草低见牛羊”、视野辽阔、骑马射箭、草原驰骋，因而形成了独特的质朴、勇猛、刚强、开拓、剽悍的区域性格。因此我们不难看出，不同区域地理环境的差异性，使得人们形成了适应自然的不同行为方式、生活习惯和民族传统，以达到人与自然界的统一与和谐。因而地理环境是决定区域性格的最主要原因之一，而区域性格则是区域跨文化心理学研究的主要方向之一。

三、人文地理学与区域跨文化心理学研究内容

区域跨文化心理学通常以文化为依托，认为不同的区域因历史、经济、环境的不同而形成不同文化，不同文化下的民众的心理也必然存在差异，因此主张研究不同文化背景下的民众的心理特征、生活习惯、宗教信仰、思维方式、价值观念、语言等心理与行为方式，特别是区域跨文化心理学把城乡跨文化作为研究的主要内容，而在人文地理学的学科下，区分出了类似于区域心理学研究内容的亚学科，如在人文地理学的框架下又可分为文化地理学、农村地理学、城市地理学、人口地理学、社会地理学、历史地理学、交通地理学、生育地理学、娱乐地理学、旅游地理学等。这些研究方向在很多层面上是与区域

心理学交叉的，区域心理学强调研究城市与乡村文化背景下的心理与行为，而人文地理学也强调研究城市与乡村的人与环境的关系；区域跨文化心理学强调历史文化背景，人文地理学也强调文化和历史背景下人与环境的相互作用和影响。所以区域跨文化心理学与人文地理学的研究内容在很大程度上是一致的，而且关注点也是相近的，尽管他们研究的侧重点不同，区域心理学侧重区域间、城乡间文化背景下的民众心理与行为差异，人文地理学侧重文化、历史、城乡、人口、社会等因素对人与环境相互之间关系的影响。但是区域心理学是延续了人文地理学的研究内容，最后在人与环境交互作用下给予深层次的心理剖析与解释。

四、人文地理学与区域跨文化心理学的关系

区域跨文化心理学与人文地理学都强调地理环境的作用，因而二者交叉的焦点应该是区域环境，而地理环境作为区域内的地理特征与心理的关系又是怎样的呢？我们可以把他们之间的关系这样表述：区域地理环境差别，将导致民众适应环境的差异，不同的适应必然逐渐内化为区域内的一种习惯、思维，最后生成一种区域文化，不同的区域文化下因差异不同，而必然使民众用内化了的思想观念、价值观念、思维方式而形成不同区域的文化心理特征，不同的文化心理特征的表征方式必然就是该区域内被内化了的区域文化心理行为，这种区域文化心理特征与区域文化心理行为在一定程度上又会强化对区域地理环境的适应，如甘肃人有很强的故土情结，他们的生存目的很简单，耕种—生孩子—孩子结婚—耕种—再生孩子。往复循环形成了难以割舍的故土情节，越是强化越是难离，尽管贫穷的压力一直存在，但是传统文化和长老观念告诉人们不能离开这块土地，我们要适应。因此，人与环境的关系就是通过地理、文化、文化心理、文化行为之间的循环来维系的，一种相互影响与制衡的关系，这就是人地关系的本质——人地和谐。

五、人文地理学内容的区域跨文化心理学借鉴

通过区域跨文化心理学与人文地理学的表述和关系分析，我们认为区域心

理学与人文地理学是相互联系和相互统一的，他们的研究对象、研究内容的交叉使得他们之间具有融合的可能性，一方面人文地理学为区域心理学研究的文化进行了区域地理上的区分：可以区分出都市文化和村落文化，也可以区分出东西南北中各类地理文化类型以及齐鲁文化、中原文化、燕赵文化、关中文化、巴蜀文化、荆楚文化、吴越文化、岭南文化、滇黔文化、闽台文化及西藏文化、蒙古草原文化、松辽文化等类型和模式。这些文化类型形成了全国各地不同的文化圈，为区域心理学研究提前区分出了文化区域，以便于区域心理学进行区域跨文化的研究。另一方面区域心理学是人文地理学在学科上的延伸，它用心理学的视野来审视地理区域文化。同时，人文地理学只是研究人地的关系怎样达成人地和谐，但是没有心理学上的解释分析，区域心理学在这方面则为其延伸了解释力度，为人地和谐目标的形成提供了新的思路。因此区域心理学的学科建设需要在区域文化的框架中借鉴人文地理学的研究成果、研究的思路、研究方法来整合。这种整合能够很好的发挥两个学科区域或地域研究的成果，加强心理学对区域文化心理的了解与预测，促进人文地理学在另一个视角来审视和研究人地和谐，二者的有机统一将共同促进区域间的文化、习俗、思想的碰撞交流，为建设和谐的中国社会作出应有的贡献。

六、生态心理学与中国区域跨文化心理学

生态心理学实际上是人文地理学的心理学表现形式，因此将该节内容整合到人文地理学与区域跨文化心理学关系章节。万明钢所著《文化视野中的人类行为——跨文化心理学导论》已经引述了大量的生态心理学研究成果，证明生态环境对人的智力特点和人格特征的影响。研究表明，不仅生态环境本身会对人的心理各要素产生作用，而且更重要的是，生态环境会决定文化模式，而不同文化模式中的人，在文化强制的作用下会产生心理差异[①]。但这里要指出的是，当前有的学者从国外引进了新的生态心理学，这种生态心理学不同于跨文化心理学家所使用的生态心理学概念。它是环境科学的分支科

① 万明钢：《文化视野中的人类行为——跨文化心理学导论》，甘肃文化出版社1996年版，第4—12页。

学，其中主要的新概念是生态潜意识、生态自我等。有关述评指出："生态心理学是环境哲学、生态学和心理学的交叉学科，属于环境科学的一个分支。生态心理学将深层生态学与心理学和治疗学相结合，对生态环境给人们造成的影响（由于生态环境的破坏而引起的人的生理、心理失调和疾病，正常的生态环境对治愈人们生理、心理疾病所起到的促进作用）进行研究，从精神健康的角度呼吁保护生态环境，倡导人们建立正确的生态观念，根本地解决生态危机，使人与自然和谐相处。"[①] 所以我们只能把前者称为心理学的生态学研究取向。而区域心理学特别是中国区域心理学与生态心理学是交叉关系。区域心理学主要研究不同地区由于生态环境差异及其文化差异造成的人的社会心理差异，但西方进口的生态心理学却研究的是人对生态环境的心理改造。唤醒人的本性中的环境保护意识和和谐意识。就此可以认为城乡跨文化心理学、区域跨文化心理学、生态心理学研究对象不同，但都可以促进心理学的本土化。

第四节　中国区域跨文化心理学与文化学

现代学术史上第一个界定文化的学者是人类学的鼻祖泰勒，他认为：文化是复杂的整体，它包括知识，信仰、艺术、道德、法律、风俗以及其他作为社会一分子所习得的任何才能与习惯，是人类为使自己适应其环境和改善其生活方式的努力的总成绩。这个定义受到 W.H.Kelley 的批评，但也有许多学者支持。美国社会学家David Popenoe 则从抽象的定义角度对文化作了如下的定义：一个群体或社会共同具有的价值观和意义体系，它包括这些价值观和意义在物质形态上的具体化，人们通过观察和接受其他成员的教育而学到其所在社会的文化。David 总结文化的要素主要为 3 个：符号、定义和价值观。文化促进了人类社会的发展、文化促进了人体生物进化、文化本身成为人类环境中的一种力量[②]。

---

① 张海钟：《中国区域心理学与和谐社会建设》，《甘肃理论学刊》2007 年第 1 期。

② 瞿明安：《文化人类学》，云南出版集团公司 2009 年版，第 13—17 页。

文化在汉语中实际是“人文教化”的简称。前提是有“人”才有文化，意即文化是讨论人类社会的专属语；“文”是基础和工具，包括语言和（或）文字；“教化”是这个词的真正重心所在：作为名词的“教化”是人群精神活动和物质活动的共同规范（同时这一规范在精神活动和物质活动的对象化成果中得到体现），作为动词的“教化”是共同规范产生、传承、传播及得到认同的过程和手段。

克莱德·克拉克洪在20世纪50年代末期搜集了100多个文化的定义。当代的统计，有关“文化”的各种不同的定义至少有200多种。人们对“文化”一词的理解差异之大，足以说明界定“文化”概念的难度。笼统地说，文化是一种社会现象，是人们长期创造形成的产物。同时又是一种历史现象，是社会历史的积淀物。确切地说，文化是指一个国家或民族的历史、地理、风土人情、传统习俗、生活方式、文学艺术、行为规范、思维方式、价值观念等。我们试图通过回顾总结百年来东西方文化学界（纯粹的文化学界是不存在的，它实际上包括了所有的人文科学、社会科学和自然科学界）关于文化模式的概括和分类，进而区分出中国区域文化心理学视野的区域文化模式，讨论区域文化模式与人格的关系，分析区域文化心理冲突的消解策略，为和谐社会建设提供理论支持和政策建议。

一、文化类型与模式理论与中国文化心理类型分析

文化是社会发展与人类创造的才智在历史上所达到的水平，它既体现在物质财富中，也体现在精神财富中。文化因素及其分布、组合和发展在地域内存在复杂的相似性和差异性，因而划分文化类型缺乏统一的分类标志。文化类型是由于自然环境和生存方式差异，以及观念、信仰、兴趣、行为、习惯、智力发展方向和心理性格不同而形成的具有相似文化特征或文化素质的地理或者行业单元。

文化模式是社会学与文化人类学研究的课题之一。分为特殊的文化模式和普遍的文化模式两类。特殊的文化模式是指各民族或国家具有的独特的文化体系。它是由各种文化特质、文化集丛有机结合而构成的一个有特色的文化体系。各民族或国家之间有着不同的文化，即文化模式的不同。每一种文化模式

内部必然具有自己的一致性，否则各种文化特质、文化集丛便不可能结合在一起形成独具特色的文化模式。多数学者认为，形成这种一致性的原因是统一的社会价值标准，也有学者认为是一个社会中的人共有的潜在意愿。普遍的文化模式是指一切文化都是由各个不同的部分组成的，这种文化构造适用于任何一个民族的文化[①]。

美国人类学家C．威斯勒尔认为，普遍的文化模式包括以下9个部分：(1)语言；(2)物质特质；(3)美术；(4)神话与科学知识；(5)宗教习惯；(6)家庭与社会体制；(7)财产；(8)政府；(9)战争。[②]三百年来，不同学科如人类学、考古学、管理学、心理学、教育学、民俗学、社会学等领域的不同学者根据所采用的指标，划分出不同功能的文化类型。形成了千差万别的理论，根据这些理论整理，审视中国文化，并给予文化类型的区域研究分析，将对区域心理学学科建设产生很好的理论意义。

其一，根据生产方式差异及其发展阶段，有的学者区分出游牧文化和农业文化以及工业文化。游牧文化是一种驰骋奔波竞争的文化，农耕文化则是安居乐业过日子的文化。农业文化体现自给自足、安定保守型的文化素质特征；工业文化趋于流动、进取和机敏型的文化心理。相对于游牧文化和农业文化以及工业文化的划分，中国文化是三种文化并存的文化。

其二，中国人文学科把文化理解为三个层次：第一层次是考古学、人类学、人种学所使用的文化，类似于Stern的广义的文化即大写的文化；第二层次是人文社会科学所使用的文化，类似于H. H. Stern所谓的狭义的文化即小写的文化；第三层次是日常生活中所使用的文化，泛指学校中传授的知识技能。根据表现形式可以区分出物质文化、制度文化和心理文化，物质文化是指人类创造的种种物质文明，包括交通工具、服饰、日常用品等，是一种可见的显性文化；制度文化和心理文化分别指生活制度、家庭制度、社会制度以及思维方式、宗教信仰、审美情趣，它们属于不可见的隐性文化。

其三，Hammerly把文化分为信息文化、行为文化和成就文化。信息文化指一般受教育本族语者所掌握的关于社会、地理、历史、等知识；行为文化指

---

① 瞿明安：《文化人类学》，云南出版集团公司2009年版，第15页。

② 瞿明安：《文化人类学》，云南出版集团公司2009年版，第23页。

人的生活方式、实际行为、态度、价值等，它是成功交际最重要的因素；成就文化是指艺术和文学成就，它是传统的文化概念。有的学者把文化的内部结构区分为物态文化、制度文化、行为文化、心态文化。有些人类学家将文化分为三个层次：高级文化（high culture），包括哲学、文学、艺术、宗教等；大众文化（popular culture），指习俗、仪式以及包括衣食住行、人际关系各方面的生活方式；深层文化（deep culture），主要指价值观的美丑定义，时间取向、生活节奏、解决问题的方式以及与性别、阶层、职业、亲属关系相关的个人角色。高级文化和大众文化均植根于深层文化，而深层文化的某一概念又以一种习俗或生活方式反映在大众文化中，以一种艺术形式或文学主题反映在高级文化中。按照这些划分，中国文化正处于各种文化齐头并进的时代。

其四，有的学者根据性别、人格与文化表现，区分出男性文化和女性文化，“我和他（她）不同”，当意识到和对方不同，这种性别意识就进入了文化的视野，对于这种“不同”的文化表演就形成了性别文化。性别意识中的这种不同被加以不同的文化的演绎，形成了不同的性别文化，高大威猛、帅气、潇洒，如绅士般的，儒雅的等，这些被认为是一个好男人，形成社会共同的标准；优雅、漂亮、温柔、婀娜多姿等这些被赋予是好女人的标准。而龌龊、小气、粗俗、邋遢等则变成了坏男人的形象；恶毒、丑陋、老妖婆则被用来形容坏女人。好男人，好女人，坏男人，坏女人在文化上被建立起来，且在不同的文化背景下，又各不相同，按照这个区分，中国是男女文化彼此消长的文化。

其五，根据民族文化性格，可以区分酒神文化和日神文化。德国哲学家尼采在名著《悲剧的诞生》中，曾用古希腊神话中的日神（阿波罗）和酒神（狄奥尼索斯）的象征精神说明悲剧和艺术的起源。美国著名文化人类学家露丝·本尼迪克特写了《文化模式》这本书，将尼采的观点加以发挥，分析了“日神型”和“酒神型”这两种类型的民族文化性格，在学术界颇有影响。同时在《菊花与军刀》中还将日本文化定义为耻感文化，美国文化定义为罪感文化。根据酒神（狄奥尼索斯）文化和日神（阿波罗）文化的文化性格划分，按照费孝通的观点，中国文化属于“日神型”文化性格。

其六，早在20世纪30年代，中国社会学家费孝通就对中国乡土文化进行了田野工作研究，并出版了《乡土中国》。他引用Oswald Spengler在《西方陆沉论》中区分出的两种文化模式：一种叫亚普罗式（后人译为阿波罗式），另一种叫浮士德式。阿波罗式的文化在感情定向上表现为认定宇宙有一个本来的秩序，这个秩序超于人力创造，人不过去接受它，安于其位；而浮士德式的感情定向则认定冲突是生命价值的基础，生命的意义在于障碍的克服，失去了障碍，生命也就失去了意义。中国文化整体上是阿波罗文化。但到了现当代，城市文化的崛起，则更多的表现为浮士德精神，阿波罗文化退居乡土社会。因此，费孝通认为，乡土社会是亚普罗式（阿波罗式），而城市社会则是浮士德式的[①]。现当代中国文化的心理学考察表明，这种区分仍适用于都市文化与乡村文化的比较理解。我们还可以依据都市和村落的生活方式区分都市文化和村落文化，一般来说，村落文化是一种开放式的文化，开放就是说，家与家之间的历史被人为的传载下来。对于祖先的历史是无法隐瞒的历史。比如年龄，比如姐妹几人，比如人性等都可以在人们的脑海里刻下很深的印记。说到底，没有你的隐私。而开放的城市文化却有种种障碍的阻隔，仿佛是很厚的障蔽，把人紧紧地裹起来。你的隐私是保护了，可是人与人之间因为不了解的缘故，一般也是不会轻易来往的。所谓老死不相往来。

其七，除了前述文化类型模式理论之外，还有许多划分，限于篇幅只介绍大概，比如可以把中国文化类型确定为相对于海洋文化、岛国文化的大陆文化；相对于尼罗河流域文化、两河流域文化、印度河流域文化的黄河流域文化；相对于古希腊/罗马文化、古波斯文化、古印度文化的古代中国文化；相对于资本主义文化的社会主义文化。相对于发达国家文化、最不发达国家文化，中国文化是发展中国家文化。相对于基督教文化、佛教文化、伊斯兰教文化划分是儒家佛家道家文化与伊斯兰文化并存的文化。如果把文化区分出史前文化、古代文化、中古文化、中世纪文化、近代文化、现代文化、后现代文化、未来文化，则中国文化是正在保护史前文化、古代文化、近代文化，积极发展现代文化、后现代文化、未来文化。如果可以区分雅文化、士大夫文化、精英文化；俗文化、通俗文化、大众文化，则中国正在积极发展雅文化、精英文化；并极力包容俗文化、通俗文化、大众文化。如果可以把文化分类为主流文化和亚文化；都市文化和村落文化；隐性文化和显性文化，则中国正处于主流文化和亚文化；都市文化和村落文化；隐性文化和显性文化并存，同时交织

---

① 费孝通：《乡土中国》，三联书店1985年版，第8页。

融合的时期，也处于积极弘扬主流文化的时期。根据传统文化与现代文化的划分，中国文化属于传统文化向现代文化过渡的文化。还可以根据人类活动领域区分出行业文化，比如教育文化、科技文化、卫生文化、政治文化、经济文化、社会文化等，按照这个划分中国文化正处于文化全面发展时期。根据“创新型文化”和“保守型文化”两大类型，中国文化属于保守型文化，但一个世纪以来，中国政府在不断强调创新型文化。在茶文化、酒文化、饮食文化、建筑文化、服饰文化划分中，中国是茶文化、酒文化、饮食文化最发达的国家和民族；也是建筑文化、服饰文化十分独特的国家和民族。我们还可以区分出官方文化与江湖文化，中国封建社会一直是两种文化交织冲突，新中国成立后，江湖文化一度灭绝，但改革开放后，江湖文化复活，目前官方文化是主流文化，显性文化，江湖文化是亚文化、隐性文化。如果把企业文化分为三种类型：强力型企业文化、策略合理性企业文化以及灵活适应型企业文化，则中国企业文化可以看做是三种文化并存交融的文化。

二、中国区域跨文化心理学视野的区域文化类型和模式

中国区域和城乡跨文化心理学的母体是跨文化心理学，它的研究在于探讨东南西北区域和城乡两种亚文化背景中的社会结构、思想观念、生活准则、价值体系、行为方式、民俗习惯、神话传说、宗教信仰以及语言特点等方面的共同文化心理特质和文化心态差异，其研究的目的在于揭示个体或群体在城乡两种亚文化背景中心理活动的普遍规律，以其获得文化学和心理学两方面的意义。

区域文化是区域地理环境、生产方式、历史积淀、经济发展水平、政治文化影响的结果，所有这些因素最后都积淀为区域文化性格。这些性格又反作用于区域文化。我们把区域文化分成纵向和横向，中国区域心理学把中国不同地理环境区域心理差异作为横向比较研究任务；把中国城乡区域心理差异作为纵向比较研究任务。

横向比较研究主要是指东南西北中各个地理历史区域的文化心理比较，比如江南水乡与北国风光，东部海洋与西部大漠的不同环境，形成了不同的文化区，也导致了不同的群体与个体社会心理差异。南方人的清秀、含蓄与北方人

的粗犷、豪放形成显明的性格和气质对照。东南沿海城市人口密度大，人们不得不游离谋生，而且形成了适应各种陌生环境的心理习惯。相对而言，西北贫困山区的农民，则宁可在死亡线上挣扎，也难离故土。有的学者结合历史、地理、政治、经济等各种因素，总结了齐鲁文化、中原文化、燕赵文化、关中文化、巴蜀文化等类型和模式。除了这些宏观的划分之外，还可以区分出许多区域亚文化，比如甘肃文化可以按照历史地理以及传统并结合现行市域行政区分出陇东文化、陇中文化、陇南文化、陇右文化、河西文化；还可以根据民族不同区分出藏族文化、裕固族文化、回族文化。还可以根据文化特色区分出会宁文化、秦安文化、陇西文化、民勤文化等县域文化，还可以区分出金川有色金属集团公司、酒泉钢铁集团公司、白银有色金属集团公司为代表的企业文化、高速公路管理集团为代表的交通文化，兰新线管理机构——兰州铁路集团为代表的铁路文化、窑街煤炭公司、靖远煤炭公司、华亭煤炭公司为代表的煤炭矿区文化，文化与性格交互作用，彼此消长。

纵向把中国区域文化区分为都市文化和村落文化，简称城乡文化。前已述及，中国社会学家费孝通认为，乡土社会是亚普罗式（阿波罗式），而城市社会则是浮士德式的。[①] 现当代中国文化的心理学考察表明，这种区分仍适用于都市文化与乡村文化的理解。传统的学术观点认为，城市文化是开放式的文化，而乡村文化是封闭式文化。但现在有的学者认为，村落文化才是一种开放式的文化，而城市文化却是封闭式文化。我们认为所谓城市的开放与封闭是指生活方式的开放和心理的封闭；所谓乡村的封闭与开放是指生活方式的封闭和心理的开放。关于城乡文化差异及其心理差异我们在多篇论文中已经有详细论述，这里不再赘述。

第五节 社会认同与中国区域跨文化心理学研究

社会认同是社会学、人类学、心理学和民族学多学科关注的焦点问题，目

① 费孝通：《乡土中国》，人民出版社2008年版，第24页。

前的社会认同研究都是以 Tajfel 等人提出的社会认同理论为前提的[①]。社会认同研究的核心是文化认同问题，文化认同是社会认同最核心的内容，也是必然要涉及的问题。文化认同的形成是以一定的文化为基础的，文化的形成因区域差异而有所不同，文化的差异形成的文化心理也是不同的，因此最终决定社会认同能否形成的实质还在于区域文化心理差异。心理、文化、社会认同之间是双向的相互构建过程，核心是文化认同，实质是区域文化心理差异。

关于社会认同的研究在中国知网 CNKI 数据库查询可以查询到上千篇文献，且涉及的学科之多也是鲜见的，其中又以社会学、心理学、人类学、民族学的研究为主，形成了多学科交叉研究的现状。多学科关注同一研究领域，由于各自关注的角度、研究方法和分析水平不同，使得理论建构、概念结构和测量维度变得异常复杂在。我国对于社会认同的研究才刚刚起步，其研究大多集中在民族的社会认同、身份认同，而国外学者已对社会认同的各个子课题开展的卓有成效的研究，在社会认同的研究过程中学界很少关注不同区域文化背景下的社会认同研究，研究过于单一的现状也使研究很难去得重大成果。因此，我们认为社会认同的研究首先应该纳入到区域文化心理学的框架之内，运用多学科综合方法开展研究，使社会科学与自然科学的方法结合起来，这样可以起到事半功倍的效果。而区域跨文化心理学主张在中国文化背景下，对不同历史区域、地理区域、文化区域、生态区域人群的社会认知、社会态度、社会性格、民族心理展开系列的文化与社会心理学研究的心理学分支。他是将不同区域的人群的心理共同性和差异性作为研究对象，其理论假设是不同区域的文化存在很大差异，因而其心理也必然存在很大差异，心理差异则主要表现为文化心理差异，这种内隐的文化心理差异则是由于区域文化差异所造成的，而社会认同的研究是不能脱离文化来进行的，因此在多元文化背景下的社会认同则是心理学研究的又一个新的研究领域，我们针对社会认同研究现状以及社会认同的各个方面与区域文化心理之间的相互关系进行分析和阐述，希望可以厘清两者的关系，以为研究者提供一个新的思路以资借鉴。

---

① Tafel, H., Turner, J. C. “The social identity theory of inter group behavior” In: Worchel, S., Austin, W. (eds). *Psychology of Intergroup Relations*. Chicago: Nelson Hall, 1986, pp.7-24.

一、社会认同理论及其文化心理意义

认同问题是伴随着人类的出现而产生的，从古代开始，人们就对认同有过许多的论述。心理学意义上的“认同”一词最早由精神分析学派大师西格蒙德·弗洛伊德提出，用以表述个人与他人、群体或模仿人物在感情上、心理上趋同的过程，并指出这是一种个体与他人有情感联系的最早的表现形式。在塞缪尔·亨廷顿看来，认同“是一个人或一个群体的自我认识，它是自我意识的产物：我或我们有什么特别的素质而使得我不同于你，或我们不同于他们”。[①] 随着认同问题的研究不断深入，Tajfel 等人在 20 世纪 70 年代提出社会认同理论，后来 Turner 又提出了自我归类理论，进一步完善了这一理论。Tajfel 在 1978 年将社会认同定义为：“个体认识到他（或她）属于特定的社会群体，同时也认识到作为群体成员带给他的情感和价值意义。”[②]Turner 和 Tajfel 在 1986 年区分了个体认同与社会认同，认为“个体认同是指对个人的认同作用，或通常说明个体具体特点的自我描述，是个人特有的自我参照；而社会认同是指社会的认同作用，或是由一个社会类别全体成员得出的自我描述”。[③] 他们认为对社会认同的追求是群体间冲突和歧视的根源所在，即对属于某群体的意识会强烈地影响着我们的知觉、态度和行为。按照社会认同理论，社会认同是由社会分类、社会比较和积极区分原则建立的。这三个层次决定了社会认同的过程，社会分类使自己区分“我”、“我们”和“他”、“他们”，社会比较是对内群体与外群体进行比较，是带有价值意义的，积极区分是内群体成员往往把自己分为好的、积极的组群，认为自己的群体是好的。一个社会认同的过程也就是一个自我建构或自我重构的过程。

社会认同的完成也就意味着一个人的社会建构或者心理建构的暂时完成，社会认同永远是一个连续性的问题，他应该具有的品性是连续性与相对稳定性，因此永远也不可能一劳永逸地解决，只能是在不断的变化之中进行调整。

---

① 塞缪尔·亨廷顿：《我们是谁》，新华出版社 2005 年版，第 20 页。

② 张宝瑞、佐斌：《社会认同理论及其发展》，《心理科学进展》2006 年第 3 期，第 470 页。

③ Tafel, H., Turner, J. C. “The social identity theory of inter group behavior” In: Worchel, S., Austin, W. (eds). *Psychology of Intergroup Relations.* Chicago: Nelson Hall, 1986, p.16.

他的连续性受到社会文化的影响，文化的变化是影响社会认同的最主要因素之一，社会认同可以区分为身份认同或自我认同、语言认同、族群认同、民族认同等几个方面，当然更加细化的区分之间必然是有交叉和重叠的。区分的目的是为了研究方便，从区分中我们可以明显感到文化色彩的影子，社会认同的研究永远都摆脱不了文化的束缚，文化的影响最直接改变的却是文化心理特征，只有文化心理的改变认同才有实现的途径，因此，社会文化认同是社会认同的核心内容。文化认同的核心又在于不同区域的文化差异及其造成的区域文化心理差异，我们说文化是一个复杂的总体，包括知识、信仰、艺术、道德、法律、风俗以及在人类社会里所得的一切能力与习惯，这个文化总体通过传统根植于社会意识中，时刻以一种无意识权威的身份来改变和塑造着社会文化心理，即主流文化心理。区域文化的心理差异在区域文化心理学中是研究的主要内容，主要探讨不同区域文化背景下的文化心理差异性及契合性，那么社会认同与心理的研究之契合点就是区域文化心理的差异性，一切的社会化过程都是通过社会属性的人与社会网络进行双向互动的，因此社会认同的文化心理意义就在于社会互动过程中形成的文化认同。

二、社会认同与区域文化心理关系

社会认同的研究无论从国内还是国外都从整体到部分，将其细化研究其一点，以往的社会认同研究主要是民族认同、身份认同，而我们既然社会认同是与文化心理相联系在一起的，那么我们又可以从语言认同、族群认同、文化认同几个方面来进行探讨他们之间的关联性，同样文化认同始终是社会认同的核心内容，因此无论怎样探讨都离不开的是文化认同，以下我们将从不同方面探讨。

1. 语言认同的区域文化心理

语言认同在现实生活中表现为说着相同语言的人之间会相互吸引相互认同，形成语言社团，如东北人在东南，听到说东北话的人会感觉特别亲切，特别容易接近，也最容易成为朋友，这也就是所谓的乡党观念或老乡观念。这其中所表现的其实是一种文化现象，语言作为文化的产物既是我们交流的工具，又是文化标志。语言认同是一种文化心理的趋同现象，它与文化心理的认同程度成正向关系——语言身份的相似度越高，文化心理的认同度也就越高。当语言成为重现或追溯民族文化最直接的方式时，它就不再单单是一种交际的工具，而变成了文化的象征，具有了文化身份，使用一种语言，就是选择了一种文化，并以这种文化身份存在。这种共同的语言身份特征，将相同文化背景的族群联结在一起，使他们即使处在异地他乡也能得到社会的归属感和心理的慰藉。

所以，这种趋同心理反映在语言上就是对语言身份的认同，这种认同的不断加强也就是一个群体文化不断强大的过程。在与另一种文化接触的过程中，本群体的身份在与其他语言或方言的区别中不断被加强，通过这些差异建构自己的身份特征，而这些特征就构成了该语言的文化背景。语言的身份成了民族文化心理的一种载体，一种外在的体现。人们在使用这种语言时所体现出来的心理行为风貌，建构了一个民族的文化心理。而语言身份的认同其本质上是一种对本群体文化或社会历史的趋同心理，因此语言身份的认同是构建本群体文化心理的重要手段。相反，群体文化心理反过来又会影响该群体对于本群体语言身份的认同程度。因为任何一种文化都有开放与封闭的一面——既接受来自异文化影响，又极力地维护自己文化的独特性。因此语言认同的本质是一种文化认同，是一种文化心理趋同现象，语言认同的区域性反应在的区域文化心理差异中则是我们研究的重点所在。

2．身份认同的区域文化心理

我们一般假定：人类个体在刚出生的时候，内心是“白板一块”、“白纸一张”，根据心理的定义“心理是脑的功能，是对客观事物能动的反映”，新生儿出生前，还没有看到出生后的外部物理世界，所以我们假定，新生儿刚出生时，他的大脑刚开始启用，原本是一片空白的，当新生儿出生建立呼吸后，他睁开眼睛看外部世界，这时，他大脑的这块“硬盘”、“白板”才开始程序输入或“印刻”。人脑比计算机硬盘高级的是，计算机硬盘的容量等物理性能在出厂时就已经是确定了的，无法改动的，而人脑在出生时还没有最后定型，在出生后的成长中，继续发展。而这种继续发展就会涉及一个社会性的身份认同问题，Identity 一词既有身份也有认同之意，可见认同的最基本组成就是身份认同，前文已述社会认同过程包括社会分类、社会比较和积极区分三个方面，身份认同也同样遵循这样一个过程。由于社会认同是一个连续性过程，因此社会身份认同也是一个不断变化的过程，对于自我身份的分类、比较与积极区分都将是随着特定环境而随之改变的。因此身份认同它蕴涵着反思性和建构性，是主体之间通过社会交往使自身的价值观念重新定位的过程和结果。身份认同是双向的，既体现自我的主体性、差异性，又体现自我的社会性、归属性。身份认同的标准是以自我的标准为参照，身份认同的过程是对自我身份的探寻和确认，自我认同的目的是为了使自我的身份趋向中心。在这个身份社会化和趋同过程中，身份的改变同样受文化的影响，中国社会是一个差序格局的社会，是一个关系本位的社会，在这种文化氛围中形成的文化心理则是一种缺乏开放性、遵循守旧、抱残守缺的社会心理特征，这种定型化的文化心理特征内化为一种族群性格，形成一种特定的文化心理特征，那么这种文化心理对于身份认同的建构或重构以及主体与社会互动都会留下文化烙印。而不同区域地理形成的不同区域文化心理则又将其划分为更细微的单位，但是形成的却是区域之间巨大的社会认同观念，可以说是区域地理环境影响区域文化的形成，区域文化的差异形成不同的区域文化心理特征，不同的区域文化心理特征形成不同的区域文化心理性格，而人格是心理的核心，也就是影响身份建构与社会互动的最主要因素。

3．族群认同的区域文化心理

自20世纪80年代以来，我国学术界越来越注重对族群的研究，族群一词也越来越多地见之于各种文献之中。对族群的定义国内外有很大差别，主要是在内涵与外延的区别上。由于研究者视角的差异，其侧重点各有不同，有的强调族群成员的主观意识，有的强调外在的体质特征及共同渊源，有的着重表述群体成员在语言宗教等文化特质上的与众不同，大部分定义都涵盖了几个方面，或隐含了某些内容。我们比较认同国内学者孙九霞的界定：在较大的社会文化体系中，由于客观上具有共同的渊源和文化，因此主观上自我认同并被其他群体所区分的一群人，即称为族群。其中共同的渊源是指世系、血统、体质的相似；共同的文化指相似的语言、宗教、习俗等[①]。而族群认同则是指社会成员对自己族群归属的认知和感情依附。族群认同中的一般成分主要包括族群自我认同、族群归属感、族群态度和族群卷入。而菲尼则在社会认同理论和埃里克森自我同一性理论基础上提出个体的族群认同主要经历4个阶段，即(1)弥散性阶段，个体表现出较少或不关心自己的族群认同；(2)排斥性阶段，个体表现出对本族群特性的关注，父母的影响开始内化：(3)延迟阶段，

① 孙九霞：《试论族群与族群认同》，《中山大学学报（社会科学版）》1998年第2期。

个体继续探索本族群的特性，在这一过程中他们会经历深度的混乱；(4) 整合阶段，个体把族群认同成功地整合到他们的自我概念之中。

在这个族群认同的过程中每个阶段的满足都需要一定的条件，既有社会文化条件也有心理条件，其中社会文化条件无疑是族群文化。根据学者对族群的定义，族群是具有共同的渊源和文化的一类人，他们既可以是一个民族，也可以是一个社团，又可以是由于区域差异形成的操一种方言的族群，这个概念可大可小。因此族群的形成是以一定的文化为核心的，也就是以族群文化认同为核心的。而学界一般认为文化认同（cultural identity）意指个体对于所属文化以及文化群体内化并产生归属感，从而获得、保持与创新自身文化的社会心理过程①。文化认同包括社会价值规范认同、宗教信仰认同、风俗习惯认同、语言认同、艺术认同等。其中语言在某种程度上是表征族群性的符号，从一个族群语词的语源和演变、造词心理、亲属称谓、姓氏等，都可以追溯其文化渊源。在族群内部，共同的宗教信仰是一种强大的文化聚合力；在族群之间，不同的宗教信仰也是强化我群和他群的区分力量。如果不同的族群有着同一宗教，这种共同的信仰可能会成为促使族群相互认同的潜在动力。而在族群认同过程中，主要是上述文化现象的认同，族群习俗、族群价值观、族群生活方式的认同、族群宗教信仰的认同、族群的语言认同等。而族群的文化认同又由于区域文化的不同而有差异形成区域文化心理差异，每一个族群都有一种属于本族群的文化心理。如亲属关系、村落，方言社区，省或区域（如西南、西北）。他们各自都有属于本族群的文化心理，他们或是习俗相似、或是信仰一致、或是地域接近。总而言之，族群文化心理因地理区域不同而形成不同区域心理文化心理特征。反之，区域文化心理特征也可以区分不同的族群，研究不同的区域文化心理差异可以为族群认同的研究提供最基础、最本质的理论依据。

三、社会认同与区域文化心理的双向互动关系

社会认同的系统化研究目前只有中国香港的杜瑞芳、赵志裕等作出过较突出贡献。目前研究中缺少文化关注是大多数学者都已经认识到的问题，社会认

① 崔新建：《文化认同及其根源》，《北京师范大学学报（社会科学版）》2004年第4期。

同的研究始终都与文化心理之间难以割舍，在我国，社会认同的心理学研究刚刚起步，在国外曾进行了系统的民族认同、身份认同的相关研究，且取得一定的成果，但是国外的研究对于中国文化而言的生态效度也是值得检验的，但是可以肯定的是我们在借鉴外国研究成果和研究方法的同时一定不能脱离开中国文化大背景，中国是一个多民族，历史悠久的深受传统文化影响的民族，因此研究要充分考虑中国文化，而我们认为社会认同的研究与中国区域文化以及区域文化心理的关系是一种双向互动的关系，如图 1—1 所示：

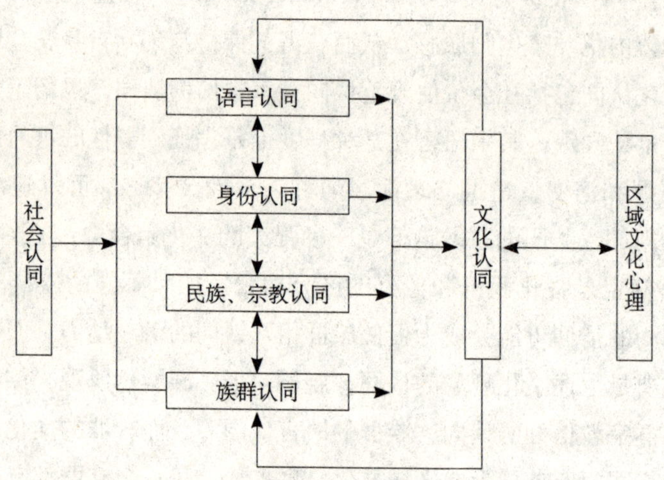

图 1—1　社会认同与区域文化心理交互作用模式

图中我们认为社会认同包括一系列的认同项目，其中我们罗列的是比较有代表性且涵盖面比较广的项目，语言认同、身份认同、民族、宗教认同以及族群认同他们之间彼此是相互交互和相互包含的，身份认同是社会认同的基础，只有身份认同不发生混乱才可以进行较高级的社会群体认同，身份认同很大程度上是借助于语言、民族、宗教、文化等来完成的，这些认同都是都是文化认同的最终产物，其核心是文化认同，文化包括宗教信仰、生活方式、风俗习俗、语言、价值观念等，他们都是构成社会认同不可缺少的文化现象。这些文化现象是因区域文化的不同而有所不同，归根结底又是区域文化心理决定的，所以说心理与文化的相互构建形成了典型性社会文化，这种文化便构成了社会认同的核心——文化认同。正是在这种心理与文化的相互作用中，社会认同才成为可能，并且社会认同内部之间也是靠文化认同来联结和相互呼应的，这种关系的稳定性是社会认同能否稳定的前提，同样，社会认同的稳定是社会和谐的前提，社会认同的不稳定将带来的是认同危机和认同冲突，将导致社会和谐的构建。

四、社会认同的区域文化心理研究展望

认同本身就是一个“求同”与“求异”相互促进和相互构建的过程，在这个构建过程之中，社会认同的研究一定要以文化心理研究为基础。在中国，通过研究本土的社会认同现象来验证和增补社会认同理论，将推动中国社会心理学事业的发展。特别是在群体偏见和群体刻板印象的研究中社会认同的作用不容忽视。我国目前正处于社会转型期，社会流动，弱势群体地位等问题，都是可以通过社会认同的观点进行研究的。同时注意挖掘中国文化心理的内涵，注重区域间、阶层间的文化心理研究和区域文化下的社会认同研究将更能够从我们本土自身出发来探讨中国人的社会认同，能够为新时期多元文化并存的现实要求以及当今和谐社会构建这一主题提供有力的支持。并且也能够为传统上的社会认同研究和国外的社会认同研究提供相关的验证性或是开创性的贡献。

第六节 文化心理学与中国区域跨文化心理学的差异和契合性

20 世纪后半期，世界心理学的发展的重心发生了微妙的变化，建立在西方自然科学观基础之上的实证主义心理学由于其方法论的局限性，显示出了与时代发展不相契合的现象，并且在后现代主义哲学强调多元化取向和相对主义取向的背景下，心理学的多元化的发展对主流心理学造成巨大的冲击，文化心理学、跨文化心理学、本土心理学、超个体心理学的发展使得实证心理学的主流地位一再面临挑战，以文化心理和文化行为作为研究对象的文化心理学和跨文化心理学的兴起，在不同程度上弥补了处于衰落中的主流心理学的局限性。然而在心理学文化转向的同时它并不是孤军前进的，在众多以文化为研究对象

的取向中，在跨文化心理学的母体中，又悄然分化出另一种研究取向，即区域心理学，又可称为区域跨文化心理学。这种研究取向是在近几年才开始被提出和受到关注的，并且在中国这样一个历史悠久，文化底蕴深厚，地理环境复杂以及城乡矛盾与冲突日益凸显的背景下，这一研究领域有着极大的潜力可挖。

一、文化心理学的基本内涵

黑格尔说"存在即是合理的"[①]，文化心理学的兴起与发展可以说是一个合理的现象，那么文化心理学在这样一个心理学的主流与非主流相互冲突、矛盾、碰撞之中得以崭露头角是有其现实原因的，最主要的原因就是它踏进了主流心理学所认为的"雷区"，即主流心理学研究中的"文化荒漠"，它解决了多元文化背景下的现实问题，这无疑是主流实证主义心理学所望尘莫及的。那么何为文化心理学呢？希维德尔认为，"文化心理学的目的是寻求永不会忘记的，不可分离地镶嵌在意义和资源中的心理"，这些意义和资源既是它的产物，同时也构成了它，他还认为文化心理学研究的是"'近经验概念'的一门学科"。这种近经验概念是指人所获得的，隐藏在其背后，一般不为人的意识所觉察的，但支配其行为的经验或是概念。波依斯奇认为"文化心理学是研究行动场域或行动范围的一门学科，以人的行动或实践为经，以人对生活世界的结构化、意义化为纬"。科尔认为"文化心理学是研究以人的创造物为中介的文化与心理相互构建的一门学科"。卡特认为"文化心理学就是一门研究个体与社会、文化之间的相互作用的学科"。他认为文化心理学是对制度性刺激的反应。这里的制度刺激也就是人类对事物所赋予的意义，同一个事物不同的文化下人们对同一事物的看法不一样，这就是不同人对其赋予的意义不同所造成的[②]。中国心理学者李炳全认为文化心理学是一门研究人类不断优化其自身的学科。他认为人类通过文化的传承来优化人类自身的发展，传承下来的文化既是优势文化，具有最大价值的文化，同时也是对其心理和行为影响最大的内在符号系统。

---

① 赵林：《黑格尔的宗教哲学》，武汉大学出版社2005年版，第19页。

② 李炳全：《文化心理学》，上海教育出版社2007年版，第80页。

尽管上述的文化心理学的含义有一定的表述差异，但众家都认为，第一文化是一种内在的、稳定的影响人类心理与行为的内在符号系统；第二几乎都承认，文化是对特定刺激所赋予的符号意义进行反应，而不是刺激本身；第三就是众家都认可心理与文化是一个相互构建的过程，并非是独立的系统，二者是对立与统一关系。

二、区域跨文化心理学的含义界定

那么何为区域心理学？人文地理学者认为，区域心理也就是指的“人地关系”心理。翟有龙和李传永认为，这里的“人”指的是在一定生产方式下，在一定地域空间中从事生产活动或社会活动的人，“地”是指与人类活动密切相关的无机物与有机物的自然要素有规律结合的地理环境。人与地的相互作用会产生不同特色和形态的文化群而形成不同地域的不同心理。在人与地的相互过程中，优化出了各种形态的文化模式，主要经历了：采集狩猎文明时代、农业社会文明时代和工业社会文明时代，并逐渐形成了“农业区位论”与“工业区位论”，从而形成城乡的进一步分化，这也是现当代中国区域心理学产生的一个主要原因。[①]

从历史的角度来看，中国处在一个多民族、地域辽阔、历史文化传统悠久的这样一个背景下，其从古至今五千年的文明史，使得中国至今仍存在着区域的各种亚文化集群，在这些亚文化土壤上根植出各自的社会心理特征和价值观念体系，比如齐鲁文化、燕赵文化、巴蜀文化、荆楚文化、吴越文化、岭南文化等类型和模式，那么这些文化类型形成了全国各地不同的文化圈，造就了各地居民的不同文化性格。并且同时也形成了形形色色的带有不同文化印记的“文化景观”，即因文化的差异形成的建筑、宗教、民俗、饮食、服饰、法律、音乐、艺术等一系列物质与非物质的独特性文化差异。

心理学眼中的区域心理学实质上是跨文化心理学的又一个分支，由于中国的文化区域可以分为“多核”、“双核”、“三维”，所谓多核是指在中国传统文化中，民族、宗教、生产经营、生活方式、风俗习惯以及行为构成的总和文化

---

① 翟有龙、李传永：《人文地理学新论》，西南交通大学出版社2004年版，第75页。

特征，在地理空间上是并列出现的；所谓双核是指在中国传统文化上存在南北两大文化系统的差异，这两大系统形成了中国南北不同的文化性格以及文化景观；三维是指的中国自古形成的沿海文化、内地文化和西部文化，在这样一种层递式的文化区划上，同样形成了中国各具形态特色的亚文化圈。那么从这种文化区域的划分来看，以往的跨文化心理学没有把上述不同省或区域的人群的心理文化差异纳入心理学研究范围，而区域心理学是在中国文化背景下，对不同历史区域、地理区域、文化区域、生态区域人群的社会认知、社会态度、社会性格、民族心理展开系列的文化与社会心理学研究的心理学分支。他是将不同区域的人群的心理共同性和差异性作为研究对象，其理论假设是不同区域的文化存在很大差异，因而其心理也必然存在很大差异，因为文化是影响心理活动的一个重要因素。而作为中国区域心理学的研究首先应该把考虑的就应该是讲求现实性，中国城乡二元结构存在已久，随着国民经济的发展，城市化进程加快，城乡矛盾与冲突体现在生活的各个方面，并且日益突出。因此，我们在区域心理学的理论框架内，提出中国城乡区域跨文化心理学的研究，它的研究在于探讨城乡两种亚文化背景中的社会结构，思想观念、生活准则、价值体系、行为方式、民俗习惯、神话传说、宗教信仰以及语言特点等方面的共同文化心理特质和文化心态差异，其研究的目的在于揭示个体或群体在城乡两种亚文化背景中心理活动的普遍规律，以其获得文化学和心理学两方面的意义，从而为中国社会主义和谐社会建设提供理论根据，促进社会和谐发展。

三、文化心理学与区域跨文化心理学的差异

文化心理学与区域跨文化心理学虽然都是以文化心理与文化行为作为研究对象，但是两者之间还是有一定差异性的，在逻辑层次上的差异性表现为：从学科层次上来划分，心理学应该属于一级学科，文化心理学、本土心理学与跨文化心理学应该属于二级学科，区域跨文化心理学是跨文化心理学的分支则应该属于三级学科，而城乡区域跨文化心理学又属于区域心理学，则应该属于第四级学科。

1．研究内容的差异

文化心理学是从符号与心理的关系的角度重点研究文化符号在心理形成和

发展中的作用，人类的心理和行为是在掌握和积淀下来的文化符号过程中形成和发展的，人在进化和发展过程中，不断进行各种文化活动，创造各种文化物——符号，这些文化物反过来改变人的行为，人的行为的改变导致了人的活动方式的改变，也导致了生理结构的改变，同时行为的内化也导致了心理行为的改变与发展。也就是研究不同文化背景下，是什么样文化刺激引起了什么样的文化反应，寻求不同文化背景下普适性的文化心理规律，尽管这种文化差异导致了心理与行为的特殊发展模式，但是全人类作为一个种族有其共性的心理与行为特征，比如，人类的笑、恐惧、焦虑的表情，全世界具有一致性的含义，因此寻找这些共性和个性便成为文化心理学的主要任务之一。

区域心理学作为多学科交叉的产物，既受跨文化心理学、文化心理学的影响，同时还受到了民俗学、人类学、社会学和人文地理学的影响，因此它不同于文化心理学，文化心理学主要探讨的是文化一维变量，而很少考虑其他相关的变量，但是区域心理学或者城乡跨文化心理学尽管假设不同区域或城乡存在不同文化差异并导致心理差异，但是还要涉及影响心理文化差异的原因，如政治、经济、历史等因素。因此它主要研究的内容涉及不同区域人们的思想观念、生活准则、价值体系、行为方式、民俗习惯、神话传说、宗教信仰以及语言特点等方面的共同文化心理特质和文化心态差异。

尽管两者存在一定的差异，但是他们还是具有很大程度的融合性的，首先，他们研究对象都是不同文化背景下的具有不同文化印记的人，且都是以文化作为主要的变量来进行研究的。其次，他们的研究目的也都是试图找出心理文化的共同性和差异性，揭示人类心理的一般规律，以期对心理进行解释、预测和干预。

2．研究视角的差异

文化心理学研究的角度是注重文化的整体性，它一般是从文化背景的整体上强调研究不同文化背景下的人类心理与行为特征，要求不仅要从文化的观点来看待心理与行为，而且要抛弃文化外在论观点，从互动的观点看文化，从文化内部研究文化与心理行为之间的关系。而区域心理学虽然仍处在探索阶段，但是它已经很明确其研究的视角，区域心理学主张研究不同地理区划和行政区划、生态区划下的人的心理与行特质，并试图发现规律并给予解释与预测。而且作为其下游分支的城乡区域跨文化心理学又明确提出了研究的三个视角：第一个视角是分析城乡两种文化心态的总体差异；第二个视角是比较不同代际之间的社会心理差异；第三个视角是比较不同阶层的城乡心理差异。同时还认为心理与行为虽然在主流文化与亚文化背景下由于政治、经历、历史、地理等形成心理差异，而且这种文化差异是无处不在的，但是中国文化无处不透露着的共性中的差异性与差异性中的共性。因此，区域性的研究还可以具体到不同县域、乡镇、村落，以期得到更加全面的亚文化以及亚文化的心理差异，从而为解决小范围区域下的心理与行为的融合以及城乡间、村村间的社会和谐作出贡献。在条件允许的情况下我们希望从全国范围内进行这种由近及远、由小到大、由个别到一般、由特殊性到普遍性的研究，这样就可以试图从中抽取出建立中国本土心理学的普适性心理规律。

3．研究策略的差异

文化心理学的研究策略多采用人文社会学的方法，并且借鉴了人类学、社会学、哲学、民俗学、文化学和人文地理学的研究方法，而主要的研究方法则是主位研究策略、同文化研究、解释学方法，其研究方法主要是采用人文取向的研究方法，而很少使用实证主义心理学的量化方法。因而也就不可避免地形成一定的偏差，比如主位研究与同文化研究者会形成“当局者迷，旁观者清”的现象。而区域心理学，作为众多学科的交叉的产物同样借鉴了人类学、社会学、哲学、民俗学、文化学和人文地理学方法和成果，较多采用语义分析法、田野工作法、访谈法、个案法、人物传记法等，区域心理学并不排除实证主义的研究方法，可以根据研究的内容采用相关的量化方法。因而研究者即可以选择可行的、适合的研究方法来进行研究。统而言之，二者在研究方法的差异上是不大的，二者都主张以人文社会科学的研究方法为主，并且对研究方法都具有包容性。

四、文化心理学与区域跨文化心理学研究的契合性

文化心理学与区域心理学或城乡区域跨文化心理学都是从文化的角度来研究不同文化对特定人群或群体的价值取向、生活方式、民俗习惯、神话传说、迷信宗教思想等，产生影响或作用的心理学分支，尽管其中在界定、研究视域、研究方法等方面存在一定的差异，但是我们认为仍然是契合性大于

差异性，这种契合性源于文化的向心力，文化的内核是深层次原因，它决定了只要研究文化心理问题，不管方式如何，改变的只是其表层现象，而其实质是不会改变的，这就是为什么我们要从不同的视域，从跨文化的角度、从本土文化的角度、从区域文化的角度来进行全方位立体式研究的原因所在。尽管过程不尽一致，但他们的目标是趋同的。葛鲁嘉从心理文化、心理环境和心理生活三个角度来研究中国人的心理，就是研究根植于中国本土的内隐符号，采用主位研究的方法对国人心理特质进行揭示①。我们主张形形色色的文化取向研究，作为直击中国本土文化心理学“软肋”的区域跨文化心理学和城乡区域跨文化心理学，其研究的视角是独特于其他文化研究的，其方法也是融各家之所长，汲众家之精华的研究方法，尽管尚处于起步阶段，有些研究和理论还没有形成系统，但是其研究视域的独特性和宽广性可以为现实生活解决实际问题并提供依据。

因此，我们应该在区域心理学的基础上开展更多层次或者说更多取向的区域心理学研究。比如，我们可以通过对区域的重新划分来进行进一步的研究，比如城乡区域跨文化心理学，我们根据城市形成的历史以及近代经济发展和从事行业可以分为：农业城市、工业城市、服务业城市、历史名城、新兴城市等，他们在各自的生活领域形成了不同的农业文化、工业文化、服务文化、历史旅游文化。还可以把农村分为：农村（农业为主）、牧村、渔村、林业村、狩猎村、副业村、工业村、矿业村、民族村等，他们在各自的生活领域形成了不同的农业耕作文化、牧业文化、渔业文化、林业文化、狩猎文化、副业文化、乡村工业文化、乡村矿业文化和民族文化等。并且在这种进一步区分的基础上进行细致的社会性的比较研究。目前我们的研究只涉及城乡区域跨文化研究的很小一部分，中国处在社会转型和城市化进程加快的过程中，城乡思想观念、生活方式、价值观念的矛盾是不可避免的，如何解决现实性矛盾是我们研究的目的，所以我们已经开始对这一矛盾集群进行比较研究，以希望从这种文化视角的研究能够达到了解不同区域人群的文化心理与行为的目的，以为政策的制定以及民族的和谐提供现实依据。

综上所述，中国区域跨文化心理学就是以文化学、社会学、人类学、人文

① 葛鲁嘉：《本土传统心理学的两种存在水平》，《长白学刊》1995年第1期。

地理学、社会心理学、跨文化心理学等学科理论为基础，比较研究中国城乡区域、地理区域、历史区域、行政区域等文化区域居民的个体心理和群体心理共同性和差异性，为跨文化心理学和理论心理学提供学科建设基础资料和理论成果支撑，同时，为和谐社会建设提供心理学的决策参考。然而，我们的研究尚处于探索阶段，仅仅在开展片段性、方便性研究，没有建立起来中国区域心理学的理论体系。比如开展了中国城乡区域居民人格心理健康的调查研究，进行了甘肃各个地级市域文化与居民心理差异共同性与差异性的问卷调查比较研究，开展了刻板印象的研究方法本土化和甘肃市域居民相互刻板印象的研究，开展了老乡观念的理论探索和实证研究，这些研究需要进一步验证。希望这份研究报告能抛砖引玉，引起学术界普遍重视，推动中国区域跨文化心理学的系统研究。

第二章 中国城乡跨文化心理学理论探索

马克思告诉我们："现代的历史是乡村城市化，而不是像古代那样城市乡村化"。"城市化作为一种社会历史过程，有它的内在必然性，是社会发展的一条客观历史规律，是城乡对立运动的必然归宿。社会主义条件下的乡村城市化必然可以缩小城乡差别，工农差别，甚至消灭这种差别"，[①] 然而，乡村城市化的障碍不仅仅是政治经济、科学教育的差异问题，更重要的是文化心理差异问题，完成乡村城市化的历史使命，既是社会学家、经济学家的任务，也是心理学家的责任。当代跨文化心理学的兴起，为我们研究中国文化系统中都市文化和乡土文化的共性和个性提供了理论基础，建立一门中国城乡跨文化心理学，可以扩大跨文化心理学的视野，摆脱中外比较的局限，也是解决城乡二元社会结构及其负效应的内在需求。

第一节　中国城乡跨文化心理学的学科建设

万明钢指出："跨文化心理学是比较研究两个或者多个文化背景中个体和群体心理发展变化的规律，从而找出哪些是适用于任何社会文化背景中的人类行为的普遍法则，哪些是仅适用于特殊文化背景中的人类行为的特殊法则，它的研究目的在于查明人类心理在多大程度上以相同的形式发展；用什么来解释不同社会文化之间人们明显的个性和认知特征方面的差异；用什么心理因素能

---

① 王建民：《城市管理学》，上海人民出版社1987年版，第7页。

够解释哪些文化的差异和用文化因素能够解释哪些心理差异。”[①]中国城乡跨文化心理学的母体是跨文化心理学，它的研究在于探讨城乡两种亚文化背景中的社会结构、思想观念、生活准则、价值体系、行为方式、民俗习惯、神话传说、宗教信仰以及语言特点等方面的共同文化心理特质和文化心态差异，其研究的目的在于揭示个体或群体在城乡两种亚文化背景中心理活动的普遍规律，以其获得文化学和心理学两方面的意义。

一、中国城乡跨文化心理学的社会现实意义

在中华民族的大文化背景下，由于历史的时间原因和地理的空间原因，形成了近现代以来中国特有的乡土农业文化和都市工业文化两种不同文化类型的异质并存，相对低下的生产力水平和相对过大的人口密度，地理条件和发展水平的参差不齐等，使沿海和内地、东部和西部、南方和北方形成了社会心理特质各异的文化圈。在这些文化圈里各种区域性文化心理又纵横交错；城市里的小群体文化以及各具形态的副文化现象层峦叠嶂。体制原因造成的城乡二元社会结构，导致了两种不同的文化土壤，在这些文化土壤上根植出各自的社会心理特征和价值观念体系。

中国城乡文化差异的形成乃是在适应社会历史发展的过程中文化变迁所导致的文化分化。文化分化的历程使民族大文化经历了无数次痛苦的适应性裂变。而今，社会的发展又要求对城乡文化做有意识的整合，这就必然在两种文化中累聚起来的文化心理特征之间形成无法避免的文化冲突，这种冲突既是文化的、社会的，更是心理的，我们所观察到的事实已经证明了这一论断。

当代中国市场经济的发展、科学技术的进步、城市人口的膨胀，使我们的社会主义城市结构承受着失业的威胁；农村的剩余劳动力涌进大城市造成能源、交通、教育、计划生育等方面的诸多困难，精神文明建设滞后，群体观念失衡和心理偏常正在从城市向农村蔓延。乡村的封建主义意识和城市的资本主义精神侵扰着社会主义的精神文明和共产主义道德信念。因此生态环境整治的

---

① 万明钢：《跨文化心理学兴起和发展对我国心理学研究的启示》，《西北师范大学学报》1989年第4期。

同时，更大的工程将是心理环境的整治。这个工程显然不能排除社会心理学工作者的参与。文化学家和社会学家早已意识到这一点，而心理学家却仍然对城乡二元文化所造成的社会心理差异缺乏重视。

许多社会心理学的实证研究成果只停留在城市文化圈，而没有或者很少关注这些在城市“实验室”里总结出来的原理、规律是否在乡村文化中有它的适用性。比如众所周知的智力测量，显然考虑到中西文化有本质的差别，因而我们并没有盲目照搬西方心理学家制定的各种测量表。但如前所述，在移植各种量表的过程中，却没有考虑中国特有的城乡文化心理差异。这些问题必须从城乡跨文化心理学的角度予以阐释。中国城乡文化差异为心理学的研究提供了广阔的实践场所和丰富多彩的环境变量。充分利用这些差异将对心理学的研究有正反两方面的意义。

尽管我们描述了许多文化心理的城乡差异，但我们不能由此忽视我国民族文化的整体性特征。无论是哪一种亚文化类型或者模式，它都必然带有中国汉文化的遗传基因。这种遗传基因决定了这种文化模式在社会心理方面的共性。正是这种共性和文化差异的个性之间的对立统一，才使中国文化有如此坚强的内聚力，并在外来文化的冲击和社会结构的变迁面前表现出强大的包容性，并因此而发展为今天的独特文化结构，也正是这种文化的共性为我们研究城乡跨文化心理学提供了基点和参照系。

二、中国城乡跨文化心理学的基本内容与研究视角

首先必须对城市、乡村本身给予历史的溯源。古代的城和市是两个概念。“城”是指四周有围墙，具有既利于防守又利于进攻的军事据点，一般扼守交通要道；而“市”则是专指商品贸易的场所，直到封建社会中后期，城和市才合为一体，具有了现代城市的一般功能，成为政治、经济、文化、贸易的中心。城市概念本身的形成既有白话文取代文言文的因素，也有社会历史发展的因素。可以肯定地说：“城市乡村的二元社会结构”与古代的生产方式、社会制度、生活需要有密切的关系。在资本主义萌芽以前的纯农业和手工业社会里，已经出现了城乡在文化上的隐性差别，只不过到了现代大工业时代，这种差异便出现了突变并日益明显而已。所以，对城乡本身的历史考察是我们的首

要任务。

其次，在描述和分析中国文化共同社会心理特征的基础上，应着重揭示城乡两种文化背景下个体或群体社会心理的基本差别，并因此为心理学在研究原则和方法方面提供启示，进而为乡村城市化查明心理学上的依据。分如下三个角度去比较可能对我们更为有利。

第一个角度是分析城乡两种文化心态的总体差异。比如在政治心理方面，乡村是圣贤期待心理占优势，而在城市则是独立自主意识占优势。再比如，注意物质生理需要优先和精神社会需要优先的经济消费心理差异；圆伦交往结构与三角交往结构的群体交往心理差异。多神崇拜与无神危机的宗教信仰心理差异；以礼代法与有法无“天”的伦理法制心理差异；表层具象体验与深层抽象体验的艺术审美心理差异等。这些差异的综合研究，将有助于我们对城乡之比心理差异有一个研究的基本视点。

第二个角度是比较不同代际之间的社会心理差异。如果以解放后为界，则四代人之间的心理差异是十分明显的。而在同一代人中间，又可表现为城市乡村的差别；比如乡村社会第一代人表现为苦难的忍耐和听天由命，而城市社会的人则表现为解放的追求和艰苦创业。再如对第二代人的比较：以食为天、故土难移与忍辱负重、游离谋生；对第三代人的比较：压抑的变态欢愉与新生的困惑奋起；对第四代人的比较：不畏天命的发财意识与自觉平庸的享乐主义。对代际心理差异的横向城乡比较，将必须从现代社会工业化水平加速与跳跃中去揭示其动因。

第三个角度是比较不同阶层的城乡心理差异。比如以相敬如宾的夫妻关系为自豪的乡村道德妇女与追求自身解放为目标的城市现代女性；满足于一知半解的乡村术士与追求多极真理的城市知识分子。讲求实用的“下里巴人”与讲求享受的“阳春白雪”，等等。

具体地说、城乡二元社会结构已经将公民划分为两个大的“等级”，虽然这样“划分”是非人为的、自然而然的，但却已内化为文化潜意识，在这种潜意识的“等级心理结构”基础上，形成了城市市民的自负自傲与乡村农民的自贱自卑，而且城市市民对乡村农民的歧视是不可否认的文化心理事实。城市青年会嘲笑乡下人“土气”或“傻老冒”；而乡下人也会揶揄城里人“吝啬”或“虚伪”。城市小市民宁可住在空间狭小的大杂院里也要保持城里人的“尊严”，而乡下人进城又绝不能忍受城里人在卫生方面的苛求。这些具体的心理差异也许只能缩小，而永远难以消解，因为它不是单一的线性原因所造成的，而是多维原因铸就的心理结构上的差异。

文化心态差异的总体成因的揭示是城乡跨文化心理的又一个任务。从宏观上讲，地理环境是一个首要因素，比如江南水乡与北国风光，东部海洋与西部大漠的不同环境，形成了不同的文化区，也导致了不同的群体与个体社会心理差异。南方人的清秀、含蓄与北方人的粗犷、豪放形成显明的性格和气质对照。东南沿海城市人口密度大，人们不得不游离谋生，而且形成了适应各种陌生环境的心理习惯。相对而言，西北贫困山区的农民，则宁可在死亡线上挣扎，也难离故土。麦天枢的报告文学《西部在移民》，所描写的正是中国西部农民的文化心理特征。政治经济制度的影响也是一个重要变量，乡土社会以自给自足的小农经济为主体；而都市社会则已进入计划经济和市场经济共存的时代，在这种社会背景下，中国农民仍很大程度上恪守传统的小心谨慎与保守心理；而城市现代青年则表现出更多的追求刺激与冒险心理。生产方式的影响更应该得到重视，乡村农民基本上仍以体力劳动为主，而城市市民则处于体力劳动向脑力劳动转换时期，农民与市民在需要和情感方面的巨大差别与生产方式变革密切相关。外来文化的冲击也是成因之一，文化只有在沟通和交流之中才能相互融合和发展。由于地理技术因素，乡村往往在接受外来文化方面与城市有一个时间差，或者说乡村受外来文化的冲击必须以城市为媒介。因此，城市必然优先得到与外来文化融合的机会。再加上乡土文化又是一个相对封闭的系统，缺乏都市文化的开放性，从而导致离城市越远的山区，其与城市的社会心理差距越大。

在研究上述客观总体成因的同时，还必须对劳动手段、工作条件、生活习惯以及教育水平等微观成因予以深究。最后，我们的目标是对乡村城市化前景作心理学上的预测，并提出政策上的依据和建议，这些依据和建议只有在整体工程完成之后才能得出结论。

三、中国城乡跨文化心理学的资料线索与研究综述

早在20世纪30年代，中国社会学家费孝通就对中国乡土文化进行了田野

工作研究，并出版了《乡土中国》，他引用 Oswald Spengler 在《西方陆沉论》中区分出的两种文化模式：一种叫亚普罗式（后人译为阿波罗式），另一种叫浮士德式。阿波罗式的文化在感情定向上表现为认定宇宙有一个本来的秩序，这个秩序超于人力创造，人不过去接受它，安于其位；而浮士德式的感情定向则认定冲突是生命价值的基础，生命的意义在于障碍的克服，失去了障碍，生命也就失去了意义。中国文化整体上是阿波罗文化。但到了现当代，城市文化的崛起，则更多地表现为浮士德精神，阿波罗文化退居乡土社会。因此，费孝通认为，乡土社会是阿波罗式，而城市社会则是浮士德式的。现当代中国文化的心理学考察表明，这种区分仍适用于都市文化与乡村文化的比较理解。

在中国近代、现代、当代的数次中西文化论争中，当列举中国文化的基本精神和民族性格（国民性）特质时，多半描述的是乡土文化的精神和特质，因为乡土文化更接近于传统文化，积淀更深厚的文化传统。从鲁迅、陈独秀、李大钊、胡适到任继愈、沙莲香乃至刘晓波、甘阳，在讨论中国文化与国民性时，总是从整体上把握中国文化，或优或劣，或保守或进步，均没有区分都市与乡土文化心理特质。而实际上，传统文化作为一种累聚起来的生活方式（包括思考方式和行为方式）只有在乡土社会中才可以搞清其脉络。城市文化中虽然仍保留着传统文化的遗产，但城市文化精神中外来文化的渗透更深入。无论是外来文化侵入中国本土文化还是本土文化同化了外来文化，中国城市文化必然会发生质的变化，因此笼统地比较中西文化，研究中国人的民族性格，必会造成许多失误。就此而言，城乡跨文化心理学研究更具现实的理论意义。

根据万明钢著的《文化视野中的人类行为——跨文化心理学导论》中的资料[①]，20 世纪 50—60 年代，跨文化心理学家对城市文化心理和乡村文化心理做了大量研究，比如 1960 年杜布对非洲城乡的祖鲁族妇女进行了颜色编码和感知的研究。20 世纪 60 年代，怀廷和闵特恩（L. Minturn）等人成立了六个研究小组，使用同样的调查方法，在东北的古西地区、新英格兰的一个社区、印度北部的一个村庄、日本冲绳的一个农村社区、墨西哥的一个下层印第安人居住区和菲律宾的一个居住区，对居民们抚养训练儿童的各个方面进行了考察。1969 年，埃文斯和西格尔在乌干达地区对城市和半城镇、乡村儿

① 万明钢：《文化视野中的人类行为——跨文化心理学导论》，甘肃文化出版社 1996 年版，第 5 页。

童和城乡成人进行了分类学习研究。1974 年，沃伯在乌干达地区对当地人的 Obugezi（关于智力）进行了研究。1977 年，瓦格那在摩洛哥用邦索错觉的抽象形式和两种复杂的变式，对城市和生活在山区农村的儿童进行了测试。20 世纪 70 年代，斯图尔特对生活在赞比亚峡谷和赞比亚首都的儿童实施了缪勒、桑氏错觉测验。1982 年，波斯那和萨克斯研究了巴布亚新几内亚以经商为主的 Dioul 部落和以农耕为生的 Baoule 部落。1987 年，泰普（Tape）在科特迪瓦以城市和农村的中学生、成年文盲为被试，进行了皮亚杰形式运算的三项测验。与此同时，心理学家开始反思实证心理学的问题，提出人文主义心理学与科学主义心理学的整合思路，主张沿袭冯特的民族心理学研究方法，开展民族跨文化心理学研究。

时下中国的文化学家、社会学家、文化人类学家大多数仍采用历史文献分析法在研究中国文化，很少重视田野法。沙莲香先生研究中国人的性格采用了调查法和测验法，但是样本来自城市。倒是王沪宁所著《当代中国村落家族文化》成为一本值得参考的社会学著作，该书是全国 15 个村落调查报告基础上形成的理论总结，对中国村落文化的背景、结构、功能、嬗变和选择做了细致入微的分析。[①] 我们主张城乡跨文化心理学的研究首先采用实地作业法，而不是在研究所里空谈文化心理学。近几年，周晓虹、程贵铭、李志民等对中国农民心理学的研究为城乡跨文化心理学的研究开了先河。我们则在甘肃进行探索，希望有志同者共同研究这一课题。

总而言之，诸多政治、经济、历史、地理原因，在中华民族的文化大背景下，形成了近现代以来中国特有的乡土农业文化和都市工业文化异质并存的文化类型。新中国成立以来，政治经济体制上的城乡二元社会结构，形成了城市和乡村两种不同的文化土壤，在这些文化土壤上根植出各自的社会心理特征和价值观念体系。中国城乡跨文化心理学的母体是跨文化心理学。它旨在探讨城乡两种亚文化背景中的社会结构、思想观念、生活准则、价值体系、行为方式、民俗习惯、神话传说、宗教信仰以及语言特点等方面的共同文化心理特质和文化心态差异，研究的目的在于揭示个体或群体在城乡两种亚文化背景中心理活动的普遍规律，以期获得文化学和心理学两方面的意义。中国的城乡跨文

① 王沪宁:《当代中国村落家族文化》，上海人民出版社 1990 年版，第 17 页。

化心理学要在描述和分析中国文化共同社会心理特征的基础上，着重揭示城乡两种文化背景下个体或群体社会心理的基本差别，并因此为心理学提供研究原则和方法方面的启示，进而为乡村城市化过程中各种问题的解决查明心理学上的依据。近些年来，发展心理学、社会心理学、健康心理学的许多研究成果都已涉及城市和乡村的比较，但系统的比较研究尚未引起足够的关注。我们认为应当从分析城乡两种文化心态的总体差异；比较不同代际之间的社会心理差异，比较不同阶层的城乡心理差异等角度开展研究，周晓虹等专家的农民心理学研究为我们提供了样本。

第二节　中国心理学城乡分野的文化心理学批判与反思

正如心理学的发展历史一样，中国心理学也有一个漫长的背景和短暂的历史。中国的心理学思想广泛地散落在古代哲学家、思想家的典籍之中，其中儒家、道家、佛家的哲学思想与心理学思想是中国传统心理学的基础，但是中国心理学的文化资源一直受到国内心理学家的忽视，反倒国外心理学家对中国心理学思想产生了浓厚的兴趣，荣格曾专门撰书研究中国的《周易》，从中国文化中吸收养分并容纳西方心理学传统而建立分析心理学。而中国现代的心理学则是完全照搬和引进，先是 19 世纪末 20 世纪初，以引进西方心理学（主要是美国心理学）为主，20 世纪 50 年代则转而以苏联心理学马首是瞻，巴甫洛夫的高级神经活动说成为了中国心理学的代名词。20 世纪 70 年代中期，中国心理学又重新开始大量的引进、介绍西方尤其是美国心理学。直到今日，中国心理学仍旧秉承美国心理学的气质，沿袭美国心理学的中国翻版。在翻版美国心理学的过程中，中国心理学出现了一股心理学本土化和心理学跨文化研究的思潮，声势变得也越来越大。直至跨文化心理学、文化心理学和本土心理学的产生，心理学界发生了翻天覆地的变化，并且这种变化必将成为心理学史中的巨大转折点。

一、西方心理学的引进与筛淘标准问题

当代心理学的文化转向，已经在很大程度上改变和扩展了当代心理学的研究思路，使越来越多的心理学者关注到文化变量对心理的影响和作用。但是中国心理学秉承了西方心理学的传统，西方正统心理学是按照西方的科学文化来构建自己的心理学，它立足于主客体的相互分离，或者研究者与研究对象的相互分离。研究对象是客观实在的，而客观实在是物理的存在。由研究者的感官和物理工具捕捉到的物理实在就是物理现象。对于心理学来说，其研究对象也就被看做是客观实在，也即物理实在。由心理学家或物理工具捕捉到的就是心理现象，因此心理现象可以等同于物理现象，心理现象被还原为机械的物理现象。在研究方法上则是实证主义，以主客二分法为起点，通过理论假设、操作定义、实验控制、统计推论等一套标准化的程序对心理现象进行研究，他们认为这样的标准化保证了研究的“价值中立”、客观性和可操作性。这种实证主义心理学传统已经受到当代新兴的文化心理学和跨文化心理学的挑战。文化心理学和跨文化的复兴给心理学研究带来了新的研究视角，也给深受西方实证主义心理学影响的中国心理学带来了新的希望，如何结束复制和跟随，将是心理学文化转向中中国心理学者的主要任务之一。文化心理学与跨文化心理学的兴起虽然给中国心理学者一个反躬自省的机会，给中国心理学者一个发掘中国传统文化心理资源，整理中国传统心理学思想的机会，但是目前多数研究还仅限于通过发掘中国心理学传统来验证西方心理学的跨文化性和普遍适用性，实质是按照西方心理文化下的标准来筛淘中国心理学思想，这样的研究是不可取的。中国心理学仍然无法摆脱根植于西方殖民主义心理学的限制，仍旧是物理主义心理学研究占据主流的地位。因而也就导致了中国心理学研究中充斥了泛西方化和泛实证化。

二、中国城乡文化心理差异与心理研究

以文化为基准，西方心理学与中国心理学是两种文化传统中的心理学，西方文化下的心理学研究不能全部解释中国文化下的心理现象。既然西方心理学

与中国心理学研究中文化差异性导致了心理学跨文化研究的异质性，那么根植于西方心理学的中国心理学在研究中国心理现象时也必然会面对文化的问题。东西文化从宏观上可以区分出个体主义文化与集体主义文化，那么中国本土的当代文化则可以区分出乡土文化与都市文化。由于历史的时间原因和地理的空间原因，在中华民族的大文化背景下，形成了近现代以来中国特有的乡土农业文化和都市工业文化两种不同文化类型的异质并存，体制原因造成的城乡二元社会结构，导致了两种不同的文化土壤，在这些文化土壤上生长出各自的社会心理特征和价值观念体系。城乡文化差异的形成是在适应社会历史发展的过程中文化变迁所导致的文化分化。文化分化的历程使民族大文化经历了无数次痛苦的适应性裂变。而今，中国社会的发展又要求对城乡文化做有意识的整合，这就在两种文化中累聚起来的文化心理特征之间形成无法避免的文化冲突，这种冲突既是文化的、社会的，更是心理的，而文化的这种冲突却对城乡民众心理与行为产生深远的影响，集中反映在人格、认知、情感以及价值体系和行为方式中。

中国文化传统本是传统的儒道释文化，城乡文化虽然同根同源，但都市文化却在近代发生了悄然的变异。传统文化更多根植于乡土社会，都市文化则已经在多元文化的冲击下发生了变异，传统文化作为一种累聚起来的生活方式（包括思考方式和行为方式）只有在乡土社会中才可以搞清其脉络。城市文化中虽然仍保留着传统文化的遗产，但城市文化精神中外来文化的渗透更深入。无论是外来文化侵入中国本土文化还是本土文化同化了外来文化，中国城市文化必然会发生质的变化。因而，中国心理学研究中的城市化倾向则是中国心理学研究的最大弊端之一。中国现代的心理学是利用主流心理学的实证的研究理论（如科学主义、物理主义、还原主义）、实证的研究范式和方法（如实验设计）、实证的研究技术（如FMRI、ERP）来研究都市人的心理生活、心理文化和心理环境，而在乡土社会则缺少专业的心理学研究者和专门的心理学研究技术。而乡土社会的研究已经被民俗学家、民族学家、文化学家、人类学家和社会学家所占据，这本应该属于心理学的研究领域却越来越多的拱手让人，不能不说这是中国心理学研究的悲哀。中国城市与乡村文化的巨大差异性完全可以给中国心理学研究开拓一片新的研究领域。我们主张在中国城乡文化差异的基础上，以跨文化心理学为模板，建立中国城乡跨文化心理学，探讨城乡两种亚文化背景中的社会结构、思想观念、生活准则、价值体系、行为方式、民俗习惯、神话传说、宗教信仰以及语言特点等方面的共同文化心理特质和文化心态差异，揭示个体或群体在城乡两种亚文化背景中心理活动的普遍规律。我们主要从四个角度进行思考：第一个角度是分析城乡两种文化心态的总体差异，第二个角度是比较不同代际之间的社会心理差异，第三个角度是比较不同阶层的城乡心理差异，第四个角度是比较典型文化区域下的城乡心理差异。而我们主张建立这样一种心理学的缘由是中国心理学的都市化倾向的泛滥，只有建立这样一种根植于城乡双文化背景下的心理学，才能可以说是完整的中国心理学，才能真正的反映出中国心理学的研究传统，才能建立中国文化下的中国本土心理学。

三、中国心理学城乡分野的跨文化心理学批判

如前文所述，跨文化心理学是比较研究两个或者多个文化背景中个体和群体心理发展变化的规律，从而找出哪些是适用于任何社会文化背景中的人类行为的普遍法则，哪些是仅适用于特殊文化背景中的人类行为的特殊法则，它的研究目的在于查明人类心理在多大程度上以相同的形式发展，用什么来解释不同社会文化之间人们明显的个性和认知特征方面的差异，用心理因素能够解释哪些文化的差异和用文化因素能够解释哪些心理差异。这个定义将文化从众多的环境变量中突出出来作为一个核心自变量，作为被关注焦点进入心理学研究视野。由跨文化心理学衍生的跨文化研究则为心理学未来发展，从根本上转换了研究视角，它是以文化为变量研究心理和行为的异同，通过跨文化比较，对心理学的某些概念、理论和假设予以文化上的比较和检验，从而验证研究过程和结果解释上的外在效度。每一种心理学理论的产生和发展，尽管在单一文化中或是在控制实验条件下可能具有较高的文化解释性，但在缺失跨文化比较时，能否外推到其他文化，以观照该文化内民众心理，也具有文化的解释性，即一定的外在效度，则未为可知。因而主流心理学认为一切心理学研究都应该是跨文化的，但是结果却令西方主流心理学失望，宏观的国家间、民族间大多不具备跨文化性。而对于中国，我们认为中国城乡文化的异质性也决定了中国城乡心理学之间不具备跨文化性。

在心理学的引进过程中，中国根植于西方传统之上的主流心理学却也完全的复制了西方的都市心理学，西方的城乡基本是不分化的，基本没有城乡的概念，但是中国不但有城乡的地理分化、文化分化，还有城乡的心理分化，这种分化是基于传统的，是微妙的。中国城乡文化的同根同源在近代则发生了变异，都市文化是西方文化与传统文化的中和，乡土文化则更多的保持乡土本色。因而这种城乡跨文化比较与研究的缺失则是中国心理学研究的最严重弊端，因为缺少城乡跨文化的研究，中国心理学就不能统合。原因只是中国传统文化与西方文化的不能完全契合性，如果东西文化能够很好的契合，那么也就不存在西方强势文化对中国都市文化的侵袭，也就不存在中国城乡跨文化的研究。从现实已有的城乡跨文化研究的尝试来看，已有的对乡土社会的研究方法与研究工具也具有很大的问题，研究方法的都市化，研究方法的非人性化和机械化，研究工具的缺乏跨城乡文化性，研究工具的不灵活性等都严重制约了对乡土社会心理现象的研究。对城市研究具有很好信度和效度的研究工具，在乡土社会则显得毫无用武之地。因此，中国心理学的研究亟须创造适合城乡文化的研究方法与研究工具，这种方法与工具起码应该是具有中国城乡跨文化性，具有中国文化本土性。

四、中国心理学城乡分野的本土心理学反思

20 世纪末，随着西方实证主义心理学的式微，西方心理学强势话语霸权不断受到来自跨文化心理学的挑战，在跨文化心理学呼声逐渐升温之际，更多的国内外心理学家主张摒弃西方文化背景下的强势话语，建立一种根植于本土文化的本土心理学。20 世纪末，中国台湾与香港心理学工作者首先着手中国心理学本土化的研究，杨国枢认为心理学研究的本土化，重点在使心理学的研究能够达到本土性契合的标准。①“中国人的本土心理学”是一种在本土性契合条件下以三个华人社会的中国人为主要对象所建立的心理学知识体系。在建立此种体系的过程中，研究者根据当地华人社会中之社会的、文化的、哲学的及历史的观点，自然反映华人种族进化及遗传因素的响，从而提出妥切的问

① 杨国枢、陆洛：《中国人的自我：心理学的分析》，重庆大学出版社 2009 年版，第 5 页。

题，建构合适的理论，设计有效的方法，以便在当地的社会、文化及历史脉络中，尽量准确而充分地描述、分析、理解及预测当地中国人的心理与行为。利用自己的研究工具与研究方法在人情、面子、缘、报、关系取向、孝道、家族主义及其相关现象、社会取向、社会取向的成就动机、个人传统性、组织行为、公平观、正义观、价值观、中国古代的心理学思想以及华语文化心理、书法心理、儒法思想的心理学观等领域作出了卓越的贡献。随着中国台湾心理学家本土心理学的提出，中国大陆学者与中国香港学者也开始试图建立中国大陆本土心理学，老一辈的有梁漱溟、潘菽等心理学家，年轻一代则有葛鲁嘉、申荷永、燕国材等，他们都主张建立根植于中国本土传统文化的心理学，都主张在中国传统文化资源基础之上，创造本土的心理学理论、心理学研究方法、心理学研究技术。

在中国本土心理学如火如荼开展的过程中，中国心理学内部并没有稳定，中国本土心理学过多的注重挖掘古代心理学思想，建立本土化思想理论体系，但是，中国心理学本土化过程中似乎忽略了中国社会是一体两面的城乡一体社会，不是中国台湾的社会，更不是中国香港的社会，是拥有五千年传统文化历史，国土960万平方公里，人口13亿，外来文化入侵，城乡文化异质的社会，这就出现了中国心理学本土化研究的文化取向定位问题，是定位乡土社会还是定位都市社会，同样的也就涉及研究方法与工具问题。现在中国本土化进程中的心理学研究，无论是批判吸收外来理论与方法，还是整理中国古代心理学思想上，焦点更多的还是偏向于城市，主要的就是研究对象的泛城市化，研究工具的泛城市化。在利用实证方法和工具的时候，许多实证心理学的设备根本不可能拿到乡土社会去用（如眼动议、FMRI、ERP），许多好资源不能适用于乡土社会。在挖掘古代心理学思想的时候，也很少有乡土社会的田野工作，而只是凭借古代书籍。历史是一个时间的连续体，事物也是在不断变化的，不结合实际的考察，不将理论与实际相结合的本土化研究，终将也是空中楼阁，它的现实意义不大。我们并不是批判中国当代本土心理学研究的意义与成果，而是就具体事实提出一些我们的看法。借助中国心理学研究中的跨文化心理学、文化心理学、心理学本土化和本土心理学研究思潮，我们需要在前人提出的理论框架和研究方法基础之上，一方面充实城乡文化心理研究的内容，为中国城市化进程中中国人心理研究提供一个理论的、方法的和现实的指导；另一方面在新一批本土心理学家和文化心理学家研究的基础之上，进一步的创造适合中国城乡文化的研究方法与研究工具，填补中国当前本土心理学研究的空白。建立根植于一体两面的中国社会的本土心理学并不容易，需要更多的文化心理学与本土心理学工作者的共同努力，对理论、方法、工具的创立与研发上应以中国城乡文化为本位，以中国古代典籍为文化资源，以城乡田野工作为现实依据，理论与实践相结合，这样的心理学才应该是中国特殊文化下的本土心理学。

总而言之，中国心理学研究正在逐渐摆脱复制和跟随西方实证主义心理学，在新的心理学文化转向思潮下，中国心理学研究的本土化和本土心理学研究应该是并驾齐驱的，最终将建立完全的本土心理学。在这一过程中迫切需要解决中国心理学研究城乡分野的问题，这是一个理论问题，也是一个现实问题。中国心理学研究的传统，不仅要把城乡跨文化心理学纳入跨文化心理学范围，同时要把区域心理学纳入跨文化心理学范围，更应该把城乡跨文化心理学纳入区域跨心理学范围。在研究对象上应该是中国城乡文化个体，在研究方法上应该是东西结合，自然科学与人文科学相结合，主位研究与客位研究相结合、同文化研究与异文化研究相结合，主流文化与亚文化研究相结合，区域研究与整体研究相结合，城市研究与乡村研究相结合。因此，区域跨文化心理学和城乡跨文化心理学的研究将是真正的本土心理学研究方向。乡村城市化，传统现代化，不仅存在着政治经济、科学教育的差异，更重要的是文化心理差异。中国心理学本土化的出路与结局就在于将其定位为城乡文化的心理学、城乡历史的心理学、城乡生活的心理学、城乡创新的心理学、城乡未来的心理，最终统合为没有城乡边际的统合心理学。

第三节　中国城乡居民跨文化适应及应对方式问题分析

由于历史文化、地理环境、政治经济、社会结构等因素的相互作用，中国的城市和乡村形了中国独有的两种文化模式，城市是典型的浮士德模式，乡村是典型的阿波罗模式。这两种独特的文化模式既根源于中国传统文化，又有着巨大的差异，乡村文化更具传统性、封闭性，城市文化更具多元性、开放性。在观念上，农民代表居住生活在特定地理环境中的人群，这一人群常常与居住在城镇或都市的人群形成一种对照，即“乡下人”和“城里人”。“乡下人”居住在乡野之中，聚村而居，成群而落，靠近田野、草原和大自然。因其出生地的原始基因，无论到哪里，他们“乡下人”的地理身份与天生“城里人”的地理身份的差异，便决定了城乡之间的观念差异，以及社会对“乡下人”的消极刻板印象，即认为农民总是墨守成规，因循守旧；安于现状，害怕冒险；思想固执、狭隘，而缺乏开拓进取精神。生产和生活方式的特殊性以及在社会中的特定地位，也会形成他们自己对待世界、社会和人生的基本态度和观念，形成特定的农民文化、农民意识。而随着改革开放的逐步推进，中国城市化进程也不断加快。建立在城乡二元割据基础上的中国社会，必然会面临城市化过程中所必然面临的一系列问题，这些问题主要是来自城乡文化适应过程中的心理压力及应对。作为社会弱势群体的农民，由于他们的家庭背景和早期的文化习得与城市文化之间存在异质性和不连续性。因此，当他们进入城市时，必然面临文化适应中的冲突与压力问题。其中城乡文化差异导致的城乡文化适应问题，则成为影响中国城市化进程以及城乡和谐稳定的一大杀手锏，它给乡土社会中的个体带来了种种难以抹掉的负性记忆，都市人对农村人的文化歧视、消极刻板印象、藐视、欺骗等消极评价，严重影响着农村人的身心健康发展与城乡和和谐与社会稳定。因此，如何解决不同城乡文化中的文化适应及应对方式问题是和谐社会建设中亟待解决的问题。

一、中国城乡跨文化与文化适应

传统跨文化心理学对于文化适应的研究，主要是从宏观层次上进行横向的研究，如国家间、民族间、种族间的跨文化比较研究，但是他们忽略了跨文化研究不仅要从国家、民族的高度上进行研究，也要从城乡文化差异以及区域文化差异的角度来进行研究。中国城乡跨文化心理的研究在于探讨城乡两种亚文化背景中的社会结构、思想观念、生活准则、价值体系、行为方式、民俗习惯、神话传说、宗教信仰以及语言特点等方面的共同文化心理特质和文化心态差异，希望揭示个体或群体在城乡两种亚文化背景中心理活动的普遍规律。而中国城乡跨文化适应与应对方式问题的研究正是在这一框架之内展开的，希望结合中国传统文化对中国城乡文化所形成的这一对特殊群体进行研究。中国城乡跨文化的文化适应研究的提出是以直接的现实需求为基础的。中国作为一个城乡发展极不平衡的国家，在发展过程中，形成了城乡政治、经济、文化的非常态发展，在我国日益加速的城市化进程中，大量的农民工进入城市后面临的文化冲击与文化适应问题。这些农村外出打工的群体具有人口众多，规模庞大，难于管理的特点。随着高校的不断扩招，越来越多的农村孩子从少年时期就在城市里接受教育，他们一方面从小接触乡土文化，另一方面在城市里接受城市文化，使得他们陷入既不是农村人也不是城市人的尴尬境况，成为了社会边缘群体。嫁到城市里的农村女性，面对城市中快节奏生活、异样的生活方式所产生种种心理与社会适应困难。城乡双文化个体在城乡身份角色转换中的心理适应问题等，城市化进程中所带来的等诸如此类的问题，使得中国社会面临一系列的城乡社会公平问题、城乡歧视问题、城乡教育平等问题、城乡社会保障问题、城乡就业问题、城乡文化适应问题和城乡心理调适问题等。

因此，对于城乡跨文化心理问题的研究则显得尤为必要，跨文化适应问题又是其核心问题。Cabassa 认为文化适应指的是在异文化里的个体对新环境的适应，具体包括短期逗留、定居、亚文化间的流动迁徙及社会变迁等情形。是处于不同文化氛围中的个体逐步调整、接受、适应、融入该文化的缓慢的、渐进的过程。① 早期的跨文化适应研究是由人类学家或者社会学家所组织进行的，他们一般都是集体层次上进行的研究，他们探讨的通常是一个较原始的文化群体，由于与主流文化群体接触而改变其习俗、传统和价值观等文化特征的过程。而心理学家通常更加注重个体这个层次，强调文化适应对各种心理过程的影响。从对文化适应的定义来看，文化适应的过程实际上对发生相互接触的这两个不同文化都会产生影响，但是由于影响程度大不相同，对一直生活在主流文化（dominant culture）中的群体影响很小，对新到这个文化环境的群体的影响相对而言就大得多，这一过程甚至可以影响到他们生活的所有方面，与此相对应，已有的文化适应研究实际上主要探讨的就是文化适应过程对这些新到一个文化环境的个体的影响。随着研究的不断深入，跨文化心理学家对文化适应也提出很多模型理论，如单维度模型、双维度模型、多维度模型和融合模型

---

① Cabassa L J. *Measuring acculturation: where we are and where we need to go*, In: Hispanic Journal of Behavioral Sciences, 2003(2).

等。他们都从不同的角度对跨文化的文化适应提出自己的观点，目前应用范围最广的是Berry提出的双维度模型，Berry根据文化适应中的个体对自己原来所在群体和现在与之相处的新群体的态度来对文化适应策略进行区分，他提出的两个维度分别是保持传统文化和身份的倾向性，以及和其他文化群体交流的倾向性。并且他认为这两个维度是相互独立的，对某种文化的高认同并不意味着对其他文化的认同就低。根据文化适应中的个体在这两个维度上的不同表现，Berry区分出了四种不同的文化适应策略：整合（integration），同化（assimilation），分离（separation）和边缘化（marginalization）。[①]

虽然国外跨文化心理学所研究的理论在一定程度上是具有一定普适性的，但是双维度模型的适用范围应该也是限定在一定区域和范围的。中国城乡文化差异应该是世界上最特殊的文化差异之一，它根植于传统中国的儒、道、释文化，是三家文化主要思想的杂糅与整合，并没有孰优孰劣之分。在现代中国社会，农村是中国传统文化的主要生长地，在这里的传统文化底蕴最深，被外来文化同化和整合的程度最小，仍旧是一种以土地情结为基础的乡土社会，仍旧是以伦常为本位的差序格局社会，道德伦理、关系本位、宗族观念、老乡观念、乡土情结是中国农村文化的缩影和表现形式。在城市，根植于传统文化的乡土文化逐渐转化成典型的“小市民文化”，随着外来文化的冲击，小市民文化又逐渐向所谓的“现代文化”转变，城市社会的道德伦理、关系本位、宗族观念、老乡观念、乡土情结已经很淡漠。他们关注更多的是个体而不是群体，追逐更多的是利益而不是道德伦理，思想观念中想的都是些所谓“前卫理念”。但是，这种现代文化却是中国当代的主流文化，他是一个建立在现代物质和经济欲求之上的身着华丽外衣的绅士，是一个饱受传统文化熏陶而又挣脱传统文化束缚的叛逆者，他是乡土社会所膜拜的对象，也是弱势文化倾向的对象。因此，中国城乡跨文化适应也就是农村人适应城市人的生活方式、思想观念、行为习惯、语言、宗教信仰等的过程，而很少出现城市人适应农村社会这种情况。所以，在跨文化适应的这个理论框架中来探讨中国城乡跨文化适应问题，其实是基于西方文化适应理论与中国传统文化基础之上的，因此，充分利用外部资源与自身资源的结合将更能有效地研究中国城乡跨文化适应与应对方

---

① 余伟、郑钢：《跨文化心理学中的文化部适应研究》，《心理科学进展》2008年第6期。

式问题。

二、中国城乡跨文化适应的压力源及应对方式

（一）中国城乡文化适应的压力源

由于中国城乡文化的异质性和不连续性，导致农村人在适应城市文化的过程中必然面临一系列的心理压力，造成一定的文化冲击。Kalvero Oberge 认为“文化冲击”指的是由于失去了自己熟悉的社会交往信号与符号，对于对方的社会符号不熟悉，而在心理上产生的深度焦虑[①]。这种焦虑在生理上表现为持续不断的身体上的疲劳感、长期的精神压力、失去熟悉朋友的不适应、对新环境个体的反感、对自己价值观受到否定的不满、对自己的角色产生混乱而感到不舒服、应付环境的无能感等。这种文化冲击表现在中国城乡文化上，就是城市人对农村人生活方式、行为习惯、着装打扮、言谈举止、从事职业等的歧视，以及对农村人的消极刻板印象等，导致农村人对城市生活的焦虑、紧张、失望、压抑、疲劳、自卑感、无安全感等。如果适应良好则可以促进良好的身心发展，适应不好则会形成不健康心理状况，甚至出现反社会行为及人格障碍。这种压力源的“内核”是中国传统文化与现代文化的不相融合，外在表征是对经济利益和物质形态的欲求。传统文化中儒家主张“仁”，人者仁也，强调个体是被别人给定位的，只有在与别人的关系互动中个体才能被定位，否则人是没有意义和内容的实体。因此，中国人具有共生取向、关系取向、家族取向、集群取向，且在乡土社会中比城市社会要严重得多。儒家还强调仁道不是外在于人的存在，而存在于个体的内心，儒家的理想人格是成为圣人、君子，实现和达成的途径就是“克己复礼”，只有克己复礼才能成仁，因此也就强调了自我压抑和自我的忍耐，通过这种途径修行自己，主张内在对道的体认和外在对道的践行，体道于自己的内心，行道于公有的天下。在内能成圣成贤，在外能治国、平天下。儒家这种克己复礼的观念深深影响着中国人。因此，一方面，农村人在城市的一系列不适应都根源于这种传统观念的束缚，根源于对传统文化和长老宗族文化的内化形成的观念定型；另一方面，根源于社会不平等

---

① 徐光兴、肖三蓉：《文化适应的心理学研究》，《江西社会科学》2009 年第 4 期。

造成的经济利益问题，乡土社会与都市社会最大的差别之一就是经济差异悬殊，一切文化表征都建立在雄厚的经济基础之上，有钱可以出国留学，学习先进文化，有钱可以买车买房住进文明人的社区，有钱可以在衣着饮食上讲究，有钱可以不用面朝黄土背朝天辛苦劳作。所以，经济是城乡文化适应最现实的外显原因，传统文化的变异则是深层次的内隐原因。因此，能否在城市文化中良好的“二次成长”，是传统文化以及受传统文化影响形成的个体人格特征与现代经济、物质不平等等因素共同影响的结果。

（二）国外跨文化适应中的压力应对方式

在国外跨文化适应的研究中，Moos 曾提出一个压力和应对的理论模型，他整合了个人与环境之间的关系，充分考虑了环境系统（Environmental System）和个体系统（Personal System）以及两者共同影响下的暂时条件、认知评价、应对技能和个体的健康、幸福等方面的交互作用。他认为环境系统是由社会气氛、当前的压力源和源自生活不同领域的资源等相对稳定的因素构成；个体系统则是由认知能力、个性特质、社会能力和自信这样一些个人特质和资源构成；暂时条件包括新近发生的生活事件和个体生活中的变化，以及个体面对这些情景的威胁和挑战，自身是否有足够的处理压力情境的个人和环境资源作出的评价。因此，他认为文化对压力和应对的影响不应该局限于环境系统，应该把文化理解为渗透在整个压力和应对过程中的社会和生态系统，是整个模型的背景因素。[①]Berry 认为，当文化适应中的个体既重视保持原有文化，也注重与其他群体进行日常的交往时，他们所采用的策略就是“整合”；当个体不愿意保持他们原来的文化认同，却与其他文化群体有经常性的日常交流时，他们所使用的策略就定义为“同化”；当这些个体重视自己的原有文化，却希望避免与其他群体进行交流时，就出现了“分离”；最后，当个体既对自己所在文化，也对新鲜文化缺乏兴趣，甚至是搞不清楚自己是属于那种文化实体，这时的文化适应策略就是“边缘化”。[②] 但是，有研究表明，跨文化适应者并不

---

① Moss, R. H. “The mystery of human context and coping:An unraveling of clues”, *In American Journal of Community Psychology*, 2002 (1).

② Berry, J. W., Poortinga, Y. P., Segall, M. H., et al. *Cross-Cultural Psychology: Research and Applications (2nd ed.)*. Cambridge (UK): Cambridge University Press, 2002, pp. 340-380.

能自由选择适应策略，而主要取决于主流文化群体的不同态度，主流文化群体对个体的不同态度迫使其采用不同的适应策略。Berry 的这个理论并没有细致地反映出文化差异的个体所进行文化适应的心理过程和心理机制，只是从宏观上区分出对文化冲击造成文化适应所采取的策略。以上的理论都在不同程度上可以解释或揭示部分文化适应问题，但是文化与文化的差别是巨大的，并非所有文化适应问题都按照他们所说的那样可以轻易地区分。

（三）中国城乡跨文化适应的应对方式

中国城乡文化差异的现实原因是制度性政策造成的，它的形成有它的复杂性，既有偶然因素也有必然因素。因此，中国城乡跨文化适应问题应该具有明显的“中国特色”，一方面，国外理论与方法可以作为解释中国城乡跨文化适应的参照；另一方面，中国城乡跨文化适应的特殊性也决定了它应有的文化性。因此，以上介绍的两种国外的文化适应的应对方式，他们在面对中国城乡文化群体的时候并不是毫无解释力的。对于 Moos 的理论，能够揭示农村人在面对文化冲击时所发生心理变化的一些指标或是影响文化适应的一些因素，如环境系统包括社会气氛、当前的压力源和源自生活不同领域的资源等，这些是一些外部的客观存在。现代都市的快节奏生活步伐、城市人高傲的心态、以利益为中心的处事方式、对职业与工种的歧视等，这些都是 Moos 所说的环境系统，我们也可以叫做主流文化氛围，一切这些都是主流文化所主观构建出来的，包括生活方式、价值观等。Moos 理论的个体系统则是由认知能力、个性特质、社会能力和自信这样一些个人特质和资源构成。站在我们的视角中，我们可以认为这是一些影响文化适应的个体的内部因素，个体之间是有差异的。对于中国城乡跨文化适应问题来说，核心是中国古老的传统文化与现代都市变异的传统文化不相容和不契合性。传统认为农村人具有保守、胆小的处事风格，他们因经验缺乏而难以习得“文明”的交际能力，因传统文化影响形成的内向的个性特征，因社会比较而形成的自卑心理，这些都是该理论所说的个人系统的组成部分。而该理论下的暂时条件、认知评价、应对技能和个体的健康、幸福等，都是在面对具体的实际问题时所暴露出来的个体差异问题。该理论的优势在于考虑到了个体因素与环境因素所共同影响着个体的文化适应问题，他们的相互作用可以用来解释文化适应所形成的一些因素。对于 Berry 的双维度理论来说，中国城乡跨文化适应在理论上来说是可以采取其四种策略的，根据不同的文化氛围与个体人格特征选择不同的策略是可以良好的适应文化的转化的。但是，问题的关键是个体选择何种策略往往是由主流文化，也就是城市文化对农村群体所采取的态度决定的。而不是农村人所能主动选择的，如在城市里读书的农村孩子，他们适应环境的策略只能是整合或是同化，否则将面临一系列的社会压力、人际压力，终将造成心理的不健康。目前在中国，城市人对农村人所持的态度大多是消极和负性的，这也就决定了个体很难采取正确与合适的策略来应对主流文化的排斥。

国外的理论有其合理性的一面，但是中国城乡跨文化的心理适应是极具特殊性的，因此，这些理论只能作为解决中国城乡跨文化适应应对方式的一小部分。对于中国人城乡跨文化适应的应对方式问题，从我们自己的立场或角度出发，我们认为，第一，是建立在中国关系本位的老乡认同观念。[①] 这是有效应对中国城乡跨文化适应的策略之一。建立在区域跨文化心理学基础上的老乡观念是中国社会所独有的一种心理现象，它是一种对家乡文化或观念的认同、对交往的渴求、对寻求社会支持的渴望，在外乡遇见同乡邻里会产生对老乡的认同、依赖、归属感、安全感，这种心理往往是以老乡观念和乡土感情为基础建立起来，它具有很强的内部凝聚力，他可以使个体在异文化中缓解文化冲击所产生的孤独、寂寞、疏离感、归属感、剥夺感、自卑感安全感丧失、社会支持缺失等，产生一种心理上的慰藉，以便让个体在心理上找到依托，尽快摆脱负性情绪，以便为进一步的文化适应做准备。但是这种策略有一个缺陷，它是不利于个体快速适应城市文化的，个体容易对老乡群体产生依赖，而对城市文化产生分离感，不利于个体对城市文化的融合。但它却是一种有效地缓解文化冲击的策略；第二，是建立在传统文化基础之上心理学思想。道家和谐观的核心思想是一种贵柔、善弱、避、无、无为、不争，这是一种心理克制，“无为而无所不为，有为而有所为”说明克制和忍耐是一种积极的追求自我和社会和谐的心路历程，具有这种观念就可以通过“无为”的克制转化为“有为”的实现；第三，是个体重塑自我。首先要自思自醒，农民的自立取决于农民在现代化的

① 张海钟、姜永志：《区域心理学视野下的“乡党”现象心理学分析》，《长春工程学院学报（社会科学版）》2009 年第 3 期。

进程中能否实现由自再到自为的飞跃。其次要自立自强，从来就没有什么救世主，要彻底改变自己的命运，全靠农民自己。与城里人的自傲心理形成鲜明对比的是农民无论在城里还是在乡下，都有一种农民身份的自卑感。这也强化了农民的城乡分类意识和城乡差异观念。因此，通过自我分类，逐渐获得关于城市性的认识，通过不断的认知和行为反应，在协调与冲突间不断转换，最后达成自我重塑，达到同化和融合的目的。

总的来说，中国城乡跨文化的文化适应的问题就是一个产生与调节认知、情感、意志、行为的过程，这种文化适应与应对是一个完整的心理过程或心理历程。文中首先提出跨文化心理学不应仅关注国家间、民族间、种族间的跨文化比较研究，还要关注城乡与区域间的跨文化比较研究，而跨文化研究中的文化适应与应对方式一直是跨文化心理学的研究重点之一。随后我们根据中国和谐社会建设与中国城市化加快这样的现实需要，提出中国城乡跨文化的文化适应与应对方式问题，并将国外的一些理论模型与中国具体的文化特征相结合，提出了中国城乡跨文化的文化适应的压力源和应对方式。这种对中国城乡跨文化适应与应对方式的研究，是对在中国城市化过程中所表现出来的现实的、尖锐的问题的解答。中国城乡间文化的巨大差异，表现在乡村城市化过程的始终。来自城市主流文化的压力，造成了来自乡土社会的农村男女对城市生活的既向往，又恐惧的矛盾心理。如此种种的文化冲击带来的文化适应问题给他们的内心造成了种种抹不去的负性记忆。所以，今后如何开展中国本土文化下的城乡跨文化研究和区域跨文化研究，以及城市化进程中的文化断层造成的心理适应的研究，成为中国本土心理学所要进行的重要工作之一。因此，可以说中国城乡跨文化的文化适应与应对方式的研究是困扰决策层面的主要问题，也是维护城乡稳定、经济发展与和谐社会建设的中心问题。

第四节　文化心理学视阈下的城乡文化心理差异分析

文化心理学作为心理学研究的新取向，在心理学研究中的地位越来越受心理学工作者的重视，随着心理学的文化转向，那种只注重实证研究而把文化这一因素当做准自变量或者无关变量的心理学研究，已经开始把文化作为一个实实在在的变量纳入研究之中。因而在心理学的研究中我们更倾向于在文化背景下对心理与行为进行研究，这种研究得出的结论应该是取自当地文化土壤中，是一种本土的研究，因而更具有现实意义。城乡心理与行为的研究，作为文化心理学和区域跨文化心理学的主要研究内容就是在这种文化背景下来进行研究的，就是把乡村与城市两种不同的文化土壤作为两个变量，认为城市与乡村是两种不同的文化，城市是受现代与西方文化影响较大的一种现代文化，而乡村则根植于传统文化受现代文化影响较小，是一种中国式的传统文化，因此我们把城乡文化差异看做是现代文化与传统文化的差异。我们的假设是不同区域的文化存在很大差异，因而其心理也必然存在很大差异，不同的心理必然导致不同的行为方式，因此从文化心理学的角度来揭示城乡两种亚文化背景下的民众心理与行为就显得尤其的重要，因此我们主张从文化的角度来理解城乡心理与行为差异。

一、文化心理学概念的逻辑界定及现实意义

文化心理学作为一种比较新的心理学研究取向，主要探讨文化背景下的心理活动，即文化对人的心理与行为的影响以及心理在文化继承和发展中的作用。结合前文所述国外学者对文化的概念理解，李炳全认为文化是一门人类优化自身的学科[①]。我们认为文化心理学是研究人类在不同适应与生存的过程中形成的选择最适合生存，最被人们所认可的行为习惯、生活准则、风俗习惯、价值体系的总和的学科。

那么从文化区域的划分来看，以往的跨文化心理学没有把不同省或区域的人群的心理文化差异纳入心理学研究范围，而区域跨文化心理学是在中国文化背景下，对不同历史区域、地理区域、文化区域、生态区域人群的社会认知、社会态度、社会性格、民族心理展开系列的文化与社会心理学研究的心理学分支。他是将不同区域的人群的心理共同性和差异性作为研究对象，其理论假设是不同区域的文化存在很大差异，因而其心理也必然存在很大差异，因为文化是影响心理活动的一个重要因素。而中国城乡区域跨文化心理学的研究则是中

① 李炳全：《文化心理学》，上海教育出版社 2007 年版，第 206 页。

国区域跨文化心理学目前的主要研究内容和研究领域，它重点探讨城乡两种亚文化背景中的社会结构，思想观念、生活准则、价值体系、行为方式、民俗习惯、神话传说、宗教信仰以及语言特点等方面的共同文化心理特质和文化心态差异，其研究的目的在于揭示个体或群体在城乡两种亚文化背景中心理活动的普遍规律，以其获得文化学和心理学两方面的意义。

随着心理学研究的人文转向，心理学的研究更加注重研究情境适用性，更多地考虑到了适宜性，基于这种对现实性的考虑，越来越多的研究开始关注不同文化背景下的心理现象的研究，而城市与乡村文化差异以及民众心理差异的问题在中国则是备受瞩目的，三农问题被每一届政府高度关注，这个问题的研究对于现实的意义可想而知，因此了解城乡差距并不只是要从经济层面上，更多地要从文化或者心理的层面来关注其差异，从而为解决实际问题提供理论依据。而把文化作为研究的切入点正是基于城乡两种亚文化背景下的心理存在差异，这种心理差异常常导致行为方式、生活习惯、价值观念、思维方式等的变化。

二、文化心理学视野的文化与心理关系

文化心理学的研究中“文化”无疑是一个最重要的概念，如果要研究文化与城乡民众心理与行为的关系，则必然要说明什么是文化，然而文化作为一个多学科交叉的概念是没有一个统一的界定的，据不完全统计，古今中外对文化的界定有一百四十多种，英国人类学之父泰勒认为，“文化是一个复杂的总体，包括知识、信仰、艺术、道德、法律、风俗以及在人类社会里所得的一切能力与习惯”，而对于中国而言，“上之所化为风，下之所化为俗”，“造始之教谓之风，习而行之谓之俗”，就是文化，实际上我们的先人将文化就等同于风俗，显然中国的传统文化是离不开中国封建伦理的德、仁、礼、义的，而这种传统文化在当今社会中往往在乡村起着重要的作用，尤其传统文化的儒、道、释三家的思想是中国文化的最根本和精髓所在，是根深蒂固地根植于或者是内化于民众心理的观念。儒家强调人与社会的关系，修身、齐家、治国、平天下，信奉出世。道家强调人与自然的关系，无为而治，顺其自然。佛家强调人与心的关系，信奉心道。往往农村是被外来文化浸染较少、尊崇传统的一个区域，因

此乡村文化为我们了解中国传统文化提供了一个崭新的平台，这种传统文化虽然是中国人普遍所具有的，但是城乡却由于其地理环境、生活方式、历史和经济的影响使得与近代城市文化产生了亚文化上的差异，我们将在下文中探讨。

不同文化的形成必然会对一定的群体心理产生不同的影响，那么是一种怎样的影响呢？文化作为一种潜意识或是集体潜意识是一种被内化了的心理观念、心理状态，因此心理过程影响文化的形成与发展，文化又给心理过程打上文化的烙印，使其折射出所在文化的色彩，所以说人既是文化世界大厦的建筑师同时又是这个大厦的砖瓦，人一方面根据自己的心理来改造世界，赋予世界新的意义，另一方面新的构成世界又会反过来再次影响人的心理，可见文化与心理是一种动态的相互建构的过程。而作为其连接纽带的则是人类的社会实践与主观建构。正是由于这种文化相互建构的特性才导致文化变化可能性，才导致近代城乡文化的差异形成。

三、文化与中国城乡心理差异分析

城乡文化差异的形成乃是在适应社会历史发展的过程中文化变迁所导致的文化分化。文化分化的历程使民族大文化经历了无数次痛苦的适应性裂变。而今，社会的发展又要求对城乡文化做有意识的整合，这就必然在两种文化中累聚起来的文化心理特征之间形成无法避免的文化冲突，这种冲突既是文化的、社会的，更是心理的，而文化的这种冲突却对城乡民众心理与行为产生深远的影响，集中反映在人格、认知、情感以及价值体系和行为方式中。在这里我们就在文化的视阈下从以下两方面对其进行阐述。

（一）中国文化与中国城乡居民人格差异

文化的差异必然塑造出不同的个体人格，因此我们可以说在一定文化背景下会形成各式各样，种类纷杂的文化人格。文化塑造个体的人格，这种塑造作用在个体人格形成的不同阶段所发生的作用是不同的，其实质是个体接受文化影响的过程；而文化的变迁对人格又产生新的影响，同时已形成的文化人格又影响着文化接纳和传承。而在中国，乡村文化的形成是受多方面原因的合力所造成的，最主要的当属传统历史文化，中国古老的传统文化是根植于封建农业社会的，所以传统文化在以农业为根本的现代农业社会中所表现的仍旧是中国传统文化，而这种文化最主要体现的就是传统的儒、道、释的文化观，先秦儒家的理想人格是以“仁”为中心的伦理道德人格，是一种充满仁爱精神的人本主义人格，是一种注重群体利益的群体人格，也是一种强调理性自觉和道德自律的理性主义人格。其中对于乡村文化影响较大的应属“中庸”和“纲常”思想，中庸不是平庸，强调的是儒家伦理思想。中有中正、中和、不偏不倚等义；庸有平常、常道、常用等义。认为处理事情不偏不倚，无过无不及的态度，是最高的道德标准。儒家不仅以中庸为美德，而且还作为道德修养和处理事物的基本原则和方法。主张“执其两端，用其中与民”，以求对立两端的统一与中和。纲常主要就是三纲五常，这同样是一种伦理道德观念，这种观念虽然在解放后已经大大改善，但是在农村，这种观念作为一种传承下来的集体潜意识却仍旧在无形中起着作用。而道家的“无为而治”、“顺其自然”的观念，更多强调的是无为、顺从。佛家作为一种外来宗教对民众的冲击也不亚于儒家，其强调“佛在心中”强调的是一种自觉、自律，使人形成一种自我约束的信仰。因此这些文化影响下的民众在为人处世中更多强调中庸、仁爱、和谐、顺从、无为、不争、奴役的人格特征。值得一提的是费孝通所著《乡土中国》，他认为中国是一个关系本位的社会，这种关系本位在生活中强调人情、关系、面子的作用，使民众的人格更倾向于集体主义。

但是这种除了传统历史文化观外，其中地理区域对人格的影响也是不容忽视的，比如秦晋文化圈依托黄土高原，农民祖祖辈辈都是面朝黄土背朝天辛勤地耕作，形成淳朴、直爽、踏实的民风和勤俭持家、秉承传统的习俗；关东文化圈主要依托东北三省，这是一个流民较多的地区，因此众多的流民形成了开拓、豪放、古朴、粗犷的性格；吴越文化圈依托于长江三角洲，因而在山水清佳的乡村形成了风气朴茂、男务耕桑、女勤蚕织的文化，由于篇幅所限就不一一列举了。一言蔽之，中国乡村文化集传统文化与区域特色文化于一身，形成了中国乡土特殊的文化群，同时也塑造了这一文化群下不同的文化人格。

中国的城市文化原本是与乡村文化并无显著差异的，由于新中国成立后的种种原因，逐渐形成城乡二元结构分化，乡村同样保持乡土的文化氛围，而城市则因经济的高速发展，物质生活极度丰富，在这种背景下人们最低安全需要得到保障之后追求的就是精神生活，在追求精神生活的过程中往往是盲目接受，与此同时外来异质文化对城市文化进行浸染与冲击，使其逐渐褪去乡巴佬的土气，取而代之是西方近代的精神思想，无论是外来文化侵入中国本土文化还是本土文化同化了外来文化，中国城市文化必然会发生质的变化，因此当代在外来文化的影响下，城市文化更多地强调追求自我、个性、独立、开放、张扬。这就是中国乡村文化与城市文化的基本差异，在这种差异基础上便形成了我们今天所见到的乡村的朴实醇厚，城市的善变圆滑；乡村的顺应平庸，城市的开拓进取。

（二）中国文化与中国城乡居民情感差异

城市与乡村文化的差异必然形成城乡两种不同的文化人格，文化人格的差异也必然导致情感定式、思想观念、生活准则、价值体系、行为方式、民俗习惯、神话传说、宗教信仰以及语言特点等方面的差异。哲学和文化学家把文化概括为两种文化模式：一种称做阿波罗式的，另一种称做浮士德式的。阿波罗式的文化认定宇宙的安排有一个完善的秩序，这个秩序超于人力的创造，人不过是去接受它，安于其位，维持它；而浮士德式的文化则认定冲突是生命价值的基础，生命的意义在于障碍的克服，失去了障碍，生命也就失去了意义。中国文化整体上是阿波罗文化，但到了现当代，城市文化的崛起，则更多地表现为浮士德精神，阿波罗文化退居乡土社会。

因此，正如前文所言，费孝通将乡土社会的农耕生产方式比喻为阿波罗式，而城市社会的近代工业生产方式则是浮士德式的，而在情感定式上乡村文化则属于阿波罗式的文化，而城市文化则是浮士德式的，也就是说，乡村文化下的民众更倾向于安于现状的、顺从的、惰性的、不思进取的、听天由命的感情定式，认为一切都是老祖宗留下来的，我们改变我们的思想观念是对祖宗的不敬，是反传统，我们就是农民，我们能做什么，我们做的只是耕作，满足温饱，好好过日子，他们一切想法都属于马斯洛层次需要理论的最低层次，即满足生理和安全的需要。而现当代城市精神生活的日益丰富化，城市文化下的民众更具有开拓性、进取性、创造的、竞争的、反传统性的感情定式，他们以追求独立自主、时尚个性、新鲜刺激作为生活风向标，他们以追求更高层次的需要为生活目标。

综上所述，文化作为一个变量，它对于城乡民众心理与行为产生的影响是重大的，可以说人是文化中的人，文化是人的文化，中国的文化的重心是历史传统文化，而乡村文化又是最能体现历史传统文化的，现当代的城市文化在外来文化的冲击下必然会发生质的改变，文化的变化必然形成同根同源下城乡两种文化的异质，因此我们一方面要通过挖掘中国历史传统文化，对其进行提取，提取出中国本土文化下的文化心理；另一方面我们还有必要研究中国不断变化的城市文化，因为城市文化必将成为中国未来的主流文化，这种文化是多元文化的统一体。所以我们要建立一种根植于中国本土，适合于中国城乡民众心理特征的中国城乡区域心理学。因此，在文化心理学的视阈下研究城乡两种亚文化下的城乡心理差异，对于更好的理解和解决当代出现的城乡矛盾将具有十分现实的意义。

第五节 中国城乡跨文化心理学与心理测量量表的本土化

在中国城乡跨文化心理学和区域跨文化心理学研究中，我们也试图采用近些年国内专家编制的人格、心理健康、自我意识量表等对纯粹农民进行研究。结果发现，这些量表基本上不适用于对农民心理的研究。资料综述研究中，有一项研究引起了我们的注意，那就是记者张国政的研究引发的对 SCL—90 量表的思考。山西长治市电视台记者张国政通过对山西大同 300 名农民的 SCL—90 调查，在《中西部农民心理贫困与塑造人格现代性》一文中指出，调查发现，农民对 SCL—90 量表中许多词汇不理解，必须由调查人员“翻译”；因为存在跨文化问题，量表中的有些项目不适用中国农民，尤其是关于“性”的问题的题目，农民不愿意说，即使说了，也是含糊不清。[①] 因为中国农民在“性”问题上十分含蓄。诸如“醒得太早”、害怕空旷的广场、担心自己衣冠不整、怕乘电车等题目，对于常年起早贪黑，没有见过电梯，整天在太阳底下劳作，整年衣冠不整的农民来说，根本不适用。所以心理学的本土化问题刻不容缓。为了进一步研究这一问题，我们组织应用心理学专业学生利用暑假到自己的家乡

---

① 张国政：《中西部农民心理贫困与塑造人格现代性》，《雁北师范学院学报》2004 年第 4 期。

开展调查，同时对在学校修建图书楼和美术楼的民工进行调查，从而得出了一些意想不到的结论。因此，在心理测量量表的编制中，必须考虑农民心理研究的适用性问题，应当把对联、传统游艺、故事等群众喜闻乐见的形式和内容引入心理测量量表。在心理学基础研究的抽样中，也要把纯粹农民作为一个重要的对象。应当吸收和借鉴人类学、社会学、哲学的研究方法。

一、几个常用心理卫生评定量表的来源和农民心理研究使用问题分析

第一，症状自评量表 SCL—90：该量表是世界上最著名的心理健康测试量表之一，其最原始的版本是由 Derogaitis，L.R. 在他编制的 Hopkin's 症状清单（HSCL）的基础上，于 1975 年编制而成的。曾有 58 项题目的版本和 35 项题目的简本，现在普遍得到应用的是由 90 个自我评定项目组成的版本，所以也将此测验简称 SCL—90。格瑞思在中国普遍应用的版本的基础之上，分别制定了最新的不同年龄群的常模，并且将最原始的版本《症状自评量表——SCL90》晦涩难懂的解释修改为通俗易懂的、适合中国人的解释系统。测验共 90 个自我评定项目。测验的九个归类因子分别为：躯体化、强迫症状、人际关系敏感、抑郁、焦虑、敌对、恐怖、偏执及精神病性。当前最为广泛的使用该量表门诊检查精神障碍和心理疾病，适用对象为 16 岁以上的用户。测验的目的是从感觉、情感、思维、意识、行为直到生活习惯、人际关系、饮食睡眠等多种角度，评定一个人是否有某种心理症状及其严重程度如何。它对有心理症状（即有可能处于心理障碍或心理障碍边缘）的人有良好的区分能力。适用于测查某人群中哪些人可能有心理障碍、某人可能有何种心理障碍及其严重程度如何。可用于临床上检查是否存在身心疾病，各大医院大都要使用本测验诊断患者的心理和精神问题。测验不仅可以自我测查，也可以对他人（如其行为异常，有患精神或心理疾病的可能）进行核查，假如发现得分较高，则表明急需治疗。

我们利用暑假带领学生分别到甘肃平凉、白银、张掖的几个村庄做了调查，调查对象为 25—60 岁的纯粹农民 99 名，总合起来男性 47 名，其中文盲 6 名，小学毕业 12 名，初中毕业 20 名，高中毕业 9 名；女性 52 名，其中文盲

18名，小学毕业9名，初中毕业13名，高中毕业生12名。调查方法为以问卷为基础谈话，并辅助于解释；调查者均为农村出身的大学生。结果发现，首先该问卷的许多题目不适合农民，比如对异性的兴趣减退一项，首先是学生不好问，其次是农民不愿意说；比如担心自己的衣饰整齐及仪态的端正一项，农民认为只有在重要的婚丧嫁娶场合才打扮一下；比如害怕空旷的广场和街道一项，很多农民觉得特别可笑；比如对事物不感兴趣项目，大多数农民说，就看是啥事物了，如果是好衣服或者钱，就感兴趣，时装模特就没有多少兴趣；比如怕乘火车、公共汽车、地铁、电车项目，农民基本上没有办法答；至于身体症状几乎所有调查对象都比较严重。所以按照这个量表测验农民的心理健康很难，必须进一步本土化。

第二，生活应激事件量表——LES：使用生活事件量表是对心理刺激进行定量和定性。从20世纪60年代起，心理身体医学专家对各种生活事件的客观定量产生了兴趣。最具有代表性的是美国华盛顿大学医院精神病学家Holmes，他和Rahe通过对5000多人进行社会调查，把人类社会生活中遭受到的生活危机（life crisis）归纳并划分等级，于1967年编制了著名的社会重新适应量表（Social Read－justment Rating Scale，简称“SRRS”），该评定表列出了43种生活变化事件，并以生活变化单位（Life Change Units，LCU）为指标加以评分。他们在一组研究中发现LCU与10年内的重大健康变化有关。我国在20世纪80年代修订后的LES是自评量表，含有48条我国常见的生活事件，包括三个方面的问题：一是家庭生活方面（有28条），二是工作学习方面（有13条），三是社交及其他方面（7条），填写者须仔细阅读和领会指导语，然后逐条一一过目，根据要求，将某一时间范围内（通常为一年）的事件记录下来。有的事件虽然发生在该时间范围之前，如果影响深远并延续至今，可作为长期事件记录。对于表上已列出但未经历的事件应一一注明“未经历”，不留空白，以防遗漏。然后，由填写者根据自身的实际感受而不是按常理或伦理道德观念去判断那些经历过的事件对本人来说是好事或是坏事。计算方法如下：事件发生次数：一次性事件如流产、失窃，要记录发生次数，长期性事件如住房拥挤，夫妻分居等发生不到半年计为1次，超过半年计为2次。影响程度：分为5级，从毫无影响到影响急重分别记0、1、2、3、4分。影响持续时间：分三月内、半年内、一年内、一年以上共4个等级，分别记1、2、3、4分。生活事件刺激量的计算公式：(1) 某事件刺激量＝该事件影响程度分 × 该事件持续时间分 × 该事件发生次数；正性事件刺激量＝全部好事刺激量之和；(2) 负性事件刺激量＝全部坏事刺激量之和；(3) 生活事件中刺激量＝正性事件刺激量＋负性事件刺激量。LES 总分越高反应个体承受的精神压力越大。95%的正常人一年内的 LES 总分不超过 20 分，99%的不超过 32 分。负性事件的分值越高对心理健康的影响越大。

我们运用该量表对甘肃农村 63 名 24—35 岁的男性民工进行量表加解释谈话调查，结果发现，有些题目不适合于农民，比如突出的个人成就：现在基本上没有为农民专门设立的奖项，农民基本上难以从种田和进城打工中获得成就感；工作中压力大：现在的农民没有压力不大的，而且工作这个词不适合农民；晋升、提级：农村没有职称评定制度，职务晋升仅仅是竞选村长时少数人的事情；本人离休、退休或者未安排工作：农村没有离休、退休制度。有些题目所测量的内容对这些年的农民来说基本是普遍的极重的长期性的影响，比如待业、无业；比如扣发奖金或者罚款：现在农民工大多数常年处于失业状态，而且不要说扣发奖金，工资都没有办法保障，更多的农民作为种地者，没有人发工资奖金。所以说这个量表在修订时就是以城市文化为背景的，现在应当给予修订。另外，这个量表的有些表述词汇民工们不太理解，必须给予通俗化解释。

第三，社会支持评定量表：早在 19 世纪，法国社会学家 Durkleim 就发现社会联系的紧密程度与自杀有关，20 世纪初，精神病学家引入了社会支持概念，对社会支持与心理健康的关系做了大量的研究。近年来，许多学者倾向于分析不同来源、不同性质的支持与健康的关系。一般认为可以将支持分为主观和客观的两种。1981 年 Sarasondeng 编制的社会支持问卷（SSQ）分为 2 个纬度 27 个题目，即社会支持数量和对支持的满意程度；Andrews 在 1978 年编制的量表有 16 个题目，分为危机支持、邻里关系、团体参与三个部分；Hendeson1981 年编制的社会交往调查表分为社会支持可以利用度和自我感觉的社会支持关系适合度。我国从 20 世纪 80 年代开始引进国外量表，但没有见到社会支持量表。现在我国普遍使用的是由肖水源在 1987 年编制发表的社会支持量表，包括主观支持、客观支持和支持的利用度三个因子，共 10 个条目。重测总分一致性为 r = 0.92，各分条目一致性在 0.89—0.94 之间。

我们采用该量表对甘肃靖远一个村庄的40多个23—52岁的农民进行测验，发现，这个量表是一个纯粹的城市量表，对农民心理研究适用性较差。例如1号题：您有多少关系密切，可以得到支持和帮助的朋友？农民回答说，关系好的有几个，但没有互相帮助的能力，农村太穷了；例如5号题：你与同事（只选1项）(1) 相互之间从不关心，只是点头之交；(2) 遇到困难可能稍微关心；(3) 有些同事很关心你；(4) 大多数都同事很关心你。这个题目农民不好回答，因为同事这个词限制了回答的可能性；例如第6题，近一半农民回答过去遇到紧急困难时没有得到任何人的经济支持和解决问题的帮助，主要是大家都十分贫穷。例如第7题：遇到急难时，得到宽慰和关心基本上就是配偶和亲戚，因为其他选项如工作单位、党团组织、社会团体等在农村基本不存在，宗教组织往往只会向农民索取，关心的方式就是迷信心理治疗，但不会是主动的。至于朋友在农村往往和亲戚是合而为一的。例如第8题也有些问题：烦恼的内容很多，对农民来说，妇科病、性障碍等隐私从来不会对人说，俗语说“家丑不可外扬”，农村里的家庭矛盾等，基本不对人说。第10题则完全不适合农民，像党团组织、宗教组织、工会、学生会等，农村基本没有。同时调查发现，目前农村纯粹农民的社会支持水平很低。我们认为在近几年的农村，之所以还没有爆发大规模的心理危机，是因为农民几千年来积淀的超强忍耐性。此外，我们还用状态—特质焦虑量表、Y—G性格评定量表对农民做了测验，由于篇幅所限，此处不再细述，另文报告。

二、几个常用心理卫生评定量表在农民心理测量中的效果引起的思考

综上所述，在中国城乡跨文化心理学和区域心理学研究中，采用SCL—90量表、状态—特质焦虑量表、Y—G性格量表、生活事件量表、社会支持量表等对纯粹农民心理进行研究。我们发现，这些量表不太适用于对农民心理的研究和农民心理健康的评定。由于文化程度和生活环境的限制，特别是生活经验的限制，这些农民无法回答其中的许多问题或者无法理解其中的许多问题。有些问题没有充分考虑乡村文化的心理特性；有些问题超出了农民的经验范围；大多数问题的表达句式和词汇没有考虑文化程度较低的农民的理解能力。

中国是一个历史悠久、地域辽阔的国家，城市和乡村的文化差异较大，不同历史区域、地理区域、文化区域、生态区域生活的民众在文化社会心理方面形成了很大差异，研究中国城乡跨文化心理学和区域心理学是心理学本土化的必然要求，而要使心理学本土化，首先就要使心理测量量表本土化。有人说，美国的心理学是白人的大学生心理学，而在中国，由于心理学工作者的职业、所处环境、科研经费、社会责任感的缺失等原因，当前的心理学基本上是城市的、大学生的、主流文化的、精英的心理学。中国80%的农民的生存状态没有得到社会科学家的关注，更没有得到心理学者的关注。所以，在心理测量量表的编制中，必须考虑农民心理研究的适用性问题，在心理学基础研究的抽样中，也要把纯粹农民作为一个重要的对象。应当吸收和借鉴人类学、社会学、哲学的研究方法。在“中国当代心理学与西部大开发”第四届研讨会上，林崇德已经在报告中肯定了城乡跨文化心理学作为跨文化心理学一个研究领域的必要性；黄希庭也充分肯定我们对中国城乡跨文化心理学研究的思路。我们认为本土的心理学首先是农民心理学、区域心理学、城乡跨文化心理学。我们早在1993年就已经发表论文，提出将对联、传统游艺、故事等群众喜闻乐见的形式和内容引入心理测量量表的思路和尝试；[①] 也在1997年提出把《故事会》、《读者》等杂志上的哲理故事、幽默等引入心理测量量表的思路[②]。今后在中国城乡跨文化心理学研究中，将进一步落实这些思路，争取编制出能够用来研究本土农民心理的常用量表。

综上所述，中国城乡跨文化心理学的母体是跨文化心理学，它的研究在于探讨城乡两种亚文化背景中的社会结构、思想观念、生活准则、价值体系、行为方式、民俗习惯、神话传说、宗教信仰以及语言特点等方面的共同文化心理特质和文化心态差异，其研究的目的在于揭示个体或群体在城乡两种亚文化背景中心理活动的普遍规律，以其获得文化学和心理学两方面的意义。区域跨文化心理学是指在中国文化背景下，对不同历史区域、地理区域、文化区域、生态区域人群的社会认知、社会态度、社会性格、民族心理等开展系统的文化与社会心理学研究的心理学分支学科。中国是一个历史悠久的、地域辽阔的人口

---

① 张海钟：《中国楹联与心理测验》，《大众心理学》1993年第1期。

② 张海钟：《民间游艺与中国心理测验的本土化》，《大众心理学》1997年第1期。

大国，城乡文化差异较大，不同历史区域、地理区域、文化区域、生态区域生活的民众在文化社会心理方面形成了很大差异，研究中国城乡跨文化心理学和区域跨文化心理学是心理学本土化的必然要求，也是世界心理学研究的需要。目前，许多心理学基础研究和应用研究已经涉及了城市乡村的比较和农民心理学，也有学者已经提出区域心理学，但把中国城乡跨文化心理学和区域心理学作为一个重要课题或者一个学科开展研究者仍然比较少，因此，在心理学本土化或者本土心理学的研究中，必须高度重视中国城乡跨文化心理学和区域心理学的研究。我们已经在此领域开展了一些工作，今后将采用多种方法，从各个角度进一步研究，也希望心理学界同人加盟研究。

第三章
甘肃省域城乡居民人格与心理健康调查研究（上）

2004年，我们申报的《甘肃城乡和区域社会心理跨文化研究》课题被列为甘肃省教育厅硕士研究生导师科研项目，2005年获得甘肃省555创新人才工程基金资助。立项之后，我们利用寒暑假，选派河西学院心理学专业2003和2004级各30多名本科生，到自己家乡所在社区和村庄，每个社区和村庄选择100名男女被试，采用症状自评量表、男女双性化人格量表、社会支持量表、自我意识量表、Y—G性格量表、主观幸福感量表等对甘肃河东（黄河以东）的天水、平凉、白银、庆阳、定西5个地级市区域的9个社区、村庄和河西（黄河以西）张掖、武威、酒泉3个地级市区域的5个社区、村庄1500名城乡居民进行心理健康、社会支持、男女双性化人格、性格类型量表调查，现报告于后，作为理论建设的实证研究支撑。

第一节　甘肃省域河西河东城乡居民性格特征调查分析

20世纪90年代以来，中国心理学的研究逐步从国外引进走向中国特定文化背景之下的本土研究。但目前跨文化心理学主要研究的是不同民族的心理差异，没有把不同省、市、县区域人群的心理差异研究纳入研究范围，区域和城乡跨文化心理学则是将不同区域的城乡人群的心理共同性和差异性作为研究对象。我们在最近几年发表的数篇论文中着力论述了建设中国区域跨文化心理学和中国城乡跨文化心理学的必要性。我们认为要深入的研究区域心理学必须首先研究不同区域人群的心理特征差异。地处西北的甘肃是一个狭长的区域，地处黄河上游，地域辽阔，黄河将全省分割为河西河东两个大区域。由于自然和历史的原因，甘肃河东河西两大区域便形成了各具特色的地域文化，而这些区域文化又造就了相应的区域和城乡居民性格特征。为了解甘肃不同区域城乡居民的性格特征，我们运用性格测验，对甘肃河东河西两大区域的居民进行比较研究，试图进一步探索区域心理学学科建设的依据。

一、调查对象和方法

第一，调查对象：通过甘肃河东（黄河以东）的天水、平凉、白银、庆阳、定西 5 个地级市区域的 9 个社区、村庄和河西（黄河以西）张掖、武威、酒泉 3 个地级市区域的 5 个社区、村庄 1500 名城乡居民进行性格类型调查，获得有效样本 1342 份，有效回收率 89.5%。其中，河东 880 人，占 65.57%，河西 462 人，占 34.43%；城市 420 人，占 31.3%；农村 922 人，占 68.7%；男性 739 人，占 55.1%，女性 603 人，占 44.9%。

第二，调查工具：本研究采用华东师大心理系孔克勤等修订的 Y—G 人格测验作为工具。该人格测验是由日本心理学家矢田部达郎在深入研究美国心理学家吉尔福特人格量表的基础上编制而成。原量表中各分量表的内在一致性系数为 0.70—0.92，再测信度为 0.56—0.82。修订后的 Y—G 人格量表信度效度仍然较高。该测验共有 120 个题目，可以测量 12 种人格特质，包括抑郁性（D）、循环性（C）、自卑感（I）、神经质（N）、主观性（O）、非合作性（Co）、攻击性（Ag）、一般活动性（G）、乐天性（R）、思维外向性（T）、支配性（A）和社会外向性（S）。其中 D、C、I、N 四项反映情绪稳定性；O、Co、Ag 三项反映社会适应性；G、R、T、A、S 五项反映倾向性。情绪稳定性、社会适应性和倾向性可组合为 12 种性格类型。

第三，调查方法：专业调查人员把量表带到城乡居民家中。填表前，调查人员向居民说明本调查的意义，以消除顾虑，并给予统一指导语。被试者当场做，做完后由调查人员当场收回。对于文化程度偏低的农民，由调查人员逐条宣读和解释，待同意后帮助填写。

第四，统计学分析：调查结果经审核编码输入计算机，采用 SPSS13.0 软件进行统计分析。

二、调查结果与列表

(一) 甘肃区域居民人格特征的总体情况

调查发现甘肃省区域居民人格特征的总体情况是居民在攻击性和思维外向性方面得分最高，而在主观性方面得分最低，具体得分情况见表3—1。

表3—1　甘肃区域居民人格特征总体情况

	N	最小值	最大值	平均数	标准误
抑郁性N	1342	0.00	20.00	9.4641	2.83843
循环性C	1342	2.00	20.00	10.3969	2.83627
自卑感I	1342	0.00	20.00	9.1835	3.04646
神经质N	1342	0.00	19.00	9.2431	3.07066
主观性O	1342	0.00	19.00	7.8250	3.23441
非合作性Co	1342	0.00	20.00	9.7111	3.02765
攻击性Ag	1342	2.00	20.00	11.2238	3.16538
一般活动性G	1342	0.00	20.00	10.8239	3.76820
乐天性R	1342	0.00	20.00	10.7259	3.37225
思维外向性T	1342	0.00	20.00	11.4112	3.27151
支配性A	1342	1.00	20.00	10.2339	3.52974
社会外向性S	1342	0.00	20.00	10.9304	3.59795

(二) 男女两性居民性格特征水平的比较

经过调查发现，男女两性在攻击性方面的差异有统计学显著性($t = 2.226$，$P < 0.05$)，男性的得分明显高于女性。男女两性在一般活动性、乐天性、思维外向性、支配性和社会外向性等方面的差异均有统计学显著性（$P < 0.01$），男性的得分均明显高于女性。男女两性在主观性的差异有统计学显著性($t = -2.018$，$P < 0.05$)，女性得分高于男性，具体情况见表3—2。

表 3—2 男女两性居民性格特征水平的比较

	男性均分	女性均分	t	df	Sig. (2 – tailed)
抑郁性 N	9.3650	9.5855	– 1.416	1340	0.157
循环性 C	10.2649	10.5587	– 1.889	1340	0.059
自卑感 I	9.2038	9.1585	0.271	1340	0.787
神经质 N	9.3761	9.0800	1.769	1340	0.077
主观性 O	7.6642	8.0221	– 2.018	1340	0.044
非合作性 Co	9.7945	9.6088	1.118	1340	0.264
攻击性 Ag	11.3973	11.0112	2.226	1340	0.026
一般活动性 G	11.2469	10.3054	4.587	1340	0.000
乐天性 R	11.1170	10.2465	4.741	1340	0.000
思维外向性 T	11.6636	11.1019	3.139	1340	0.002
支配性 A	10.6354	9.7419	4.648	1340	0.000
社会外向性 S	11.1873	10.6155	2.904	1340	0.004

（三）甘肃河东河西两地居民性格特征水平的比较

甘肃河东河西两地居民性格特征在循环性方面的差异有统计学显著性（$t = 2.351$，$P < 0.05$），河东居民得分高于河西居民；在主观性方面的差异有统计学显著性（$t = 2.632$，$P < 0.01$），河东居民得分明显高于河西居民；在非合作性方面的差异有统计学显著性（$t = 2.970$，$P < 0.01$），河东居民得分明显高于河西居民，具体情况见表 3—3。

表 3—3 甘肃河东河西两地居民性格特征水平的比较

	河东均分	河西均分	t	df	Sig. (2 – tailed)
郁性 N	9.5472	9.3059	1.480	1340	0.139
循环性 C	10.5286	10.1462	2.351	1340	0.019
自卑感 I	9.2761	9.0069	1.539	1340	0.124
神经质 N	9.3568	9.0264	1.875	1340	0.061
主观性 O	9.7730	7.5050	2.632	1340	0.009
非合作性 Co	9.8884	9.3732	2.970	1340	0.003

	河东均分	河西均分	t	df	Sig. (2 – tailed)
攻击性 Ag	11.2632	11.1488	0.629	1340	0.529
一般活动性 G	10.9242	10.6328	1.346	1340	0.179
乐天性 R	10.7976	10.5892	1.076	1340	0.282
思维外向性 T	11.5143	11.2148	1.594	1340	0.111
支配性 A	10.2808	10.1446	0.672	1340	0.502
社会外向性 S	11.0373	10.7267	1.503	1340	0.113

（四）不同受教育程度的居民性格特征水平的比较

调查发现，居民受教育程度不同，在主观性方面的差异有统计学显著性（$F = 6.898$，$P < 0.001$），在攻击性方面差异较显著，具体情况见表 3—4。

表 3—4　不同受教育程度的居民性格特征水平的比较

	Sum of Squares	df	MS	F	Sig. (2 – tailed)
抑郁性 N	31.756	4	7.939	0.985	0.414
循环性 C	4.577	4	1.144	0.142	0.967
自卑感 I	50.629	4	12.657	1.365	0.224
神经质 N	40.198	4	10.050	1.066	0.372
主观性 O	283.643	4	70.911	6.898	0.000
非合作性 Co	9.582	4	2.396	0.261	0.903
攻击性 Ag	94.674	4	23.668	2.372	0.051
一般活动性 G	69.664	4	17.416	1.227	0.297
乐天性 R	58.410	4	14.602	1.285	0.274
思维外向性 T	28.672	4	7.168	0.669	0.613
支配性 A	49.043	4	12.261	0.984	0.415
社会外向性 S	40.461	4	10.115	0.781	0.538

三、调查讨论与分析

（一）甘肃省域居民性格特征的总体情况分析

甘肃省区域居民在攻击性和思维外向性方面得分最高，而在主观性方面得分最低。居民性格特征主要表现为对人不够和悦，感情容易激动，直率，对人、对事容易采取过激或攻击行为；外向，热情，愉快，不善于深思熟虑，不隐瞒内心的想法和情感；对事物的看法比较合乎实际，较少空想，所做的事多半是自己能做得到的。

形成居民较多攻击性行为倾向的原因是多方面的。首先，地处西北地区的甘肃省，经济、文化相对比较落后，自然条件恶劣，人们无法改变落后的生活状况和自然条件，长期以来导致心理上的自卑与不平衡，有自卑心的人常寻求自卑的补偿方式。当以冲动、好斗来作为补偿的方式时，其行为就表现出较强的攻击性。其次，攻击性与家庭教育有较大关系。甘肃居民文化程度较低，家长常以简单粗暴的方式教育孩子，儿童常遭打骂，心理受到压抑，长期郁结于内心的不满情绪一旦爆发出来，往往会选择较为激烈的行为来发泄积怨。而且，“种瓜得瓜，种豆得豆”，孩子还会模仿家长的攻击行为。同时，北方特有的干燥严寒的气候特征，容易形成居民进攻、好斗的性格特征。

形成居民思维外向性的原因，一方面，是由于简单的生产劳动和生活方式，导致居民思维方式简单，不善于深思熟虑，不隐瞒内心的想法和情感；另一方面，北方的自然条件比较恶劣，在抵御自然灾害的过程中人们形成了友好、合作、热情的性格。

形成居民主观性较低的原因主要是在长期的生产劳动中，在与自然环境抗争的过程中形成了安贫乐道，求稳怕变的保守心理，因此甘肃居民为人处世因循守旧，对未来事物和新环境常持怀疑态度。

（二）甘肃省域男女两性居民性格特征水平的比较分析

男女两性在攻击性、一般活动性、乐天性、思维外向性、支配性和社会外向性等方面差异显著，男性的得分均明显高于女性。其原因是多方面的，地处西北地区的甘肃自然条件恶劣，气候严寒，农业是主要的支柱产业，社会对男性的期望以及男性在家庭中的地位与贡献使得男性比女性要承担更多的社会和家庭责任，并且男性的自尊心特别强，男子汉角色的认同和片面理解，强调男子汉的刚毅、果断、义气、力量、善攻击等特征，久而久之就形成了男性好动、攻击、开朗、善交际、支配性等性格特征。

（三）甘肃省域河东河西区域居民性格特征水平的比较分析

甘肃河东河西两地居民性格特征在循环性、主观性、非合作性等方面差异显著，河东居民得分明显高于河西居民。甘肃以黄河为界划分为河东河西两大区域。河东所属县域大多以山区为主，农业为支柱产业，土地贫瘠，雨水稀少，靠天吃饭，城乡居民生活水平普遍较低。河西走廊虽然气候恶劣，但依靠祁连山雪水灌溉，绿洲土地肥沃，城乡居民生活水平明显好于河东地区。河东文化属于陇右文化，基本上是秦文化的延伸，而河西文化则是陇右文化与西域文化的杂糅。由于地理环境、文化和经济发展水平的差异形成了河东河西居民不同的性格特征。河东居民情绪变化较明显、常把小事放在心上、经常担心；爱幻想、过敏、主观，不能冷静客观地评判事物。牢骚多、不信任人、不适应社会环境。而河西居民心情较平静安定，不担心；现实主义、冷静客观地判断事物，乐观、安定；善与人合作。

（四）甘肃省域受教育程度不同的居民性格特征水平的比较分析

调查发现，居民受教育程度在主观性方面差异较显著。居民受教育程度越高，主观性得分越低，说明受教育程度越高，居民对事物的看法比较合乎实际，较少空想，所做的事多半是自己能做得到的。心理学研究发现，受教育能力越高，自我认知与自我评价越趋于合理，自我调控能力越高。

该研究虽然主要采用问卷调查法，调查了甘肃地区居民的性格特征，并进行了描述分析，进而讨论了原因。但限于研究方法、研究程序等原因，该研究存在着一定的缺陷，仅为我们了解区域居民的性格特征提供了帮助，为区域跨文化心理学研究提供一定的依据。

第二节　甘肃省域河东河西城乡居民双性化人格调查分析

采用国际上广为使用的贝姆性别角色调查表对来自甘肃河西河东 8 个地区的居民进行双性化人格现状调查，结果发现：(1) 从性别上看，男女在男性化和女性化上的分布具有显著差异；(2) 从家庭来源上看，城镇和农村人口在女性化上的分布存在显著差异，城镇女性化的比例显著地高于农村女性化的比例；(3) 河西的男性化比例显著地高于河东的男性化比例；(4) 8 个地理区域除在女性化上的分布差异不显著外，在其他三种性别类型上的分布存在显著差异；(5) 在 5 个年龄段上，除女性化的分布有显著差异外，其他三种性别类型在年龄上的分布均没有显著差异；(6) 从文化程度上看，除女性化的分布有显著差异外，其他三种性别类型在年龄上的分布均没有显著差异。

一、研究目的和意义

双性化（Androgyny）是希腊语词根 andro（男）和 gyn（女）的结合，意指男性化和女性化的混和和平衡。双性化的心理学概念分为两种：一种是从发展心理学角度反映两性由生理差异造成的心理特征的兼具或统一的状态，如“同时具有男性气质和女性气质的心理特征”，“男女两性正性特征在个体身上的混和”；另一种概念从社会心理学角度强调两性心理气质的社会功能的协调，具有动力性和系统性，Blovk 就将“双性化”理解为协调能动性与合群性两方面需求的最佳平衡过程。

西方关于双性化的研究具有悠久的历史，弗洛伊德首先提出了“潜意识双性化”的概念。瑞士心理学家荣格提出了“阿妮玛原型”和“阿妮姆斯原型”，用“男性的女性意向”和“女性的男性意向”说明人类先天具有的双性化的生理和心理特点。1964 年，罗西首次提出“双性化”这一概念，即个体同时具有传统的男性和女性应该具有的人格特质，并认为双性化是最合适的性别角色模式。1974 年，美国康乃尔大学妇女心理学家桑德拉 · 贝姆根据双性化人格这一概念，以社会赞许性为基础，制定了贝姆性别角色调查表，成为这一领域研究最早，获得成果最为突出的心理学家，40 多年来，有关双性化这一领域的研究取得了丰硕的成果。

已有的研究大都涉及的是大学生和初中生，其生态效度有限，而我国农村人口又占大多数，跨文化研究要考察不同文化背景中心理现象的共同性与差异性，从而分析文化变量对于不同文化背景中的心理发展的影响，但国内和国际间的跨文化研究还很不够、很薄弱，尤其是关于跨城乡、跨区域的研究和农民这一群体的研究还十分贫乏，这正是这一研究的动因所在。

二、研究对象和方法

利用寒暑假，选派 14 名本科生，到自己家乡所在社区和村庄，采用贝姆性别角色调查表（Bem Sex Role Inventory，BSRI），对甘肃河东（黄河以东）的天水、平凉、白银、庆阳、定西 5 个地级市区域的 9 个村和河西（黄河以西）张掖、武威、酒泉 3 个地级市区域的 5 个村 1500 名居民进行调查，收回有效问卷 1106 份，其中河东 691 人，占 62.5%，河西 415 人，占 37.5%；男性 617 人，占 55.8%，女性 489 人，占 44.2%；白银 221 人，占 20.0%，天水 92 人，占 8.3%，武威 205 人，占 18.5%，定西 230 人，占 20.8%，张掖 137 人，占 12.4%，庆阳 88 人，占 8.0%，酒泉 73 人，占 6.6%，平凉 60 人，占 5.4%；城镇 392 人，占 35.4%，农村 714 人，占 64.6%；0—20 岁 79 人，占 7.1%，21—30 岁 395 人，占 35.7%，31—40 岁 330 人，占 29.8%，41—50 岁 238 人，占 21.5%，51 岁以上 64 人，占 5.8%；文盲 42 人，占 3.8%，小学 146 人，占 14.8%，初中 417 人，占 37.7%，高中 255 人，占 23.1%，大专以上 228 人，占 20.6%。数据的处理全部在 SPSS13.0 上完成。

表 3—5 区域年龄交互频数分布表

		年龄					Total
		0—20 岁	21—30 岁	31—40 岁	41—50 岁	51 岁以上	
区域	白银	5	63	76	61	16	221
	天水	10	42	22	13	5	92
	武威	11	89	49	51	5	205
	定西	10	64	82	51	23	230
	张掖	6	42	54	30	5	137
	庆阳	9	51	19	6	3	88
	酒泉	8	32	10	18	5	73
	平凉	20	12	18	8	2	60
Total		79	395	330	238	64	1106

表 3—6 区域文化交互频数分布表

		文化					Total
		文盲	小学	初中	高中	大专以上	
区域	白银	15	47	101	32	26	221
	天水	4	8	32	28	20	92
	武威	4	29	55	59	58	205
	定西	14	33	108	54	21	230
	张掖	5	25	46	25	36	137
	庆阳	0	8	18	19	43	88
	酒泉	0	9	27	19	18	73
	平凉	0	5	30	19	6	60
Total		42	164	417	255	228	1106

表 3—7 家庭来源年龄交互频数分布表

		年龄					Total
		0—20 岁	21—30 岁	31—40 岁	41—50 岁	51 岁以上	
家庭来源	城市	58	225	68	33	8	392
	农村	21	170	262	205	56	714
Total		79	395	330	238	64	1106

表 3—8　家庭来源文化程度交互频数分布表

		文化程度					
		文盲	小学	初中	高中	大专以上	Total
家庭来源	城市	0	4	67	111	210	392
	农村	42	160	350	144	18	714
Total		42	164	417	255	228	1106

表 3—9　性别年龄交互频数分布表

		年龄					Total
		0—20 岁	21—30 岁	31—40 岁	41—50 岁	51 岁以上	
性别	男	46	195	202	134	40	617
	女	33	200	128	104	24	489
Total		79	395	330	238	64	1106

表 3—10　性别文化程度交互频数分布表

		文化程度					Total
		文盲	小学	初中	高中	大专以上	
性别	男	14	72	239	171	121	617
	女	28	92	178	84	107	489
Total		42	164	417	255	228	1106

三、研究结果与比较

（一）性别类型的分类

根据 BSRI 的评分标准，通过 SPSS Compute 功能计算总体样本在 BSRI 男性度、女性度分量表上的得分；结合目前广为使用的性度分类法——中位数法，取 4.90 作为男女性度分类的中位数标准，在此基础上按表 3—11 陈列的分类标准将 1026 名被试进行分类，结果见表 3—11。

表 3—11　各性别类型分类情况（N = 1106）

性别类型	分类标准	人数	百分比（%）
男性化	男性度得分 ≥ 4.9 且女性度得分 < 4.9	122	11.0
女性化	男性度得分 < 4.9 且女性度得分 ≥ 4.9	108	9.8
双性化	男性度得分 ≥ 4.9 且女性度得分 ≥ 4.9	94	8.5
中性化	男性度得分 < 4.9 且女性度得分 < 4.9	782	70.7

从分布比例上初步来看，中性化比例极高。

（二）性别类型在相关背景变量上的分析

表 3—12　四种性别类型在性别上的卡方检验

	男		女		χ^2	Sig.
男性化	90	14.6%	32	6.5%	17.98	$P < 0.001$
女性化	40	6.5%	68	13.9%	17.06	$P < 0.001$
双性化	50	8.1%	44	9.0%	0.28	$P > 0.001$
中性化	437	70.8%	345	70.6%	0.01	$P > 0.001$

表 3—12 表明，男女在男性化和女性化上的分布具有显著差异（$P<0.001$）；在双性化和中性化上的分布没有显著差异（$P > 0.001$）。

表 3—13　四种性别类型在家庭来源上的卡方检验

	农村		城镇		χ^2	Sig.
男性化	77	10.8%	45	11.5%	0.13	$P > 0.05$
女性化	57	8.0%	51	13.0%	7.26	$P < 0.05$
双性化	66	9.2%	28	7.1%	1.44	$P > 0.05$
中性化	514	72.0%	268	68.4%	1.60	$P > 0.05$

表 3—13 表明，城镇和农村人口在女性化上的分布存在显著差异（$P < 0.05$），城镇女性化的比例显著地高于农村女性化的比例；其他三种性别类型在家庭来源上均没有显著的差异（$P > 0.05$）。

表 3—14　四种性别类型在河东河西两地上的卡方检验

	河东		河西		x^2	Sig.
男性化	64	9.3%	58	14.0%	5.87	P < 0.05
女性化	64	9.3%	44	10.6%	0.53	P > 0.05
双性化	60	8.7%	34	8.2%	0.08	P > 0.05
中性化	503	72.8%	279	67.2%	3.86	P > 0.05

表 3—14 表明，只有河西的男性化比例显著地高于河东的男性化比例（P < 0.05）外，其他三种性别类型在两地上的分布均没有显著差异(P > 0.05)。

表 3—15　四种性别类型在 8 个地理区域上的卡方检验

	白银		天水		定西		平凉	
男性化	13	5.9%	10	10.9%	27	11.7%	4	6.7%
女性化	16	7.2%	9	9.8%	23	10.0%	8	13.3%
双性化	19	8.6%	5	5.4%	30	13.0%	4	6.7%
中性化	173	78.3%	68	73.9%	150	65.2%	44	73.3%

	庆阳		武威		张掖		酒泉		x^2	Sig.
男性化	10	11.4%	31	15.1%	14	10.2%	13	17.8%	14.27	P < 0.05
女性化	8	9.1%	22	10.7%	13	9.5%	9	12.3%	3.30	P > 0.05
双性化	2	2.3%	10	4.9%	15	10.9%	9	12.3%	17.76	P < 0.05
中性化	68	77.3%	142	69.3%	95	69.3%	42	57.5%	18.40	P < 0.05

表 3—15 表明，8 个地理区域除在女性化上的分布差异不显著（P > 0.05）外，在其他三种性别类型上的分布存在显著差异（P < 0.05）。

表 3—16　四种性别类型在年龄上的卡方检验

	0—20 岁		21—30 岁		31—40 岁		41—50 岁		51 岁以上		x^2	Sig.
男性化	10	12.7%	40	10.1%	38	11.5%	25	10.5%	9	14.1%	1.29	P > 0.05
女性化	15	19.0%	46	11.6%	27	8.2%	14	5.9%	6	9.4%	14.23	P < 0.05

	0—20 岁		21—30 岁		31—40 岁		41—50 岁		51 岁以上		χ^2	Sig.
双性化	3	3.8%	30	7.6%	32	9.7%	21	8.8%	8	12.5%	4.62	P > 0.05
中性化	51	64.6%	279	70.6%	233	70.65%	178	74.8%	41	64.1%	4.73	P > 0.05

表 3—16 表明，在 5 个年龄段上，除女性化的分布有显著差异外（P < 0.05），其他三种性别类型在年龄上的分布均没有显著差异（P > 0.05）。

表 3—17　四种性别类型在文化程度上的卡方检验

	文盲		小学		初中		高中		大专以上		χ^2	Sig.
男性化	4	9.5%	16	9.8%	37	8.9%	37	14.5%	28	12.3%	5.86	P > 0.05
女性化	5	11.9%	16	9.8%	36	8.6%	17	6.7%	34	14.9%	10.46	P < 0.05
双性化	6	14.3%	11	6.7%	38	9.1%	20	7.8%	19	8.3%	2.84	P > 0.05
中性化	27	64.3%	121	73.8%	306	73.4%	181	71.0%	147	64.5%	7.31	P > 0.05

表 3—17 表明，从文化程度上看，性别类型除女性化的分布有显著差异外（P<0.05），其他三种性别类型在年龄上的分布均没有显著差异（P > 0.05）。

四、研究分析与讨论

不同性别在男性化和女性化上的分布具有显著差异（表 3—12），这说明，在农村，传统的性别角色观念仍然具有强劲的势力和广阔的生存空间，这与我国农村的生产生活特点和农业机械化程度低、工业化进程缓慢有直接的关系，随着我国城镇化进程的加快实现，这一差异虽不会消失，但却不会加大，而是会越来越小，农村的双性化个体也会越来越多。从跨城乡的角度看（表 3—13），城镇和农村人口在女性化上的分布存在显著差异，城镇女性化的比例显著地高于农村女性化的比例，这可能是因为城镇的部分男性双性化或女性化的结果所致，因为在城镇绝大多数家庭中的夫妻都有一份属于自己的工作，双方都要工作，也都必须承担家务，随着信息化社会的到来，这一趋势将会越来越明显。

从大的地理区域上看，只有河西的男性化比例显著地高于河东的男性化比例外，其他三种性别类型在两地上的分布均没有显著差异（表 3—14）。今天是昨天的明天，今天是历史的延续，河西地区的男性化比例之所以显著地高于河东地区的男性化比例，那可能就是因为这一地区在历史上属于游牧民族，而游牧民族的生产生活条件要求人们更要具有剽悍、勇敢、凶猛等男性特质，这些特质经历史而沉积在当代人的心灵深处。从 8 个地理区域上看，除在女性化上的分布差异不显著外，在其他三种性别类型上的分布存在显著差异（表 3—15），说明人的心理受当地的区域文化的影响是显著的，加强跨区域文化研究会更有利于探索人的心理，也会有利于加强人际交流、构建和谐社会。

在不同的年龄段和文化程度上，除女性化的分布有显著差异外，其他三种性别类型在年龄上的分布均没有显著差异（表 3—16、表 3—17）。在 0—20 岁和 21—30 岁两个年龄段上，女性化的比例较高，这可能是因为在此年龄阶段，家庭教育等传统教养方式对个体的影响较大有关。令人感兴趣的是，在文化程度上，文盲和大专以上的个体比其他三个文化程度的个体女性化所占的比例更高，其中原因需要进一步研究。

第三节　甘肃省域河东河西城乡居民心理健康调查分析

采用症状自评量表对甘肃河东河西 8 个地理区域的居民进行心理健康调查，结果发现甘肃省城乡居民心理健康的总体水平较低，总症状指数白银地区显著地大于其他 7 个地区，天水地区显著地大于酒泉地区；阳性症状痛苦水平白银地区显著地大于武威、定西、张掖、酒泉和平凉 5 个地区，天水地区显著地大于武威地区，定西地区显著地大于张掖地区。总症状指数和阳性症状痛苦水平在年龄上都是 31—40 岁段显著地大于 21—30 岁段。总症状指数在文化程度上，文盲显著地大于初中、高中和大专以上，小学显著地大于高中和大专以上，初中显著地大于大专以上，高中显著地大于大专以上。具体表现为：(1) 从大的地理区域上看，河西河东两个地理区域上的农民除了在敌对因子上没有显著差异外，在其余的8个因子上的检验结果均达到显著。(2) 8个地理区域在9个因子上的检验结果均达到显著。(3) 城镇和农村居民在9个因子上的检验结果均达到显著。(4) 性别变量除在躯体化、焦虑和敌对三个因子上显示了显著差异外，在其余的6个因子上均没有显著差异。(5) 年龄变量除在躯体化和敌对两个因子上显示了显著差异外，在其余的7个因子上均没有显著差异。(6) 5个年龄阶段在9个因子上的检验结果均达到显著。

一、研究目的和意义

20多年来，中国心理学、心理医学在对心理健康的实证研究中，其研究对象绝大多数是大学生（青年）、中学生（少年），其次有幼儿、老人、中年人；就研究对象的地区来源而言，大多数是生活在城市中的“所谓”农民学生，只有两个研究直接采访的是地道的农民；就研究结果来看，绝大多数结论不一致。结论的不一致，有一个可能性很大的原因，就是中国是一个地域非常宽广的国家，不同省区的文化差异非常大，来自不同省区的样本调查结论会有很大差异。这反证了城乡和区域跨文化心理学研究的必要性。严格地说，大学生实际上是城乡边缘人，因为许多大学生从初中开始就在城市或城镇生活，已经不是纯粹的乡里人。从这个意义上说，我们跨越的不是城乡文化，而是城市文化和城乡边缘文化，也就是说以大学生为对象，不是严格意义上的城乡跨文化研究，因而也不会有多大收获。反而如果以地道的农民为对象，马上就会得出令心理学、医学、文化学家汗颜的结论。比如记者张国政的研究引发的对SCL—90量表的思考。当然我们没有必要指责这些研究的价值，因为这些研究的初始目标是描述所选样本的人格与心理健康状况，而不是跨文化研究。城乡比较只是为了揭示不同文化背景下的人的人格与心理健康状况差异。这就是说，把城乡作为两种文化而进行的跨文化研究尚未开始。然而，我们不得不正视一个事实，中国是一个农业大国，农村的农民在人口中占有很大比例，如果没有对农民的人格和心理健康的研究，没有对以农民心理为代表的中国传统文化社会心理的研究，中国心理学只能说是西方的城市心理学，其成果只能用来描述、解释、预测城市人群的行为，只能为城市人群的心理保健、社会管理、生活幸福、行为自由提供心理学根据，为城市人群的教育和自我教育提供参考。犹如现在流行的电视广告，好像中国人已经都成了富翁富婆，每天不需要工作，只需要高档服装、化妆品、洋酒、壮阳药一样，而对占人口绝大多数的农民视而不见。因此，我们呼吁关注农民心理健康和疾苦。关注农民心理的研究，就是关注中国文化心理学研究，就是关注中国人的全面发展，就是关注中华民族的伟大复兴。中国是一个农业大国，农村人口占全国人口的很大比重，开展城乡比较研究是建设小康社会的需要，也是心理学本土化的必然要求。20 世纪初的文化人类学、心理人类学已经为我们提供了方法论上的样板，当代的社会学也为我们提供了新的思路，台湾心理学关于本土心理学的研究正在深入，所研究的范畴必须到农村、农民那里才能得到实证，心理学家在此领域大有作为。

二、研究对象和方法

采用症状自评量表（SCl—90），对甘肃河东（黄河以东）的天水、平凉、白银、庆阳、定西 5 个地级市区域的 9 个村和河西（黄河以西）张掖、武威、酒泉 3 个地级市区域的 5 个村 1500 名市民农民进行调查，收回有效问卷 1162 份，其中河东 753 人，占 64.8%，河西 409 人，占 35.2%；男性 631 人，占 54.3%，女性 531 人，占 45.7%；白银 269 人，占 23.1%，天水 100 人，占 8.60%，武威 185 人，占 15.90%，定西 261 人，占 22.50%，张掖 151 人，占 13.00%，庆阳 48 人，占 4.10%，酒泉 73 人，占 6.30%，平凉 75 人，占 6.50%；城镇 386 人，占 33.20%，农村 776 人，占 66.80%；0—20 岁 63 人，占 5.40%，21—30 岁 452 人，占 38.90%，31—40 岁 322 人，占 27.70%，41—50 岁 271 人，占 23.30%，51 岁以上 54 人，占 4.60%；文盲 40 人，占 3.40%，小学 175 人，占 15.10%，初中 479 人，占 41.20%，高中 253 人，占 21.80%，大专以上 215 人，占 18.50%。数据的处理全部在 SPSS13.0 上完成。调查对象人数的交叉分布详见表 3—18 至表 3—23。

表 3—18　区域年龄交互频数分布表

		年龄					Total
		0—20 岁	21—30 岁	31—40 岁	41—50 岁	51 岁以上	
区域	白银	5	95	85	69	15	269
	天水	10	51	22	12	5	100
	武威	9	78	45	51	2	185
	定西	4	99	70	70	18	261
	张掖	2	48	54	40	7	151
	庆阳	5	28	14	1	0	48
	酒泉	8	32	10	18	5	73
	平凉	20	21	22	10	2	75
Total		63	452	322	271	54	1162

表 3—19　区域文化交互频数分布表

		文化					Total
		文盲	小学	初中	高中	大专以上	
区域	白银	19	59	129	35	27	269
	天水	4	8	40	28	20	100
	武威	4	25	50	51	55	185
	定西	7	37	132	63	22	261
	张掖	6	24	54	26	41	151
	庆阳	0	5	10	9	24	48
	酒泉	0	9	27	19	18	73
	平凉	0	8	37	22	8	75
Total		40	175	479	253	215	1162

表 3—20　家庭来源年龄交互频数分布表

		年龄					Total
		0—20 岁	21—30 岁	31—40 岁	41—50 岁	51 岁以上	
家庭来源	城市	51	220	67	38	10	386
	农村	12	232	255	233	44	776
Total		63	452	322	271	54	1162

表 3—21　家庭来源文化程度交互频数分布表

		文化程度					Total
		文盲	小学	初中	高中	大专以上	
家庭来源	城市	0	5	77	107	197	386
	农村	40	170	402	146	18	776
Total		40	175	479	253	215	1162

表 3—22　性别年龄交互频数分布表

		年龄					Total
		0—20 岁	21—30 岁	31—40 岁	41—50 岁	51 岁以上	
性别	男	34	222	196	147	32	631
	女	29	230	126	124	22	531
Total		63	452	322	271	54	1162

表 3—23　性别文化程度交互频数分布表

		文化程度					Total
		文盲	小学	初中	高中	大专以上	
性别	男	10	80	269	164	108	631
	女	30	95	210	89	107	531
Total		40	175	479	253	215	1162

三、研究结果与分析

（一）有关总体症状和因子得分的统计分析

表 3—24　调查对象有关总体症状的描述统计（M±SD，N＝1162）

有关总体症状	M±SD
总分	167.60±48.82
总症状指数	1.86±0.54
阳性项目数	43.51±20.31
阳性项目总分	121.12±67.87

有关总体症状	M±SD
阴性项目数	46.69±20.31
阳性症状痛苦水平	2.68±0.45

表 3—25 调查对象在 9 个因子得分上的描述统计（M±SD，N＝1162）

因子	M±SD
躯体化	1.78±0.62
强迫症状	2.03±0.60
人际关系敏感	1.97±0.65
抑郁	1.91±0.66
焦虑	1.81±0.65
敌对	1.89±0.69
恐怖	1.72±0.66
偏执	1.85±0.64
精神病性	1.78±0.60

（二）症状和因子得分与全国常模的比较

表 3—26 SCL—90 总分、有关症状及项目数与全国常模的比较（M±SD，N＝1162）

	本研究	全国常模	t	P
总分	167.60±48.82	129.96±38.76	26.28	＜0.05
总症状指数	1.86±0.54	1.44±0.43	26.53	＜0.05
阳性项目数	43.51±20.31	24.92±18.41	31.22	＜0.05
阴性项目数	46.69±20.31	65.08±18.33	−31.22	＜0.05
阳性症状痛苦水平	2.68±0.45	2.60±0.59	6.08	＜0.05

从表 3—26 可看出，总体上被调查对象在总分、总症状指数、阳性项目数和阳性症状痛苦水平都显著地高于全国常模，同时显示阴性项目数显著地高于全国常模，这从某种程度上说明我省城乡居民的心理健康水平相对较低。

表 3—27　SCL—90 各因子与全国常模的比较（M±SD，N = 1162）

	本研究	全国常模	t	p
躯体化	1.78±0.62	1.34±0.45	23.86	< 0.05
强迫症状	2.03±0.60	1.69±0.61	19.13	< 0.05
人际关系敏感	1.97±0.65	1.71±0.67	13.81	< 0.05
抑郁	1.91±0.66	1.57±0.61	17.31	< 0.05
焦虑	1.81±0.65	1.42±0.57	20.50	< 0.05
敌对	1.89±0.69	1.50±0.57	19.15	< 0.05
恐怖	1.72±0.66	1.33±0.47	20.33	< 0.05
偏执	1.85±0.64	1.52±0.60	17.81	< 0.05
精神病性	1.78±0.60	1.36±0.47	24.14	< 0.05

从表 3—27 可看出，总体上被调查对象在全部的 9 个因子上的得分都显著地高于全国常模，这进一步从 9 个具体层面显示了甘肃省城乡居民较低的心理健康水平。

（三）有关总体症状在被试变量上的单因素方差分析

表 3—28　总症状指数和阳性症状痛苦水平在河西河东两地上的单因素方差分析

	SS	df	MS	F	Sig.
总症状指数	3.555	1	3.555	12.194	0.000
阳性症状痛苦水平	4.264	1	4.264	21.042	0.000

表 3—29　总症状指数和阳性症状痛苦水平在八个地理区域上的单因素方差分析

	SS	df	MS	F	Sig.
总症状指数	13.673	7	1.953	6.872	0.000
阳性症状痛苦水平	6.114	7	0.873	4.322	0.000

表 3—30　总症状指数和阳性症状痛苦水平在家庭来源上的单因素方差分析

	SS	df	MS	F	Sig.
总症状指数	9.048	1	9.048	31.553	0.000
阳性症状痛苦水平	5.306	1	5.306	26.300	0.000

表 3—31 总症状指数和阳性症状痛苦水平在性别上的单因素方差分析

	SS	df	MS	F	Sig.
总症状指数	0.926	1	0.926	3.153	0.000
阳性症状痛苦水平	0.029	1	0.029	0.138	0.000

表 3—32 总症状指数和阳性症状痛苦水平在年龄上的单因素方差分析

	SS	df	MS	F	Sig.
总症状指数	2.428	4	0.607	2.070	0.000
阳性症状痛苦水平	1.593	4	0.398	1.938	0.000

表 3—33 总症状指数和阳性症状痛苦水平在文化程度上的单因素方差分析

	SS	df	MS	F	Sig.
总症状指数	12.866	4	3.216	11.317	0.000
阳性症状痛苦水平	6.216	4	1.554	7.713	0.000

表 3—26 和表 3—27 的结果显示甘肃省城乡居民的心理健康水平较低，进一步的单因素方差分析(表 3—28 和表 3—33）显示，河西河东、8 个地理区域、家庭来源（城乡）、性别、年龄和文化程度在总症状指数和阳性症状痛苦水平上均有显著差异（$P < 0.05$）。多重比较显示 8 个地理区域的总症状指数白银地区显著地大于其他 7 个地区，天水地区显著地大于酒泉地区；阳性症状痛苦水平白银地区显著地大于武威、定西、张掖、酒泉和平凉 5 个地区，天水地区显著地大于武威地区，定西地区显著地大于张掖地区。总症状指数和阳性症状痛苦水平在年龄上都是 31—40 岁段显著地大于 21—30 岁段。总症状指数在文化程度上，文盲显著地大于初中、高中和大专以上，小学显著地大于高中和大专以上，初中显著地大于大专以上，高中显著地大于大专以上。

（四）各因子得分在被试变量上的比较

1．心理健康状况在河西河东两地上的比较

表 3—34　9 个因子在河西河东两地上的多元方差分析

因子名称	SS	df	MS	F	事后比较
躯体化	4.488	1	4.488	11.651*	1 > 2
强迫症状	3.629	1	3.629	10.165*	1 > 2
人际关系敏感	2.230	1	2.230	5.301*	1 > 2
抑郁	2.485	1	2.485	5.726*	1 > 2
焦虑	4.087	1	4.087	9.880*	1 > 2
敌对	1.751	1	1.751	3.656	–
恐怖	7.091	1	7.091	16.660*	1 > 2
偏执	2.491	1	2.491	6.178*	1 > 2
精神病性	4.091	1	4.091	11.754*	1 > 2

注：*P < 0.05；1．河东；2．河西。

表 3—34 显示，从大的地理区域上看，河西河东两个地理区域上的农民除了在敌对因子上没有显著差异（P > 0.05）外，在其余的 8 个因子上的检验结果均达到显著（P < 0.05）。事后比较进一步显示，在躯体化、强迫症状、人际关系敏感、抑郁、焦虑、恐怖、偏执和精神病性 8 个因子上的平均差异均为河东地区显著大于河西地区。

2．心理健康状况在八个地理区域上的比较

表 3—35　9 个因子在 8 个地理区域上的多元方差分析

因子名称	SS	df	MS	F	事后比较
躯体化	15.026	7	2.147	5.677*	1 >2，3，4，5，7，8；4 > 7
强迫症状	13.076	7	1.868	5.328*	1 >3，4，5，6，7，8；2 > 3，4，5，7
人际关系敏感	14.400	7	2.057	4.989*	1 >3，4，5，6，7，8；2 >3，4，6，8
抑郁	10.419	7	1.488	3.466*	1 > 3，4，5，7，8；2 > 3，7，8
焦虑	14.647	7	2.092	5.144*	1 >3，4，5，7，8；2 >7；5 >7；6 >7

因子名称	SS	df	MS	F	事后比较
敌对	19.791	7	2.827	6.067*	1 > 2，3，4，5，6，7，8；5 > 8
恐怖	20.107	7	2.872	6.895*	1 > 3，4，5，7，8;2 > 3，4，7;4 > 7；5 > 7；6 > 7；8 > 7
偏执	16.307	7	2.330	5.923*	1 > 3，4，5，6，7，8；2 > 4，7，8
精神病性	14.841	7	2.120	6.226*	1 > 2，3，4，5，7，8；2 > 7；4 > 7；5 > 7；6 > 7

注：*P < 0.05；1．白银；2．天水；3．武威；4．定西；5．张掖；6．庆阳；7．酒泉；8．平凉。

表 3—35 显示，白银、天水、武威、定西、张掖、庆阳、酒泉、平凉 8 个地理区域在 SCL—90 的 9 个因子上的检验结果均达到显著（P < 0.05）。事后比较进一步显示，在躯体化因子上，白银地区显著地大于天水、武威、定西、张掖、酒泉和平凉地区，定西地区显著地大于酒泉地区；在强迫症状因子上，白银地区显著地大于武威、定西、张掖、庆阳、酒泉和平凉地区，天水地区显著地大于武威、定西、张掖和酒泉地区；在人际关系敏感因子上，白银地区显著地大于武威、定西、张掖、庆阳、酒泉和平凉地区，天水地区地区显著地大于武威、定西、庆阳和平凉地区；在抑郁因子上，白银地区显著地大于武威、定西、张掖、酒泉和平凉地区，天水地区显著地大于武威、酒泉和平凉 3 个地区；在焦虑因子上，白银地区显著地大于武威、定西、张掖、酒泉和平凉地区，天水、张掖和庆阳 3 个地区均显著地大于九泉地区；在敌对因子上，白银地区显著地大于天水、武威、定西、张掖、庆阳、酒泉和平凉地区，张掖地区显著地大于平凉地区；在恐怖因子上，白银地区显著地大于武威、定西、张掖、酒泉和平凉地区，天水地区显著地大于武威、定西和酒泉地区，定西、张掖、庆阳和平凉四个地区均显著地大于酒泉地区；在偏执因子上，白银地区显著地大于武威、定西、张掖、庆阳、酒泉和平凉地区，天水地区又显著地大于定西、酒泉和平凉 3 个地区；在精神病性因子上，白银地区显著地大于天水、武威、定西、张掖、酒泉和平凉地区，而天水、定西、张掖和庆阳 4 个地区又均显著地大于酒泉地区。

3．心理健康状况在家庭来源上的比较

表 3—36　9 个因子在家庭来源上的多元方差分析

因子名称	SS	df	MS	F	事后比较
躯体化	18.406	1	18.406	49.315*	2 > 1
强迫症状	7.890	1	7.890	22.332*	2 > 1
人际关系敏感	7.907	1	7.907	19.017*	2 > 1
抑郁	5.556	1	5.556	12.881*	2 > 1
焦虑	7.450	1	7.450	18.134*	2 > 1
敌对	13.318	1	13.318	28.387*	2 > 1
恐怖	8.952	1	8.952	21.111*	2 > 1
偏执	6.709	1	6.709	16.791*	2 > 1
精神病性	7.339	1	7.339	21.255*	2 > 1

注：*P < 0.05；1．城镇；2．农村。

表 3—36 显示，城镇和农村居民在 9 个因子上的检验结果均达到显著（P < 0.05）。事后比较进一步显示，在 9 个因子得分的差异上均为农村居民显著大于城镇居民。

4．心理健康状况在性别上的比较

表 3—37　9 个因子在性别上的多元方差分析

因子名称	SS	df	MS	F	事后比较
躯体化	2.441	1	2.441	6.308*	2 > 1
强迫症状	0.259	1	0.259	0.718	–
人际关系敏感	0.105	1	0.105	0.248	–
抑郁	1.461	1	1.461	3.360	–
焦虑	1.959	1	1.959	4.714*	2 > 1
敌对	1.964	1	1.964	4.101*	2 > 1
恐怖	0.954	1	0.954	2.215	–
偏执	0.613	1	0.613	1.514	–
精神病性	0.085	1	0.085	0.241	–

注：*P < 0.05；1．男；2．女。

表 3—37 显示，性别变量除在躯体化、焦虑和敌对 3 个因子上显示了显著

差异（P < 0.05）之外，在其余的 6 个因子上均没有显著差异；事后比较显示，在躯体化、焦虑和敌对 3 个因子上都是女性显著地大于男性。

5．心理健康状况在年龄上的比较

表 3—38　9 个因子在年龄上的多元方差分析

因子名称	SS	df	MS	F	事后比较
躯体化	4.849	4	1.212	3.141*	3 > 2，4 > 2
强迫症状	2.889	4	0.722	2.014	3 > 2
人际关系敏感	2.852	4	0.713	1.693	3 > 2
抑郁	1.458	4	0.364	0.836	–
焦虑	2.441	4	0.610	1.466	3 > 2
敌对	4.253	4	1.063	2.223*	3 > 2
恐怖	4.396	4	1.099	2.561	1 > 2，3 > 2
偏执	2.425	4	0.606	1.499	3 > 2
精神病性	1.232	4	0.308	0.876	–

注：*P < 0.05；1．0—20 岁；2．21—30 岁；3．31—40 岁；4．41—50 岁；5．51 岁以上。

表 3—38 显示，年龄变量除在躯体化和敌对两个因子上显示了显著差异（P < 0.05）之外，在其余的 7 个因子上均没有显著差异，但在强迫因子和敌对因子上的差异处于临界水平（P 值分别为 0.090 和 0.064）；事后比较显示，在躯体化、强迫、人际关系敏感、焦虑、敌对、恐怖和偏执 7 个因子上都是 31—40 岁年龄段显著地大于 21—30 岁年龄段，在躯体化因子上又有 41—50 岁年龄段显著地大于 21—30 岁年龄段，在恐怖因子上又有 0—20 岁年龄段显著地大于 21—30 岁年龄段。

6．心理健康状况在文化程度上的比较

表 3—39　9 个因子在文化程度上的多元方差分析

因子名称	SS	df	MS	F	事后比较
躯体化	18.016	4	4.504	12.026*	1 > 3，4，5；2 > 3，4，5；3 > 5；4 > 5
强迫症状	10.376	4	2.594	7.368*	1 > 4，5；2 > 4，5；3 > 5；4 > 5
人际关系敏感	17.060	4	4.265	10.429*	1 > 2，3，4，5；2 > 4，5；3 > 5；4 > 5

因子名称	SS	df	MS	F	事后比较
抑郁	11.115	4	2.779	6.498*	1＞3，4，5；2＞5；3＞4；3＞5
焦虑	13.602	4	3.400	8.364*	1＞3，4，5；2＞4，5；3＞5；4＞5
敌对	16.662	4	4.166	8.911*	1＞4，5；2＞4，5；3＞5；4＞5
恐怖	14.825	4	3.706	8.823*	1＞4，5；2＞4，5；3＞4，5；4＞5
偏执	8.515	4	2.129	5.335*	1，2，3，4＞5
精神病性	11.325	4	2.831	8.261*	1＞4，5；2＞3，4，5；3＞5；4＞5

注：*P＜0.05；1．文盲；2．小学；3．初中；4．高中；5．大专以上。

表3—39显示，文化程度在SCL—90的9个因子上的检验结果均达到显著（P＜0.05）。事后比较进一步显示：在躯体化因子上，文盲和小学均显著地大于初中、高中和大专以上，初中和高中显著地大于大专以上；在强迫症状因子上，文盲和小学均显著地大于高中和大专以上，初中和高中显著地大于大专以上；在人际关系敏感因子上，文盲显著地大于其他四种文化程度，小学显著地大于高中和大专以上，初中和高中显著地大于大专以上；在抑郁因子上，文盲显著地大于初中、高中和大专以上，小学显著地大于大专以上，初中显著地大于高中和大专以上；在焦虑因子上，文盲显著地大于初中、高中和大专以上，小学显著地大于高中和大专以上，初中和高中显著地大于大专以上；在敌对因子上，文盲和小学均显著地大于高中和大专以上，初中和高中显著地大于大专以上；在恐怖因子上，文盲和小学均显著地大于高中和大专以上，初中显著地大于高中和大专以上，高中显著地大于大专以上；在偏执因子上，文盲、小学、初中和高中均显著地大于大专以上；在精神病性因子上，文盲显著地大于高中和大专以上，小学显著地大于初中、高中和大专以上，初中和高中显著地大于大专以上。

四、研究分析与讨论

调查结果表明，甘肃省河西河东8个地理区域城乡居民在总症状指数和阳性症状痛苦水平上的得分均高于全国常模，反映出我省城乡居民的总体心理健康水平较低。在我国现有的生产力条件下，尤其是像甘肃省这样一个西部欠发达省份，城市和乡村分别构成了两个截然不同的“围城”，近年来，城里人紧张、压抑、快节奏的生活方式使得他们越来越向往乡村生活，农家乐旅游风靡一时，而农村人还是很向往有工作、住楼房、医疗条件优越、子女受教育条件好等城里人才能享受的生活。因此，大量农民工进城，既反映了城市建设的需要，更折射出了广大农民亟须提高自身生活条件的内心需求。根据马斯洛需要层次理论，随着我国生产力水平的逐步提高，城市化进程的加快，城乡居民最低生活保障制度的推行和完善和党的一系列惠农惠民政策的实施，城乡居民的心理健康水平必将有所改善。

单因素方差分析进一步显示，河西河东、8 个地理区域、家庭来源（城乡）、性别、年龄和文化程度在总症状指数和阳性症状痛苦水平上均有显著差异。多重比较显示 8 个地理区域的总症状指数白银地区显著地大于其他 7 个地区，天水地区显著地大于酒泉地区；阳性症状痛苦水平白银地区显著地大于武威、定西、张掖、酒泉和平凉 5 个地区，天水地区显著地大于武威地区，定西地区显著地大于张掖地区。总症状指数和阳性症状痛苦水平在年龄上都是 31—40 岁段显著地大于 21—30 岁段。总症状指数在文化程度上，文盲显著地大于初中、高中和大专以上，小学显著地大于高中和大专以上，初中显著地大于大专以上，高中显著地大于大专以上。从大的地理区域上看，河西河东两个地理区域上的农民除了在敌对因子上没有显著差异外，在其余的 8 个因子上的检验结果均达到显著。事后比较进一步显示，在躯体化、强迫症状、人际关系敏感、抑郁、焦虑、恐怖、偏执和精神病性八个因子上的平均差异均为河东地区显著大于河西地区。原因有待进一步研究。

白银、天水、武威、定西、张掖、庆阳、酒泉、平凉 8 个地理区域在 9 个因子上的检验结果均达到显著。事后比较进一步显示，在躯体化因子上，白银地区显著地大于天水、武威、定西、张掖、酒泉和平凉地区，定西地区显著地大于酒泉地区；在强迫症状因子上，白银地区显著地大于武威、定西、张掖、庆阳、酒泉和平凉地区，天水地区显著地大于武威、定西、张掖和酒泉地区；在人际关系敏感因子上，白银地区显著地大于武威、定西、张掖、庆阳、酒泉和平凉地区，天水地区显著地大于武威、定西、庆阳和平凉地区；在抑郁因子上，白银地区显著地大于武威、定西、张掖、酒泉和平凉地区，天水地区显著地大于武威、酒泉和平凉 3 个地区；在焦虑因子上，白银地区显著地大于武威、定西、张掖、酒泉和平凉地区，天水、张掖和庆阳 3 个地区均显著地大于九泉地区；在敌对因子上，白银地区显著地大于天水、武威、定西、张掖、庆阳、酒泉和平凉地区，张掖地区显著地大于平凉地区；在恐怖因子上，白银地区显著地大于武威、定西、张掖、酒泉和平凉地区，天水地区显著地大于武威、定西和酒泉地区，定西、张掖、庆阳和平凉 4 个地区均显著地大于酒泉地区；在偏执因子上，白银地区显著地大于武威、定西、张掖、庆阳、酒泉和平凉地区，天水地区又显著地大于定西、酒泉和平凉 3 个地区；在精神病性因子上，白银地区显著地大于天水、武威、定西、张掖、酒泉和平凉地区，而天水、定西、张掖和庆阳 4 个地区又均显著地大于酒泉地区。

城镇和农村居民在 9 个因子上的检验结果均达到显著。事后比较进一步显示，在 9 个因子得分的差异上均为农村居民显著大于城镇居民。说明甘肃省农民的生产生活条件和心理健康相比城市而言可能有更多的问题和得到更多的关注。

性别变量除在躯体化、焦虑和敌对 3 个因子上显示了显著差异之外，在其余的 6 个因子上均没有显著差异；事后比较显示，在躯体化、焦虑和敌对 3 个因子上都是女性显著地大于男性。

年龄变量除在躯体化和敌对两个因子上显示了显著差异之外，在其余的 7 个因子上均没有显著差异，但在强迫因子和敌对因子上的差异处于临界水平（P 值分别为 0.090 和 0.064）；事后比较显示，在躯体化、强迫、人际关系敏感、焦虑、敌对、恐怖和偏执 7 个因子上都是 31—40 岁年龄段显著地大于 21—30 岁年龄段，在躯体化因子上又有 41—50 岁年龄段显著地大于 21—30 岁年龄段，在恐怖因子上 0—20 岁年龄段又显著地大于 21—30 岁年龄段。显示总体上年龄越大，心理问题越多。

文化程度在 9 个因子上的检验结果均达到显著。事后比较进一步显示：在躯体化因子上，文盲和小学均显著地大于初中、高中和大专以上，初中和高中显著地大于大专以上；在强迫症状因子上，文盲和小学均显著地大于高中和大专以上，初中和高中显著地大于大专以上；在人际关系敏感因子上，文盲显著地大于其他四种文化程度，小学显著地大于高中和大专以上，初中和高中显著地大于大专以上；在抑郁因子上，文盲显著地大于初中、高中和大专以上，小学显著地大于大专以上，初中显著地大于高中和大专以上；在焦虑因子上，文盲显著地大于初中、高中和大专以上，小学显著地大于高中和大专以上，初中和高中显著地大于大专以上；在敌对因子上，文盲和小学均显著地大于高中和大专以上，初中和高中显著地大于大专以上；在恐怖因子上，文盲和小学均显著地大于高中和大专以上，初中显著地大于高中和大专以上，高中显著地大于大专以上；在偏执因子上，文盲、小学、初中和高中均显著地大于大专以上；在精神病性因子上，文盲显著地大于高中和大专以上，小学显著地大于初中、高中和大专以上，初中和高中显著地大于大专以上。这些结果充分显示，文化程度越低，心理健康水平越低，提升城乡居民的文化教育水平仍然是不懈努力的方向。

第四节　甘肃省域河东河西城乡居民社会支持调查分析

采用社会支持量表对来自甘肃河西河东 8 个地区的居民进行社会支持现状调查，结果发现：(1) 河西河东两地居民社会支持在总分、主观支持和对支持的利用度上无显著差异，但在客观支持分上存在显著差异；(2) 8 个地理区域居民社会支持在总分、客观支持和主观支持分上无显著差异，但在对支持的利用度上存在显著差异；(3) 不同家庭来源（城乡）居民社会支持在客观支持和对支持的利用度上无显著差异，但在总分和主观支持分上存在显著差异；(4) 性别的社会支持在总分和社会支持量表的3个维度上均没有显著差异；(5) 不同年龄阶段居民社会支持在对支持的利用度上没有显著差异，但在总分、客观支持和主观支持分上存在显著差异；(6) 不同文化程度居民社会支持在总分和社会支持量表的 3 个维度上均没有显著差异。

一、研究目的和意义

20 世纪 70 年代初，精神病学文献中引入社会支持（social support）的概念，社会学和医学用定量评定的方法，对社会支持与身心健康的关系进行了大量的研究。多数学者认为，良好的社会支持有利于健康，而劣性社会关系的存在则损害身心健康。社会支持一方面对应激状态下的个体提供保护，即对应激起缓冲作用；另一方面对维持一般的良好情绪体验具有重要意义。一般认为，社会支持从性质上可以分为两类：一类为客观的、可见的或实际的支持，包括物质上的直接援助和社会网络、团体关系的存在和参与，后者是指稳定的婚姻（如家庭、婚姻、朋友、同事等）或不稳定的社会联系（如非正式群体、暂时性的社会交际等）的大小和可获得程度，这类支持独立于个体的感受，是客观存在的现实。另一类是主观的、体验到的情感上的支持，指的是个体在社会受尊重、被支持、理解的情感体验和满意程度，与个体的主观感受密切相关。除了实际的客观支持和对支持的主观体验外，肖水源等还提出，社会支持的研究还应包括个体对支持的利用情况，人与人的支持是一个相互作用的过程，因此，对社会支持的评定有必要把对支持的利用情况作为社会支持的第三个维度。

不同学科甚至跨学科运用社会支持量表进行的各类研究很多，但真正的跨区域（文化）研究却是凤毛麟角。心理学科学研究的生命力在于它的应用性，离开了具体区域文化，笼统地进行所谓全国性乃至世界性的随机抽样研究，就以为是得到了所谓的普遍性的放之任何人而皆准的结论，这是心理学自从哲学中独立出来后受自然科学尤其是物理学模式影响的后果，也是对心理学自身强调的效度的一种讽刺。基于此，本研究以甘肃 8 个地理区域城乡居民为调查对象，考察城乡居民的社会支持现状，以获得城乡两种亚文化背景下个体或群体心理活动的特点，从而丰富为中国城乡跨文化心理学研究。

二、研究对象和方法

我们组织河西学院心理学本科生对甘肃各市域纯粹市民、农民进行了 5 个量表的调查。完成研究报告 16 篇。本书是采用肖水源修订的社会支持评定量表调查表，对甘肃河东（黄河以东）的天水、平凉、白银、庆阳、定西 5 个地级市区域的 9 个村和河西（黄河以西）张掖、武威、酒泉 3 个地级市区域的 5 个村的 1500 名农民进行调查的报告。调查收回有效问卷 1220 份，其中河东 802 人，占 65.7%，河西 418 人，占 34.3%；男性 686 人，占 56.2%，女性 534 人，占 43.8%；白银 268 人，占 22.0%，天水 98 人，占 8.0%，武威 200 人，占 16.4%，定西 283 人，占 23.2%，张掖 145 人，占 11.9%，庆阳 88 人，占 7.2%，酒泉 73 人，占 6.0%，平凉 65 人，占 5.3%；城镇 410 人，占 33.6%，农村 810 人，占 66.4%；0—20 岁 75 人，占 6.1%，21—30 岁 418 人，占 34.3%，31—40 岁 400 人，占 32.8%，41—50 岁 260 人，占 21.3%，51 岁以上 67 人，占 5.5%；文盲 46 人，占 3.8%，小学 173 人，占 14.2%，初中 493 人，占 40.4%，高中 270 人，占 22.1%，大专以上 238 人，占 19.5%。数据的处理全部在 SPSS13.0 上完成。调查对象人数的交叉分布详见表 3—40 至表 3—45。

表 3—40　区域年龄交互频数分布表

		年龄					Total
		0—20 岁	21—30 岁	31—40 岁	41—50 岁	51 岁以上	
区域	白银	5	81	102	64	16	268
	天水	10	42	29	12	5	98
	武威	11	88	47	49	5	200
	定西	8	72	110	67	26	283
	张掖	6	45	54	34	6	145
	庆阳	9	49	21	6	3	88
	酒泉	8	31	11	18	5	73
	平凉	18	10	26	10	1	65
Total		75	418	400	260	67	1220

表 3—41　区域文化交互频数分布表

		文化					Total
		文盲	小学	初中	高中	大专以上	
区域	白银	16	54	131	37	30	268
	天水	4	7	39	28	20	98
	武威	4	27	53	58	58	200
	定西	16	42	140	63	22	283
	张掖	6	20	52	26	41	145
	庆阳	0	8	19	18	43	88
	酒泉	0	9	27	19	18	73
	平凉	0	6	32	21	6	65
Total		46	173	493	270	238	1220

表 3—42　家庭来源年龄交互频数分布表

		年龄					Total
		0—20 岁	21—30 岁	31—40 岁	41—50 岁	51 岁以上	
家庭来源	城市	56	228	81	36	9	410
	农村	19	190	319	224	58	810
Total		75	418	400	260	67	1220

表 3—43　家庭来源文化程度交互频数分布表

		文化程度					Total
		文盲	小学	初中	高中	大专以上	
家庭来源	城市	0	5	75	112	218	410
	农村	46	168	418	158	20	810
Total		46	173	493	270	238	1220

表 3—44　性别年龄交互频数分布表

		年龄					Total
		0—20 岁	21—30 岁	31—40 岁	41—50 岁	51 岁以上	
性别	男	42	206	247	149	42	686
	女	33	212	153	111	25	534
Total		75	418	400	260	67	1220

表 3—45　性别文化程度交互频数分布表

		文化程度					Total
		文盲	小学	初中	高中	大专以上	
性别	男	16	84	286	176	124	686
	女	30	89	207	94	114	534
Total		46	173	493	270	238	1220

三、研究结果与比较

（一）调查对象在社会支持量表上得分的描述统计

表 3—46 调查对象在社会支持量表上得分的描述统计（M±SD，N = 1220）

总分	客观支持分	主观支持分	对支持的利用度
40.55±6.91	8.75±3.11	24.35±4.24	7.45±1.93

（二）社会支持量表得分在有关背景变量上的比较

1．河西河东两地居民社会支持比较

对河西河东两地居民社会支持得分进行单因素方差分析发现，在总分、主观支持和对支持的利用度上两者无显著差异，但在客观支持分上存在显著差异，见表 3—47。

表 3—47 河西河东两地居民社会支持得分比较

	SS	df	MS	F	Sig.
总分	54.189	1	54.189	1.135	0.287
客观支持分	73.899	1	73.899	7.662	0.006
主观支持分	0.654	1	0.654	0.036	0.849
对支持的利用度	0.182	1	0.182	0.049	0.825

2．8 个地理区域居民社会支持比较

对 8 个地理区域居民社会支持得分进行单因素方差分析发现，在总分、客观支持和主观支持分上 8 个地理区域有显著差异，但在对支持的利用度上无显著差异，见表 3—48。

表 3—48 8 个地理区域居民社会支持得分比较

	SS	df	MS	F	Sig.	LSD
总分	1919.706	7	274.244	5.905	0.000	3，8 > 7；4，5 > 1，2，3，6，7

	SS	df	MS	F	Sig.	LSD
客观支持分	525.604	7	75.086	8.057	0.000	2, 8 > 6; 3, 5 > 1, 2, 6, 7; 4 > 1, 2, 6, 7, 8
主观支持分	523.721	7	74.817	4.249	0.000	4, 5 > 1, 2, 3, 7; 6, 8 > 7
对支持的利用度	43.982	7	6.283	1.690	0.107	—

注：1. 白银；2. 天水；3. 武威；4. 定西；5. 张掖；6. 庆阳；7. 酒泉；8. 平凉。

3. 城乡居民社会支持比较

对不同家庭来源（城乡）居民社会支持得分进行单因素方差分析发现，在客观支持和对支持的利用度上两者无显著差异，但在总分和主观支持分上存在显著差异，见表3—49。

表3—49　城乡居民社会支持得分比较

	SS	df	MS	F	Sig.
总分	387.051	1	387.051	8.154	0.004
客观支持分	0.111	1	0.111	0.011	0.915
主观支持分	251.402	1	251.402	14.167	0.000
对支持的利用度	12.142	1	12.142	3.259	0.071

4. 性别的社会支持比较

对不同性别的社会支持得分进行单因素方差分析发现，在总分和社会支持量表的3个维度上均没有显著差异，见表3—50。

表3—50　不同性别的社会支持得分比较

	SS	df	MS	F	Sig.
总分	12.304	1	12.304	0.258	0.612
客观支持分	2.898	1	2.898	0.299	0.585
主观支持分	0.628	1	0.628	0.035	0.852
对支持的利用度	6.748	1	6.748	1.809	0.179

5. 不同年龄阶段居民社会支持比较

对不同年龄阶段居民社会支持得分进行单因素方差分析发现，在对支持的利用度上没有显著差异，但在总分、客观支持分和主观支持分上存在显著差异。多重比较显示差异的具体情况是：在总分上，21—30 岁和 31—40 岁两个年龄段均显著地大于 0—20 岁年龄段，41—50 岁这一年龄段均显著地大于其他四个年龄段；在客观支持得分上 41—50 岁年龄段显著地大于 0—20 岁、21—30 岁和 31—40 岁三个年龄段；在主观支持得分上，21—30 岁和 31—40 岁两个年龄段均显著地大于 0—20 岁年龄段，41—50 岁年龄段显著地大于 0—20 岁、21—30 岁和 51 岁以上 3 个年龄段，见表 3—51。

表 3—51　不同年龄阶段社会支持得分比较

	SS	df	MS	F	Sig.	LSD
总分	764.498	4	191.125	4.043	0.003	2，3 > 1；4 > 1，2，3，5
客观支持分	84.624	4	21.156	2.190	0.068	4 > 1，2，3
主观支持分	252.950	4	63.238	3.555	0.007	2，3 > 1；4 > 1，2，5
对支持的利用度	20.288	4	5.072	1.361	0.246	—

注：1．0—20 岁；2．21—30 岁；3．31—40 岁；4．41—50 岁；5．51 岁以上。

6．不同文化程度社会支持比较

对不同文化程度居民社会支持得分进行单因素方差分析发现，在总分和社会支持量表的 3 个维度上均没有显著差异，见表 3—52。

表 3—52　不同文化程度社会支持得分比较

	SS	df	MS	F	Sig.
总分	101.694	4	25.424	0.532	0.713
客观支持分	22.320	4	5.580	0.575	0.681
主观支持分	115.560	4	28.890	1.614	0.168
对支持的利用度	13.652	4	3.413	0.914	0.455

四、研究分析与讨论

调查结果表明，在大的地理区域上，甘肃省河西（指黄河以西）河东（指黄河以东）两地居民其社会支持在总分、主观支持分和对支持的利用度上无显著差异，但在客观支持分上存在显著差异，得分上表现为河东地区大于河西地区。究其原因可能是河东自然条件相对较差，生活比较艰苦，互相支持的需求水平较高。

8 个地理区域居民的社会支持在对支持的利用度上无显著差异，说明甘肃省作为一个相对文化区域，社会心理的同一性比较强。在客观支持分和主观支持分上有显著差异，差异的具体表现是：在客观支持上，天水和平凉地区均限制地大于庆阳地区，武威和张掖地区大于白银、天水、庆阳和酒泉地区，定西地区大于白银、天水、庆阳、酒泉和平凉 5 个地区；在主观支持上，定西和张掖地区大于白银、天水、武威和酒泉地区，庆阳和平凉地区大于酒泉地区。

不同家庭来源（城乡）居民社会支持在客观支持分和对支持的利用度上无显著差异，但在主观支持分上存在显著差异。性别和文化程度的社会支持在总分和社会支持量表的 3 个维度上均没有显著差异。不同年龄阶段居民社会支持在对支持的利用度上没有显著差异，但在客观支持分和主观支持分上存在显著差异，差异的具体表现是：在客观支持得分上，41—50 岁年龄段大于其前面的 3 个年龄段；在这个支持得分上，21—30 岁和 31—40 岁两个年龄段都大于 0—20 岁年龄段，41—50 岁年龄段大于 0—20 岁、21—30 岁和 51 岁以上 3 个年龄段。这些差异需要进一步开展更为复杂的研究来探讨，进而总结规律。

第四章
甘肃省域城乡居民人格与心理健康调查研究（下）

2008 年，我们申报的《区域文化心理差异与和谐社会建设研究》课题被列为国家社会科学基金项目。立项之后，我们利用 2009 年寒假，采取分层抽样的方法，抽取甘肃省 12 个市域（甘肃河东的天水、平凉、白银、庆阳、定西、陇南 6 个地级市区域和河西的张掖、武威、酒泉、金昌 4 个地级市区域以及兰州市区域）的社区、村庄原住 20 年以上使用本地方言的成人居民为调查对象，选派 230 名心理学本科生，利用寒假期间，走村串户，走城串市，携带甘肃省城乡和区域居民心理调查问卷集开展调查。主要包括范肖冬修订人际信任量表（ITS）、王登峰根据 C. Rogers（荣格）的自我和谐人格理论编制而成的自我和谐量表（Self Consistency and Congruence Scale,SCCS）、陈会昌等编制的《气质类型量表》、Buss 和 Perry 1992 年编制的 AQ 攻击性问卷（Aggression Questionnaire，简称“AQ”）、张明园等于 1987 年编制的生活事件量表（Life Events Scale,LES）、张海钟等编制的区域刻板印象问卷等。调查发放问卷 2911 份，收回 2800 份，收回率 99%，得到有效问卷 2769 份，有效率 98.89%。各个问卷的有效率在 2669—2718 之间。

第一节　甘肃省域河东河西城乡居民气质类型的调查研究

心理学中的气质是不以人的活动目的和内容为转移的心理活动的典型的稳定的动力特征。气质带有先天遗传的性质，它能影响人的行为方式、能力的形成和发展，各种气质都有自己的优缺点。它是区域居民心理差异的重要组成部分，是最基础最综合最典型的心理特征，也是区域性格形成的生理基础。省域、市域、县域老乡族群之间的相互刻板印象，主要的成分就是气质；气质类型还直接影响区域族群之间的交往模式，影响区域内部的人际关系、个体心理健康水平、社会支持方式、群体性格类型乃至个体主观幸福感等。因此，作为国家社会科学基金项目《区域文化心理差异与和谐社会建设研究》课题的组成部分，我们在总课题设计中将甘肃河西、河东各市县区域城乡男女居民气质类型差异及其影响因素作为一个子课题，采用陈会昌等编制的《气质量表》对2764名居民进行了问卷调查和田野工作，试图在描述各个地域居民气质类型分布差异的基础上，廓清区域居民气质类型与相互刻板印象以及人际信任、自我和谐之间的关系，为正视区域心理差异，消解区域心理冲突，建设和谐社会提供心理学、社会学的建议。

一、气质学说

心理学关于气质的研究有许多学说，早在古希腊时期，医生希波克拉底提出"四体液学说"，认为气质取决于人体内的四种液体，即血液、黏液、黄胆汁、黑胆汁的混合比例，并以何种体液占优势而把人的气质分为多血质、黏液质、胆汁质、抑郁质。这种体液说已不被学界所认同，但四种气质类型的名称仍得以沿用。后来又产生了体型说、内分泌说、血型说、高级神经活动类型说等。

现代心理学比较推崇巴甫洛夫的高级神经活动类型学说。这个学说认为，气质是人的高级神经活动类型的特点和其在行为方式上的表现，主要表现在兴奋过程和抑制过程的强度、均衡度、灵活性以及耐受性等方面。以此可以把高级神经活动分为4种类型：(1) 强而不均衡的（兴奋型）；(2) 强的、均衡的、灵活的(活泼型)；(3) 强的、均衡的、惰性的(安静型)；(4) 弱型的(抑制型)。这些高级神经活动的类型，是人的气质形成的生理基础。所对应的4种气质类型为：胆汁质（兴奋型）、多血质（活泼型）、黏液质（安静型）、抑郁质（抑制型）。

用外显的行为特征来表征，就是活泼、好动、敏感、反应迅速、喜欢与人交往、注意力容易转移、兴趣容易变换的多血质。直率、热情、精力旺盛、情绪易于冲动、心境变化剧烈的胆汁质。安静、稳重、反应缓慢、沉默寡言、情绪不易外露，注意稳定但又难于转移，善于忍耐的黏液质。孤僻、行动迟缓、体验深刻、善于觉察别人不易觉察到的细小事物的抑郁质。但这种描述只是典型的，属于某一种类型的人很少，多数人是介于各类型之间的中间类型，即混合型，如胆汁—多血质，多血—黏液质，多血—胆汁—抑郁等，通常的气质类型测验可以把气质类型分为 15 种。

二、对象与分布

采取分层抽样的方法，抽取甘肃省河东的天水、平凉、白银、庆阳、定西、陇南 6 个地级市区域和河西的张掖、武威、酒泉、金昌、嘉峪关 5 个地级市区域以及兰州市等 11 个市域原住 20 年以上，年龄在 20—65 岁之间的社区、村庄的 2764 名城乡居民为对象。其中，河东 1973 人，占 71.4%，河西 791 人，占 28.6%；城市 1335 人，占 48.3%；农村 1429 人，占 51.8%；男性 1396 人，占 50.5%，女性 1368 人，占 49.5%。各个市域被调查对象的人数分布见相关表格。

三、方法和程序

研究采用陈会昌等编制的《气质类型量表》。该量表是由山西省教科院陈会昌等编制，共 60 题，每种气质类型 15 题，测量出 4 种气质类型：胆汁质、多血质、黏液质和抑郁质。许多研究结果表明，中国大学生多数人的气质是两种气质的混合型，典型气质和三种气质混合型的人很少。鉴于该问卷主要是为大学生和中学生编制的，我们对其中 5 个题目内容进行了修正。调查之前，通过对河西学院心理学专业 230 名本科生进行研究程序的标准化培训，然后组织学生利用寒假时间，回到自己家乡，通过一对一入户发放问卷的方式获取研究数据。调查人员把量表带到城乡居民家中。填表前，调查人员向居民说明本调查的意义，以消除顾虑，并给予统一指导。被试者当场做，做完后由调查人员当场收回。对于文化程度偏低的农民，由调查人员逐条宣读和解释，待同意后帮助填写。最后，采用 SPSS13.0 软件进行统计分析。

四、结果与描述

（一）甘肃区域居民的气质类型总体分布

根据陈会昌气质量表的评分标准，如果某气质类型得分明显高于其他三种，均高出 4 分以上，则可定为该气质类型；两种气质类型得分接近，其差异低于 3 分，而且又明显高于其他两种，高出 4 分以上，则可定为两种气质类型的混合型；三种气质类型得分相接近而且均高于第四种，则为三种气质类型的混合型。据此，通过数据分析发现，甘肃区域居民的气质类型主要为混合型，其中三种类型以上混合者占 34%，典型类型中胆汁质和抑郁质比例较高，占 16%和 18%，两种类型混合者中胆汁—抑郁混合型占 7%，具体情况见表 4—1。

表 4—1　甘肃区域居民的气质类型总体状况表

		Frequency	Percent	Valid Percent	Cumulative Percent
Valid	胆汁质	450	16.3	16.3	16.3
	多血质	147	5.3	5.3	21.6
	黏液质	198	7.2	7.2	28.8
	抑郁质	492	17.8	17.8	46.6
	胆汁质—多血质	67	2.4	2.4	49.0
	胆汁质—黏液质	105	3.8	3.8	52.8
	多血质—黏液质	34	1.2	1.2	54.0
	黏液质—抑郁质	89	3.2	3.2	57.2
	多血质—抑郁质	48	1.7	1.7	59.0
	胆汁质—抑郁质	200	7.2	7.2	66.2
	其他混合型	934	33.8	33.8	100.0
	Total	2764	100.0	100.0	

（二）甘肃河东河西区域居民的气质类型分布比较

通过调查发现，甘肃河东河西居民的气质类型主要为抑郁质、胆汁质，而河西居民的抑郁质人数明显高于河东居民，并差异显著（$\chi^2 = 56.008$，$P < 0.001$），具体情况见表 4—2。

表 4—2 甘肃河东河西居民的气质类型表

类型	河东人数（%）	河西人数（%）	χ^2检验
胆汁质	325（16.5）	125（15.8）	
多血质	110（5.6）	37（4.7）	
黏液质	137（6.9）	61（7.7）	
抑郁质	329（16.7）	163（20.6）	
胆汁质—多血质	52（2.6）	15（1.9）	$\chi^2 = 13.785$ $(P > 0.05)$
胆汁质—黏液质	82（4.2）	23（2.9）	
多血质—黏液质	25（1.3）	9（1.1）	
黏液质—抑郁质	68（3.4）	21（2.7）	
多血质—抑郁质	38（1.9）	10（1.3）	
胆汁质—抑郁质	136（6.9）	64（8.1）	
χ^2检验	$\chi^2 = 2094.675$ $(P < 0.001)$	$\chi^2 = 1166.049$ $(P < 0.001)$	
其他混合型	671（34.0）	263（33.2%）	
总计	1973（100）	791（100）	2764（100）

（三）甘肃城乡区域居民的气质类型分布比较

通过调查发现，甘肃城市居民的气质类型主要为抑郁质、胆汁质，而农村居民的主要气质类型为胆汁质和抑郁质，农村胆汁质的人数明显高于城市人数，且差异显著（$\chi^2 = 7.476$，$P < 0.05$）。城市抑郁质的人数高于农村抑郁质的人数，具体情况见表 4—3。

表 4—3 甘肃城乡居民的气质类型表

类型	城市人数（%）	农村人数（%）	χ^2检验
胆汁质	196（14.7）	254（17.8）	
多血质	62（4.6）	85（5.9）	
黏液质	97（7.3）	101（7.1）	
抑郁质	250（18.7）	242（16.9）	$\chi^2 = 13.149$ $(P > 0.05)$
胆汁质—多血质	37（2.8）	30（2.1）	
胆汁质—黏液质	50（3.7）	55（3.8）	
多血质—黏液质	15（1.1）	19（1.3）	
黏液质—抑郁质	52（3.9）	37（2.6）	

类型	城市人数（%）	农村人数（%）	χ^2 检验
多血质—抑郁质	23（1.7）	25（1.7）	
胆汁质—抑郁质	94（7.0）	106（7.4）	
χ^2 检验	$\chi^2 = 1474.845$ $(P < 0.001)$	$\chi^2 = 1524.196$ $(P < 0.001)$	$\chi^2 = 13.149$ $(P > 0.05)$
其他混合型	459（34.4）	475（33.2）	
总计	1335（100）	1429（100）	2764（100）

（四）甘肃男女不同性别居民的气质类型比较

通过调查发现，甘肃男性居民的气质类型主要为抑郁质、胆汁质，而女性居民的主要气质类型为胆汁质和抑郁质，男性胆汁质的人数高于女性胆汁质人数，但不显著（$\chi^2 = 0.889$，$P > 0.05$），具体情况见表 4—4。

表 4—4　甘肃不同性别居民的气质比较

类型	男性人数（%）	女性人数（%）	χ^2 检验
胆汁质	235（16.8）	215（15.7）	
多血质	81（5.8）	66（4.8）	
黏液质	97（6.9）	101（7.4）	
抑郁质	244（17.5）	248（18.1）	
胆汁质—多血质	27（1.9）	40（2.9）	$\chi^2 = 6.912$ $(P > 0.05)$
胆汁质—黏液质	51（3.7）	54（3.9）	
多血质—黏液质	17（1.2）	17（1.2）	
黏液质—抑郁质	46（3.3）	43（3.1）	
多血质—抑郁质	22（1.6）	26（1.9）	
胆汁质—抑郁质	109（7.8）	91（6.7）	
χ^2 检验	$\chi^2 = 1495.203$ $(P < 0.001)$	$\chi^2 = 1494.461$ $(P < 0.00)$	
其他混合型	467（33.5）	467934.1）	
总计	1396（100）	1368（100）	2764（100）

（五）甘肃不同受教育程度的居民气质类型分布比较

通过调查发现，甘肃居民受教育程度为小学的气质类型主要为抑郁质，受教育程度为初中、高中及高中以上的居民其气质类型主要为抑郁质和胆汁质，受教育程度为小学的胆汁质人数较少（13.7%），而受教育程度为高中的胆汁质人数最多 159（17.4%），具体情况见表 4—5。

表 4—5　甘肃不同受教育程度的居民气质比较表

类型	小学人数（%）	初中人数（%）	高中人数（%）	高中以上人数（%）	χ^2 检验
胆汁质	13（13.7）	143（15.8）	159（17.4）	135（15.9）	
多血质	2（2.1）	65（7.2）	44（4.8）	36（4.2）	
黏液质	11（11.6）	50（5.5）	61（6.7）	76（8.9）	
抑郁质	19（20.0）	148（16.4）	167（18.3）	158（18.6）	
胆汁质—多血质	1（1.1）	21（2.3）	27（3.0）	18（2.1）	χ^2 = 6.912 (P > 0.05)
胆汁质—黏液质	2（2.1）	37（4.1）	37（4.1）	29（3.4）	
多血质—黏液质	2（2.1）	12（1.3）	9（1.0）	11（1.3）	
黏液质—抑郁质	2（2.1）	19（2.1）	32（3.5）	36（4.2）	
多血质—抑郁质	3（3.2）	19（2.1）	15（1.6）	11（1.3）	
胆汁质—抑郁质	5（5.3）	69（7.6）	67（7.3）	58（6.8）	
χ^2 检验	χ^2 = 128.126 (P < 0.001)	χ^2 = 1037.500 (P < 0.001)	χ^2 = 939.639 (P < 0.001)	χ^2 = 912.322 (P < 0.001)	
其他混合型	35（36.8）	321（35.5）	295（32.3）	283（33.3）	
总计	95（1000）	904（100）	913（100）	851（100）	2763（100）

（六）甘肃河东各地级市居民的气质类型比较

甘肃河东 7 个地级市中，天水地区气质类型中抑郁质居民人数要高于其他几个地区，具体情况见表 4—6。

表 4—6　甘肃河东各地级市居民的气质类型比较表

	区域							
	天水	庆阳	白银	定西	陇南	兰州	平凉	Total
胆汁质	55	45	52	54	52	21	46	325
多血质	28	20	14	16	13	7	12	110
黏液质	29	14	18	20	24	13	19	137
抑郁质	63	53	52	52	43	23	43	329

	区域							
	天水	庆阳	白银	定西	陇南	兰州	平凉	Total
胆汁质—多血质	10	6	7	9	10	4	6	52
胆汁质—黏液质	12	10	11	17	9	8	15	82
多血质—黏液质	3	9	2	3	3	1	4	25
黏液质—抑郁质	9	6	15	12	13	4	9	68
多血质—抑郁质	7	7	4	4	9	3	4	38
胆汁质—抑郁质	30	19	19	26	22	4	16	136
其他混合型	139	97	89	105	109	46	86	671
总计	385	286	283	318	307	134	260	1973

（七）甘肃河西各地级市居民的气质类型比较

甘肃河西的5个地级市中，嘉峪关地区气质类型主要为胆汁质，而其他地区的主要气质类型为抑郁质，具体情况见表4—7。

表4—7　甘肃河西各地级市居民的气质类型比较表

	区域					
	张掖	武威	酒泉	金昌	嘉峪关	Total
胆汁质	17	28	51	11	18	125
多血质	5	13	10	1	8	37
黏液质	10	17	19	6	9	61
抑郁质	35	36	56	23	13	163
胆汁质—多血质	5	6	4	0	0	15
胆汁质—黏液质	4	7	7	3	2	23
多血质—黏液质	2	3	1	2	1	9
黏液质—抑郁质	3	4	9	2	3	21
多血质—抑郁质	3	3	4	0	0	10
胆汁质—抑郁质	11	16	19	11	7	64
其他混合型	58	61	83	29	32	263
总计	153	194	263	88	93	791

五、分析与讨论

（一）甘肃省域居民的气质类型总体状况的分析

查阅CNKI网心理学科资料，20年来关于气质的研究有论文和研究报告326篇，其中30篇存在会议论文集和刊物发表的重复。33%以大学生为被试，35%以中小学生为被试，8%幼儿为被试，20%是理论探讨和综述，没有与本研究对应比较的资料。通过调查发现，甘肃居民的主要气质类型为三种以上气质混合型，这与近20年来关于大学生气质类型调查结果不大一致。典型气质类型中胆汁质和抑郁质比较多，即使两种类型混合型中，胆汁—抑郁型也高于其他类型。抑郁质的人沉静、深刻、易相处，人缘好，办事稳妥可靠，坚定，能克服困难。但比较敏感，易受挫折，孤僻、寡欲，反应缓慢。而胆汁质的人主要表现为兴奋性很强，脾气暴躁，性情直率，精力旺盛，能以很高的热情投身事业，兴奋时，决心克服一切困难，精力耗尽时，情绪一落千丈。这不仅与前人的调查相一致，也与甘肃的历史流变和地理环境是一致的。甘肃历史是一部民族杂居的历史，是一个高原、大漠、戈壁组成的地理环境，两千多年来，游牧文化与农耕文化杂糅，少数民族文化与汉族文化的融合，造就了甘肃人的性情直率、脾气暴躁、敏感、沉静、反应缓慢的气质特征。可以就此推测，就个体一生而言，气质是一个超稳定结构的生理心理特征，但不是完全不变的，经过数十代人的纵向“进化”，不同族群的气质也会随之发生群体接近现象。

（二）甘肃省域河西河东区域及市域居民气质类型比较分析

按照我们的假设，甘肃河东各个市域如平凉、庆阳、天水、白银、定西等在历史上属于陇右文化圈，具体包括陇东文化、陇中文化、陇南文化，而河西区域的张掖、武威、酒泉属于河西文化圈。地理环境上，河东地区基本是黄土高原，河西地区基本属于戈壁大漠，河西地区的人口来源主要是流民、犯人、军人的后裔，河东地区主要是中原移民的后裔，应该在心理特征上有比较大的差异。但调查表明，不仅两个大区域无显著差异（仅仅是河西地区的抑郁质类型人数高于河东地区，但只是20%和16%的关系），就是各个市域之间差异也比较小（仅仅是天水地区抑郁质比较多，但只占7.6%；嘉峪关胆汁质比较多，但样本缺乏有效性。因为它基本属于酒泉文化，市内只有一个镇的农村人口，而城市人口大多都是酒泉钢铁公司职工，本次调查只涉及本土原住居民)，而且男女之间差异不大（女性抑郁质高于男性，但差异不显著)。我们可以推断，市域历史、地理文化作为一种亚文化，对其他心理机能可能存在横向的相互作用，而对气质类型影响很小。当然这不能说明河西河东文化属于区域同质文化。但现代政治、经济、社会文化中的同质性，可能是造成气质趋同的一个因素，具体归因需要进一步研究，我们将在随后进行的省域比较研究中给予验证。

（三）心理学理论认为，气质本身没有好坏之分，但实际上是有心理健康和社会适应意义的

现代商业化、信息化社会，活泼、好动、敏感、反应迅速、喜欢与人交往、注意力容易转移、兴趣容易变换的多血质特征社会适应能力更强，更容易在商业职场获得成功；在一个弘扬儒家文化、道家文化的和谐社会建设时代，安静、稳重、反应缓慢、沉默寡言、情绪不易外露，注意稳定但又难于转移，善于忍耐的黏液质特征更受欢迎，更容易在学界、政界获得成功。

抑郁质的人沉静、深刻、易相处，人缘好，办事稳妥可靠，坚定，能克服困难。但比较敏感，易受挫折，孤僻、寡欲，反应缓慢，是造成抑郁症状的气质基础，而且也是各种心身疾病的高发人群，在当代社会中各个行业的成功率都很低。而胆汁质的人主要表现为兴奋性很好，脾气暴躁，性情直率，精力旺盛，能以很高的热情埋头事业，兴奋时，决心克服一切困难，精力耗尽时，情绪一落千丈，本身就被视为神经质，很难在一个讲求人际和谐的社会中获得发展机会。但性情直率的甘肃人可能更能热衷于弘扬正气；性情抑郁的甘肃人可能更赋予同情心，有利于和谐社会建设。

为此，我们认为，甘肃的经济社会发展可能在一定程度上直接制约于甘肃人的气质性情与当代商业化、信息化社会性格要求的矛盾，其中的机制需要我们通过省域相互刻板印象的研究进一步验证。

第二节　甘肃省域河西河东城乡居民人际信任研究

中国社会正处于社会转型期，各种社会现象应运而生。从宏观上来看，社会从封闭向开放的转型催化了人的内心世界的开放，信息传递的加速促使人际交往频繁，社会交往的多样化也丰富了人际交往的内容，这些似乎都为人际信任的建立扫清了外围障碍。然而现实并非如此。近年来，中国人际信任问题开始成为社会科学界学术研究的热点，有关论文日渐增多，现实背景是社会转型期中国正经历着相当严重的信任危机：产品市场上，商品越打越假；资本市场上，大量公司有组织地报表造假；劳动力市场上，假合同层出不穷；建筑市场上，“豆腐渣”工程比比皆是；教育界，假学历、假文凭泛滥成灾……信任危机几乎充斥着生活的各个层面。

人际信任水平直接关系到和谐社会建设。20 世纪 90 年代以来，人际信任成为社会学、法学、教育学、心理学普遍关注的课题。社会学家更多从社会诚信建设的角度关注城乡社会居民的人际信任，多使用社会调查和田野工作方法；心理学家更多的研究了大中小学学生之间、师生之间、干群之间的人际信任以及影响因素，比如社会支持、应对方式、教养方式、心理健康、人格类型、认知风格、自我价值感等；管理学家比较关注组织管理中的人际信任问题。心理学的研究较多使用问卷调查和统计检验分析，使用比较多的是人际信任 IT 量表。我们在总课题设计中将甘肃河西、河东各市县区域城乡男女居民人际信任差异及其影响因素作为一个子课题进行了 ITS 调查和田野工作，现就调查结果给予报告。

一、研究对象和方法

采取分层抽样的方法，抽取甘肃省 12 个市域原住 20 年以上使用本地方言的成人居民为调查对象，选派 230 名心理学本科生，利用寒假，走村串户，走城串市，运用人际信任量表(ITS）进行测量，发放问卷 2911 份，收回 2800 份，收回率 99%，得到有效问卷 2769 份，有效率 98.89%。

研究采用的范肖冬修订人际信任量表（ITS），共 18 个项目，分 7 级评定，即从 1（完全不同意）到 7（完全同意）。量表的内部一致性 α ＝ 0.81；其中可预测性 α ＝ 0.82；可依赖性 α ＝ 0.80，所有统计都在 SPSS13.0 上完成。

二、研究结果与分析

（一）调查对象的人口学变量的描述

调查对象的性别比例是男 1445 人，占 52.2%；女 1324 人，占 47.8%；市域比例是张掖 302 人，占 10.9%；白银 281 人，占 10.1%；天水 382 人，占 13.8%；武威 216 人，占 7.8%；定西 317 人，占 11.4%；酒泉 260 人，占 9.4%；兰州 135 人，占 4.9%；陇南 302 人，占 10.9%；庆阳 284 人，占 10.3%；嘉峪关 91 人，占 3.3%；金昌 87 人，占 3.1%；平凉 260 人，占 9.4%；城乡比例是城乡来源：农村 1385 人，占 50.0%；城镇 1381 人，占 49.9%；文化程度比例是小学 88 人，占 3.2%；初中 865 人，占 31.2%；高中 720 人，占 26.6%；大学及大学以上 849 人，占 30.7%。

（二）人际信任各维度分析

可预测性指我们能否预见到同伴的特定行为，包括受我们欢迎的行为和不受我们欢迎的行为。凡行为能被预测者其行为均具有连贯性（无论是一贯地好还是一贯地坏），而行为不可预测者则不能赢得人们的信任。可依靠性是信任的核心成分。依赖性是“使人们无保留地确信同伴将继续负起责任并关心自己”。

表 4—8　可预测性在各背景变量上的多因素方差分析

变异来源	df	MS	F
性别	1	0.635	0.037
地区	11	16.354	0.947
家庭来源	1	1.767	1.767
受教育程度	3	14.638	0.848
性别 * 家庭来源	1	122.963	7.122**

注：**$P < 0.01$。

表 4—8 的结果表明，被调查者的各背景变量在人际信任的可预测性上主效应不显著（$P > 0.05$），但在性别与家庭来源这两个变量上存在交互作用

(F = 7.122，P < 0.01)，见图 4—1。

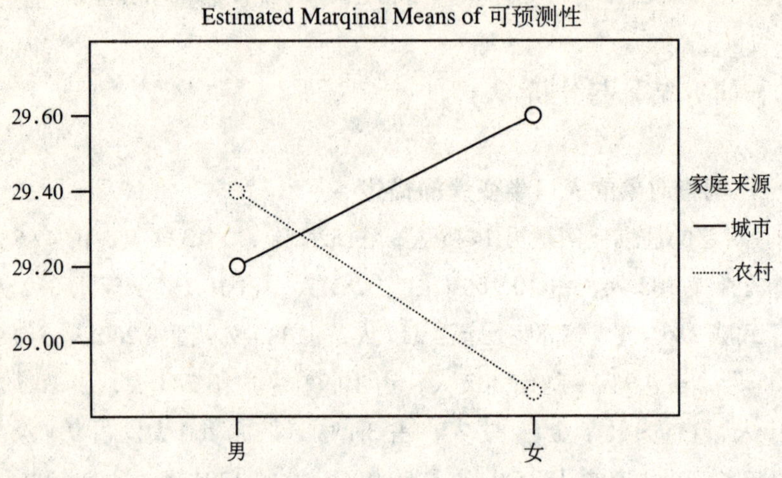

图 4—1 性别与家庭来源的交互作用图

图 4—1 表明，男性农村居民在可预测性的平均得分上高于男性城市居民，女性城市居民在可预测性的平均得分上高于女性农村居民。这表明城乡差异和性别差异是影响人际信任的一个因素。

表 4—9 性别在人际信任各维度上的单因素方差分析

变异来源	df	MS	F
可预测性	1	9.420	0.541
可依靠性	1	26.065	1.253
依赖性	1	43.530	1.970

表 4—9 显示，在性别这个变量上，男女之间在可预测性、可依靠性和依赖性上均没有显著差异。

表 4—10 不同地区在人际信任各维度上的单因素方差分析

变异来源	df	MS	F
可预测性	11	47.365	2.738*
可依靠性	11	46.645	2.253*
依赖性	11	50.364	2.291**

注：*P < 0.05，**P < 0.01。

表 4—10 显示，在地区这个变量上，不同地区之间在可预测性、可依靠性和依赖性上均存在显著差异。为了探讨究竟在哪些地区之间存在差异，就要进行多重比较，结果见表 4—11。

表 4—11　各地区之间人际信任差异的多重比较结果

Dependent Variable	(I) 地区	(J) 地区	MD	SE
可预测性	白银	定西	1.31618*	0.34079
		天水	1.33323*	0.32725
		陇南	0.91077*	0.34530
		庆阳	1.44606*	0.35028
		平凉	1.07868*	0.35864
		武威	1.27947*	0.37638
		酒泉	1.07883*	0.35828
	金昌	定西	1.15276*	0.50341
		天水	1.16981*	0.49435
		庆阳	1.28264*	0.50989
		武威	1.11606*	0.52815
可依靠性	白银	庆阳	0.7762*	0.3835
		金昌	1.1727*	0.5583
	平凉	定西	0.8970*	0.3814
		天水	0.9803*	0.3664
		庆阳	1.0802*	0.3916
		金昌	1.4766*	0.5638
	嘉峪关	定西	1.6184*	0.5437
		天水	1.7017*	0.5333
		陇南	1.2199*	0.5471
		庆阳	1.8017*	0.5509
		武威	1.1954*	0.5709
		金昌	2.1981*	0.6841
		酒泉	1.4491*	0.5565

Dependent Variable	(I) 地区	(J) 地区	MD	SE
依赖性	张掖	定西	1.02399*	0.46058
		庆阳	1.02202*	0.47013
		武威	1.00691*	0.49454
	陇南	定西	0.80689*	0.37769
		庆阳	0.80492*	0.38928
	平凉	定西	1.34904*	0.39444
		天水	1.06146*	0.37959
		庆阳	1.34708*	0.40555
		武威	1.33197*	0.43361
		兰州	0.99216*	0.49909
		金昌	1.22161*	0.58471
	嘉峪关	定西	1.27911*	0.56005
		庆阳	1.27715*	0.56793
		武威	1.26204*	0.58830

注：*P ＜ 0.05。

表 4—11 的结果表明，地区 I 在人际信任的三个维度上的得分上显著高于地区 J。其中的复杂关系需要系列研究的其他结果对照分析。

表 4—12 家庭来源在人际信任各维度上的单因素方差分析

变异来源	df	MS	F
可预测性	1	15.187	0.871
可依靠性	1	0.871	7.735
依赖性	1	2.178	0.099

表 4—12 的结果表明，不同家庭来源即城镇和农村的居民在人际信任的三个维度上均没有显著差异。

表 4—13 受教育程度在人际信任各维度上的单因素方差分析

变异来源	df	MS	F
可预测性	3	17.463	1.006

变异来源	df	MS	F
可依靠性	3	4.520	0.221
依赖性	3	10.407	0.468

表 4—13 的结果表明，不同受教育程度的居民在人际信任的三个维度上均没有显著差异。

我们进一步将甘肃地域按照河西河东两个大的地理区域划分，以考察这两个大的地理区域内居民的人际信任，结果见表 4—14。

表 4—14　河西河东在人际信任各维度上的单因素方差分析

变异来源	df	MS	F
可预测性	1	3.762	0.216
可依靠性	1	8.945	0.430
依赖性	1	8.287	0.375

表 4—14 的结果表明河西河东两个大的地理区域内居民的人际信任在各个维度上均没有显著差异。

三、研究结果与讨论

人际信任是一个非常复杂的社会心理现象，涉及很多层面和维度。有研究认为信任是预期这件事会发生，并根据这一预期做出相应的行动，虽然知道一旦此事没有预期般地出现，这一行动带给他的损失要比此事如期出现带来的好处要大。还有研究认为信任是对他人的善良所抱有的信念或指一种健康的人格品质，强调了对意向因素的内部期待。韦氏辞典将信任定义为对人或事的特性、力量和真实性的确实信任，强调了行为者和对象者之间的关系因素。后来的研究者将“信任”的定义缩小到“人际信任”的范畴，即仅指对另一个人或一群人的信任而不包括对事件的信任。

当代信任的研究最先是从 20 世纪 50 年代由心理学路径开始的。继多依奇的囚徒困境的实验之后，心理学家罗特和赖兹曼等人从个体的心理层面上把发生在人际关系中的信任，通过个人的心理特质（预期、信心和信念）来表达。

他们循着人际信任研究的思路，从人际信任特质上个体差异、人格特点的角度出发，用心理学实验的方法，借助测量、统计、比较，得出结论：信任就是个人人格特质的表现，是一种经过社会学习逐渐形成的相对稳定的人格特点。

随着经济的发展特别是加入 WTO 以后，为了减少交易成本，国内人际信任的研究日益增加。从社会学角度进行研究的有：从文化的根源，寻求一个理解现代中国人人际信任的研究架构，从而进行“有的放矢”的实证研究；研究在不同社会情景下，泛化信任（一般信任）、殊化信任（特殊信任）及可信任性知觉对信任行为起作用的理论模型；通过观察法和访谈法，探讨中国人人与人之间建构信任的逻辑。从心理学角度：研究了大学生的人际信任与人格的相关；我们则研究了高师专科学校性格分类分布及性格特质与人际信任的相关。①

研究表明，一个人对他人的信任程度受多种因素的影响，包括自身的人际信任倾向（有些人倾向与信任他人，有些人则倾向与怀疑他人，这种倾向与个人对人性的看法和个人的人格特点有关）、他人的特点（人格、能力、动机等）以及自身与他人之间的关系。换句话说，考察信任至少有三个角度：信任主体、信任客体、信任主客体之间的关系。奚春华对城市青年进行人际信任调查，结果表明，无论是已婚还是未婚青年，个人对自己的信任比率都是很一致的，但是对父母和同学的信任比率存在差异，城市青年信任家人、直系亲属的比率最高，信任亲密朋友、老师的比率次之，信任一般亲戚的比率再次之，信任同学、同事、领导、邻居、老乡等熟人的比率最低。吴胜利对当代市民人际信任状况进行研究，结果显示，接近一半的人都在某种程度上对人际间的关系持不信任心态。女性比男性有更高的人际信任程度；年龄越大的人，其人际信任程度越高；文化程度与人际信任关系上，呈现两头高中间低的 U 形分布，初中以下到大专文化程度，呈下降。到本科以上文化程度，又有上升趋势。田可新等对大学生人际信任状况的研究表明，大学生人际信任与健康状况、经济状况、生活费来源、兴趣爱好、家庭住址、父母亲教育方式等多种因素有关，健康状况差，没有兴趣爱好，农村学生，父母教育方式不当者的人际信任、容纳他人及被他人容纳明显低于同类人群。卢光莉，陈超然对大学生人际信任状况

① 张海钟：《高师专科学生性格类型分布及其性格特质与人际信任的相关研究》，《西北师范大学学报（社会科学版）》1996 年第 3 期。

的研究表明，在性别上当代大学生的人际信任水平总体上存在着显著差异，女性高于男性，特别是在陌生人方面，差异更为显著；在年级上，一至三年级人际信任水平随年级而升高，四年级比三年级略有下降。

四、研究结论与总结

同伴信任量表是由 Rempel 和 Holmes 编制的，又称人际信任量表（Interpersonal Tnist Scale，简称“ITS”）。用于测查关系密切者的相互信任，共有 18 个题目，涉及信任的三种内涵：可预测性、可依靠性和信赖性。可预测性指我们能否预见到同伴的特定行为，包括我们欢迎的行为和不受欢迎的行为，可依靠性是信任的最核心成分。而信赖则“使人们能无保留地确信同伴将继续负起责任并关心自己”。现有的研究未涉及我们调查的对象，目前还不能比较讨论。

我们的研究采取分层抽样的方法，抽取甘肃省 12 个市域原驻成人居民为调查对象，运用人际信任量表（ITS）进行测量。结果发现，被调查者的各背景变量在人际信任的可预测性上主效应不显著（$P > 0.05$），但在性别与家庭来源这两个变量上存在交互作用（$F = 7.122$，$P < 0.01$），男性农村居民在可预测性的平均得分上高于男性城市居民，女性城市居民在可预测性的平均得分上高于女性农村居民；单因素方差分析表明，在性别、家庭来源、受教育程度及河西河东这些变量上的可预测性、可依靠性和依赖性均没有显著差异；在地区这个变量上，不同地区之间在可预测性、可依靠性和依赖性上均存在显著差异（$P < 0.05$），而这种差异在各地区之间的表现各不相同。这说明区域文化差异是影响人际和谐的重要因素，在和谐社会建设中必须高度重视区域文化差异造成的人际隔阂。

第三节　甘肃省域河西河东城乡居民自我和谐研究

自我和谐是 Rogers 人格理论中最重要的概念之一。自我是个体的现象领域（包括个体对外界及自己的知觉）与自身有关的知觉与意义。同时，个体有着维持各种自我知觉之间的一致性，以及协调自我与经验之间关系的机能，而且“个体所采取的行为大多数都与其自我观念相一致”。如果个体体验到自我与经验之间存在差距，就会出现内心的紧张和纷扰，即一种“不和谐”的状态。个体为了维持其自我概念就会采取各种各样的防御反应，并因而为心理障碍的出现提供了基础。自我和谐量表测验的内容包括自我与经验的不和谐、自我的灵活性、自我的刻板性三个部分。自我和谐是心理健康的重要指标，也是和谐社会建设的心理基础。

一、研究对象和方法

采取分层抽样的方法，抽取甘肃省12个市域成人居民为调查对象，运用自我和谐量表（SCCS）进行测量，发放问卷2911份，收回2812份，得到有效问卷2723份。

研究采用王登峰等整理的自我和谐量表（SCCS），量表共35个项目，分5级评定，即从1(完全不符合）到5(完全符合)。各分量表的同质性信度较高，分别为0.85、0.81和0.64。运用方差分析法，所有统计都在SPSS13.0上完成。

二、研究结果与统计

（一）调查对象的人口学变量的描述

调查对象的性别比例是男1418人，占52.1%；女1305人，占47.9%；区域比例是张掖153人，占5.6%；白银282人，占10.4%；天水383人，占14.1%；武威216人，占7.8%；定西308人，占11.3%；酒泉281人，占10.3%；兰州134人，占4.9%；陇南296人，占10.9%；庆阳254人，占9.3%；嘉峪关84人，占3.1%；金昌71人，占2.6%；平凉261人，占9.6%；城乡比例是农村1488人，占54.6%；城镇1217人，占44.7%；文化程度比例是小学82人，占3.0%；初中888人，占32.6%；高中676人，占24.8%；大学及大学以上849人，占31.2%

（二）自我与经验的不和谐分析

自我与经验的不和谐反映的是自我与经验之间的关系，包含对能力和情感的自我评价、自我一致性、无助感等，它所产生的症状更多地反映了对经验的不合理期望。

表 4—15　自我与经验的不和谐在各背景变量上的多因素方差分析

变异来源	df	MS	F
性别	1	2.904	0.044
地区	11	56.236	0.847
家庭	1	5.855	0.088
受教育程度	3	180.818	2.724*

注：*P < 0.05。

表 4—15 的结果表明，被调查者只有在受教育程度这个背景变量上存在显著差异（P < 0.05），说明受教育程度影响自我与经验的不和谐。

表 4—16　性别在自我和谐各维度上的单因素方差分析

变异来源	df	MS	F
自我与经验的不和谐	1	133.921	1.971
自我的灵活性	1	59.989	1.138
自我的刻板性	1	2.653	0.161

表 4—16 显示，在性别这个变量上，男女之间在自我与经验的不和谐、自我的灵活性和自我的刻板性上均不存在显著差异。

表 4—17　不同市域居民自我和谐各维度上的单因素方差分析

变异来源	df	MS	F
自我与经验的不和谐	11	89.020	1.311
自我的灵活性	11	210.167	4.037***
自我的刻板性	11	23.210	1.413

注：***P < 0.05。

表 4—17 显示，在地区这个变量上，不同地区之间只有在自我的灵活性上存在显著差异（P < 0.001）。为了探讨究竟在哪些地区之间存在差异，就要进行多重比较，结果见表 4—18。

表 4—18　各市域居民之间自我灵活性差异的多重比较结果

Dependent Variable	(I) 地区	(J) 地区	MD	SE
自我的灵活性	张掖	武威	2.01096*	0.78064
		庆阳	2.91235*	0.75719
	白银	天水	1.71228*	0.57505
		武威	2.33883*	0.66411
		定西	1.22755*	0.60355
		兰州	1.93513*	0.76692
		陇南	1.36911*	0.61266
		庆阳	3.24022*	0.63638
	天水	庆阳	1.52794*	0.59517
	定西	庆阳	2.01267*	0.62275
	酒泉	天水	1.34534*	0.57384
		武威	1.97189*	0.66306
		兰州	1.56819*	0.76602
		庆阳	2.87328*	0.63529
	陇南	庆阳	1.87111*	0.63158
	金昌	庆阳	2.69777*	0.98992
	平凉	天水	1.21006*	0.59011
		武威	1.83662*	0.67719
		庆阳	2.73801*	0.65002

注：*P < 0.05。

表 4—18 的结果表明，地区 I 在自我和谐性的得分上显著高于地区 J。也就是说，庆阳居民的自我和谐性水平明显高于其他地区，其中原因需要进一步研究。

表 4—19　城乡居民自我和谐各维度上的单因素方差分析

变异来源	df	MS	F
自我与经验的不和谐	1	1.573	0.024
自我的灵活性	1	43.817	0.831
自我的刻板性	1	28.200	1.727

表4—19的结果表明，城镇和农村的居民在自我和谐的三个维度上均没有显著差异。我们进一步将甘肃地域按照河西、河东两个大的地理区域划分，以考察这两个大的地理区域内居民的自我和谐性，结果见表4—20。

表4—20　河西河东居民自我和谐各维度上的单因素方差分析

变异来源	df	MS	F
自我与经验的不和谐	1	107.956	1.588
自我的灵活性	1	60.507	1.148
自我的刻板性	1	3.292	0.200

表4—20的结果表明，河西、河东两个大的地理区域内居民的自我和谐性在各个维度上均没有显著差异。

（三）自我的灵活性分析

自我的灵活性在各背景变量上的单因素方差分析。自我的灵活性与敌对和恐怖的相关显著，可能预示了自我概念的刻板和僵化。表4—21的结果表明，自我的灵活性在各背景变量上均无显著差异。

表4—21　自我的灵活性在各背景变量上的多因素方差分析

变异来源	df	MS	F
性别	1	1.383	0.028
地区	11	67.890	1.375
家庭	1	30.857	0.625
受教育程度	3	102.407	2.074

（四）自我的刻板性分析

自我的刻板性在各背景变量上的单因素方差分析。自我的刻板性不仅同质性信度低，而且与偏执有显著相关，说明这一分量表的含义有待进一步研究，在应用时也应谨慎。

表 4—22 自我的刻板性在各背景变量上的多因素方差分析

变异来源	df	MS	F
性别	1	15.418	0.971
地区	11	10.245	0.645
家庭	1	33.519	2.110
受教育程度	3	91.721	5.774*

注：*P ＜ 0.05。

表 4—22 的结果表明，被调查者只有在受教育程度这个背景变量上存在显著差异（P ＜ 0.05），说明受教育程度影响自我的刻板性。为了探讨究竟这些差异的具体表现，就要进行多重比较，结果见表 4—23。

表 4—23 不同受教育程度居民之间自我灵活性差异的多重比较结果

变量	(I) 受教育程度	(J) 受教育程度	MD	SE
自我的刻板性	小学	大学及其以上	1.24800*	0.48110
	初中	高中	0.55216*	0.20749
		大学及其以上	1.05100*	0.19568
	高中	大学及其以上	0.49884*	0.20950

注：*P ＜ 0.05。

表 4—23 的结果表明，受教育程度 I 在自我刻板性的得分上显著高于受教育程度 J，有一个明显的结论是受教育程度是大学及其以上的居民在自我的刻板性上的得分均低于其他受教育者，说明受教育程度越高，自我和谐水平反而越低。

三、研究比较与讨论

20 世纪 90 年代以来，我国学者对不同群体的自我和谐（self consistency and congruence）进行了大量研究，特别是高中生、女中专生、高职生、大学生、军人、教师的自我和谐调查报告很多，得出的结论也不尽一致。

这次调查发现甘肃河西 5 市 21 县与河东 7 市 35 个县居民、城乡居民、男女居民的自我和谐的各个纬度上都没有显著差异；市域之间比较也没有显著差异，但庆阳市域居民在自我和谐性维度上的得分明显高于其他地区居民。有意思的是受教育程度I在自我刻板性的得分上显著高于受教育程度J，有一个明显的结论是受教育程度是大学及其以上的居民在自我的刻板性上的得分均低于其他受教育者，说明受教育程度越高，自我和谐水平反而越低。

国内许多研究都发现，在大学生中，随着年级升高，自我和谐水平提高，但四年级下降；有些研究发现，大学生中来自农村的学生自我和谐程度低于来自城市学生。有些研究还发现，女生自我和谐水平高于男生。但本研究结果是城乡、性别、地域差异不会显著影响自我和谐水平。只有受教育程度影响自我和谐。访谈发现，可能的原因是在城乡社区中，文化程度较高的居民思考的人生问题、社会问题、政治问题、环境问题比较多，内在痛苦更多，文化程度较低的居民反而因为知识少，思考问题少而更加自我和谐。本研究还发现，庆阳市域城乡男女居民自我和谐水平显著高于其他市域。从地理历史上看，庆阳一直是陕西省域，后来归如甘肃管辖，同时庆阳文化虽然属于陇东文化，耕作方式、民俗特色、地理环境与其他地区比较，无特大差异，暂时难以解释，需要本课题其他研究结论得出后进一步揭示其中关系。10年来，学术界的其他许多研究，比如家庭亲密度、社会支持、教养方式等与自我和谐的关系研究结论与本研究结果无可比性，暂时不予讨论。

综上所述，自我与经验的不和谐性在受教育程度上存在显著差异（$P < 0.05$）；不同市域之间在自我的灵活性上存在显著差异（$P < 0.001$），这种差异在不同地区之间有不同的表现；自我的刻板性在受教育程度这个背景变量上存在显著差异（$P < 0.05$），这种差异在不同受教育程度者之间有不同的表现。结论是，受教育程度（而不是性别、家庭来源）是影响自我与经验的不和谐性和自我的刻板性的重要因素；不同区域影响自我的灵活性的重要因素。

第四节　甘肃省域城乡居民自我和谐与心理健康水平关系研究

构建社会主义和谐社会是党在十六届四中全会提出的一个时代主题，和谐社会的主体是人，在构建和谐社会中必须重视人的自我和谐。人的自我和谐是和谐社会的内容，是和谐社会的基础，是以人为本思想的体现。荣格指出：自我和谐指的是自我内部的协调一致以及自我与经验之间的协调即意识中的自我概念与实际经验之间协调一致性。同时心理健康的重要标志就是自我和谐，心理健康的标准也是心理和谐的主要指标。一个心理健康的人应该是表现为身心和谐、知情意和谐、人格和谐等。本研究对甘肃省域城乡居民的自我和谐、心理健康状况进行了调查，并分析自我和谐与心理健康的关系，试图揭示自我和谐与心理健康的相关程度，同时为区域心理学的发展以及构建和谐社会提供思路方面的参考和工作指导。

一、对象与方法

自我和谐量表（Self Consistency and Congruence Scale,SCCS）由王登峰根据 C. Rogers（荣格）的自我和谐人格理论编制而成，该量表包含 3 个分量表：自我与经验的不和谐（包含对能力和情感的自我评价、自我一致性、无助感等）；自我的灵活性（预示自我概念的刻板和僵化）；自我的刻板性。各分量表的同质性信度分别为 0.85、0.81、0.64。并建立了大学生常模，可以作为评估心理健康状况的一般工具。采用 5 点式（1—5）评分，得分越高，表明自我的和谐程度越低。

《症状自评量表——SCL90》以症状自评量表 SCL—90 测量甘肃省域城乡居民的心理健康状况。该量表包括 9 个症状因子，共 90 个题目，每题采用 5 点评分，症状从无到严重分别评为 1—5 分，得分越高，表示症状越明显，心理健康状况越差。

通过对甘肃河东（黄河以东）的天水、平凉、白银、庆阳、定西 5 个地级市区域和河西（黄河以西）张掖、武威、酒泉 3 个地级市区域 1342 名城乡居民进行调查，获得有效样本 1163 份，有效回收率 86.7%。其中，农村 641 人，占 55.1%；城市 522 人，占 44.9%；男性 620 人，占 53.3%，女性 543 人，占 46.7%。20 岁以下的 85，占 7.3%，20—30 岁的 396 人，占 34.0%，31—40 岁的 335 人，占 28.8%，41—50 岁的 278 人，占 23.9%，50 岁以上的 69 人，占 5.9%。受教育程度为文盲的 50 人，占 4.3%，小学的 185 人，占 15.9%，初中的 441 人，占 37.9%，高中 263 人，占 22.6%，大专以上的 224 人，占 19.3%。

测试过程中，专业调查人员把量表带到城乡居民家中。填表前，调查人员向居民说明本调查的意义，以消除顾虑，并给予统一指导语。被试当场做，做完后由调查人员当场收回。对于文化程度偏低的农民，由调查人员逐条宣读和解释，待同意后帮助填写。最后，采用 SPSS13.0 软件进行统计分析。

二、结果与描述

（一）城乡居民自我和谐总体状况

对甘肃省域城乡居民的自我和谐状况进行分析发现，自我与经验的不和谐、自我的刻板性得分明显高于全国大学生常模，并且差异显著（P < 0.0001），这表明居民对经验的不合理期望较高，自我刻板性较强，并明显地劣于常模。自我灵活性的得分明显低于全国大学生常模，并且差异显著（P < 0.0001），这表明居民的自我刻板性明显优于常模，具体情况见表 4—24。

表 4—24　城乡居民自我和谐各维度均分及与常模的比较

自我和谐性	城乡居民	大学生常模	t 值	P 值
自我与经验的不和谐	47.49±8.55	46.13±10.01	5.41	0.000
自我的灵活性	42.99±6.91	45.44±7.44	－12.09	0.000
自我的刻板性	21.25±4.12	18.12±5.09	25.92	0.000

（二）城乡居民心理健康总体状况

通过对城乡居民的心理健康状况进行分析发现，居民在心理健康各因子上的得分均高于全国常模，并且差异显著（P < 0.0001），这表明城乡居民的心理健康状况低于全国常模，具体情况见表 4—25。

表 4—25　城乡居民 SCL—90 各因子分与全国常模的比较

因子	城乡居民	全国常模	t 值	P 值
躯体化	1.81±0.63	1.33±0.87	26.50	0.000
强迫症状	2.07±0.60	1.65±0.58	23.76	0.000
人际敏感	2.01±0.65	1.65±0.51	18.89	0.000

因子	城乡居民	全国常模	t值	P值
抑郁	1.94±0.66	1.50±0.59	22.76	0.000
焦虑	1.85±0.65	1.39±0.43	23.97	0.000
敌对	1.93±0.69	1.48±0.55	22.04	0.000
恐怖	1.77±0.66	1.23±0.41	27.60	0.000
偏执	1.89±0.64	1.43±0.57	24.53	0.000
精神症状	1.82±0.60	1.29±0.42	30.37	0.000
总均分	1.90±0.55	1.44±0.43	28.95	0.000

（三）不同自我和谐程度的心理健康水平比较

根据自我和谐量表得分越高，自我和谐程度越低的标准，将总体自我和谐分为低分组（SCCS 总分低于 74）、中间组（SCCS 总分 75—102）和高分组（SCCS 总分 103 以上），比较不同自我和谐程度的心理健康的差异。结果显示，自我和谐程度高分组的人数为 431 人，占总人数的 37.1%。处于不同自我和谐程度组在 SCL—90 的 9 个因子分及总均分均有显著性差异（$P < 0.05$），这表明：居民的自我和谐程度较低，而且自我和谐程度越高（SCCS 得分越低）心理健康水平越高（SCL—90 得分越低）。对 3 组自我和谐程度不同的组进行多重均值比较发现，低分组与高分组在 SCL—90 的所有因子及总分上均存在着显著差异（$P < 0.05$），具体情况见表 4—26。

表 4—26　不同自我和谐程度的心理健康水平比较

因子	自我和谐程度			F值及显著性	多重均值检验		
	①低分组 (n = 34)	②中间组 (n = 698)	③高分组 (n = 431)		①与②	①与③	②与③
躯体化	1.71±0.68	1.78±0.63	1.89±0.62	4.227*		*	
强迫症状	1.95±0.57	2.04±0.60	2.13±0.60	3.828*		*	
人际敏感	1.88±0.58	1.96±0.63	2.10±0.68	6.491**		*	
抑郁	1.88±0.63	1.90±0.67	2.01±0.65	3.473*		*	
焦虑	1.68±0.64	1.81±0.65	1.92±0.65	4.711**		*	
敌对	1.69±0.65	1.91±0.71	1.97±0.67	2.889			
恐怖	1.63±0.63	1.73±0.66	1.85±0.66	5.190**		**	

因子	自我和谐程度			F 值及显著性	多重均值检验
	①低分组（n = 34）	②中间组（n = 698）	③高分组（n = 431）		①与② ①与③ ②与③
偏执	1.70±0.56	1.85±0.64	1.97±0.64	6.381**	**
精神症状	1.71±0.53	1.79±0.60	1.88±0.60	3.610*	*
总均分	1.77±0.55	1.87±0.54	1.97±0.54	5.787**	**

注：*P < 0.05,**P < 0.01,***P < 0.001,F 值：F 检验（单因素方差分析）。注：SCCS 总分低于 74 为低分组，SCCS 总分 75~102 为中间组，SCCS 总分 103 以上为高分组。

（四）自我和谐与心理健康的相关性

对自我和谐与心理健康各因子及总分进行相关分析发现，自我与经验的不和谐与人际敏感、偏执存在着显著的正相关（P < 0.05）；自我灵活性与焦虑、敌对、恐怖、偏执及 SCL—90 总分存在着显著的负相关（P < 0.05）；SCCS 总分与躯体化、人际敏感、焦虑、恐怖、偏执上存在着显著的正相关（P < 0.05）。这表明，对经验的不合理期望越高，人际关系越敏感，同时个体越偏执；对自我概念越刻板与僵化，焦虑、敌对、恐怖、偏执等越严重，具体情况见表 4—27。

表 4—27　自我和谐与心理健康各因子的相关

因子	不和谐	灵活性	刻板性	总分
躯体化	0.050	－0.056	0.027	0.061*
强迫症状	0.29	－0.039	0.039	0.039
人际敏感	0.065*	－0.033	0.043	0.066*
抑郁	0.038	－0.052	0.007	0.046
焦虑	0.040	－0.083**	0.026	0.070*
敌对	0.012	－0.068*	－0.004	0.32
恐怖	0.049	－0.066*	0.034	0.077**
偏执	0.066*	－0.075*	0.014	0.077**
精神症状	0.043	－0.034	0.027	0.052
总均分	0.049	－0.065*	0.026	0.065

注：表内数值为 Pearson 相关系数，*P < 0.05,**P < 0.01,***P < 0.001。

（五）SCCS 和 SCL—90 回归分析

为了进一步了解城乡居民自我和谐程度能够在多大程度上预测心理症状的变异量以及心理症状能够在多大程度上预测自我和谐程度的变异量，分别以 SCCS 和 SCL—90 各因子及总分为因变量，采用逐步多元回归分析法，确定影响自我和谐和心理健康水平的主要因素。具体情况见表 4—28。

表 4—28　SCCS 和 SCL—90 回归分析

因变量	入选自变量	回归系数（β）	t 值及显著性	F 值及显著性
躯体化	SCCS 总分	0.003	2.089*	4.365*
人际关系敏感	SCCS 总分	0.066	2.249*	5.056*
焦虑	自我灵活性	－0.008	－2.8221**	7.956**
敌对	自我灵活性	－0.007	－2.337*	5.459*
恐怖	SCCS 总分	0.004	2.636**	6.947**
偏执	SCCS 总分	0.003	2.109*	6.921**
	自我灵活性	－0.006	—2.004*	5.478**
SCL—90 总分	SCCS 总分	0.003	2.222*	4.936*
自我与经验不和谐	偏执	0.875	2.242*	5.027*
自我灵活性	焦虑	－0.875	－2.821**	7.956**
SCCS 总分	恐怖	1.476	2.636**	6.947**

由表 4—28 可以看出，分别以 SCL—90 的躯体化、人际关系敏感、恐怖作为因变量，SCCS 总分进入回归方程；分别以焦虑、敌对作为因变量，自我灵活性进入回归方程；以偏执作为因变量，SCCS 总分与自我灵活性均进入回归方程；SCL—90 总分作为因变量，SCCS 总分进入回归方程。SCCS 的自我与经验不和谐作为因变量，偏执进入回归方程；自我灵活性作为因变量，焦虑进入回归方程；SCCS 总分作为因变量，恐怖进入回归方程。结果表明 SCCS 总分、自我灵活性对心理健康的影响最大，而偏执、焦虑、恐怖对自我和谐的影响最为显著。

三、讨论与分析

（一）甘肃城乡居民的心理健康与自我和谐状况

与全国常模相比较，城乡居民的心理健康状况不容乐观。以往的研究普遍关注在校学生的心理健康问题，很少涉及普通居民，尤其是农民的心理健康问题。随着居民生活水平的提高，生活压力的增加，居民心理健康问题应该引起社会各界的普遍关注。调查发现，城乡居民在自我与经验的不和谐、自我灵活性和自我的刻板性上与大学生常模存在显著差异，同时城乡居民在自我与经验的不和谐、自我的刻板性上高于一般大学生。可能是由于城乡居民经济、生活压力、人际交往以及文化水平等方面的原因，导致其不能正确地认识自己、评价自己，容易对自己、对社会形成僵化地认识和理解，因此，他们极容易产生认知偏差，使得他们更多地感受到内心的无助感。

（二）甘肃城乡居民自我和谐与心理健康的关系

自我和谐与心理健康各因子及总分进行相关分析发现，自我与经验的不和谐与人际敏感、偏执存在着显著的正相关。自我灵活性与焦虑、敌对、恐怖、偏执及 SCL—90 总分存在着显著的负相关。自我与经验的不和谐包括对能力和情感的自我评价，自我一致性、无助感等，更多的反映了对经验的不合理期望。自我灵活性包括对自我概念的刻板与僵化。当对经验的不合理期望越高，对人对物的认识较刻板和僵化时，在现实生活中遭受的压力与挫折便越多，长期处于不良的情绪状态之中，最终将导致情绪障碍如人际敏感、焦虑、敌对、恐怖、偏执等的产生。对地处西北的甘肃居民而言，由于自然环境比较恶劣、经济落后，文化水平相对较低，城乡居民希望通过自己的努力能摆脱这种境地，但面对充满变化和竞争的社会，他们可能倾向于采取简单、刻板和缺乏灵活的行为方式，最终在压力和挫折之下，体验到更多的消极情绪。

通过研究发现：甘肃城乡居民的心理健康水平和自我和谐程度较低；自我和谐程度越高，居民的心理健康水平越高。因此，在国家政策的制定和实施过程中以及居民的日常生活，应努力创造条件和机会，不断提升居民的自我和谐和心理健康水平，为创建和谐社会而努力。

第五节 甘肃省域河西河东城乡居民生活事件调查研究

重大生活事件是影响心理健康的主要因素之一，21 世纪以来，随着中国经济的发展，科技的进步，人们的政治、经济、文化生活日益丰富，生活中发生的应激性生活事件也越来越多，这些生活事件直接关系到人们的心理健康，日益引起心理卫生工作者的注意。通过生活事件调查可以了解和预测一个地区居民可能发生的心理危机。为了预测甘肃区域居民的生活心理健康状况并为区域心理学的发展提供依据，作为国家社会科学基金项目《区域文化心理差异与和谐社会建设研究》课题的组成部分，我们在总课题设计中将甘肃各市县区域城乡男女居民生活事件及其影响因素作为一个子课题，采用张明园等编制的生活事件量表对甘肃省区域的 2667 名居民的生活事件进行了问卷和田野调查。原计划调查后采用常模对比，分析推论预测甘肃居民心理危机发生与经济社会的关系，后因调查设计欠严密，指导语过于简化，致使数据处理失措，只能做简单分析。现将部分结果报告于后，其他数据结果另文分析报告。

一、研究对象和方法

（一）对象

通过甘肃河东的天水、平凉、白银、庆阳、定西、陇南 6 个地级市区域和河西的张掖、武威、酒泉、金昌 4 个地级市区域以及兰州市区域的社区、村庄的 2667 名城乡居民进行生活事件调查。其中，城市 1256 人，占 47.1%；农村 1411 人，占 52.9%；男性 1368 人，占 51.3%，女性 1299 人，占 48.7%。青年（18—29 岁）1145 人，占 42.9%，中年（30—49 岁）1287 人，占 48.3%，更年（50—59 岁）184 人，占 6.9%，老年（60 岁以上）51 人，占 1.9%。

（二）工具

研究采用张明园等于 1987 年编制的生活事件量表（Life Events Scale,LES），该量表参考了国外 Holmes 和 Dorenwend 及国内郑延平和杨德森等编制的量表和调查表，对10个省市的1364名正常人进行测试，取得了正常人群及不同年龄组的常模，已在国内临床和研究中应用。LES共65个项目，包括职业、学习、婚姻和恋爱、家庭和子女、经济、司法、人际关系等方面常见的生活事件。每项的评分以我国正常人（常模）的调查均值计。鉴于年龄是影响生活事件的估价和反应的最重要因素，因此常模分成若干年龄阶段：青年（18—29岁），中年（30—49岁），更年（50—59岁）和老年（60岁以上）。

（三）程序

调查人员把量表带到城乡居民家中。填表前，调查人员向居民说明本调查的意义，以消除顾虑，并要求被试填写近一年来(2008年1月—2008年12月)发生的应激事件，给予统一指导。被试者当场做，做完后由调查人员当场收回。对于文化程度偏低的农民，由调查人员逐条宣读和解释，待同意后帮助填写。最后，采用SPSS13.0软件进行统计分析。

二、研究结果分析

（一）甘肃省域居民积极生活事件状况

在张明园等编制的生活事件量表中，其中子女出生、结婚、突出成就，荣誉等14项是积极生活事件，涉及了职业、学习、婚姻、恋爱、家庭和子女、经济及司法等方面，通过频次统计发现，19.5%的居民在2008—2009年一年中没有发生量表中涉及的任何积极生活事件；45.2%的居民在这一年中发生了1—2次积极生活事件；24.9%的居民在这一年中发生了3—4次积极生活事件；其余10%的居民在这一年中积极生活事件达到了5次以上，具体见表4—29。

表4—29　甘肃居民积极生活事件总体状况表

积极事件数	事件发生的频次	百分比	累计百分比
0	519	19.5	19.5
1	604	22.6	42.1
2	602	22.6	64.7
3	399	15.0	79.6

积极事件数	事件发生的频次	百分比	累计百分比
4	263	9.9	89.5
5	131	4.9	94.4
6	86	3.2	97.6
7	32	1.2	98.8
8	23	0.9	99.7
9	4	0.1	99.9
10	3	0.1	100.0
11	1	0.0	100.0

（二）甘肃省域居民消极生活事件状况

在被调查的65个项目中，其中51项是涉及了职业、学习、婚姻、恋爱、家庭和子女、人际关系、经济及司法等方面的消极生活事件，通过调查发现，11.3%的居民在2008—2009年一年中没有发生量表中涉及的任何消极生活事件；49.4%的居民在这一年中发生了1—4次消极生活事件；20.5%的居民在这一年中发生了5—7次消极生活事件；13.5%的居民在这一年中发生了8—13次消极生活事件；其余5%的居民在这一年中消极生活事件达到了14次以上，具体见表4—30。

表4—30 甘肃居民消极生活事件状况表

积极事件数	事件发生的频次	百分比	累计百分比
0	302	11.3	11.3
1—4	1321	49.4	60.9
5—7	547	20.5	81.4
8—13	369	13.5	95.2
14次以上	28	4.8	100

（三）甘肃区域居民的总体生活事件状况

通过调查发现，在所列举的65项生活事件中，居于居民生活事件前十位的事件依次为：工作量明显增加、入党入团、结婚、子女出生、收入显著增减、业余培训、小量借贷、升学就业受挫、子女就业及睡眠重大改变，具体情况见表4—31。

表 4—31　甘肃区域居民的总体生活事件状况表

居于前十位的生活事件	生活事件发生的频数	占总人数的百分比（%）
子女出生	759	28.5
结婚	790	29.6
子女就业	596	22.3
升学就业受挫	600	22.5
入党入团	842	31.6
收入显著增减	746	28.0
工作量明显增加	843	31.6
小量借贷	668	25.0
睡眠重大改变	571	21.4
业余培训	704	26.4

（四）甘肃不同年龄阶段的居民生活事件状况的比较

在被调查的 2667 人中，根据年龄将被试分为青年期（18—29 岁），中年期（30—49 岁），更年期（50—59 岁）和老年期（60 岁以上）这四个年龄阶段。根据调查发现，在每一个年龄阶段，居民发生的生活事件各不相同，具体情况见表 4—32。

表—32　居于不同年龄阶段甘肃居民前五位的生活事件表

年龄阶段	居于前五位的生活事件	发生的频数	占所在组人数的百分比（%）
青年期（1145 人）	入党入团	478	41.7
	工作显著增加	367	32.1
	睡眠重大改变	359	31.4
	入学、就业	325	28.4
	升学就业困难	307	26.8
中年期（1287 人）	子女出生	468	36.4
	结婚	439	34.1
	工作量明显增加	414	32.2
	收入明显增减	401	31.2
	小量借贷	359	27.9

年龄阶段	居于前五位的生活事件	发生的频数	占所在组人数的百分比（%）
更年期（184 人）	子女就业困难	104	56.5
	结婚	60	32.6
	子女出生	59	32.1
	小量借贷	55	29.9
	父母去世	53	28.8
老年期（51 人）	入党入团	21	41.2
	子女就业困难	20	39.2
	收入显著增减	17	33.3
	父母去世	15	29.4
	退休	15	29.4

（五）甘肃河东河西居民生活事件的比较

通过调查发现，甘肃河东河西居民的生活事件居于前五位的事件基本一致，分别为工作量明显增加、入党入团、结婚、收入显著增减和子女出生，具体情况见表 4—33。

表 4—33　甘肃河东河西居民居于前五位的生活事件状况表

区域	居于前五位的生活事件	发生的频数	占所在组人数的百分比（%）
河东（1964 人）	工作量明显增加	642	32.7
	入党入团	607	30.9
	结婚	578	29.4
	收入显著增减	561	28.6
	子女出生	561	28.6
河西（703 人）	入党入团	235	33.4
	结婚	212	30.2
	工作量明显增加	201	28.6
	子女出生	198	28.2
	收入显著增减	185	26.3

（六）男女性别居民生活事件的比较

通过调查发现，男女性别居民居于前五位的生活事件中，工作量明显增加、入党入团、结婚、收入明显增加这四个方面基本一致，具体情况见表 4—34。

表 4—34　男女性别居民居于前五位的生活事件比较表

性别	居于前五位的生活事件	发生的频数	占所在组人数的百分比（%）
男性（1368 人）	工作量明显增加	468	34.2
	入党入团	448	32.7
	结婚	411	30.0
	收入显著增减	398	29.1
	小量借贷	380	27.8
女性（1299 人）	入党入团	394	30.3
	子女出生	386	29.7
	结婚	379	29.2
	工作量明显增加	375	28.9
	睡眠重大改变	349	26.9

（七）不同受教育程度的居民生活事件的比较

调查数据显示，受教育程度为小学和初中的居民，居于前五位的生活事件基本一致。高中及高中以上受教育程度的居民居于前五位的生活事件趋于一致，具体情况见表 4—35。

表 4—35　不同受教育程度的居民生活事件比较表

受教育程度	居于前五位的生活事件	发生的频数	占所在组人数的百分比（%）
小学（132 人）	子女出生	56	42.4
	结婚	52	39.4
	子女就业困难	50	39.4
	收入显著增减	47	35.6
	工作量明显增加	46	34.8
初中（864 人）	收入显著增减	306	35.4
	结婚	292	33.8
	子女出生	289	33.4
	工作量明显增加	283	32.8
	子女就业困难	253	29.3

受教育程度	居于前五位的生活事件	发生的频数	占所在组人数的百分比（%）
高中（846人）	入党入团	302	35.7
	工作量显著增加	264	31.2
	结婚	244	28.8
	子女出生	236	27.9
	睡眠重大改变	235	27.8
高中以上（824人）	入党入团	328	39.8
	工作量明显增加	250	30.3
	业余培训	224	27.2
	入学、就业	216	26.2
	睡眠发生重大改变	212	25.7

（八）甘肃城乡居民生活事件的比较

甘肃城市居民生活事件居于前五位的分别依次是入党入团、工作量明显增加、结婚、子女出生和业余培训。农村居民生活事件居于前五位的依次为：工作量明显增加、收入明显增减、结婚、子女出生及入党入团，具体情况见表4—36。

表4—36　甘肃城乡居民居于前五位的生活事件表

	居于前五位的生活事件	发生的频数	占所在组人数的百分比（%）
城市（1256人）	入党入团	428	34.1
	工作量明显增加	365	29.1
	结婚	356	28.3
	子女出生	328	26.1
	业余培训	315	25.1
农村（1411人）	工作量明显增加	478	33.9
	收入明显增减	473	33.5
	结婚	434	30.8
	子女出生	431	30.5
	入党入团	414	29.3

三、分析与讨论

（一）甘肃省域居民积极、消极生活事件的分析

调查发现，5%的甘肃省域居民在这一年中经历了较多的积极生活事件（6次及6次以上），约18%左右的居民遭遇了较多的消极生活事件（8次及8次以上）。这是值得政府机关部门和学术界高度关注的。因为消极生活事件作为应激源影响人的心理健康；相反，积极的生活事件却能增进心理健康。针对甘肃居民2008—2009年遭遇的消极生活事件问题，我们有必要通过进一步发展经济，倡导互助，促进和谐，逐步减少负性生活事件对民众的心理伤害。

（二）甘肃省域居民生活事件的总体情况分析

居于甘肃省域居民生活事件前10位的生活事件，主要表现在职业、婚姻、子女、经济等常见的生活事件。这充分说明，就业问题、婚姻问题、子女教育问题、经济紧张问题已经成为影响我省居民心理健康的应激源，如果这些问题不能得到比较好的解决，将会造成心理危机，严重影响和谐社会建设。甘肃省地处大西北，自然条件恶劣，提到甘肃人们永远是和“穷”字联系在一起，虽然改革开放以来，居民的生活状况发生了翻天覆地改变，人们的收入、消费发生了大变迁，但相对全国其他各地区而言，甘肃总体经济比较落后，人们为了最基本的生理需求而不断努力。按照马斯洛的需要层次理论分析，生理需求是否得到满足是影响甘肃居民心理健康的重要因素，所以解决这些问题的关键在于发展经济。经济问题解决了，大多数居民的负性生活事件才能减少，心理才能逐渐和谐。

（三）甘肃省域不同年龄阶段的居民生活事件状况的分析

通过不同年龄阶段的居民对生活事件反应比较发现，青年组前列的生活事件与学习、工作有关的项目有入学、就业、升学就业困难、工作显著增加等，与生活有关的项目包括睡眠发生重大改变。中年组居民主要生活事件包括结婚生子以及与经济有关的收入明显增加、小量借贷等。更年组居民主要生活事件与子女及父母有关。老年组的居民生活事件主要包括与子女有关的子女就业困

难，与父母有关的父母去世，与经济有关的收入明显增减等。可以推论，年龄是心理健康与应激生活事件的中介变量。建议针对不同年龄阶段来开展不同的经济、社会、心理援助。

（四）甘肃省域不同受教育程度的居民生活事件的比较分析

通过研究发现，受教育程度不同的居民，主要的生活事件也不同。受教育程度为小学和初中的居民，生活事件主要包括与子女有关的子女出生、子女就业困难；与工作有关的工作量明显增加；与经济有关的收入显著增减以及结婚等。受教育程度为高中的居民生活事件包括了与政治有关的入党入团；与工作有关的工作量明显增减；与生活习惯有关的睡眠发生重大改变以及结婚生子等。受教育程度为高中以上的居民主要的生活事件除与司法有关的入党入团；与工作有关的工作量明显增减；与生活习惯有关的睡眠发生重大改变外，还包括与学习工作有关的入学、就业。据此，我们可以看出，文化程度不同遭遇的生活事件也不同，建议针对不同文化程度居民开展相应的心理保健工作。

应激生活事件与心理和谐的研究是一项非常复杂而长期的研究，由于取样的缺陷，如样本构成中更年组与老年组的人数较少以及研究者的能力有限，该研究存在着一定的缺陷，因此只对居民的应激生活事件进行了初步的探讨，仅为我们了解居民的生活事件，为心理卫生工作者及区域跨文化心理学研究提供一定的依据。

第六节　甘肃省域河西河东城乡居民攻击性调查分析

社会主义和谐社会建设的一个重要指标就是人与人之间关系的和谐，而要使人际关系和谐，就需要使整个社会中亲社会行为增加，攻击、侵犯行为减少。这样才能使家庭、学校、机关、街道等社会单位实现和谐。虽然社会心理学对攻击性的定义还没有一个完全一致的看法，但20世纪60年代以来，社会生物学、社会心理学对攻击、侵犯行为做了许多不同角度的研究，大家都认同攻击行为、侵犯行为是人类行为中十分普遍的形式，是影响个体行为特别是攻击和欺负行为的重要心理变量。攻击性可分为三个部分：攻击性的外在行为表现（身体攻击、语言攻击等），攻击性的认知（敌对）及攻击性的情绪表现（冲动、易怒等）。然而这些研究很多都是以西方文化为背景得出的结论，不完全适合于解释中国人的攻击、侵犯行为。

攻击性研究试图通过对甘肃河西、河东各市县区域城乡男女居民攻击性差异问卷调查和田野工作比较，探索区域文化与居民攻击性的关系，进而为跨文化心理学提供理论支持或者矫正依据，同时为和谐社会建设提供政策制定的理论依据。

一、调查研究的对象和程序方法

采取集中分层培训形式，培训230名心理学本科生，利用寒假，分派到甘肃11个市67个县、市、区的87个村、62个社区，分层抽取甘肃省11个市域原住20年以上，年龄在20—65岁之间的城乡居民为调查对象，其中男1293人，占49.7%；女1311人，占50.3%。河西694人，占26.7%；河东1910人，占73.3%；农村1281人，占49.2%；城镇1323人，占50.8%。小学76人，占2.9%；初中997人，占38.3%；高中708人，占27.2%；大学及大学以上823人，占31.6%。采用Buss和Perry在1992年编制的AQ攻击性问卷（Aggression Questionnaire，简称“AQ”）进行测量。问卷以BDHI为基础，采用利克特5点量表记分法，共29个项目，得分越高，攻击性越强。分属身体攻击、言语攻击、愤怒情绪和敌意认知4个维度。修订后4个维度内部一致性系数间于0.710—0.856，总问卷克龙巴赫a系数为0.855。共发放问卷2680份，回收问卷2653份，回收率99%。其中有效问卷2604份，有效率为98%。有效问卷采用SPSS13.0软件进行数据录入、整理、统计和分析。

二、调查结果的描述性统计和比较分析

（一）甘肃居民攻击性各维度总体状况分析

我国正处在社会的转型期，改革开放，实行社会主义市场经济，新的社会现象、社会冲突的涌现，不同文化的撞击、价值观念的失衡、竞争和压力的加剧、贫富差距的拉大等都能激起人们的浮躁心理和挫折情绪，从而强化了

其攻击心理。这次调查的表 4—37 数据显示，甘肃居民的身体攻击、言语攻击、愤怒情绪和敌意认知均未高于 4 个维度的理论中值 27、15、21 和 24。但是我们也发现这 4 个维度的平均值都非常接近它们的理论中值，这说明甘肃居民的攻击性倾向还是普遍存在的。计算发现，身体攻击达到并超过理论中值的有 580 人，占样本总人数的 22.3%；言语攻击达到并超过理论中值的有 1179 人，占样本总人数的 45.3%；愤怒情绪达到并超过理论中值的有 946 人，占样本总人数的 36.3%；敌意认知达到并超过理论中值的有 1222 人，占样本总人数的 46.9%；攻击性总体达到并超过理论中值的有 695 人，占样本总人数的 26.7%。通过以上数据发现甘肃居民攻击性的表现形式多以言语攻击和敌意认知为主，而较少使用身体攻击和愤怒情绪这两种比较激烈的方式。

表 4—37　甘肃居民攻击性总体状况及男女差异

量表	总体		男性（1293）		女性（1311）		t
	M	SD	M	SD	M	SD	
身体攻击	22.5	5.5	22.8	5.5	22.2	5.4	3.16**
言语攻击	14.2	3.2	14.4	3.1	14.0	3.2	3.32**
愤怒情绪	18.7	5.3	18.2	5.3	19.2	5.3	− 4.58**
敌意认知	23.1	5.0	23.0	4.9	23.2	5.0	− 0.94
攻击性	78.5	13.8	78.5	14.0	78.5	14.0	− 0.06

注：**$P < 0.01$。

总体而言，居民的攻击性都不是很强，但是攻击性倾向却普遍存在，表现形式多以言语攻击和敌意认知为主，而没有采用身体攻击等激烈的方式。

（二）男女性别变量与攻击性各维度的关系

表 4—37 数据还表明，通过甘肃居民中男女居民的攻击性各维度及总分的差异进行独立样本 t 检验后发现，性别的身体攻击、言语攻击和愤怒情绪差异显著，而敌意认知和攻击性总分没有显著差异。分析性别变量与攻击性各维度及总体的关系时发现，男性的身体攻击、言语攻击显著高于女性，女性的愤怒情绪显著高于男性，而性别的敌意认知和攻击性总分没有显著差异。

有的研究认为女性的攻击行为更多的是使用间接的和言语的攻击，包括社会孤立、散布谣言和诽谤等手段有效地伤害别人。这与本次调查结果中女性的愤怒情绪显著高于男性相同。但在本次调查发现男性的言语攻击性显著高于女性，这可能是男性的逻辑思维能力和应激能力优于女性，在面对攻击情景时，男性能对情景作出迅速的反应，并能有效组织攻击性语言，而女性在面对攻击情景时，反应能力较差。另外，中国人有面子观，面子观里有“丢面子”行为。如果在公众场合，男人说脏话也许被认为很正常，但女人说脏话就被认为是很“丢面子”的行为，所以，女性由于社会和文化的要求，羞于说出男性创造并使用的脏话。

也有报告指出，性别对内隐攻击性没有显著影响，说明男性的攻击性并不比女性强。而外显攻击性报告结果显示男女被试的攻击性差异显著。出现这个结果，这可能是在社会文化传统中，男性由于其性别角色的原因，情感体验易外露，遇事更容易冲动，而女性就比较冷静、含蓄，而且女性比男性更易掩饰内心真实的想法，在社会评价标准中，相比男性，女性总是给人以柔弱、温和的形象，女性出于对社会认可及维护自己形象的需求，在外显报告中，更容易掩饰自己内心的真实想法，而在内隐测试中，个体的掩饰性被屏蔽，从而使测量出的外显攻击性水平降低。众所周知，中国文化及世界上大多数文化都要求男性强壮、主动，而要求女性柔美、温和；对男性的攻击性有更多的宽容甚至鼓励，而对女性的攻击性有更多的压制，这在身体攻击上表现得更为明显。由此我们可以看到文化对攻击性性别差异的塑造作用，但我们并不认为文化是影响攻击性的唯一条件或因素，因为遗传、生理和个体差异因素的影响也同样是显而易见和不容忽视的。另外，也有人提出：外显测量出的男女性别攻击性差异显著是由于当前对攻击性的定义主要是针对男性的定义，女性的攻击性表现形式与男性不同。

（三）城乡区域变量与攻击性各维度的关系

表4—38显示，城乡居民的攻击性各维度及总分的差异进行独立样本t检验后发现：城镇居民和农村居民的身体攻击、言语攻击、愤怒情绪、敌意认知和攻击性总分都有显著差异。

表 4—38 城乡居民攻击性差异

量表	城镇（1323）		农村（1281）		t
	M	SD	M	SD	
身体攻击	22.1	5.5	22.8	5.5	－3.26**
言语攻击	14.0	3.1	14.3	3.2	－2.77**
愤怒情绪	18.3	5.3	19.1	5.3	－3.60**
敌意认知	22.7	4.9	23.6	4.9	－4.52**
攻击性	77.1	13.8	79.8	13.6	－4.94**

注：**$P < 0.01$。

分析城乡变量与攻击性各维度及总体的关系时发现：农村居民的身体攻击、言语攻击、愤怒情绪、敌意认知和攻击性总分均显著高于城镇居民。以前的研究也表示，城镇女性化的比例显著地高于农村女性化的比例。农民的心理健康水平低于城镇居民；农民的心理失衡日益严重，长期积淀，造成焦虑、强迫、偏执、人际敏感特别是各种躯体化症状；农民得到的主观社会支持少于城镇居民。农村自杀率高于城市。这可能是由于农民收入显著低于城镇居民，在社会保障、医疗保障、受教育水平等都远远低于城镇居民的情况下，在这种不公平的二元社会下，农民的生存和生活压力远远大于城镇居民，使得农民的攻击性显著高于城镇居民。

（四）河东河西区域变量与攻击性各维度的关系

表 4—39 显示，河西和河东居民的攻击性各维度及总分的差异进行独立样本 t 检验后发现：河西和河东居民的身体攻击、愤怒情绪、攻击性总分差异显著，而言语攻击和敌意认知差异不显著。不同市域的居民攻击性各维度及总分的差异进行单因素方差分析后发现：市域变量的身体攻击和攻击性总分差异显著，而言语攻击、愤怒情绪和敌意认知无显著差异。

表 4—39 河西和河东居民、市域、文化程度攻击性差异

量表	河东（1910）		河西（694）			市域 F	文化程度 F
	M	SD	M	SD	t		
身体攻击	22.6	5.5	22.1	5.4	2.12*	3.00**	7.90**

量表	河东（1910）		河西（694）			市域 F	文化程度 F
	M	SD	M	SD	t		
言语攻击	14.2	3.2	14.0	3.2	1.53	1.79	2.50
愤怒情绪	18.8	5.4	18.4	5.0	1.91	1.41	8.14**
敌意认知	23.2	5.0	23.0	4.7	0.98	1.41	2.10
攻击性	78.9	14.0	77.5	13.2	2.28*	2.41**	9.23**

注：*P < 0.05**，P < 0.01。

甘肃是一个狭长的区域，黄河将全省分割为河西和河东。但这两大区域在地理、文化、风俗、历史、经济等方面存在着巨大差异，进行攻击性各维度及总分的差异分析发现：河东居民的身体攻击和攻击性总分显著高于河西居民，而言语攻击、愤怒情绪和敌意认知差异不显著。我们以前的研究结果也显示，河西和河东两个地理区域上的居民敌对因子没有显著差异。这主要是因为黄河以东7市2州（兰州、天水、白银、定西、庆阳、平凉、陇南、甘南、临夏），总人口2100万，均为山区，土地贫瘠，雨水稀少，靠天吃饭，城乡居民生活水平普遍较低，其中多数县是国家级贫困县。河西走廊，组成5个市（嘉峪关、酒泉、张掖、金昌、武威），总人口约500万，土地宽广，沙漠戈壁中散落着大大小小的几十个绿洲，虽然气候恶劣，但依靠祁连山雪水灌溉，绿洲土地肥沃，城乡居民生活水平明显好于河东地区。攻击行为的社会学观点，Durivage认为过度拥挤、缺少独处和闲散无事的环境可能导致暴力行为。由于河西和河东面积虽然相当，但是河东人口却是河西人口的4倍，这样就造成了河东人口的过度拥挤，再加上河东耕地面积明显少于河西，更加剧了河东人的贫穷，也使得河东闲散人员较多，导致攻击性较高。

河东的地理环境是山岭纵横，经常发生饥荒，河东文化（包括陇中文化、陇东文化）属于陇右文化，基本上是秦文化的延伸，这种地理环境和历史文化造成了压抑、竞争、好强、辛劳的性格，但也表现出比较多的忍耐、迷信。河西走廊的宽阔平原绿洲环境和陇右文化与西域文化杂糅的河西文化，特别是民族杂居的影响，使得居民的性格更加原始、厚道、豁达、开阔，但也表现出进取性、开拓性不足。

（五）文化程度与攻击性各维度的关系

表4—39还显示，通过不同文化程度的居民攻击性各维度及总分的差异进行单因素方差分析后发现：文化程度的身体攻击、愤怒情绪和攻击性总分差异显著，而言语攻击和敌意认知无显著差异。通过不同文化程度的居民攻击性各维度及总分的差异分析发现，初中文化的身体攻击显著高于高中文化；小学和初中文化的身体攻击显著高于大学及其以上的居民；初中和高中文化的愤怒情绪显著高于大学及其以上的居民；小学、初中和高中文化的总体攻击性显著高于大学及其以上的居民；初中文化的总体攻击性显著高于高中文化。总之，文化程度低的居民身体攻击、愤怒情绪和攻击性总分均显著高于文化程度高的居民。这可能是由于人的自卑与补偿心理的影响，每个人都可因自己身体状况、家庭出身、生活条件、工作性质、文化程度等产生自卑心理，有严重自卑心理的人往往性格内向，敏感，心胸狭窄，心理容易受挫，常常把别人无意的攻击认为是有意的，产生愤怒的情绪，并实施报复；常以冲动、好斗等攻击方式作为补偿。

在当今这个注重学历，且学历与报酬基本相符的时代，低学历意味着低收入，低学历意味着生活在社会的底层，于是他们在社会化的过程中产生了很强的自卑感和羞耻感，为了维护自卑，就会表现出强烈的暴力行为。另外，由于高学历者在其社会化的过程中受到了更多的教育，且这种教育都是正统的，对这种很外向的攻击是与他的身份所不容许的，所以当这些高学历者在遇到别人侵犯时，也大多采用社会和自己身份所相符的行为。

三、甘肃区域居民攻击性研究与和谐社会建设

甘肃是一个欠发达的省份，东西狭长，民族众多，河西河东不同市州区域之间经济发展不平衡，文化民俗差异较大，各地居民的认知、情感、人格差异不仅表现为城乡区域差异、地理区域差异、文化区域差异方面，也表现在性别、文化程度方面。这次调查发现，经济发展水平低的区域，居民攻击性显著高于经济发展程度高的区域；城乡发展不均衡的区域，居民攻击性显著高于城乡比较均衡发展的区域；文化程度低的居民攻击性显著高于文化程度高的居民；发展程度整体较好的区域男女攻击性无显著差异。

这些结论提示我们，经济发展水平、城乡均衡发展是建设社会主义和谐社会中降低减少居民攻击性侵犯行为的根本举措，同时，提高居民文化水平，促进区域整体发展也是减少居民攻击性侵犯行为的主要举措，因此，我们在建设和谐社会时，既要统筹城乡发展，也要统筹区域发展，不仅要统筹经济，也要统筹教育，使各方面的发展在整体上向前推进。最后降低、减少城乡、男女和各区域居民的攻击性，以期达到社会的长期和谐稳定。通过这些结论，也进一步证明开展中国区域跨文化心理学研究的必要性，未来的社会心理学应该积极倡导本土区域化研究，通过区域化研究成果，为区域和谐社会建设提供依据的同时，丰富社会心理学的本土理论，建设本土社会心理学、文化心理学体系。

第五章
甘肃省域城乡居民社会态度与社会认同调查研究

态度是个体自身对社会存在所持有的一种具有内在结构和比较稳定的内在心理状态。态度的对象是社会存在，而其本身又表现为一种心理状态，包括认知、情感、行为三个成分。20 世纪 80 年代以来，心理学从不同角度对态度的概念、形成机制、功能、结构、意义等进行了大量研究，社会学则对改革开放进程中我国公众对各种政策和社会现象的态度进行了大量调查研究，为政府决策和学术发展提供了依据和基础。

新世纪以来，我国社会中出现了大量的新社会问题，其中最突出的热点问题有就业问题、养老问题、食品安全问题、生态环境问题、经济发展形势问题、贫富差距问题、诚信缺失问题、留守儿童问题、投资理财问题（对于基金和保险的态度）、民俗文化问题（祭祖和婚丧嫁娶的态度）和腐败问题，这些问题直接影响社会稳定和和谐社会建设。

第一节　甘肃省域河西河东城乡居民社会态度调查比较分析

新世纪以来，我国社会中出现了大量的新社会问题，这些问题直接影响社会稳定和和谐社会建设。通过对甘肃省市县区域城乡居民社会热点问题态度问卷调查和结果的定量分析，河西河东城乡居民的社会态度一致性与差异性并存，分析其形成的社会原因，主要源自城乡二元社会文化结构、城市类型、地理环境、区域文化的影响。

一、研究工具、对象、方法

采用甘肃省市县区域城乡居民社会态度问卷调查表对甘肃省兰州、天水、白银、定西、庆阳、平凉、陇南、嘉峪关、酒泉、张掖、金昌、武威12个市35个县属村、23个区（市）属社区城乡原驻20年以上居民进行调查，发放问卷2991份，收回有效问卷2754份，有效回收率为92.08%。其中男性1406人，占51.05%；女性1348人，占48.95%。在有效回收的问卷中，市域城乡分布状态如下：兰州131份，占4.76%（其中城乡居民各占57.25%、42.75%）；天水379份，占13.76%（其中城乡居民各占50.92%、49.08%）；白银281份，占10.20%（其中城乡居民各占42.70%、57.30%）；定西318份，占11.55%（其中城乡居民各占55.97%、44.03%）；庆阳280份，占10.17%（其中城乡居民各占43.57%、56.43%）；平凉261份，占9.48%（其中城乡居民各占42.15%、57.85%）；陇南303份，占11.00%（其中城乡居民各占44.55%、55.45%）；嘉峪关101份，占3.67%（其中城乡居民各占60.40%、39.60%）；酒泉251份，占9.11%（其中城乡居民各占41.43%、58.57%）；张掖157份，占5.70%，（其中城乡居民各占43.95%、56.05%）；金昌88份，占3.20%（其中城乡居民各占50.00%、50.00%）；武威204份，占7.41%（其中城乡居民各占36.27%、63.73%）；有效回收问卷显示，被调查对象的学历分布情况如下：文盲366人，占13.29%；小学84人，占3.05%；初中751人，占27.27%；高中605人，占21.97%；中专175人，占6.35%；大专410人，占14.89%；本科362人，占13.14%；硕士研究生1人，占0.04%。调查问卷涉及20个题目，采用选择题自陈问卷形式，原始数据采用计算机统计处理，只统计百分比进行分析。

二、调查研究结果统计分析

第一，关于大学生就业越来越难问题的态度调查，区域城乡具体差异见表5—1。首先49.85%的甘肃居民认为就业难是因为高校大规模扩招，人才市场供大于求。河东地区持此观点的人数高于河西地区，特别是河东城市地区，百分比达到54.34%。其次是学生择业观念偏差，不愿意到小地方和基层去，都去挤大城市，比例达到44.48%，且在河西河东地区都表现为城市居民持此想法的百分比高于农村居民。再次是很多学生没有实际技能，难以契合工作单位的需要，比例达到38.89%。此外，28.98%的甘肃居民认为很多单位在招聘的时候只招有经验的，不要应届生。19.35%的甘肃居民认为就业难是由于国家发展的阶段性问题，无法改变，在河西城市地区持此想法人数最多，达到23.30%。

表5—1 关于大学生就业难问题的态度调查数据统计表

选项 地区	高校大规模扩招，人才市场供大于求	很多学生没有实际技能，难以契合工作单位需要	择业观念偏差，不愿意到小地方和基层去，都去挤大城市	很多单位在招聘的时候只招有经验的，不愿要应届生	国家经济发展的阶段性问题，无法改变	其他
河西城市	47.73%	38.92%	50.00%	29.55%	23.30%	3.41%
河西农村	46.33%	39.42%	39.87%	34.52%	21.16%	4.68%
河东城市	54.34%	39.66%	47.91%	25.62%	19.40%	3.11%
河东农村	48.04%	37.94%	41.47%	29.41%	17.16%	2.65%
总计	49.85%	38.89%	44.48%	28.98%	19.35%	3.23%

第二，关于养老问题的态度调查，区域城乡具体差异见表5—2。在绝大多数被调查对象中，家庭的养老问题是由几种方式来共同解决的，但在所有的备选项中，依靠子女养老的方式高居首位，平均水平达到了68.16%，且农村地区的百分比明显高于城市地区，河西地区城市居民与农村居民的百分比分别为51.99%、72.83%；河东地区城市居民和农村居民的百分比分别为62.59%、76.76%。位居第二位的养老方式是依靠退休工资养老，平均水平达到了26.11%，但与依靠子女养老相比较而言，相差竟达44.05%。在这种养老方式中，城市和农村地区表现的差异很大，城市地区的百分比高于农村地区，相差25%以上，但河西地区城市居民依靠退休工资养老的百分比高于河东地区。河西地区中的金昌市依靠退休工资养老的家庭占到63.63%。金昌城市规模小，又为工业城市，故而百分比较高。河东地区中依靠退休工资养老的最高水平为兰州，达到57.33%，兰州是省会城市，与其经济发展水平直接相联系。在这种养老方式中，最低的城市为天水，仅仅为27.46%，而这又直接导致家庭更多的依靠家庭养老，所以调查中发现天水城市居民依靠家庭养老达到

67.36%，高于河东城市的平均水平 62.59%。但在依靠继续劳动或工作这种养老方式上，河西地区和河东地区农村居民所占的百分比要高于城市地区，这与城市和农村本身的差异性有关，农村居民可以直接依靠家中的土地继续劳作，即使把土地转租给他人，也可以带来一部分收入，但城市居民在达到退休年龄之后，能够继续工作的就会则相对较少。河西走廊土地宽阔、平原绿洲；河东地区山岭纵横，沟壑遍地。相对来说河西地区农村居民继续劳作的比较多，这与当地的自然生态土地状况也有一定的关系。

表 5—2　关于养老问题的态度调查数据统计表

选项 地区	继续工作或劳动	退休工资	依靠社会养老保险	依靠子女养老	依靠社会救济	其他
河西城市	18.18%	48.58%	19.89%	51.99%	5.11%	3.13%
河西农村	23.61%	15.37%	20.94%	72.83%	5.67%	4.23%
河东城市	16.93%	37.73%	17.15%	62.59%	4.07%	2.47%
河东农村	20.59%	12.45%	10.29%	76.76%	5.20%	2.35%
总计	19.54%	26.11%	15.58%	68.16%	5.19%	2.80%

第三，关于食品安全问题的调查，具体数据见表 5—3 和表 5—4。民以食为天，食品安全无疑是重大的民生问题，但频繁的食品安全问题，却让消费者陷入了“食”面埋伏。在甘肃省河西地区和河东地区 12 个市 35 个县属村、23 个区（市）属社区的调查中，大家反映最为突出的食品安全问题是假冒伪劣产品问题，其次是食品已过保质期问题、散装食品卫生问题。对假冒伪劣产品泛滥程度最为强烈的城市是兰州市，比例达到了 68%，这与大城市流动人口多，城市需求量大有直接关系。

表 5—3　食品安全问题排序表

位次	在您购买食品时，表现最突出的食品安全问题	比例（%）
1	假冒伪劣产品	55.70
2	食品已过保质期	45.72
3	散装食品卫生问题	33.84

表 5—4　食品安全问题归因排序表

位次	造成食品安全问题的最主要原因	比例（%）
1	不法企业和个人利益熏心	50.87
2	各主管部门职责不明，监管不力	43.79
3	市场管理不严格	41.58
4	法制不健全，惩罚力度太小	38.13
5	消费者食品安全意识不足	35.98

关于食品安全问题的主要原因，甘肃地区居民看法基本一致，不是由于单方面因素决定的，而是由多方面因素共同作用的结果。50.87%的甘肃居民认为最主要的原因是由于不法企业以及个人的利益熏心造成的，其中，违法成本与收益的严重不对称是食品事件屡见不鲜的关键因素。

第四，关于生态环境问题的调查，具体数据见表 5—5。在此方面，河西河东地区居民的态度差异较大。河西地区居民认为土地荒漠化和沙灾问题是首要问题，关注这一问题的人数达到 49.69%，接近半数，这与河西地区的地理环境有直接关系。武威民勤是中国北方地区沙尘暴四大策源地之一，沙灾问题非常严重，数据更高达 60.81%。河东地区居民更关注垃圾处理问题，提及该问题的居民达到 45.01%。此外，被提及的重点环境问题还有兰州的大气污染问题，金昌的水污染问题，庆阳、定西的旱灾和水灾问题。

由于我国频繁发生的各种自然灾害，55.12%的甘肃居民认为这说明环境问题已经非常严重，我们已经开始受到自然的惩罚，必须立即开始采取补救措施，否则将来类似的问题会更多。

表 5—5　关于生态环境问题的态度调查数据统计表

选　项 \ 地　区	河西地区	河东地区
水土流失问题	28.96%	30.16%
土地荒漠化和沙灾问题	49.69%	36.51%
旱灾和水灾问题	26.72%	30.82%
水环境污染问题	34.58%	37.48%
大气污染问题	32.83%	35.07%

选项＼地区	河西地区	河东地区
垃圾处理问题	38.95%	45.01%
气候变暖问题	20.35%	23.66%
光污染问题	8.99%	4.81%
生物多样性破坏问题	15.61%	14.80%
噪音问题	16.48%	12.49%
其他	4.49%	1.18%

第五，关于经济发展问题的调查，具体数据见表5—6。河西河东城乡居民态度呈一致性。53.16%的甘肃居民认为可以，继续保持高速发展，特别是在河西城市地区，比例达到56.82%。35.88%的甘肃居民对中国的经济发展形势还不大确定，尤其表现在河东城市地区，达到38.58%，特别是兰州城市居民，比例达到49.33%。此外，在河西地区的金昌，45.45%的城市居民有此观点。这是因为这两个城市为甘肃地区典型的工业城市，金融危机已经开始有所影响，也属于首先受到波及的群体。此外，12.27%的甘肃居民认为我国经济不能保持高速发展，因为中国加入世贸组织后会受到其他国家的影响。

表5—6　关于经济发展问题的态度调查数据统计表

选项＼地区	河西城市	河西农村	河东城市	河东农村	总计
我国经济可以在领导人的正确领导下，继续保持高速发展	56.82%	51.00%	51.34%	54.51%	53.16%
我国经济不能保持高速发展，因为中国加入世贸组织会受到其他国家的影响	13.35%	18.26%	10.08%	11.27%	12.27%
对经济发展的形式不确定，因为不确定因素较多	32.95%	34.52%	39.12%	34.51%	35.88%

第六，关于贫富差距问题的态度调查，具体数据见表5—7和表5—8。40.45%的甘肃居民认为，造成家庭贫困的主要原因是："家中有生活不能自理的残疾人或长年患病、需要常年医治或服药的人"，可见，医疗问题已经成为影响家庭生活质量提高的首要问题。"看病贵、看病难"已经成为城乡老百姓普遍存在的问题。医疗卫生事业本为国家的公益性事业，但现在却是"以药养

医”，老百姓在为此买单。医疗问题已经成为中国改革开放过程中的“新三座大山”之一。39.32%的甘肃居民认为家庭贫困与家庭成员文化程度低，不懂技术有很大关系。29.56%的居民认为孩子上学也已经成为家庭的主要经济负担，造成家庭贫困，在这方面，农村地区反映出的百分比从整体比城市地区高。此外，17.21%的甘肃居民认为造成贫困家庭的主要原因是因为家里无人当干部，这种现象在河西地区的张掖表现尤为突出，百分比更达到了37.68%，在酒泉、金昌比例较低；在河东地区的庆阳也比较突出，比例达到31.15%，可见在农业城市，发展较为落后的城市中，持有这种观点的居民相对较多。

表5—7　贫困家庭归因排序表

位次	贫困家庭的主要原因	比例（%）
1	有生活不能自理的残疾人或常年患病、需要常年医治或服药的人	40.45
2	文化程度低，不懂技术	39.32
3	要供孩子上学	29.56
4	好逸恶劳，不能吃苦	28.10
5	劳动力少	20.55

表5—8　富裕家庭归因排序表

位次	富裕家庭的主要原因	比例（%）
1	靠文化、靠知识、靠技术	65.32
2	靠勤劳苦干	40.41
3	靠党和政府的政策好	26.58
4	靠家里有人当干部、靠利用权利	23.35
5	靠运气、靠机遇	22.95

65.32%的甘肃居民认为家庭富裕的主要原因是靠文化、靠知识、靠技术；40.41%的居民认为靠勤劳苦干；26.58%的居民认为靠党和政府的政策好。此外，以下几个城市表现出与大趋势不同：在武威认为家庭富裕靠运气、靠机遇的达到了33.82%，列居第三位；在金昌认为家庭富裕靠运气、靠机遇的达到了31.82%，列居第二位。“当干部能够使得家庭富裕”的调查数据显示，嘉峪关和张掖的百分比要高于整体平均水平，但在此方面，兰州城市居民的百分比

最高，高达36%。

第七，关于诚信缺失问题的调查，具体数据见表5—9和表5—10。综合河西地区和河东地区的平均数据来看，61.73%的居民认为社会上没有诚实守信观念，不守信自己承诺的人普遍存在，而河东地区高于河西地区7个百分点。持此观点最多的为定西城市居民，比例高达78.09%；最少的为张掖城市居民，比例为33.33%。在谈及“您认为造成目前存在不诚信现象的原因是什么?”，47.68%的甘肃居民认为是社会风气造成的。在当今社会生活中，小到假冒伪劣商品的盛行，虚假广告的盛行，农贸市场的缺斤少两，大到出版界盗版，新闻界有假新闻，学术腐败之风滋长蔓延，这些都严重污染了社会风气。日益严重的社会诚信缺失能摧毁人的精神支柱，导致信任危机。正如吉登斯所说，信任是一种本体安全感。因此，诚信缺失不仅是一种“缺乏”，而且是一种对人的生存心理的侵蚀，它严重侵蚀着人们对社会共同体的基本价值认同感和社会伦理基础。社会诚信的缺失不仅会导致社会“道德滑坡”，使不健康的社会心理和社会风气弥漫社会，而且可能诱致信仰危机，增加社会风险，对于我们建设一个公正、健康、开放、和谐和充满活力的社会有百害而无一利，必须引起全社会的高度关注。

表5—9　诚信缺失现象调查表

地区 选项	河西地区（%）	河东地区（%）	平均
同事朋友之间当面说好话，背后讲坏话	35.71%	32.87%	33.70%
上下级之间互不信任，不能以诚相待	34.21%	33.38%	33.62%
亲戚邻里借钱不还	18.10%	8.24%	11.11%
社会上没有诚实守信观念，不守信自己承诺的人普遍存在	56.30%	63.95%	61.73%
其他	8.61%	3.79%	5.19%

表5—10　诚信缺失问题归因排序表

位次	造成目前存在不诚信现象的原因	比例（%）
1	社会风气	47.68
2	社会上没有诚实守信观念	38.16

位次	造成目前存在不诚信现象的原因	比例（%）
3	缺少宣传和教育	36.38
4	其他	5.05

第八，关于留守儿童问题的调查，具体数据见表5—11和表5—12。52.25%的甘肃居民认为留守儿童面对最大的困难是亲情的缺失与空白，留守儿童因为父母双方外出或者一方外出，使得儿童与父母缺乏正常的情感交流和亲子互动，儿童没有机会向父母表达自己的感受；父母没有机会，也找不到适当的方式传达自己对子女的爱。长此以往，必将使父母与子女之间产生心理上的隔阂，使儿童对父母以及家庭的心理归属和心理依恋降低。持此观点的河东城市居民相对较多，百分比为55.09%，数据最高的为白银城市居民，更达到73.33%。54.61%的甘肃居民认为留守儿童问题形成的主要原因时由于当地经济的落后而形成的，在农村经济落后的情况下，只有外出务工才有可能从根本上改变家庭的经济状况，外出务工成为主要选择。在此方面，河西地区和河东地区的数据分别为56.12%、50.94%，高出近6个百分点，而河西城市地区数据最高，为59.91%。

表5—11　留守儿童面临困难排序表

位次	留守儿童遇到的最大困难	比例（%）
1	亲情的缺失与空白	52.25
2	教育设施与教育水平落后	43.86
3	经济条件不能保证他们的健康成长	30.36
4	其他	5.05

表5—12　留守儿童主要原因归因排序表

位次	造成留守儿童问题的主要原因	比例（%）
1	当地经济的落后	54.61
2	孩子缺失亲人的关爱引发心理问题	42.01
3	政府、社会关注不够	32.35
4	其他	3.45

第九，关于投资理财问题（基金、保险）的态度，具体数据见表5—13和表5—14。从甘肃省的总体来看，39.72%的居民还是认可基金的，认为基金是现代社会的一种投资理财方式，持此想法的城市居民的百分比高于农村居民，在河西地区和河东地区都表现出同样的趋势。32.75%的居民认为买基金是对心理素质的考验，可以提高自身的抗风险能力，且农村居民持此想法的百分比高于城市居民，河西地区和河东地区都有此趋势。22.73%的居民认为基金是一种赌博行为，从来不购买，在此方面，河西河东城乡居民差异较小。此外，20.99%的甘肃居民认为买基金行为只要把握好，可以赚更多的钱，还是愿意买。河西地区的平均百分比高于河西地区，尤其在河西农村地区，百分比达到28.06%。数据最高的表现在酒泉农村地区，高达39.71%。

表5—13　关于投资理财问题（基金）的态度调查数据统计表

地区 选项	河西城市	河西农村	河东城市	河东农村	总计
基金是赌博行为，我从来不买那个东西	22.73%	22.49%	21.97%	23.53%	22.73%
买基金是一种投资行为，尽管有风险，我还是要买	44.03%	36.30%	44.91%	35.00%	39.72%
买基金是对人的心理素质的考验，我想通过它来锻炼自己的抗风险能力	28.69%	33.41%	27.76%	38.43%	32.75%
买基金行为只要把握好，可以赚更多的钱，我还是愿意买	21.88%	28.06%	20.36%	18.14%	20.99%
其他	6.25%	6.01%	4.50%	5.49%	5.34%

在谈论及买保险的问题时，55.37%的居民认为买保险是一种投资行为，既有利于自己，也有利于社会经济流通。但河西城市居民持此想法的居民相对较少，仅有49.43%。48.26%的居民认为买保险可以给自己的未来多个后路，给自己在生大病或天灾人祸遇难时有个经济保障，持此想法的农村居民的百分比要高于城市居民，在河西地区和河东地区都表现出同样的趋势，且河西地区的整体百分比高于河东地区。仅仅有9.59%的居民认为买保险纯属于一种上当受骗的行为，但在河西的城市地区表现的尤为突出，达到了14.77%，尤其表现为张掖城市居民，百分比高达23.19%。同时，15.36%的甘肃居民认为人生无常，买保险只不过是满足一下追求健康长寿的心理，并没有多少实际意义。

表 5—14　关于投资理财问题（保险）的态度调查数据统计表

选项＼地区	河西城市	河西农村	河东城市	河东农村	总计
买保险纯属于一种上当受骗的行为，我坚决不买任何保险	14.77%	6.90%	8.47%	10.00%	9.59%
买保险可以给自己的未来多个后路，给自己在生大病或天灾人祸遇难时有个经济保障	51.14%	52.56%	44.48%	48.82%	48.26%
买保险是一种投资行为，既有利于自己，也有利于社会经济流通	49.43%	59.69%	55.95%	55.00%	55.37%
人生无常，买保险只不过是满足一下追求健康长寿的心理，并没有多少实际意义	15.34%	12.92%	16.61%	15.29%	15.36%
其他	5.40%	3.79%	1.18%	1.47%	2.25%

第十，关于风俗文化（祭祖、婚丧嫁娶）的态度调查，具体数据见表 5—15 和表 5—16。74.36%的居民认为祭祖是为了表达对祖先的思念和感恩，同时也对后代是一种教育，河东地区整体的百分比高于河西地区，特别是河东的城市居民尤为明显，比例达到 78.56%，在此方面，陇南城市居民的百分比高达 85.19%。17.79%的居民认为祭祀祖先是因为祖先虽然逝世了，但确实有灵魂，通过祭祀可以保障自己的家庭平安和发展，持此想法的河西城市居民比例最高，达到 20.45%。9.51%的居民认为祭祀祖先是一种封建行为，很少把他当回事，这一比例在河西地区的城市地区最高，达到 17.61%，持此想法比例最高的为张掖城市居民，百分比达 33.33%。15.72%的居民认为与其死了之后再去祭祀，不如活着时多孝敬一些，持此想法的农村居民的百分比要高于城市居民，在河西地区和河东地区都表现出此趋势。

表 5—15　关于风俗文化问题（祭祖）的态度调查数据统计表

选项＼地区	河西城市	河西农村	河东城市	河东农村	总计
祭祀祖先是一种封建行为，我很少把它当回事情	17.61%	9.13%	7.93%	8.33%	9.51%
祭祀祖先是为了表达对祖先的思念和感恩，同时也对后代是一种教育	62.22%	71.49%	78.56%	75.98%	74.36%
祭祀祖先是因为祖先虽然逝世了，但确实有灵魂，通过祭祀可以保障自己的家庭平安和发展	20.45%	18.93%	14.47%	19.41%	17.79%

地区 选项	河西城市	河西农村	河东城市	河东农村	总计
祭祀祖先纯粹是一种自私行为，与其死了以后再去祭祀，不如活着时多孝敬一些	13.07%	17.59%	15.54%	15.98%	15.72%
其他	5.97%	4.45%	1.61%	1.18%	2.47%

表 5—16　关于风俗文化问题（婚丧嫁娶）的态度调查数据统计表

地区 选项	河西城市	河西农村	河东城市	河东农村	总计
婚丧嫁娶是每一个家庭的大事，要尽最大可能办的隆重，即使借再多的钱也无所谓	11.08%	7.35%	6.75%	8.82%	8.17%
要根据自己的家庭经济情况而定，经济条件允许，隆重些最好；经济条件不允许，办得适当，不要为此而大量借钱	55.11%	51.67%	53.38%	51.27%	52.54%
婚丧嫁娶办的适当就好，不要过分攀比，给以后的生活带来经济负担	51.42%	55.68%	59.49%	57.06%	56.94%
要传承我国艰苦朴素的作风，尽量节俭	20.74%	26.06%	22.19%	22.25%	22.66%
其他	7.67%	3.12%	1.07%	1.18%	2.29%

56.94%的居民认为婚丧嫁娶办的适当就好，不要过分攀比，给以后的生活带来经济负担，持此想法的河东居民的百分比高于河西居民，特别是河东城市居民，达到了59.49%。52.54%的居民认为婚丧嫁娶仪式要根据自己的家庭经济情况而定，经济条件允许，隆重些最好；经济条件不允许，办的适当，不要因此而大量借钱。8.17%的居民认为婚丧嫁娶是每一个家庭的大事，要尽最大可能办得隆重，即使借再多的钱也无所谓，在河西地区的城市居民中比例高达11.08%，这一数据明显高于河西农村地区及河东的城市和农村地区，数据最高的为张掖城市居民，达到23.19%。此外，22.66%的居民认为要传承我国艰苦朴素的作风，尽量节俭，特别是河西的农村地区比例最高，达到了26.06%。

第十一，关于干部腐败问题的态度调查，具体数据见表5—17。69.10%的居民认为腐败关乎党的兴衰，应该加大对腐败问题的惩处力度，才能有效遏制腐败现象，河东地区持此想法的居民达到71.07%，高于河西地区的64.29%，河东城市居民的数据最高，为72.24%。33.91%的人认为腐败问题是人性问题，人人都有腐败的基因，只有靠制度来约束。河西地区持此想法的居民达到38.20%高于河东地区的32.16%。约1/4的居民认为腐败问题是官场的天然弊病，自古就有，永远都不可能消除，特别是河东的城市居民尤为突出，达到27.65%。

表5—17　干部腐败问题的态度调查排序表

位次	腐败问题的态度	比例（%）
1	腐败问题关乎党的兴衰，应加大对腐败问题的惩罚力度，才能有效遏制腐败现象	69.10
2	腐败问题是人性问题，人人都有腐败的基因，只有靠制度来约束	33.91
3	腐败问题是官场的天然疫病，自古就有，永远都不可能消除	24.95
4	其他	2.83

三、分析与讨论

改革开放30年来，中国经济社会发生了巨大变化，经济发展乘风破浪，稳步前进，政治民主化进程日益加快，社会事业发展蒸蒸日上，人民生活水平逐步提高，国际声望引人注目，但也积累了一系列不可忽视的问题和矛盾，比如本次调查涉及的就业问题、养老问题、食品安全问题、生态环境问题、经济发展形势问题、贫富差距问题、诚信缺失问题、留守儿童问题、投资理财问题、民俗文化问题、腐败问题，这些问题直接影响社会稳定和和谐社会建设，通过问卷统计数据的定量分析可以发现影响居民社会态度的政治经济社会文化因素，可以通过控制这些因素来控制社会态度，为和谐社会建设作出努力。

（一）城乡二元文化影响居民社会热点问题态度的形成

我国城乡二元的社会结构形成了城市和乡村两种不同的文化土壤，在这些文化土壤上根植出各自的社会心理特征和价值观念体系。在此次调查中，具体表现为对社会热点问题态度上的差异，例如在大学生就业越来越难问题的态度调查中，认为是“择业观念偏差，大学生不愿意到小地方和基层去，都去挤大城市”；在投资理财问题（基金）的调查中，认为“买基金是一种投资行为，尽管有风险，还是要买”等方面。问卷的统计数据都表明，城市居民持此想法的百分比高于农村居民，在河西地区和河东地区都表现出同样的趋势，可见城市和乡村不同的文化体系影响着居民社会态度的形成。但城乡二元文化又都带有汉文化的遗传基因，表现为同一种亚文化类型，因此在一定程度上也体现为相对一致性，正是这样，在社会快速的变迁中，中国文化表现出很强的内聚力和包容性，居民的社会态度在很多方面才表现为一致性。

（二）城市类型影响居民社会态度的形成

城市类型可以简单的分为工业城市和农业城市。一般而言，工业城市的发展水平高于农业城市，且当地居民的整体经济收入水平也相对较高，使得不同城市类型居民的生活条件、生活习惯、思想观念都会存在差异。在此次调查中，就直接表现为对社会热点问题态度上的差异，例如在养老问题的调查中，主要依靠退休工资养老；在经济发展问题的调查中，认为“受世界经济形势的影响，中国的经济发展形势不大确定”等方面。问卷的统计数据都表明，工业城市与农业城市居民在社会态度上表现出较大的差异性。其中典型的城市为兰州市和金昌市。

（三）地理环境影响居民社会态度的形成

我们所知道的大西北是这样的地理环境：黄河从青海发源，穿过甘肃和宁夏，但却只能灌溉很少一部分松散而缺乏黏性的黄土地。甘肃是一个狭长的地区，黄河将全省分割为河西、河东两大区域。河西地区是沙漠戈壁中散落着大大小小的几十个绿洲，水草丰美，物产丰富，是靠祁连山积雪和冰川的融水滋养、灌溉而造就，曾被称为“西北粮仓”。河东地区则是山岭纵横，进门爬山，经常会发生饥荒，这都源于大西北土地的贫瘠。地理环境的差异，也使得河西地区城乡居民生活水平明显好于河东地区，而这又直接影响着居民的社会态度的形成。例如在留守儿童问题形成原因、生态环境问题等方面的调查中，河西河东地区居民的态度差异较大。在这样的地理环境中生存，“钟爱土地”是甘肃居民的典型社会心理特质，由此形成了与现有生活水平和生活方式交错作用相一致的社会态度。

（四）区域文化影响居民社会态度的形成

甘肃省地处西北，自然环境复杂多样，地域狭长，历史文化悠久，经济发展水平相对我国中部、东部地区较为滞后。从表面上看，这是一种趋于经济发展的差距，而深层次地分析，它实际上反应的是东部、中部和西部地区趋于文化心理上的差距。

从历史上看，甘肃地区过去一直是以原始的农耕经济和游牧经济为生产力基础，商品经济相对于东部和中部地区来讲，出现较晚而且发展十分缓慢。尽管历史上西北地区出现过著名的“丝绸之路”，但也主要是商品经济初期的物物交换。因此，甘肃地区人们的商品经济意识和市场经济观念过去一直都十分淡薄。改革开放以来，甘肃地区与东部、中部地区经济文化交流的越来越频繁，使得一些居住在城市里的居民的价值观念和社会心理发生了重大变化，但是在一些农村和牧区原有的传统文化心理的影响仍然存在，仍然存在着固守民俗习惯的自尊心理。在区域文化的长期熏陶下，人们会形成一种相对稳定的思想观念、道德标准、生活习惯、宗教信仰，这种文化心理决定着人们对各种社会政策和社会现象的基本态度。

四、调查结论和政策建议

这次调查的最大特点是覆盖面广泛，样本数量大，涉及全省各市县城乡居民，各种行业人群，调查结果可以较好的反映甘肃公众的热点问题态度。调查表明，甘肃河西河东城乡不同市域居民对社会热点问题的态度基本一致。绝大多数或大多数居民都认为，腐败关乎党的兴衰，应该加大对腐败问题的惩处力度，甘肃经济可以继续保持高速发展，假冒伪劣产品问题，食品保质期问题、散装食品卫生问题应该进一步受到关注。造成家庭贫困的主要原因是家中残疾人和病人，基金是现代社会的一种投资理财方式，买保险是一种投资行为，既有利于自己，也有利于社会经济流通，可以给自己的未来多条后路。就业难是因为高校扩招，人才市场供大于求，其次是学生择业观念偏差。社会上没有诚实守信观念，不守信自己承诺的人普遍存在。造成不诚信现象的原因是社会风气。留守儿童面对最大的困难是亲情的缺失与空白，留守儿童因为父母双方外出或者一方外出，使得儿童与父母缺乏正常的情感交流和亲子互动。祭祖是为了表达对祖先的思念和感恩，同时也对后代是一种教育，婚丧嫁娶办得适当就好，不要过分攀比，给以后的生活带来经济负担，持此想法的河东居民的百分比高于河西居民，特别是河东城市居民，达到了59.49%。52.54%的居民认为婚丧嫁娶仪式要根据自己的家庭经济情况而定，经济条件允许，隆重些最好；经济条件不允许，办得适当，不要因此而大量借钱。

但在具体项目方面表现出一定的城乡和区域差异以及城市类型差异。就生态环境问题而言，河西地区居民认为土地荒漠化和沙灾问题是首要问题，关注这一问题的人数达到49.69%，河东地区居民更关注垃圾处理问题，提及该问题的居民达到45.01%。有些问题值得我们高度关注，比如约1/4的居民认为腐败问题是官场的天然弊病，自古就有，永远都不可能消除，特别是河东的城市居民尤为突出，达到27.65%。17.21%的甘肃居民认为造成贫困家庭的主要原因是因为家里无人当干部，这种现象在河西地区的张掖表现尤为突出，百分比更达到了37.68%，在酒泉、金昌比例较低；在河东地区的庆阳也比较突出，比例达到31.15%。有9.59%的居民认为买保险纯属于一种上当受骗的行为。比如农村居民68.16%认为，依靠子女养老的方式应该是首选，但城市居民更多认为应该依靠工资。关于诚信问题，河东地区高于河西地区7个百分点。最多的为定西城市居民，比例高达78.09%；最少的为张掖城市居民，比例为33.33%。有些态度虽然比例不大，但也应该引起注意，比如8.17%的居民认为婚丧嫁娶是每一个家庭的大事，要尽最大可能办得隆重，即使借再多的钱也无所谓，在河西地区的城市居民中比例高达11.08%，这一数据明显高于河西农村地区及河东的城市和农村地区，数据最高的为张掖城市居民，达到23.19%。大学生就业问题其实是一个经济发展阶段问题，但认识到这一点的只有1/10。

为此我们建议，党和政府有关部门加大反腐败力度，防止公众对反腐败失去信心，通过宣传进一步增强甘肃居民对经济发展的信心，进一步认识基金、保险的本质，积极发展医疗卫生事业，解决农村疾病预防和治疗问题，依法严厉查处食品卫生问题，着力解决生态环境恶化和垃圾治理，提高基金和保险运作的规范化水平。通过政治、经济、宣传等途径和政策，积极解决信任危机，增强个体本体安全感，减少生存心理和价值认同感的侵蚀；积极发展农村养老制度，着力解决留守儿童问题，弘扬传统文化，倡导节俭生活方式，其中张掖市应该高度关注婚丧嫁娶的浪费问题，定西市应该高度重视诚信问题，全社会都要关注大学生就业观念问题。

第二节　甘肃省域农民工社会认同研究

自20世纪70年代Tajfel等人提出社会认同理论以来，社会认同理论在群体行为的研究中不断发展起来。社会认同理论强调了社会认同对群体行为的解释作用，它的提出促进了社会心理学在相关领域的发展，为群体心理学的研究作出了巨大贡献。Tajfel认为社会认同是“个体认识到他（或她）属于特定的社会群体，同时也认识到作为群体成员带给他的情感和价值意义”。[①]社会认同是个体对自己作为群体或类别成员归属于某些特定的社会群体或类别，而经历情感体验和价值感的心理历程。“认同”一词最早由弗洛伊德提出。作为一种防御机制，“认同”是指在社会情景中，个体对其他个体或群体的行为方式、态度观念、价值标准等，经由模仿、内化，而使其本人与他人或团体趋于一致的心理历程。由此可见，个体把自己类化为某一特定的群体，作为群体中的一个成员，通过社会比较将会给自己带来情感上的体验和对群体的归属感，个体产生的这种心理过程即社会认同；同时，作为一个个体也涉及对其他个体在态度、价值观和行为方式上的认同。

一、研究目的

社会认同研究已经成为社会心理学研究的一个重要领域，从社会学和心理学的角度出发，探讨农民工及其社会认同的研究不胜枚举。农民工，通常为“常年或大部分时间从事第二、第三产业劳动，但户口仍然是农业户口，户籍在农村，有承包田，身份还是农民，不享受城镇居民的各种补贴，不享受公费医疗等劳保待遇。离土又离乡，在城市的厂矿、机关、企业、商业、服务业劳动”。[②]随着我国改革开放的深入，在计划经济时代形成的户籍管理体制和城乡二元经济结构不断发生着变革，我国社会阶层也在不断地分化，农民工作为

---

① Tajfel, H. *Differentiation Between Social Groups: Studies in the Social Psychology of intergroup Relations*. London: Academic Press,1978, pp. 10-39.

② 陆学艺：《当代中国社会阶层研究报告》，社会科学文献出版社2002年版，第99页。

一个的阶层，有属于这个阶层特殊的特征。农民工的社会地位在总体上处于城市社会的底层，是城市社会中的“佣人”阶层、“沉默”阶层、“无根”阶层和“边缘”阶层；在经济上，农民工仍然跟农业，农村、农民保持着千丝万缕的联系，其职业的临时性、流动性大，由于农民工受教育程度低，文化素质不高，缺乏必要的职业技能，多从事报酬低廉的工作；在社会网络关系中，农民工的社会交往主要是通过亲缘和地缘关系为纽带进行的；此外，农民工在城市中还遭受城市居民的偏见和歧视，表现为城市居民对农民工的不信任、反感、隔膜、疏离，甚至排斥的社会氛围。已有的研究从农民工的身份认同、职业认同、乡土认同、社区认同、组织认同、管理认同和未来认同等方面进行，在群体认同研究中，认同不仅仅是指先赋的、客观存在的身份认同和纯粹主观意义上的心理认同，还包括人们的行为和文化实践认同。研究目的在于探讨农民工在社会地位，职业能力，社会交往，品质特征和行为表现等方面的社会认同状况。

二、研究方法

第一，被试：研究随机选取甘肃省籍原驻农民工 614 名作为调查对象，收回有效问卷 582 份。被试分布于甘肃省 8 个市域，其中庆阳市 26 人，天水市 120 人，定西市 61 人，白银市 164 人，武威市 68 人，金昌市 15 人，张掖市 57 人，酒泉市 71 人。在性别比例上，男性 338 人，占总人数的 58.1%，女性 244 人，占总人数的 41.9%。

第二，施测与数据处理：选取心理学和教育学专业本科生和研究生为主作为调查者，并经过专门的培训使得调查者熟悉问卷以及掌握问卷调查的要求。调查所得数据运用 SPSS13.0 for Windows 和 Lisrel 8.3 进行处理和分析。

第三，研究工具：在理论构想以及参考相关文献的基础上，研究采用自编的“农民工社会认同语义自评量表”，主要测查农民工在社会地位、职业能力、社会交往、品质特征和行为表现等方面的社会认同状况，每个维度使用 6 对两极形容词进行测查，并且间隔排列，共形成 30 个项目，采用里克特 5 点图解式量表记分。问卷项目分析结果表明，第 21 项与 27%高分组和 27%低分组的独立样本 T 检验不显著（$t = -1.77$，$P = 0.77 < .05$）应删除。对其余项目进行探索性因素分析，KMO 值 0.927，Bartlett’s 球形检验表明 $\chi^2 = 5123.9$，

P = 0.00 < 0.5, 适合作探索性因素分析，结果见表 5—18。

表 5—18　探索性因子分析表

	因素 1	因素 2	因素 3	因素 4	因素 5
Q2	0.23				
Q6	0.66				
Q14	0.61				
Q15	0.33				
Q19	0.69				
Q20	0.47				
Q23	0.57				
Q27	0.74				
Q3		0.66			
Q4		0.72			
Q7		0.65			
Q8		0.63			
Q11		0.64			
Q16		0.58			
Q29		0.50			
Q1			0.61		
Q10			0.60		
Q22			0.34		
Q18			0.37		
Q26			0.65		
Q5				0.24	
Q12				0.56	
Q13				0.52	
Q17				0.37	
Q24					0.29
Q25					0.44
Q30					0.20

采用主成分分析法进行探索性因素分析，抽取特征根大于 1 的因子共 5 个，5 个因子累计能够解释的变异量达到了 48.69%，依据各项目在 5 个因子

上的荷重依次概括为职业能力认同，社会交往认同，社会地位认同，行为表现认同和品质特征认同，各分量表上 Cronbach's Alpha 系数分别是 0.78、0.79、0.76、0.68、0.50，总量表的 Cronbach's Alpha 系数为 0.89，有较好的信度。在 29 个项目中 Q9 和 Q28 在各因子上的荷重很小，故予以删除。再对剩余的 27 个项目运用 Lisrel8.3 做进一步的验证性因素分析，判断所拟定的量表结构是否合理，结果表明：$x^2 = 7487.29$，GFI = 0.55，AGFI = 0.46，CFI = 0.42，RMSEA = 0.23。评价模型拟合优度的指标有 x^2，其值越小越好，拟合优度指数（GFI）、调整后的拟合优度指数（AGFI）、相对拟合指数（CFI）的取值在（0，1）越接近 1，说明模型拟合越好，近似误差均方根 RMSEA，其值小于 0.08 以下说明模型是一个"好"模型（侯杰泰）。因此，根据理论构想和各项目在因子上的修正指数（MI）对项目与因子关系进行调整，删除有多重负荷的项目和只有 1—2 个项目的因子，结果如表 5—19。

表 5—19　验证性因素分析及拟合指数表

因子	项目
职业才能	Q2　Q6　Q14　Q15　Q19　Q20　Q23　Q27
社会地位	Q1　Q10　Q18　Q26
行为表现	Q5　Q12　Q13　Q16　Q17　Q29
模型拟合指数	$x^2 = 391.30$，GFI = 0.92，AGFI = 0.90，CFI = 0.90，RMSEA = 0.066

通过因素分析，确定职业能力，社会地位和行为表现 3 个维度，这 3 个维度与问卷项目有较好的拟合。

三、研究结果

结果分析运用 SPSS13.0 进行，以性别、受教育程度、地域（河西与河东）3 个变量为自变量作多元方差分析（MANOVA），考察农民工群体在职业能力认同、社会地位认同和行为表现认同上的特点。结果表明，性别在社会地位和行为表现上的主效应显著 $F_{(1,\ 568)} = 5.80$，$P = 0.016 < 0.05$，$F_{(1,\ 568)} = 4.56$，$P = 0.033 < 0.05$，受教育程度在职业能力上的主效应显著 $F_{(3,568)} = 6.80$，

$P = 0.000 < 0.05$，地域在各变量上的主效应不显著；性别和地域在职业能力上的交互作用显著 $F_{(1,\ 568)} = 10.89$，$P = 0.001 < 0.05$，性别和受教育程度在行为表现上的交互作用显著 $F_{(3,\ 568)} = 3.77$，$P = 0.011 < 0.05$，其余一介和二介交互作用均不显著。进一步的边际平均数估计和事后多重比较表明，女性农民工在社会地位和行为表现上的社会认同均比男性农民工高（$MD = 1.70$，$P = 0.016 < 0.05$，$MD = 2.06$，$P = 0.033 < 0.05$）；受教育程度的差异显著，接受过高中教育的农民工在职业能力上的社会认同显著高于接受过初中教育和小学教育的农民工（$MD = 1.56$，$P = 0.001 < 0.05$，$MD = 3.02$，$P = 0.000 < 0.05$），接受过初中教育的农民工又显著高于接受过小学教育的农民工（$MD = 1.46$，$P = 0.016 < 0.05$），而不识字的农民工与其他三个差异均不显著。简单效应分析表明，职业能力社会认同上，地域在男性农民工之间差异不显著 $F_{(1,\ 581)} = 0.14$，$P = 0.075 > 0.05$，在女性农民工之间的差异显著 $F_{(1,\ 581)} = 13.15$，$P = 0.000 < 0.05$，河西地区女性农民工大于河东地区；行为表现社会认同上，性别在接受过小学教育的农民工中差异显著 $F_{(1,567)} = 7.071$，$P = 0.006 < 0.05$，并且女性高于男性，在其余受教育程度的农民工之间的差异不显著。

这些结果说明：女性农民工在社会地位和行为表现上的社会认同均高于男性农民工；受教育程度的高低对农民工的社会认同影响显著，接受过高中教育、初中教育和小学教育的农民工在职业能力的社会认同上依次显著降低，而不识字的农民工的差异均不显著；职业能力认同上，河西女性农民工显著高于河东女性农民工，而男性农民工在地域之间差异不显著；行为表现社会认同上，接受过小学教育的女性农民工显著高于男性，在其余受教育程度的男女农民工之间的差异不显著。

四、研究讨论

研究运用两极形容词形成的问卷测量农民工的社会认同状况，采用里克特5点图解式量表记分。一般来说，图解式量表比单纯数字式更有利于转达等级意义和评级连续体的心理距离。通过因素分析确定农民工的社会认同中包括社会地位，职业能力和行为表现三个方面的认同，这三个方面或维度与问卷项目有较好的拟合，问卷有较好的信度和效度。

农民工的社会认同由于受户籍管理体制、城乡二元经济结构等多种因素的影响，有一些独特的表现。由于农民工受户籍制度的限制，尽管他们在职业上实现了从农民到工人的转化，但在社会身份上并没有实现从农民到市民的过渡，农民工在身份认同上常常与“城里人”相区分。同时，他们在城市多从事一些简单繁重而且报酬低廉的劳动，还受到一些城市居民的冷漠和歧视，他们在整个社会阶层划分中处于较低的位置，社会地位相对较低。本研究的结果也表明，男性农民工在社会地位认同上较低。但是，女性农民工在社会地位和行为表现上的社会认同均高于男性。这可能是由于女性农民工具有明显的“双重边际人”特征，即与家乡的农民相比，她们自以为已是进了城的城里人，与有城市户籍的城市人相比，她们很清楚自己农村人的身份，以及女性农民工比男性更有市民化的意愿。受教育程度对农民工的社会认同产生重要影响，农民工受教育程度的高低对其职业能力认同影响显著，接受过高中教育、初中教育和小学教育的农民工在职业能力的社会认同上依次显著降低，本研究中所随机抽取的不识字的农民工人数偏少（只有 5 人）故对这一水平不予分析；职业能力认同上，河西女性农民工显著高于河东女性农民工，而男性农民工在地域之间差异不显著，反映了农民工的区域心理差异。接受过小学教育的女性农民工在行为表现的社会认同上显著高于男性，由于接受过小学教育的女性农民工在人数上偏少，可能影响了结果的可靠性。

社会认同理论认为个体对群体的认同是群体行为的基础。个体通过社会比较、社会分类以实现或维持积极的社会认同（social identity）来提高自己的自尊。当个体的社会认同受到威胁时便会采用各种策略来提高自尊。当农民工对他所属群体在社会地位、职业能力、行为表现等方面的认同受到威胁时，也可能会采用各种策略来维护积极的社会认同。

第六章
中国居民人格心理差异的省际比较研究

为了探索不同省域文化与心理的差异，我们采取方便原则，采用问卷调查方法，研究了甘肃与湖南、甘肃与内蒙古居民的人际信任和刻板印象；气质类型和攻击性的心理差异，得到一些初步的结果，现报告如下，作为后续研究的探索性研究基础。

第一节　蒙陇居民人际信任状况比较及影响因素研究

如前文所述，信任是社会学与社会心理学的重要主题，但是对于信任的界定问题一直是困扰研究的障碍，各个领域的研究者以及东西方研究者对其定义没有达成一致。杨中芳和彭泗清指出："人际信任是指在人际交往中，双方对对方能够履行他所被托付之义务及责任的一种保障感"。[①] 经过数十年来不同领域学者对信任议题的研究，产生出许多信任的定义，各学科基本观点的不同，使得这些定义之间也有不同程度的差异。最后社会学者和心理学家将"信任"发展为"人际信任"的范畴，仅指对另一个人或一群人的信任而不包括对事件的信任。在国内，人际信任的研究在经济发展、人们生活节奏加快、社会压力增大、市场竞争激烈、升学与就业以及构建社会主义和谐社会这样一个大背景下，再一次成为社会心理学研究的热点问题。目前国内研究主要集中在大

---

① 杨中芳、彭泗清：《中国人人际信任的概念化：一个人际关系的观点》，《社会学研究》1999年第2期。

学生被试上，卢光莉、陈超然研究大学生人际信任，研究发现在性别、年级、专业上存在显著差异①。庞彤彤、宋凤宁研究大学生人际信任，发现独生子女与否，生源地大学生之间存在显著差异。②以上研究都是以大学生群体来进行研究的，其生态效度也只适用于大学生群体，具有一定局限性。另外，当代心理学研究忽略了区域间文化背景不同下的心理研究，区域心理研究假设不同区域的文化存在很大差异，因而其心理也必然存在很大差异，因为文化是影响心理活动的一个重要因素。因此本研究试图站在区域文化心理的角度对区域间被试的人际信任及其影响因素进行研究。希望可以为当代和谐社会建设这一主题提供心理学依据，同时也为区域文化心理学的研究提供实证资料的支持。

一、蒙陇居民人际信任状况比较研究对象与方法

（一）研究对象

选取甘肃省和内蒙古自治区原著居民（本地生活 10 年以上）为研究对象，采取随机抽样，在甘肃省涉及兰州、张掖、嘉峪关、天水、平凉、白银、庆阳、定西 8 个地级市，内蒙古涉及东部区和西部区的呼伦贝尔、通辽、赤峰、集宁、包头、呼和浩特、乌海 7 个地级市。被试的职业涉及工人、农民、学生、公司职员、公务员、教师、干部、医生、个体工商户等，被试职业来源多元化。问卷回收采取邮寄、电子邮件以及现场回收等方式进行，一共发放问卷 300 份，回收 280 份，回收率为 93.3%，剔除不合格问卷 15 份，问卷有效率达到 95%。其中内蒙古 133 人，甘肃省 132 人；男性 110 人，女性 155 人；城市 126 人，农村 139 人；被试年龄从 14 岁到 66 岁，平均年龄是 25.03±8.76；被试文化水平涉及小学、初中、高中、大学四个层次。

---

① 卢光莉、陈超然：《大学生人际信任状况的研究》，《新乡师范高等专科学校学报》2004 年第 2 期。

② 庞彤彤、宋凤宁：《大学生人际信任度研究》，《社会心理科学》2006 年第 1 期。

（二）研究方法

1. 调查工具

采用由 Rempel 和 Holmes（1986）编制的人际信任量表（Trust Scale），该量表用于测查关系密切者的相互信任，共有 18 个题目，涉及信任的三个分量表：可预测性、可依靠性和信赖性。可预测性指我们能否预见到同伴的特定行为，包括我们受欢迎的行为和不受欢迎的行为；可依靠性是信任的最核心成分，而信赖则“使人们能无保留地确信同伴将继续负起责任并关心自己”，该量表采用 7 级评分法，其中 1 分 = 完全不同意、7 分 = 完全同意。总分是从 18 分（信任度最低）至 126 分（信任度最高）之间，中间值为 72 分，该量表得分越高表明信任度越高。该量表具有较好的信度和效度。整个量表的内部一致性 a ＝ 0.81，其中可预测性 a ＝ 0.82，可信赖 a ＝ 0.80。三个分量表中度相关（范围在 0.27—0.46 之间）。本量表的优势在于它以坚实的理论为基础。

2. 统计方法

所有数据利用社会统计软件 SPSS13.0 进行统计处理，并进行 t 检验、方差分析以及回归分析。

二、蒙陇居民人际信任状况比较研究的结果

（一）区域间被试人际信任总体情况

研究显示，人际信任量表总分的中间值在 72 分之内，与常模的平均值 72 分基本一致，见表 6—1。

表 6—1　人际信任的总体情况（M ± SD）

变量	样本均值 (N = 265)	最小值	最大值
可预测性	26.75 ± 6.84	11	40
可依靠性	27.68 ± 8.09	7	42
可信赖性	27.35 ± 8.87	9	42
人际信任总分	81.58 ± 11.27	37	114

（二）区域间被试性别与人际信任的差异比较

研究显示，区域间被试性别上与可依靠性（F = 4.16，P < 0.05）和人际信任总分（F = 4.54，P < 0.05）达到显著性水平，在可预测性（F = 0.95，P > 0.05）和可信赖性(F = 2.43, P > 0.05）上没有达到显著性水平，见表6—2。

表6—2 不同性别被试人际信任差异比较

变量	男（n = 110）	女（n = 155）	F
可预测性	27.26 ± 6.56	26.40 ± 7.03	0.95
可依靠性	28.91 ± 7.39	26.81 ± 8.48	4.16*
可信赖性	28.38 ± 8.61	26.62 ± 9.00	2.43
人际信任总分	84.97 ± 19.88	79.20 ± 21.96	4.54*

注：*P < 0.05，**P < 0.01（下同）。

（三）不同年龄被试与人际信任的差异比较

研究显示，性别与可预测性（F = 2.71, P < 0.05）、可依靠性（F = 6.41，P < 0.01）、可信赖性（F = 3.46，P < 0.05）以及人际信任总分（F = 5.11，P < 0.05）都达到了显著性水平。LSD事后检验分析显示，在可预测性上，25岁以下与46岁以上年龄段被试存在显著差异（P < 0.05）；在可靠性上，25岁以下与25—35年龄段的被试存在显著差异（P < 0.05）；25岁以下与36—45年龄段的被试存在显著差异（P < 0.05）；25岁以下与46岁以上年龄段被试存在显著差异（P < 0.05）；在可信赖性上，25岁以下与25—35年龄段的被试存在显著差异（P < 0.01）；在人际信任总分上，25岁以下与25—35年龄段的被试存在显著差异（P < 0.01）；25岁以下与46岁以上年龄段被试存在显著差异（P < 0.01），见表6—3。

表6—3 不同年龄被试人际信任差异比较

变量	25岁以下（n = 193）	25—35岁（n = 36）	36—45岁（n = 27）	46岁以上（n = 9）	F
可预测性	26.21 ± 6.96	28.63 ± 5.99	26.34 ± 7.14	31.33 ± 3.96	2.71*
可依靠性	26.44 ± 7.93	30.52 ± 8.03	29.77 ± 7.64	30.11 ± 5.30	6.41**

变量	25 岁以下 (n = 193)	25—35 岁 (n = 36)	36—45 岁 (n = 27)	46 岁以上 (n = 9)	F
可信赖性	26.26±8.82	30.69±8.54	29.07±9.27	30.66±5.31	3.46*
人际信任总分	78.59±21.15	80.88±21.10	86.61±21.19	98.00±11.64	5.11**

（四）城乡被试与人际信任的差异比较

研究显示，不同城乡被试与人际信任各因子，可预测性（F = 3.22，P > 0.05）、可依靠性（F = 0.82，P > 0.05）、可信赖性（F = 2.32，P > 0.05）、人际信任总分（F = 1.09，P > 0.05）没有显著性差异，见表 6—4。

表 6—4　不同城乡被试人际信任的差异比较

变量	城市（n = 126）	农村（n = 139）	F
可预测性	25.95±6.92	27.49±6.71	3.22
可依靠性	27.84±8.42	27.54±7.82	0.82
可信赖性	26.45±9.34	28.15±8.36	2.32
人际信任总分	80.11±21.91	82.92±20.67	1.09

（五）不同省区被试与人际信任的差异比较

研究显示，不同省区的被试与可预测性（F = 3.16，P < 0.01）、可依靠性（F = 14.243，P < 0.01）、可信赖性（F = 4.28，P < 0.01）、人际信任总分（F = 0.430，P < 0.01）都达到了显著性差异，且甘肃人明显优于内蒙古人，见表 6—5。

表 6—5　省区被试人际信任的差异比较

变量	甘肃省 (n = 132)	内蒙古 (n = 133)	F
可预测性	31.462±4.58	21.27±4.32	3.16**
可依靠性	33.79±4.20	20.91±5.60	14.243**
可信赖性	34.71±4.06	19.19±4.53	4.28**
人际信任总分	100.00±7.39	61.00±9.62	0.430**

（六）不同文化水平被试与人际信任的差异比较

研究显示，不同学历被试与可预测性（F = 4.76, P < 0.01）、可依靠性（F = 7.08，P < 0.01）、可信赖性（F = 7.29，P < 0.01）、人际信任总分（F = 40.251，P < 0.01）的差异达到显著性水平。经 LSD 事后检验发现，在可预测性上初中与大学存在显著性差异（P < 0.01），小学高于大学；在可依靠性上，小学与高中存在显著差异（P < 0.01），小学高于高中，小学与大学存在显著性差异（P < 0.01），小学高于大学；在可信赖性上，小学与大学存在显著性差异（P < 0.01），小学高于大学，小学与初中存在显著性差异（P < 0.01），小学大于初中；在人际信任总分上，小学与高中显著差异（P < 0.01），小学高于初中，小学与大学显著差异（P < 0.01）且小学高于大学，初中与大学显著差异（P < 0.01），初中高于大学，见表 6—6。

表 6—6　不同文化水平被试人际信任的差异比较

变量	小学（n = 20）	初中（n = 30）	高中（n = 42）	大学（n = 173）	F
可预测性	29.85 ± 4.71	29.48 ± 6.74	27.66 ± 7.54	25.64 ± 6.65	4.76**
可依靠性	33.05 ± 4.14	30.60 ± 6.43	29.04 ± 8.51	26.12 ± 8.18	7.08**
可信赖性	34.50 ± 4.33	30.06 ± 8.02	27.69 ± 10.07	25.86 ± 8.60	7.29**
人际信任总分	97.80 ± 6.70	91.03 ± 17.47	83.52 ± 23.71	77.36 ± 20.96	0.251**

（七）人口统计学变量与人际信任各因子的回归分析

研究显示，人口统计学变量性别、城乡、年龄、省区、文化水平，进入回归模型的只有省区变量，结果显示，省区变量对可预测性（t = − 18.850，P < 0.01）、可信赖性（t = − 21.186，P < 0.01）、可依靠性（t = − 29.504，P < 0.01）各因子都有显著的回归作用，见表 6—7。

表 6—7　人口统计学变量与人际信任各因子的回归分析

因变量	自变量	R	R^2	F	B	Beta	t
可预测性	方程模型	0.757	0.574	355.329			
	常数				40.015		48.380**
	省区				− 10.533	− 0.757	− 18.850**

因变量	自变量	R	R^2	F	B	Beta	t
	方程模型	0.794	0.630	448.862			
可信赖性	常数				46.805		48.215**
	省区				－13.008	－0.794	－21.186**
	方程模型	0.876	0.767	870.513			
可依靠性	常数				50.293		60.241**
	省区				－15.579	－0.876	－29.504

三、蒙陇居民人际信任状况比较研究的分析讨论

人际信任量表主要用于测查关系密切者的相互信任，在本研究中用来测试甘肃人与内蒙古人对关系密切者的信任。该量表的总分在 18 分（信任度最低）至 126 分（信任度最高），中间值为 72 分。本研究从信任总分来看，最大值为 114，最小值 37，人际信任总分略高于该量表的中间值 72。可以看出甘肃人与内蒙古人对关系密切者的信任度（M±SD ＝ 81.58±11.27）处在中等偏上的水平。原因一方面可能是常模过于老化，不能适应现在的要求；另一方面可能是中西文化差异导致被试与国外常模不符，中国是一个传统文化占主流的社会，社会结构表现为关系本位社会。

研究显示，性别在可依靠性（$P < 0.05$）和人际信任总分（$P < 0.05$）上有显著性差异，并且都是男性信任水平优于女性。这与张明元、张肇中研究一致，与郑信军、卢光莉、陈超然的研究结论不一致（见参考文献）。其原因除了上述的中西方文化差异外，被试者的选择就成了最有可能发生变异的变量了，以往研究大多以大学生为被试，其结论就有一定局限性，只能推论大学生总体，而本研究被试是以甘肃省和内蒙古两省区的各行各业居民为被试，年龄结构多层次，职业多元化以及区域文化差异形成的区域心理差异也许是导致结果与以往研究不一致的主要原因。另外，女性天性敏感多疑，办事情考虑周到细致也有可能是其在各因子上信任度低于男性的心理原因。

研究结果显示，不同年龄阶段被试与可预测性（$P < 0.05$）、可依靠性（$P < 0.01$）、可信赖性（$P < 0.05$）以及人际信任总分（$P < 0.05$）都达到了显著性水平。LSD 事后检验分析显示，在可预测性上，25 岁以下与 46 岁以

上年龄段被试存在显著差异（$P < 0.05$）；在可靠性上，25 岁以下与 25—35 年龄段的被试存在显著差异（$P < 0.05$），25 岁以下与 36—45 年龄段的被试存在显著差异（$P < 0.05$），25 岁以下与 46 岁以上年龄段被试存在显著差异（$P < 0.05$）；在可信赖性上，25 岁以下与 25—35 年龄段的被试存在显著差异（$P < 0.01$）；在人际信任总分上，25 岁以下与 25—35 年龄段的被试存在显著差异（$P < 0.01$），25 岁以下与 46 岁以上年龄段被试存在显著差（$P < 0.01$）。我们可以看到 25 岁以下被试与其他年龄组的被试在人际信任各因子均有显著差异，且信任度都高于其他年龄组。他们能够很好的预测朋友的行为，并对朋友具有高度信任感。25 岁以下被试组正处于求学阶段，其身心发展正处于定型期，可塑强，与社会接触少，是还未完全社会化的时期，同学友谊占据着这个时期的人际关系。因此身心发展水平决定了这个时期的信任度高于其他年龄阶段。

研究结果还显示，城乡因素在人际信任各因子上没有显著差异，这与庞彤彤、宋凤宁的研究结论不一致。而省区因素在可预测性（$P < 0.01$）、可依靠性（$P < 0.01$）、可信赖性（$P < 0.01$）、人际信任总分（$P < 0.01$）都达到了显著性差异，且甘肃人明显优于内蒙古人。也就是说甘肃人的行为一致性水平高于内蒙古人，对朋友具有较高的依赖性，不能完全独立，关系本位观念更强。回归分析结果还显示，省区因素对人际信任各因子具有很好的预测作用（$P < 0.01$），说明省区因素与人际信任水平有直接相关。究其原因主要还是与区域文化有着密切关系的，前文费孝通先生曾形象的把甘肃人的性格比作阿波罗式，这种文化模式相信宇宙本来就有一个天然的秩序，人必须而且只能维持和安于这个秩序，人与人之间在这种秩序中才能和谐、和睦地相处，生命的价值在于维护这种秩序。这是一种区域文化形成的区域文化心理差异，这种区域文化心理差异表现为区域文化性格，正是由于两省区的地理坐标导致的区域文化影响着两省区人的人际信任程度。而内蒙古人自古豪迈奔放，加之与东北、华北经济区毗邻，深受其现代思潮影响，至此拉大了两省区居民的心理信任水平。

研究显示，不同文化水平的被试与人际信任各因子有显著差异，可预测性（$P < 0.01$）、可依靠性（$P < 0.01$）、可信赖性（$P < 0.01$）、人际信任总分（$P < 0.01$）的差异达均到显著性水平。事后检验发现，小学文化被试与其他各水平均有显著性，且小学文化信任度均高于初中、高中、大学水平。说明小

学文化的被试对朋友更加信任，能够很好的预测朋友的行为一致性，能够较多地依赖朋友，存在一种很强的关系本位思想。从研究结果我们分析认为，小学文化的被试大多分布在中国农村，而中国城乡二元结构犹存依旧，中国传统文化在农村很少发生变异，而在城市传统文化大多与世界多元化相互碰撞，已经不再是中国传统文化，传统文化的根本还根植于农村社会。农村正是恪守传统的一方净土，传统儒家思想还根深蒂固，这种关系本位的思想、以邻为友的观念依然存在，形成了中国社会城乡文化异质并存的现象。文化水平恰恰反映了这样一种现象，但是结果却与上述城乡被试在人际信任水平上没有差异矛盾，这一层原因我们不得而知，因此需要今后的重复验证研究。

四、蒙陇居民人际信任状况比较研究的结论

根据研究结果和讨论，我们可以得出以下结论：(1) 本研究的均值略高于常模；(2) 性别与可依靠性、人际信任总分达到显著性水平，与其他因子没有显著性差异；(3) 25 岁以下被试组与其他年龄组在人际信任各因子以及人际信任总分上均有显著性差异；(4) 城乡被试在人际信任各因子以及总分上没有显著差异；(5) 小学文化水平与其他文化水平上在人际信任各因子和人际信任总分上有显著差异，小学文化水平人际信任度高于其他任何文化水平；(6) 省区因素在人际信任各因子和人际信任总分上有显著差异，并且甘肃省被试人际信任度明显高于内蒙古被试；(7) 省区因素对人际信任各因子及人际信任总分的回归预测差异显著。

第二节　蒙陇居民自我和谐状况比较及影响因素研究

自我和谐（Self Consistency and Congruence）是 C. Rogers 人格理论中最重要的概念之一，它是指自我内部的协调一致以及自我与经验之间的协调，是一个人的自我观念中没有冲突的心理现象。一般而言，个体有着维持各种自我知觉之间的一致性，以及协调自我与经验之间关系的功能，如果意识中的自我概念与实际上的经验产生分歧时，个体就会经历或体验到人格的不协调或不一

致的状态，自我不和谐会直接影响人的心理健康，造成焦虑、抑郁等不良情绪的产生，进而影响到人际交往和社会功能。在有条件积极尊重下所得评价性经验与自己的直接性经验不一致时，会形成自我不和谐；在人的自我与其有机体验之间有一个断层，存在着不一致，理想的情况是对成长中的个体，尽量提供无条件的积极尊重，使其在自然的情境中，形成和谐的自我概念，从而奠定自我实现的人格基础。以上关于自我和谐的理解是罗杰斯在心理咨询过程中所形成的，是一种基于西方文化土壤形成的，尽管自我和谐具有一定的普适性，但是文化的不同也会形成不同的理解。在国内一致认为，自我和谐是指人类个体在社会环境中保持的一种心身协调、行为合适的状态。它是以健康的心理和必要的体质作为互为根本的两个要素，以达致精神与肉体的完美统一为最高境界，并通过人格素养的不断积累、塑造与完善而实现的复杂的思想调控过程。实现"自我和谐"，意味着作为社会有机体的每一"细胞"获得健康的生命力，整个社会才会因此充满生机、蓬勃发展。随着和谐社会建设的逐步推进，自我和谐问题显得尤为重要。中国不同文化群体之间、族群之间因文化的差异而形成不同的心理特质，其自我和谐水平也应该不同。因而本研究旨对省域间跨文化的自我和谐进行探讨，以为有效提高区域间的自我和谐水平提供理论依据，同时为和谐社会建设提供心理学理论依据。

一、蒙陇居民自我和谐状况比较研究的对象与方法

（一）研究对象

选取甘肃省和内蒙古自治区原著居民（本地生活 10 年以上）为研究对象，采取随机抽样，在甘肃省涉及兰州、张掖、嘉峪关、天水、平凉、白银、庆阳、定西 8 个地级市，内蒙古涉及东部区和西部区的呼伦贝尔、通辽、赤峰、集宁、包头、呼和浩特、乌海 7 个地级市。被试的职业涉及工人、农民、学生、公司职员、公务员、教师、干部、医生、个体工商户等，被试职业来源多元化。问卷回收采取邮寄、电子邮件以及现场回收等方式进行，一共发放问卷 300 份，回收 280 份，剔除不合格问卷 15 份，问卷有效率达到 95%。其中内蒙古 133 人，甘肃省 132 人；男性 110 人，女性 155 人；城市 126 人，农村 139 人；被试年龄从 14 岁到 66 岁，平均年龄是 25.03 ± 8.76。

（二）方法

1. 调查工具

采用王登峰编制的自我和谐量表（SCCS）进行测评。该量表共有35个项目，包括自我与经验的不和谐、自我的灵活性和自我的刻板性3个分量表。采用5级记分制，自我和谐总分的计算方法是将“自我的灵活性”反向记分，再与其他两个分量表分的得分相加，得分越高表示自我和谐程度越低。调查前由研究者对被调查者详细讲解调查目的及注意事项，统一指导语，要求被调查者根据自己的情况如实作出评定。该问卷采用项目间一致性的方法计算，各分量表的同质性信度较高，分别为0.85、0.81和0.64，具有较好的信度。

2. 统计方法

所有数据利用社会统计软件SPSS13.0进行统计处理，并进行t检验、方差分析以及回归分析。

二、蒙陇居民自我和谐状况比较研究的结果

（一）被试自我和谐与常模比较

自我和谐量表显示，被试自我和经验不和谐和自我刻板性和常模比较均高于常模，自我灵活性与常模没有差异，自我和谐总分常模中没有提及，见表6—8。

表6—8 被试自我和谐的总体水平与常模比较（M±SD）

	样本平均数（M±SD）N = 265	常模平均数（M±SD）N = 502
自我与经验不和谐	51.60±8.49	46.13±10.01
自我灵活性	45.451±5.99	45.44±7.44
自我刻板性	21.89±4.22	18.12±5.00
自我和谐总分	115.20±11.48	……

（二）不同性别被试的自我和谐差异比较

在性别差异比较上，男女性别在自我与经验不和谐（$F = 0.15, P > 0.05$）、自我灵活性（$F = 1.80$，$P > 0.05$）、自我刻板性（$F = 0.78$，$P > 0.05$）、自

我和谐总分（F = 0.25，P > 0.05）各因子上均没有显著差异，见表6—9。

表6—9　不同性别被试自我和谐的差异比较

变量	男（n = 110）	女（n = 155）	F
自我与经验不和谐	51.36±7.80	51.78±8.96	0.15
自我灵活性	44.86±5.75	45.86±6.13	1.80
自我刻板性	22.16±4.03	21.69±4.35	0.78
自我和谐总分	114.78±11.04	115.50±11.81	0.25

注：*P < 0.05，**P < 0.01。

（三）不同年龄阶段被试的自我和谐差异比较

自我刻板性在年龄阶段上有显著差异（F = 2.977，P < 0.05），自我与经验不和谐（F = 0.459，P > 0.05）、自我灵活性（F = 0.987，P > 0.05）与自我和谐总分（F = 1.213，P > 0.05）在年龄阶段上均无统计差异，LSD事后检验显示，25岁以下被试（M±SD = 21.58±4.22）低于36—45岁被试（M±SD = 24.04±3.61），见表6—10。

表6—10　不同年龄被试自我和谐的差异比较

变量	25岁以下（n = 194）	25—35岁（n = 36）	36—45岁（n = 27）	46岁以上（n = 9）	F
自我与经验不和谐	51.26±8.72	52.05±8.03	52.92±7.74	53.22±8.12	0.459
自我灵活性	45.53±6.09	45.52±6.11	45.85±5.08	42.11±5.71	0.987
自我刻板性	21.58±4.22	21.66±4.45	24.04±3.61	23.00±3.42	2.977*
自我和谐总分	53.22±8.49	115.39±10.87	119.11±11.87	115.33±9.53	1.213

注：*P < 0.05，**P < 0.01。

（四）城乡被试自我和谐的差异比较

城乡被试间自我和谐各因子在统计上均有显著差异，自我与经验不和谐（F = 3.38，P < 0.01）、自我灵活性（F = 3.79，P < 0.01）、自我刻板性（F = 4.28，P < 0.01）、自我和谐总分（F = 3.79，P < 0.01））均达到0.01显著水平，见

表 6—11。

表 6—11　不同城乡被试自我和谐的差异比较

变量	城市（n = 126）	农村（n = 139）	F
自我与经验不和谐	52.12 ± 8.73	51.515 ± 7.98	3.38**
自我灵活性	46.54 ± 5.67	44.31 ± 6.04	3.79**
自我刻板性	22.45 ± 4.34	21.57 ± 3.92	4.28**
自我和谐总分	117.20 ± 11.95	113.82 ± 10.58	3.79**

注：*P < 0.05，**P < 0.01。

（五）省区间被试自我和谐差异比较

不同省区间被试在自我灵活性（F = 14.243，P < 0.01）上达到显著性水平，自我与经验不和谐（F = 3.160，P > 0.05）、自我刻板性（F = 0.280，P > 0.05）、自我和谐总分（F = 0.430，P > 0.05）在省区间没有达到显著性水平，见表 6—12。

表 6—12　不同省区被试自我和谐差异比较

变量	甘肃省（n = 133）	内蒙古（n = 132）	F
自我与经验不和谐	52.12 ± 7.85	51.31 ± 9.11	3.160
自我灵活性	44.10 ± 6.00	46.80 ± 5.69	14.243**
自我刻板性	22.3145 ± 3.82	21.46 ± 4.56	0.280
自我和谐总分	114.74 ± 10.71	115.67 ± 11.48	0.430

注：*P < 0.05，**P < 0.01。

（六）不同文化水平被试的自我和谐差异比较

不同文化水平的被试在自我灵活性（F = 4.157，P < 0.05）上达到显著性水平，自我与经验不和谐（F = 0.339，P > 0.05）、自我刻板性（F = 0.348，P > 0.05）、自我和谐总分（F = 0.251，P > 0.05）在不同文化水平的被试上没有达到显著性水平，LSD 事后检验显示，在自我灵活性上，小学（42.35 ± 5.79）低于大学（46.31 ± 4.15），见表 6—13。

表 6—13　不同学历被试自我和谐的差异比较

变量	小学 (n = 20)	初中 (n = 30)	高中 (n = 42)	大学 (n = 173)	F
自我与经验不和谐	53.30 ± 5.34	52.03 ± 6.08	51.24 ± 7.25	51.43 ± 9.39	0.339
自我灵活性	42.35 ± 5.79	44.07 ± 5.20	44.33 ± 5.19	46.31 ± 4.15	4.157*
自我刻板性	21.90 ± 2.81	22.33 ± 3.23	22.30 ± 4.10	21.71 ± 4.53	0.348
自我和谐总分	114.75 ± 7.11	114.87 ± 7.90	113.97 ± 10.70	115.61 ± 12.58	0.251

注：*P < 0.05，**P < 0.01。

（七）人口统计学变量与自我和谐的回归分析

分别以性别、文化水平、城乡、省区、年龄阶段为自变量，以自我和谐各因子为因变量进行逐步回归分析，发现城乡（t = － 2.645，P < 0.01）、省区（t = － 3.650，P < 0.01）对自我灵活性的回归作用有显著差异，城乡（t = － 2.036，P < 0.01）对自我刻板性的回归有显著差异，城乡（t = － 2.677，P < 0.01）对自我和谐总分的回归有显著差异，进入回归的自变量及分析见表 6—14。

表 6—14　人口统计学变量与自我和谐各因子的回归分析

因变量	自变量	R	R^2	F	B	Beta	t
自我灵活性	方程模型	0.226	0.051	14.243			
	常数				41.391		36.500**
	城乡				－ 1.884	－ 0.157	－ 2.645**
	省区				2.707	0.217	3.650**
自我刻板性	方程模型	0.124	0.015	4.144			
	常数				23.502		28.245**
	城乡				－ 1.050	－ 0.124	－ 2.036**
自我和谐总分	方程模型	0.163	0.026	7.169			
	常数				120.938		53.725**
	城乡				－ 3.737	－ 0.163	－ 2.677**

注：*P < 0.05，**P < 0.01。

三、蒙陇居民自我和谐状况比较研究讨论

通过对不同省区被试自我和谐均值与常模比较，发现在自我与经验不和谐与自我刻板性上都高于常模，自我灵活性与常模基本持平。这与刁俊荣等研究一致，与王晓一等研究相反（参见参考文献）。这说明甘肃省和内蒙古被试的自我和谐水平要比常模低，对能力和情感的自我评价较低，自我一致性比常模低，经常感到无助感，渴望得到帮助。我们分析，导致本研究被试低于常模的原因是多元的，首先，常模是1994年王登峰所做的，15年来一直未做过修正。中国改革开放以来政治、经济、文化已经发生巨大变化，原有常模很有可能已经不适应现在人们的心理发展水平。其次，由于常模被试是学生，而本研究被试是两省区各行各业的居民，被试的差异也可能导致本研究与常模有差异。再次，由于地理环境的原因，必然形成区域间的文化心理差异，区域心理的差异也有可能导致与常模有差异。

研究发现在区域被试的性别上没有出现显著差异，这与王登峰、郭志峰的研究是一致的，与姚本先、许梅、胡琳丽等人的研究不一致。我们认为在性别上是否有显著差异要视被试而定，不同年龄阶段被试其心理发展水平不同、不同文化水平被试其思想观念不同、不同的文化氛围也会影响性别上对自我和谐的心理差异。本研究的被试是两省区间的，同时行业的多元化，年龄阶段的对层次性也许中和了原本应有的差异，所以性别上的差异因不同被试应该会有所不同，这个问题应该进一步进行探讨和研究。

研究发现，在自我刻板性上25岁以下被试得分显著低于36—45岁被试，而在其他年龄阶段则没有显著差异，说明25岁以下被试思维更加灵活，富于变幻，一般不会出现思维呆板，墨守陈规的现象，他们自我和谐水平更高。在其他因子上各年龄之间没有显著差异。我们认为25岁以下被试正处于求学阶段，这一代人正赶上改革开放的成果，现代化的丰富的物质和精神世界为这一代人提供了多种选择，另外世界文化多元化的思潮也是影响到了这一代，使他们的思想更具开放性。而36—45岁被试则生于20世纪60—70年代，时代的局限性直接影响了他们自我和谐的发展。

研究显示，城乡与自我和谐各个因子之间都达到了显著性水平，城市被试

在自我与经验不和谐、自我灵活性、自我刻板性三个因子和量表总分上都高于农村被试，说明城市被试的自我和谐水平在各个方面都不如农村被试。农村被试具有更高的自我一致性，对自我满意度更高，对情感和能力更善于把握和控制，思维更加活跃，不拘役于刻板。这与李明霞，郭志峰的研究正好相反，与刁俊荣等城乡被试无显著差异。本研究与以上研究结果不一致的原因：一方面是被试的差异所致；另一方面我们认为主要是现代市场化竞争激烈、城市拥挤的交通、紧张的生活、升学与就业的压力等给都市人无形中形成的沉重的心理压力，使自我很难平衡，也很难调整不断转换的角色，导致都市人心理疾病发病率明显高于农村。相反，农村生活相对平静，没有太大的压力，使个体有更多的时间关心和调整自己。这也可以说是城乡两种文化下的差异，城乡文化的异质必然导致两种文化下居民的两种心态，也就是酒神文化与阿波罗式文化。因此，开展城乡区域心理的研究能够为城乡心理健康的开展提供研究证据。

研究显示，不同省区的被试在自我灵活性上有显著差异，内蒙古人比甘肃人更具灵活性，比甘肃人自我和谐水平更高，但在其他因子上没有显著差异。由于地理环境的原因，内蒙古处于中国北方，地域118万平方公里，地域辽阔，东接东北三省，北接俄罗斯和蒙古，西邻西北五省区，南抵中原地带，自古就形成了奔放、豪迈的区域文化性格，加之改革开放以来经济发展处在全国前列，与东北与华北经济区相连，生活方式、行为习惯已受其影响，因此其自我更加开放、思维更加灵活。而甘肃地处一个狭长的区域，土地贫瘠，雨水稀少，靠天吃饭，城乡居民生活水平普遍较低，河西走廊的宽阔平原绿洲，特别是民族杂居的影响，使得居民的性格更加原始、厚道、豁达、开阔，而河东则是山岭纵横，劳作辛勤，经常发生饥荒，造成了压抑、竞争、好强、耐辛劳的性格。所以地理条件的限制，时至今日甘肃人也始终保守，不够开放，缺乏灵活性。同样这也是区域心理学在今后应该关注的问题之一，区域文化的差异形成的区域文化心理差异，以及形成的自我刻板印象和相互的他人刻板印象时刻影响着省区间居民的交流与融合。

研究显示，在自我灵活性上小学与大学文化水平之间存在显著差异，由于自我灵活性是反向计分，所以大学生学历的自我和谐水平高于小学学历的自我和谐水平。由于文化水平之间的比较研究并不多见，所以研究缺乏参照。因此，我们推论，文化程度的差异在一定上可以反映出社会地位的差异，社会地位高的人其物质生活和经济生活条件都要好于社会地位低的人，所以在一定程度上就会比生活低地位的人自我和谐水平更高，由于没有参照，所以这个维度的比较需要进一步的实证研究来验证。

研究还显示，城乡变量和省区变量能够很好的预测自我与经验不和谐、自我刻板性以及自我灵活性，尤其是城乡变量对自我与经验的不和谐、自我灵活性、自我刻板性具有显著的回归效应。说明以上因子受城乡因素影响较大，城乡不同会直接影响到自我和谐的三因子，城乡变量对自我和谐的影响的原因前文已述，在此不再展开论述。城乡对自我和谐的影响是变量中最重要的，而农村人在我国又是主体，因此，能否解决好城乡二元化以及城乡经济、文化、心理的发展将直接影响和谐社会的建设。

四、蒙陇居民自我和谐状况比较研究结论

对内蒙古与甘肃被试在自我和谐上的差异比较与回归分析，我们得出以下结论：(1) 被试自我与经验不和谐与自我刻板性与常模比较均高于常模，自我灵活性与常模没有差异；(2) 男女性别在自我与经验不和谐、自我灵活性、自我刻板性、自我和谐总分各因子上均没有显著差异；(3) 25 岁以下被试在自我刻板性上得分低于 36—45 岁被试，有显著差异，自我与经验不和谐、自我灵活性、与自我和谐总分在各年龄阶段上显著差异；(4) 不同城乡被试在自我与经验不和谐、自我灵活性、自我刻板性与自我和谐总分上均有显著差异；(5) 不同省区被试在自我灵活性上有显著差异，内蒙古人的自我灵活性优于甘肃人，在其他因子上没有显著差异；(6) 在自我灵活性上小学水平与大学水平有显著差异，大学水平优于小学水平，在其他因子上没有显著性差异；(7) 省区与城乡变量直接影响到自我刻板性、自我灵活性和自我和谐，可以有效预测上述三因子。

第三节　蒙陇居民自我和谐与人格特质的关系研究

自我和谐是人格理论中最重要的概念之一，反映的是个体自我和经验或表

现、体验之间的一致与和谐，是心理健康的重要标志。如果个体体验到自我与经验之间存在差距，就会出现内心的紧张和纷扰，即一种自我与经验的“不和谐”状态，这也就构成了心理障碍的基础。有研究者指出，在有条件积极尊重下所得评价性经验与自己的直接性经验不一致时，会形成自我不和谐；在人的自我与其有机体验之间有一个断层、存在着不一致；理想的情况是对成长中的个体，尽量提供无条件的积极尊重，使其在自然的情境中，形成其和谐的自我概念，从而奠定其自我实现的人格基础。在国内对于人格的理解其实是混乱的，我们认为人格乃是人性之格，也即性格，二者是统一的概念。性格的品德表达即为品格。格者即为高下尊卑之程度。如果要进行相对分类，那就可以把人格分为自然之性格、社会之性格。这样一来，我们所定义的性格正如现行苏式心理学中的气质，品格正如现行苏式心理学中的性格。这些人格或决定于基因、或决定于内分泌、或决定于神经系统的特性、或决定于血型，本质上是不可改变的。性格被塑造后，便成为品格。塑造就是用社会的强制性力量（习俗、道德、法律）渗透于教育之中，使性格中那些被定义为恶的“性”受到压抑乃至退化。因此，我们假设：人格在先天遗传以及后天塑造过程中，个体的自我和谐程度与人格特质应该有一定相关，不同区域被试的自我和谐与人格特质是有差异的。以往的研究大都以大学生作为被试，其研究的生态效度受到局限，因此通过对甘肃省和内蒙古自治区的265名被试进行研究，希望通过省区间的跨文化比较找到区域间居民的自我和谐程度与人格特质是否存在相关，以为进一步的素质教育提供心理学依据，同时也为区域心理学的开展提供实证性的科学依据。

一、蒙陇居民自我和谐与人格特质的关系研究的对象及方法

（一）研究对象

选取甘肃省和内蒙古自治区原著居民（本地生活10年以上）为研究对象，采取随机抽样，在甘肃省涉及兰州、张掖、嘉峪关、天水、平凉、白银、庆阳、定西8个地级市，内蒙古涉及东部区和西部区的呼伦贝尔、通辽、赤峰、集宁、包头、呼和浩特、乌海7个地级市。被试的职业涉及工人、农民、学生、公司职员、公务员、教师、干部、医生、个体工商户等，被试职业来源多

元化。问卷回收采取邮寄、电子邮件以及现场回收等方式进行，一共发放问卷300份，回收280份，剔除不合格问卷15份，问卷有效率达到95%。其中内蒙古133人，甘肃省132人；男性110人，女性155人；城市126人，农村139人；被试年龄从14岁到66岁，平均年龄是25.03±8.76。

（二）研究方法

1．调查工具

采用王登峰编制的自我和谐量表(SCCS) 进行测评。该量表共有35个项目，包括自我与经验的不和谐、自我的灵活性和自我的刻板性3个分量表。采用5级记分制，自我和谐总分的计算方法是将“自我的灵活性”反向记分，再与其他两个分量表分的得分相加。得分越高表示自我和谐程度越低。调查前由研究者对被调查者详细讲解调查目的及注意事项，统一指导语，要求被调查者根据自己的情况如实作出评定。该问卷采用项目间一致性的方法计算，各分量表的同质性信度较高，分别为0.85、0.81和0.64，具有较好的信度。

同时，采用Howard和Medina编制的大五人格问卷，该问卷一共25道题目，包括五个分量表：适应性、社交性、开放性、利他性和道德感，每个分量表5道题目，计分方法是采用5级记分制，计算量表分后根据常模转换成标准分再进行计算，其中常模标准分数最高分与最低分分别是20分和80分，量表得分越高越能反映某一方面的特质，该量表具有较好的信度。调查前由研究者对被调查者详细讲解调查目的及注意事项，统一指导语，要求被调查者根据自己的情况如实作出评定。

2．统计方法

所有数据利用社会统计软件SPSS13.0进行统计处理，并进行t检验、方差分析以及回归分析。

二、蒙陇居民自我和谐与人格特质的关系研究结果

（一）自我和谐与人格特质相关分析

研究结果显示，自我和谐量表和大五人格量表具有较好的内部一致性，在两个量表因子的相关上，利他性与自我与经验不和谐（$P < 0.01$）、自我灵

活性（P < 0.01）、自我刻板性（P < 0.05）有不同程度的显著性相关，道德感与自我与经验不和谐（P < 0.01）、自我灵活性（P < 0.01）、自我刻板性（P < 0.05）有不同程度的显著性相关，见表 6—15。

表 6—15　自我和谐与人格特质相关分析

变量	社交性	开放性	利他性	道德感	大五人格总分	自我与经验不和谐	自我灵活性	自我刻板性	自我和谐总分
社交性	1								
开放性	0.135*	1							
利他性	0.340**	-.057	1						
道德感	0.211**	-0.089	0.531**	1					
大五人格总分	0.634**	0.469**	0.623**	0.547**	1				
自我与经验不和谐	-0.050	0.096	-0.227**	-0.225**	-0.074	1			
自我灵活性	0.065	-0.077	0.278**	0.285**	0.132*	-0.145*	1		
自我刻板性	-0.042	-0.004	-0.126*	-0.151*	-0.109	0.437**	-0.136*	1	
自我和谐总分	-0.018	0.031	-0.078	-0.082	-0.029	0.832**	0.313**	0.627**	1

注：*P < 0.05，**P < 0.01（下同）。

（二）人口统计学变量与自我和谐、人际信任的相关分析

表 10—16 的结果显示，城乡与社交性（P < 0.05）、开放性（P < 0.01）、自我灵活性（P < 0.01）、自我和谐总分（P < 0.01）有显著相关；文化水平与适应性（P < 0.05）、开放性（P < 0.01）、自我灵活性（P < 0.01）有显著相关；省区与适应性（P < 0.05）、社交性（P < 0.05）、开放性（P < 0.01）、自我灵活性（P < 0.01）有显著相关；性别与适应性（P < 0.01）有显著相关；年龄与适应性（P < 0.01）、社交性（P < 0.05）、开放性（P < 0.01）、自我刻板性有显著相关，见表 6—16。

表 6—16　人口统计学变量与自我和谐、人际信任的相关分析

变量	适应性	社交性	开放性	利他性	道德感	大五人格总分	自我与经验不和谐	自我灵活性	自我刻板性	自我和谐总分
城乡	0.026	−0.790**	0.294**	0.022	0.020	0.072	−0.057	−0.170**	−0.124*	−0.163**
文化水平	−0.038**	0.006	0.474**	0.197*	0.119	0.180*	−0.052	0.208**	−0.042	0.034
省区	−0.123*	−0.145*	−0.300**	0.059	0.117	0.132	−0.035	0.226**	−0.101	0.040
性别	0.214**	0.033	0.010	0.034	0.061	0.069	0.024	0.082	−0.054	0.031
年龄	−0.723**	0.192*	−0.248**	0.016	−0.029	−0.021	0.072	−0.051	0.152*	0.090

（三）人格特质与自我和谐各因子的回归分析

表 6—17 结果显示，适应性对自我与经验不和谐具有显著的回归作用（t = 2.815，P ＜ 0.01），解释了总变异的 8%；道德感（t = 2.783，P ＜ 0.01）、利他性（t = 2.545，P ＜ 0.01）对自我灵活性具有显著回归作用，解释了总变异的 10.4%；道德感（t = − 2.483，P ＜ 0.01）对自我刻板性有显著的回归作用，解释了总变异的 2.3%，见表 6—17。

表 6—17　人格特质与自我和谐各因子的回归分析

因变量		R	R^2	F	B	Beta	t
自我与经验不和谐	方程模型	0.282	0.080	11.320			
	常数				52.983		20.276**
	适应性				− 0.144	0.176	2.815**
	利他性				2.707	− 0.171	− 2.729**
自我灵活性	方程模型	0.322	0.104	15.128			
	常数				32.382		14.405**
	道德感				0.144	0.192	2.783**
	利他性				0.105	0.176	2.545**
自我刻板性	方程模型	0.151	0.023	6.165			
	常数				26.111		15.162**
	道德感				− 0.080	− 0.151	− 2.483**

（四）高低自我和谐分组与人格特质的差异分析

表6—18结果显示，适应性（$F = 5.385$，$P < 0.01$）、社交性（$F = 3.193$，$P < 0.01$）、利他性（$F = 3.341$，$P < 0.01$）在自我和谐的高低分组上有显著性差异，见表6—18。

表6—18　高低自我和谐分组与人格特质的差异分析

变量	低自我和谐组	高自我和谐组	F
适应性	48.93 ± 11.11	44.85 ± 13.84	5.385**
社交性	50.05 ± 7.43	52.32 ± 7.22	3.193*
开放性	51.88 ± 7.65	50.75 ± 8.61	0.909
利他性	52.15 ± 10.08	54.46 ± 11.18	3.341*
道德感	52.27 ± 7.53	54.46 ± 8.36	2.875
大五人格总分	83.375 ± 8.81	83.63 ± 8.01	2.097

（五）不同省区被试自我和谐与人格特质的差异分析

表6—19结果显示，不同省区的被试在适应性（$F = 4.030$，$P < 0.05$）、社交性（$F = 5.049$，$P < 0.05$）、开放性（$F = 3.233$，$P < 0.05$）、自我灵活性（$F = 14.243$，$P < 0.01$）上有显著差异，见表6—19。

表6—19　不同省区被试自我和谐与人格特质的差异分析

变量	甘肃省（n = 132）	内蒙古（n = 133）	F
适应性	49.74 ± 11.03	46.84 ± 12.40	4.030*
社交性	51.35 ± 7.04	54.15 ± 7.21	5.049*
开放性	51.09 ± 7.33	53.62 ± 8.45	3.233*
利他性	51.63 ± 9.26	52.82 ± 10.84	0.930
道德感	51.78 ± 7.21	53.65 ± 8.60	3.664
大五人格总分	82.54 ± 7.34	82.75 ± 8.63	0.045
自我与经验不和谐	52.12 ± 7.85	51.31 ± 9.11	3.16
自我灵活性	44.10 ± 6.00	46.80 ± 5.69	14.243**
自我刻板性	22.3145 ± 3.82	21.46 ± 4.56	4.28
自我和谐总分	114.74 ± 10.71	115.67 ± 11.48	0.430

（六）城乡被试自我和谐与人格特质差异分析

表6—20结果显示，城乡与社交性（F = 3.177，P < 0.01）、开放性（F = 5.098，P < 0.01）、自我与经验不和谐（F = 3.380，P < 0.05）、自我灵活性（F = 3.791，P < 0.01）、自我刻板性（F = 4.284，P < 0.01）、自我和谐总分（F = 3.790，P < 0.01）有显著差异，见表6—20。

表6—20 城乡被试自我和谐与人格特质差异分析

变量	城市（n = 126）	农村（n = 139）	F
适应性	50.97 ± 10.52	48.58 ± 12.86	1.651
社交性	51.85 ± 6.97	50.73 ± 7.22	3.177**
开放性	53.70 ± 8.06	51.00 ± 7.78	5.098**
利他性	51.99 ± 9.62	52.43 ± 10.49	0.126
道德感	52.54 ± 8.23	52.86 ± 7.77	0.104
大五人格总分	82.59 ± 8.41	82.70 ± 7.65	0.011
自我与经验不和谐	52.12 ± 8.73	51.515 ± 7.98	3.380*
自我灵活性	46.54 ± 5.67	44.31 ± 6.04	3.791**
自我刻板性	22.45 ± 4.34	21.57 ± 3.92	4.284**
自我和谐总分	117.20 ± 11.95	113.82 ± 10.58	3.790**

三、蒙陇居民自我和谐与人格特质的关系研究讨论

（一）自我和谐与人格特质的相关关系

通过自我和谐以人际信任的相关分析我们可知，大五人格的利他性与自我和谐的自我与经验不和谐、自我灵活性、自我刻板性有不同程度的显著性相关；大五人格的“道德感”维度与自我和谐量表中的“自我与经验不和谐”维度、自我灵活性、自我刻板性有不同程度的显著性相关。并且发现在人口统计学变量上，城乡与社交性、开放性、自我灵活性、自我和谐总分有显著相关；文化水平与适应性、开放性、自我灵活性有显著相关；省区与适应性、社交性、开放性、自我灵活性有显著相关；性别与适应性有显著相关；年龄与适应性、社交性、开放性、自我刻板性有显著相关。可见不仅自我和谐与人格之间有显著关系，人口学变量与二者也有显著相关。可见自我和谐程度的高低直接影响着

人格特质的后天塑造，并且在城乡、省区、性别、年龄层次上都会影响个体自我和谐与人格特质的塑造与形成。在一定程度上自我和谐程度代表了个体自我认识、自我行为一致性以及身心发展平衡的问题。因此，自我的身心发展程度在人格的后天塑造过程中也起到了一定的作用，并且人格特质又反过来在一定程度上影响个体身心发展。而人口学变量在很大程度上则反映了个体接受后天环境影响的程度，也就是受区域文化影响的程度，城乡之间的文化不同，省区间的文化也不同，在一定程度上形成的文化心理差异在某种程度上也就缔造了一种区域性格，同时影响着个体自我和谐的构建。性别、年龄变量则既受生理原因影响，也受后天社会经验的影响，因此自然也就可以影响到自我和谐与人格特质的形成。

（二）自我和谐与人格特质的差异比较

为了探讨自我和谐与人格特质的关系，我们进行了逐步回归分析，以人格特质为自变量，以自我和谐为因变量，结果发现适应性对自我与经验不和谐具有显著的回归作用，解释了总变异的 8%；道德感、利他性对自我灵活性具有显著回归作用，解释了总变异的 10.4%；道德感对自我刻板性有显著的回归作用，解释了总变异的 2.3%。因此，我们可以肯定人格特质的某些特质是可以有效预测自我和谐程度的。为了进一步探讨自我和谐与人格特质间的差异，我们进行了将自我和谐总分按 27%和 73%为界分为自我和谐高分组与自我和谐低分组，并与大五人格进行 F 检验，发现适应性、社交性、利他性在自我和谐的高低分组上有显著性差异，并且发现高自我和谐组在以上几个因子上显著高于低分组，这就说明了，自我和谐程度越高的个体其越具有适应性、社交性和利他性。研究结果表明了自我和谐与人格特质是一种双向互动与双向影响的关系。因此，在社会竞争激烈、生活与工作压力、升学与就业压力增大的社会大背景下，为了更好地构建起和谐社会，首先要构建起自我的和谐，只有自我和谐、自我身心平衡，才会有积极的心态面对生活，个体的人格的后天塑造也才会向着健康的方向发展，才会最终实现真正的和谐。

（三）人口学变量与自我和谐、人格特质的差异比较

通过分析我们更加明确了自我和谐与人格特质的这种双向互动关系，为了

进一步发现被试的城乡与省区变量对自我和谐与人格特质的具体影响，我们进行了城乡、省区变量与自我和谐与人格特质的差异比较。结果发现：不同省区的被试在适应性、社交性、开放性、自我灵活性上有显著差异，甘肃人的适应性优于内蒙古人，内蒙古人的社交性、开放性、自我灵活性优于甘肃人。不同城乡被试在大五人格的社交性、开放性有显著差异；不同城乡被试在自我与经验不和谐、自我灵活性、自我刻板性、自我和谐总分有显著差异，城市人的社交性、开放性优于农村人，城市人自我与经验的不和谐程度、自我刻板性高于农村人，城市人比农村人的自我灵活性更好。研究结果其实已经验证了我们开篇的假设，城乡与区域不同，被试在自我和谐与人格特质上是有差异的。这也为区域心理学的研究提供了一个有力的证据，区域心理学假设不同区域的文化存在很大差异，因而其心理也必然存在很大差异，因为文化是影响社会心理活动的一个重要因素。

四、蒙陇居民自我和谐与人格特质的关系研究结论

通过我们的实证研究和分析以及人口统计学变量对自我和谐与人格特质的影响，我们可以得出以下结论：(1) 利他性与自我与经验不和谐、自我灵活性、自我刻板性有显著性相关，道德感与自我与经验不和谐、自我灵活性、自我刻板性有显著性相关；(2) 城乡、省区、文化水平和年龄层次与自我和谐、人格特质有显著相关；(3) 五大人格各因子对自我和谐各因子具有显著回归作用；(4) 适应性、社交性与利他性在自我和谐的高低分组上有显著性差异；(5) 不同省区、城乡被试与自我和谐、人格特质有显著差异。

第四节　湘陇高校学生攻击性的省域跨文化研究

攻击性是一种普遍的心理现象，由于其具有可能的破坏倾向，为道德和法律所不允许。同时，攻击性体现着个人或者是某个特定人群的性格和气质，具有一定的心理和文化功能。社会学习理论认为环境和社会因素起着影响和改变攻击性的重要作用。

区域跨文化文化心理学认为，中国不同区域、省域、市域的不同自然环境

因素、经济发展水平、政治制度等客观因素决定了其文化的巨大差异，而这些具有差异性的文化影响着人的心理，从而造成各区域、省域、市域群体的心理差异。攻击性作为一种普遍的心理现象或心理特征，也必然存在这样的差异。我们的研究以两个地理上相距较远，文化上差异较大的湖南省和甘肃省作为研究对象选取地，假设湖南、甘肃两省高校学生在攻击性的各维度上存在显著差异，试图为中国区域跨文化心理学的研究增加新的和有力的支持。

一、湘陇高校学生攻击性的省域跨文化研究的对象与方法

采用文献资料研究法、量表法，选择湖南省长沙市某高校家庭居住地为湖南省和甘肃省兰州市学生各 180 名，共 360 名。调查对象年龄在 18—30 岁之间。采用 Buss 和 Perry 在 1992 年编制的 AQ 攻击性问卷（Aggression Questionnaire，简称“AQ”），以 BDHI 为基础，用利克特 5 点量表，得分越高，攻击性越强。共 29 个项目，分属身体攻击、言语攻击、愤怒情绪和敌意认知 4 个维度。修订后 4 个维度内部一致性系数间于 0.710—0.856，总问卷克龙巴赫 a 系数为 0.855。样本的具体分布情况如表 6—21 所示。

表 6—21　样本分布情况统计表

省份	文化程度				性别			
	本科生		研究生		男		女	
	人数	所占百分比（%）	人数	所占百分比（%）	人数	所占百分比（%）	人数	所占百分比（%）
甘肃	106	65%	57	35%	86	51.8%	77	47.2%
湖南	98	59%	68	41%	80	48.2%	86	52.8%
合计	204	62%	125	38%	166	50.5%	163	49.5%

二、湘陇高校学生攻击性的省域跨文化研究的程序和资料收集

以省份为单位，向抽取的 360 名被试发放问卷，为避免被试的掩饰心理，声明测验只是为了科学研究而收集数据，除非要了解自己的测验结果，被试可

以不写自己的名字。将收集的数据采用 SPSS13.0 统计软件包进行处理，统计方法分别采用描述统计、T 检验。

三、湘陇高校学生攻击性的省域跨文化研究的结果

（一）湘陇两省高校学生攻击性的性别差异

在总分上，男性的平均得分为 73.5，女性的平均得分为 74.3；在身体攻击维度上，男性的平均得分为 21.8，女性的平均得分为 20.3；在言语攻击维度上，男性的平均得分为 13.4，女性的平均得分为 13.7；在愤怒维度上，男性的平均得分为 15.9，女性的平均得分为 17.9；在敌意维度上，男性的平均得分为 22.3，女性的平均得分为 22.4。

对湘陇两省高校学生在性别维度上的攻击性进行独立样本 T 检验，结果发现，湘陇两省高校学生在攻击性的总分上不存在显著差异，但是在身体攻击维度(Sig = 0.007 < 0.05）和愤怒维度(Sig = 0.000 < 0.05）上存在显著差异。具体结果见表 6—22。

表 6—22　性别变量与攻击性的独立样本 T 检验

	t	df	Sig.（2 – tailed）
总分	– 0.582	327	0.561
身体攻击	2.730	327	0.007
言语攻击	– 0.912	327	0.362
愤怒	– 4.026	327	0.000
敌意	– 0.138	327	0.891

（二）湘陇两省高校学生攻击性的文化程度差异

在总分上，本科生的平均得分为 74.7，研究生的平均得分为 73.4；在身体攻击维度上，本科生的平均得分为 21.7，研究生的平均得分为 20.6；在言语攻击维度上，本科生的平均得分为 13.3，研究生的平均得分为 13.7；在愤怒维度上，本科生的平均得分为 17.5，研究生的平均得分为 16.5；在敌意维度上，本科生的平均得分为 22.0，研究生的平均得分为 22.5。

对湘陇两省高校学生在文化程度维度上的攻击性进行独立样本 T 检验，结果发现，湘陇两省高校学生在攻击性的总分上不存在显著差异，但是在身体攻击维度（Sig = 0.045 < 0.05）和愤怒维度（Sig = 0.049 < 0.05）上存在显著差异。具体结果见表 6—23。

表 6—23　文化程度变量与攻击性的独立样本 T 检验

	t	df	Sig.（2-tailed）
总分	0.933	327	0.351
身体攻击	2.014	327	0.045
言语攻击	0.928	327	0.354
愤怒	1.980	327	0.049
敌意	0.929	327	0.354

（三）湘陇两省高校学生攻击性的省域差异

在总分上，湖南省的平均得分为 76.7，甘肃省的平均得分为 71.1；在身体攻击维度上，湖南省的平均得分为 22.1，甘肃省的平均得分为 19.9；在言语攻击维度上，湖南省的平均得分为 13.8，甘肃省的平均得分为 13.2；在愤怒维度上，湖南省的平均得分为 17.9，甘肃省的平均得分为 15.9；在敌意维度上，湖南省的平均得分为 22.8，甘肃省的平均得分为 21.8。

对湘陇两省高校学生在省域维度上的攻击性进行独立样本 T 检验，结果发现，湘陇两省高校学生在攻击性的总分上存在显著差异（Sig = 0.000 < 0.05），同时，在身体攻击（Sig = 0.000 < 0.05）和愤怒（Sig = 0.000 < 0.05）的分维度上也存在显著差异。具体结果如表 6—24 所示。

表 6—24　省域变量与攻击性的独立样本 T 检验

	t	df	Sig.（2-tailed）
总分	4.247	327	0.000
身体攻击	3.929	327	0.000
言语攻击	1.791	327	0.074
愤怒	4.032	327	0.000
敌意	1.593	327	0.112

四、湘陇高校学生攻击性的省域跨文化研究成果的理论分析

（一）湘陇两省高校学生攻击性的性别差异分析

对结果的分析发现，湖南省和甘肃省高校学生攻击性总分、言语攻击以及敌意维度上差异不显著。在身体攻击维度上的得分男性显著高于女性，在愤怒维度上的得分女性显著高于男性。

该结果同以往的研究不一致，但和李萍的关于大学生的攻击性研究的结果一致，即人们在对攻击性做性别比较时，往往只注重身体攻击，而忽视了其他形式的攻击形式。而随着现代社会的发展以及女性意识的觉醒，社会文化对于女性的束缚越来越少，男性和女性性别角色也越来越淡化，因此女性和男性在攻击性总分上不存在差异。同时，由于男女在身体和力量上的差异，男性更倾向于用身体攻击来表现攻击性，而女性的愤怒情绪意识显著高于男性。

（二）湘陇两省高校学生攻击性的文化程度差异分析

该研究调查湖南省和甘肃省的高校学生攻击性差异，其受教育程度涉及本科和研究生两个层面。结果的分析发现，本科生和研究生在攻击性总分、言语攻击及敌意上无显著差异，而在身体攻击和愤怒维度上存在显著差异，本科生得分均高于研究生。

该结果说明攻击性是人类相对稳定的心理现象，受文化的塑造和影响，受教育程度对攻击性的影响很小，因此，本科生和研究生在攻击性总分和言语攻击以及敌意维度上没有显著差异。同时，受教育程度影响攻击性的行为表现模式，受教育程度越高，其自身修养越高，因此研究生相对于本科生来说，不容易将攻击性通过身体攻击的形式表现出来。另外，本科生虽然已经走出青春期，进入成年早期，但在心理方面还没有完全成熟，并且面对来自人际交往，社会等多方面的压力，以及理想和现实的差距。而研究生的心理成熟程度要高于本科生，他们相当一部分在上研究生之前都已经步入过社会，对于社会和人际交往的压力应对比较适当，更善于处理理想和现实之间的矛盾。因此，本科生攻击性的愤怒维度要比研究生高。

（三）湘陇两省高校学生攻击性的省域差异

在对湖南省和甘肃省高校大学生的省域比较中，我们发现湖南省高校学生在攻击性总分、身体攻击和愤怒维度上的得分显著高于甘肃省高校学生。而在言语攻击和敌意维度上没有显著差异。

该研究结果表明了高校学生攻击性在不同的省域有显著差异，造成其差异的原因是区域文化的差异。湖南省所在的地区是湖湘文化的发源地，该文化的精神中包含着一种原始的野性和强悍。这样的文化精神塑造了湖南人的高攻击性的人格特征。而在这种文化的影响和塑造下，湖南历史上出现了一大批如毛泽东等的政治家和军事家，根据社会学习的理论，湖南人在对本土文化、历史以及历史人物的学习熏陶下，更加强化了其攻击性的人格。并且，湖湘文化精神鼓励人们敢作敢为，在其影响下的人群更容易将攻击性以身体攻击的表现模式显现出来。

研究通过对不同区域文化下高校学生攻击性的比较，进一步说明了攻击性是一种相对稳定的心理现象或心理特质，它因区域文化的不同而有所差异，区域文化是影响攻击性的因素之一。人的攻击性受社会环境的影响或者文化的压力，有不同的外在表现形式。某个特定区域文化下的人群由于本区域社会、文化、历史的熏陶，本区域中的历史人物的榜样作用以及对其的学习，能塑造和强化该人群的某种心理特质和现象。从而延续和继承区域文化。区域文化塑造影响人的心理，而人的心理和心理现象又反作用于特定的区域文化。

研究仅仅选取了甘肃省和湖南省的高校学生作为研究对象，其代表性具有一定的局限。同时，研究主要采用采用量表法对湖南省和甘肃省的高校学生进行攻击性的对比研究，其研究方法比较单一。后续的研究需要从这两个方面进行改进和完善，使研究结论和区域心理学的理论建构证据更加有力。

第五节　湘陇高校学生气质类型省域跨文化比较研究

中国是一个面积广、民族多、区域文化经济差异大的国家。不同的区域、省域甚至是县域的文化、风俗以及经济发展水平存在巨大差异。

在甘肃省为代表的河东河西居民性格特征的比较研究中，证实了不同区域文化居民心理特征的差异。同时，在以上两区域的居民气质类型的比较研究中，结果差异不显著或者仅仅接近显著。这可能是由于甘肃省域河东河西两区文化具有重叠性（共同受陇右文化的影响），或者由于市域历史、地理文化作为一种亚文化，对其他心理机能可能存在横向的相互作用，而对气质类型影响很小。因此，以两个文化差异较大且地理距离较远的省域下的特定人群作为研究对象，有利于更好地说明区域文化对人的心理的影响和塑造。

一、湘陇高校学生气质类型省域跨文化比较研究的对象与方法

选取湖南省长沙市某高校家庭居住地为湖南省的高校学生（包括研究生）和甘肃省兰州市某高校抽取家庭居住地为甘肃的高校学生（包括研究生）各400名，两个省共800名。调查对象年龄在18—30岁之间。

采用陈会昌等编制的《气质类型量表》，该量表共60题，每种气质类型15题，测量出4种气质类型：胆汁质、多血质、黏液质和抑郁质。如果某一种气质的得分比其他3种的得分明显高(高出4分以上）则可定为属于该种气质；如两种气质的得分接近（二者之差不超过3分）而又明显高于其他两种（高出4分以上)，则可定为属于两种气质的混合型；如果3种气质均高于第4种的得分且相接近，则可定为属于3种气质的混合型。因此，可能有以下13种类型：(1) 胆汁；(2) 多血；(3) 黏液；(4) 抑郁；(5) 胆汁—多血；(6) 多血—黏液；(7) 黏液—抑郁；(8) 胆汁—抑郁；(9) 胆汁—多血—黏液；(10) 多血—黏液—抑郁；(11) 胆汁—多血—抑郁；(12) 胆汁—黏液—抑郁；(13) 胆汁—多血—黏液—抑郁。

二、湘陇高校学生气质类型省域跨文化比较研究的程序和样本

向抽取的800名被试发放《气质类型量表》，为保证结果的真实性，强调测验只是为了科学研究而收集数据，除非要了解自己的测验结果，被试可以不写自己的名字。量表回收760份，回收率为95%，有效量表744份，有效率为98%，量表具体分布见表6—25。

表 6—25　样本分布情况统计表

	文化程度				性别			
	本科生		研究生		男		女	
	人数	百分比（%）	人数	百分比（%）	人数	百分比（%）	人数	百分比（%）
甘肃	216	59%	156	41%	196	52.7%	176	47.3%
湖南	242	65%	130	35%	182	48.9%	190	51.1%
合计	458	62%	286	38%	378	50.8%	366	49.2%

将收集的数据采用 SPSS13.0 统计软件包进行处理，统计方法分别采用描述统计、卡方检验。

三、湘陇高校学生气质类型省域跨文化比较研究的结果与分析

（一）湘陇两省大学生气质类型总体分布

分析结果表明，湖南省和甘肃省高校学生气质类型以混合型为主，占73.0%。其中，两种混合占 40.2%，三种混合占 15.2%，四种混合占 5.4%。两种混合以多血—黏液质混合类型为主（11.6%），三种混合中以多血—黏液—抑郁质为主（7%）。单一型占 27.0%，其中以多血质和黏液质为多数（10.3% 和 10%）。

（二）湘陇两省高校学生气质类型分布比较

对两省高校学生气质类型数据进行卡方检验，结果表明：湖南省高校学生胆汁质的人数多于甘肃省高校学生，且差异接近显著（$x^2 = 3.56, P = 0.059$）；湖南省高校学生多血质人数多于甘肃省高校学生，且差异显著（$x^2 = 5.34$，$P < 0.05$）；湖南省高校学生黏液质人数少于甘肃省高校学生，且差异显著（$x^2 = 9.14$，$P < 0.01$）；湖南省高校学生多血—黏液—抑郁混合气质显著多于甘肃省高校学生，且差异显著（$x^2 = 7.38$，$P < 0.01$）。其他类型均无显著差异，具体情况见表 6—26。

表 6—26　湖南省和甘肃省高校学生气质类型比较

	湖南（人数）	甘肃（人数）	χ^2	df	sig
胆汁质	13	5	3.56	1	0.059
多血质	51	26	5.34	1	0.021
黏液质	24	50	9.14	1	0.003
多血—粘液—抑郁	37	14	7.38	1	0.007
总计（人）	135	105			

湖南和甘肃两省高校学生的气质类型均以混合型为主，混合型气质的人数均显著高于单一型气质类型，且差异显著（湖南：$\chi^2 = 10.714$，$P = 0.001$；甘肃：$\chi^2 = 12.071$，$P = 0.001$），男女性别之间无显著差异，见表 6—27。

表 6—27　湖南省与甘肃省高校学生单一气质和混合气质比较

	单一型	混合型	χ^2	df	sig
湖南	107	363	10.714	1	0.001
甘肃	103	301	12.071	1	0.001
总计（人）	210	664			

本科生气质类型为多血质的人数多于研究生，并达到统计意义上的显著（$\chi^2 = 18.88$，$P < 0.0001$），本科生黏液质的人数多于研究生，并且差异显著（$\chi^2 = 9.135$，$P < 0.005$），见表 6—28。

表 6—28　本科生和研究生气质类型比较

	本科生	研究生	χ^2	df	sig
多血质	82	35	18.88	1	0.001
黏液质	24	50	9.135	1	0.003
总计（人）	106	85			

四、湘陇高校学生气质类型省域跨文化比较研究的结论与比较

（一）各气质类型的主要特征

根据现代气质学说，各气质类型的主要表现特征为：胆汁质的人，情绪体

验强烈，思维灵活、精力旺盛，争强好斗、勇敢果断，生机勃勃、刚毅顽强，鲁莽冒失、刚愎自用；多血质的人，情感丰富、外露但不稳定，思维敏捷但不求甚解，活泼好动、热情大方、善于交际但交情浅薄，行动敏捷、适应力强，缺乏耐性和毅力、稳定性差；黏液质的人，情绪平稳、表情平淡，思维灵活性较差但考虑问题细致而周到，安静稳重、沉默寡言、喜欢沉思，自制力强、耐受力高、内刚外柔，缺乏生气、行动迟缓；抑郁质的人，情绪体验深刻、细腻持久，情绪抑郁、多愁善感，思维敏锐、想象丰富，不善交际、孤独离群，踏实稳重、自制力强，行为举止缓慢、软弱胆小、优柔寡断。

（二）湘陇两省高校学生气质类型比较分析

湖南省、甘肃省高校学生气质类型总体来说，以混合气质类型为主，单一型中，多血质相对较多，这与以往的关于大学生气质类型的研究一致，也符合气质类型分布的规律。

湖南省高校学生胆汁质、多血质和多血—黏液—抑郁质的人数明显多于甘肃省高校学生。甘肃省高校学生黏液质的人数显著多于湖南省高校学生。这可能是两省不同的区域文化对人的心理塑造作用所造成的差异。湖南省是湖湘文化的发源地，湖湘文化的基本内核包括上下求索的哲理思维、忧国忧民的爱国情怀、敢于勇挑重担、民风强悍刚烈、不甘沦落、不屈不挠、克己谨慎而保守。湖湘文化的基本内核精神塑造了湖南省高校学生的气质类型多胆汁质、多血质和多血—黏液—抑郁质的特点。甘肃省全境基本上属于陇右文化以及陇右文化和西域文化的杂糅，由于甘肃地区自然条件恶劣，且属于游牧文化和农业文化的结合，因此而形成的文化包含之内核包括粗犷豪放、淳朴敦厚、勤劳坚韧、宽容大度等内容，这样的文化所塑造的人的品格同现代气质类型学说中的黏液质的特征不谋而合。因此，甘肃高校学生气质类型为黏液质的人数显著多于湖南省高校学生。

气质类型为多血质的本科生人数显著多于研究生，而气质类型为黏液质的本科生显著少于研究生。这可能是由于黏液质的人具有情绪平稳、喜欢沉思、自制力强、耐受性高等特点，具有这种特质的人在学习上更踏实，更容易取得分数上的成绩，考上研究生的机会更大，从而形成了研究生群体中。黏液质的人数多于本科生。而多血质的群体具有缺乏耐性的特点，这样的群体不适合于清寒的苦读，考上研究生的机会也就相对更小。同时，上述结论也符合日常生活的直观规律。

中国区域跨文化心理学自提出到现在，只在以甘肃省为代表的不同市域进行了研究，还没有将研究范围扩展到省域。本研究选取甘肃省和湖南省的特定被试进行研究，填补了这一空白。

区域跨文化心理学认为，中国各区域、省域文化存在很大的差异，而由于文化的塑造和影响，其群体的心理也必然存在很大差异。气质类型作为一个重要的心理内容，不同区域或省域的人群的气质类型分布也不一样。研究表明，处于湖湘文化下的湖南省和陇右文化及陇右文化 + 西域文化下的甘肃省的某个特定群体的气质类型存在着一定的差异。该结果验证了中国区域跨文化心理学的理论的正确性。同时对人们更好的认识湖湘文化和陇右文化以及陇右文化 + 西域文化提供了有力的证据。

然而，研究仅仅选取了湖南省和甘肃省两个省域作为研究范围进行比较研究，还不能从总体上揭示中国区域跨文化心理特征。后续的研究应该选取更多具有不同文化特征和文化类型的省域或区域进行该项研究。其次，研究所选取的被试为在校高校学生（包括研究生），其样本的代表性不够。后续的研究应该扩大样本范围，尽可能多的将各行业各职业的群体包含在内，增强研究结论的说服力。最后，本研究用量表的形势进行研究，研究方法比较单一。后续研究应该多从方法上下工夫，尽量以多种方法结合来为区域跨文化心理学作出贡献。

第七章 中国县域文化与居民性格研究路径的初步探索

按照辞海的解释，中国汉语中的“县”作为名词，是会意字，从系持倒首，像悬挂的样子。县假借为“寰”，古代为州县的县，行政区划单位。最早的县指古代天子所治之地，在京都周围千里之内，即王畿。周代县大于郡，秦以后县属于郡。现在为一级行政区划，隶属于地区、自治州、直辖市、省辖市之下。日本行政区划中的县，相当于中国的省。县城即是县政府所在的城镇。作为动词的县是系挂的意思。有时也指悬挂的乐器，如钟磬等，有时表示远和悬殊。我们所指的县当然是行政单位，县域是指县行政管辖的地理区域。文化这个词汇是意义最复杂的概念，不同学科、学者、领域、职业对文化有不同的使用内含、范围。哲学家、人类学家、文化学家、考古学家、心理学家使用的文化概念是指人类创造的全部物质和精神财富的总和。文学家、艺术家使用的文化概念主要是指历史传承的文学艺术作品和思想；政治家和当代宣传、文化部门所管理的文化则是指文学、艺术、文物、图书等文化承载管理机构和创造物。我们所指的文化是人类学、文化学意义上的文化。性格是一个心理学概念，但除了哲学、法学、文学、伦理学、教育学有不同意义的使用之外，即使心理学内部，西方和东方心理学家也有不同意义上的使用。我们所指的性格即人格，人性之格。因此，文化与性格的关系也就是文化与人格的关系。

第一节　文化与人格的民族心理学与心理人类学研究

20 世纪以来，不仅心理学家在研究人格，社会生物学、文化人类学、心理人类学都在研究人格问题。社会生物学、文化人类学、心理人类学通过大量的田野工作，不仅研究个体人格，更注重群体人格、民族性格、国民性格的研究，这些研究把人格置于更广阔的文化背景下，既研究人格的形成，也研究民族、国民性格特点，这里引用葛鲁嘉博士著作中的成果，介绍几种比较流行的理论，以便进一步讨论研究。

一、文化与人格的早期民族心理学研究

1879年以来，德国心理学家冯特积极开展心理学实验研究的同时，发现实验方法对研究简单的心理现象具有重要的作用，但对复杂的心理现象则显得无能为力。对于像民族心理这样复杂的心理现象只有用社会学、文化人类学的方法才能进行有效的研究。为此，冯特在1900—1920年间，采用文化人类学的方法研究民族心理问题，出版了10卷《民族心理学》和《民族心理学纲要》等著作。1890—1894年，英国策动心理学派创始人麦独孤随剑桥大学人类学探险前往大洋洲托雷斯海峡列岛对原始民族进行心理考察，后又赴婆罗洲研究当地的土著民族心理。其著作《社会心理学导论》和《群众心理》以本能心理理论为基础，深入讨论了国民心理的发生、发展、变化的规律。受孔德的社会学思想影响较深的法国心理学家，在研究心理学时运用社会学的观点形成了群体心理学派。其代表人物勒朋在《民族进化的心理定律》中，通过对不同民族的心理进行比较研究后认为，"各种族间心理上之特性乃是极不相似，他们乃是受同一之外部影响而却各不相同的印入，其常生出的结果即一种绝对的与互相的不了解。此种不了解之出现，特别是在交通迅速使各民族易于接触以后"。奥地利精神分析大师弗洛伊德在创立精神分析主义心理学的过程中，把长期观察、研究、治疗心理疾病形成的精神分析理论迁移到民族心理研究中创立了一种独特的民族心理理论。1913年的《图腾与禁忌》和1939年的《摩西与一神教》，揭示了一神教的实质和起源，说明了犹太人与其他信奉基督教的民族分离的原因，并进一步论证了民族心理与宗教思想的密切关系，推动了民族心理研究的向前发展。1931年，美国心理学家高斯出版了《种族心理学》，把人的心理特点看做是遗传与环境共同作用的产物。他认为，种族不是一成不变的，它总是有起有落。从血统遗传的观点看，人类实际上只有一个种族，即人类种族。我

们今天所说的这些种族，仅仅是近亲繁殖的结果，或内部近亲繁殖的结果，是人类代代相传形成的一条川流不息的河流。种族心理学的真正问题是确定种族之间是否存在心理差异。在心理方面，种族之间是否平等，这只有通过科学测量才能获知。作为一种实验事实，种族在感觉、智力、颜色爱好、艺术欣赏等方面都不同程度地存在差异，但差异的原因主要在于文化、教育以及宗教传统的影响，而不在于遗传。

二、文化与人格的心理人类学研究

文化与人格的研究一直是心理人类学的主题，但近些年来，这一主题发生了改变，文化与自我的研究开始占据了重要的地位。这一研究重心的转移不仅加深了对人类文化、人类心理行为及其相互关系的理解，而且还开启了许多新的研究思路，涌现了一些新的理论探索。

（一）文化与人格的文化决定论

人类学和心理学的前期研究普遍认为人类个体的人格则是根源于生物本能，文化不过是生物本能寻求满足的副产品。美国文化人类学之父博厄斯的《原始人的心理》首先对进化论式的人类学研究提出了质疑，认为决定人类行为习惯的不是遗传因素，而是文化因素，这就是文化决定论。博厄斯的两位女弟子米德和本尼迪克特收集了翔实的第一手材料，为文化决定论提供了证据。1918年出版《萨摩亚人的青春期——为西方文明所作的原始人类的青年心理研究》和《三个原始部落的性别与气质》，全面阐述了文化塑造人格的思想。博厄斯学派全面阐述了文化对人格的塑造作用，开辟了心理人类学研究的新领域。文化人类学注重对文化制度的研究，忽视了文化主体的研究。而心理学只注重个体的研究，忽略了文化背景的作用。博厄斯学派则试图弥补两方的不足，把文化与人格结合起来。但是，博厄斯学派的理论并没有解决文化与人格的关系，没有真正使二者有机结合起来。

（二）文化与人格的交互作用论

精神分析人类学的代表人物林顿和卡丁纳都意识到了博厄斯学派在理论上

的缺憾，他们提出了文化与人格交互作用的理论，不仅强调文化在人格形式中的作用，而且重视人格在文化创造和变迁中的作用。他们对文化影响的分析主要着眼于决定个体童年早期经验的养育方式，对个体人格的分析，主要着眼于受文化影响而共同形成的基本人格类型或基本人格结构。林顿认为，一个社会所有成员由于共同的早期经验的影响，形成了一种共有的人格类型，即“基本人格类型”。[①] 基本人格类型是文化的产物，不同的文化背景下有不同的基本人格类型。但是，基本人格类型仅仅是个体人格的构成部分，而不是全部。文化塑造了基本人格类型，并通过它来影响个体人格。但基本人格类型又不完全决定个体人格，只是提供了一种发展趋势。文化正是由个体人格表现出来，个体人格通过基本人格的投射系统，以不同方式影响文化。卡丁纳采用风俗的概念来说明文化，把风俗又进一步区分为初级风俗和次级风俗。初级风俗指儿童出生时所面临的最基本的行为规则的总和，它是形成个体基本人格结构的文化基础。次级风俗是个体基本人格结构的投射物，包括宗教信仰、神话传说等。卡丁纳在个体人格中区分出了基本人格结构，用来指同一风俗中每个个体都具有的共同的“心理丛或行为丛的集合”。在初级风俗的影响下，形成社会个体相似的早期经验。相似的早期经验构成基本人格结构。基本人格结构成为个体适应外部世界的有效工具，并成为次级风俗的心理基础。那么，不同的社会风俗就会造就不同的基本人格结构。个体的基本人格结构是现存风俗塑造的结果；反过来，已形成的基本人格结构决定个体对周围事物的反应，从而导致现存风俗的改变或新风俗的创造。精神分析的人类学理论虽然强调了文化与人格的交互作用，但还是存在严重的不足或缺陷。要想真正地理解文化背景与个体心理的内在关联，就必须开辟新的思路。

（三）文化与自我的自主决定论

随着文化人类学的研究进展，一些研究者开始更多地从文化主体的角度来看待文化的性质、地位和作用。20 世纪 60 年代兴起的符号人类学和认知人类学就体现了这种从文化主体的内在心理意识入手的研究方向。美国哲学家和心理学家詹姆士、美国哲学家和社会心理学家乔治·米德早就考察过人的自我。

---

① 张海钟：《中国城乡跨文化心理学刍议》，《心理科学》2005 年第 5 期。

认为人格和自我是从不同的角度说明人的心理构成的概念。马赛拉等 1989 年主编出版了《文化与自我——亚洲和西方的观点》，汇总了有关文化与自我的研究。这些研究者通过跨文化的比较，特别是对东西方文化的比较，考察了自我在不同文化中的差异。人的自我是以一种开放的形式与文化发生作用的，文化不断持续地作用于自我，而自我经过对文化的理解再现或再造文化，从而影响或改变文化的某些方面。从这个意义上讲，文化与自我的研究避免了文化与人格的研究的主要缺陷。文化与自我是相互依赖的关系。文化不是外在于人的存在，而是通过人展现出来的。一个社会的文化，不取决于它的抽象意义是什么，而取决于社会成员对它的理解和解释。同样，人的自我也不是独立于文化的存在，而是通过文化形成和发展起来的。自我的实际构造和活动是因文化而异的。在不同的文化中，人的自我构造就会不同。马库斯和吉塔雅玛在其《文化与自我——对认知、情绪和动机的含义》中就指出了西方文化和非西方文化中的自我构造是不同的。文化并没有直接给定人的心理生活，人的心理生活是自我构筑的。这种自我构筑在于对自身心理生活的了解和解释。英国学者希勒斯和洛克在其主编出版的《本土心理学——自我人类学》中，就于包罗甚广的文化里，区分出了一个重要的构成部分，这就是有关人类心理的假设、理论、观点、猜想、分类和体现在习俗中的常识。这些本土的心理学涉及的是人的本性及其人与世界的关系，包含着对人的感受和行动方式及人怎样在生活中寻求幸福和成功的告诫。本土的传统心理学可以有两种存在水平，即常识心理学的水平和哲学心理学的水平。社会个体可以通过日常的交往活动和特定的精神修养来掌握本土的心理学传统。个体自我可以依此来理解、解释和构筑自已的心理生活。

综上所述，心理人类学的研究重心从文化与人格转向文化与自我，体现了人类文化的回归，也即从立足于文化，通过文化来看人，转向了立足于人，通过人来看文化。文化不再是一种外在于人的抽象的存在，不再是从外部对人的塑造和控制，而是人的创造，人的自我决定。体现了日常生活的凸显，也即从立足于人的抽象人格，转向了立足于人的日常心理生活。人的心理生活是人的最直接的现实体验，它可以是人主动构筑的。人对自身的心理生活有什么样的把握和理解，也就会构筑什么样式的心理生活，而这种把握和理解则有其文化的传承。

第二节　中国区域跨心理学视野的甘肃行政地理文化心理区域

中国主流的跨文化心理学主要研究的是不同民族的心理差异，没有把不同省或者不同区域人群的心理差异研究纳入研究范围，我们研究的中国区域和城乡跨文化心理学研究是将城市乡村、省域县域作为不同的文化区域来比较研究。甘肃是中国一个十分特殊的行政省区，地处黄河上游，位于我国的地理中心，东接陕西，南控巴蜀青海，西倚新疆，北扼内蒙古、宁夏，是古丝绸之路的锁匙之地和黄金路段，并与蒙古国接壤，东西蜿蜒1600多公里，纵横45.37万平方公里，占全国总面积的4.72%。人口2600多万，有汉族、回族、藏族、东乡族、裕固族、保安族、蒙古族、哈萨克族、土族、撒拉族、满族等民族。2007年年末，全省常住人口为2617.16万人。其中，城镇人口826.76万人，占全省常住人口的31.59%；乡村人口1790.40万人，占全省常住人口的68.41%；全年出生人口34.36万人，出生率为13.14‰；死亡人口17.39万人，死亡率为6.65‰，人口自然增长率为6.49‰。甘肃省共有55个民族，少数民族人口219.92万人，占总人口的8.75%。人口在千人以上的16个，主要少数民族为回、藏、东乡、土、裕固、满、保安、蒙古、撒拉和哈萨克族。

甘肃省以黄河为界，可以分为河西和河东。黄河以西是河西走廊，总人口约500万，土地宽广，沙漠戈壁中散落着大大小小的几十个绿洲，形成21个县（市、区），组成5个市，从西到东分别是嘉峪关、酒泉、张掖、金昌、武威，其中嘉峪关、金昌是纯粹以酒泉钢铁集团和金昌有色金属集团为依托的工业城市，酒泉、张掖、武威是农业城市。嘉峪关市六街道、三镇：五一街道、新华街道、前进街道、胜利街道、建设街道、镜铁山矿区街道、峪泉镇、文殊镇、新城镇；金昌市一区一县：金川区、永昌县。武威市一区三县：凉州区、古浪县、民勤县、天祝藏族自治县。张掖市一区五县：甘州区、山丹县、民乐县、临泽县、高台县、肃南裕固族自治县。酒泉市一区二市四县：肃州区、玉门市、敦煌市、金塔县、瓜州县、肃北蒙古族自治县、阿克塞哈萨克族自治县。河西走廊虽然气候恶劣，但依靠祁连山雪水灌溉，绿洲土地肥沃，城乡居民生活水平明显好于河东地区。河西走廊的宽阔平原绿洲环境和陇右文化与西域文化杂糅的河西文化，特别是民族杂居的影响，使得居民的性格更加原始、厚道、豁达、开阔，但也表现出进取性、开拓性不足。黄河以东有兰州、天水、白银、定西、庆阳、平凉、陇南、甘南、临夏7市2州，总人口2100万，其中甘南、临夏为少数民族自治州。省会兰州市，天水、嘉峪关、平凉、酒泉、张掖、金昌、白银等为省内主要城市。河东地区的兰州市下辖五区三县：城关区、七里河区、西固区、安宁区、红古区、榆中县、皋兰县、永登县。白银市下辖二区三县：白银区、平川区、会宁县、靖远县、景泰县。天水市下辖二区五县：秦州区、麦积区、清水县、秦安县、甘谷县、武山县、张家川回族自治县。平凉市下辖一区六县：崆峒区、泾川县、灵台县、崇信县、华亭县、庄浪县、静宁县。庆阳市下辖一区七县：西峰区、正宁县、华池县、合水县、宁县、庆城县、镇原县、环县。定西市下辖一区六县：安定区、通渭县、陇西县、漳县、渭源县、岷县、临洮县。陇南市下辖一区八县：武都区、成县、两当县、徽县、西和县、礼县、康县、文县、宕昌县。临夏回族自治州下辖一市七县：临夏市、临夏县、康乐县、广河县、永靖县、和政县、东乡族自治县、积石山保安族东乡族撒拉族自治县。甘南藏族自治州下辖一市七县：合作市、舟曲县、卓尼县、临潭县、迭部县、夏河县、碌曲县、玛曲县。河东的地理环境是山岭纵横，沟壑遍地，出门下沟，进门爬山，劳作辛勤，经常发生饥荒，天水、白银、定西、庆阳、平凉、陇南等市属于黄土高原地带，均为山区，农业经济不如河西5市，除天水、白银外，基本没有工业经济，即使天水、白银两个工业城市，现在也是天水工业倒退，白银资源枯竭，所属县域以农业为支柱产业，因为土地贫瘠，雨水稀少，靠天吃饭，城乡居民生活水平普遍较低，其中多数县是国家级贫困县。河东文化（包括陇中文化、陇东文化）属于陇右文化，基本上是秦文化的延伸，这种地理环境和历史文化造成了压抑、竞争、好强的性格，但也表现出比较多的忍耐、迷信。

第三节 甘肃县域文化与居民人格的区域文化心理学研究思路

中国有句古话叫做“十里一风，八里一俗”，风俗是文化的集中反映。中国是一个地理、历史、文化、土地大国，不仅不同民族在语言、神话传说、生活习惯、宗教信仰等方面存在巨大差异，而且由于地理、历史、经济、政治等原因，不同大区、不同省区乃至不同县乡、不同自然村的语言（方言）、生活习惯、风俗习惯等方面也存在巨大差异，这些差异基本可以归结为文化差异，因为人类学、文化学领域的广义的文化包括了人类所创造的一切物质和精神文明的总和。按照心理人类学和文化人类学的观点，风俗既是文化现象也是心理现象，通过风俗的描述分析和实证研究，不仅可以概括文化，也可以概括区域性格。

县是中国行政区划中的基本单位，也是中国历史上历时最长的行政组织机构。中国人的区域风俗和文化认同主要是以县为基本单元，所谓乡情、亲情都负载在县这个概念之中。县意味着家乡、亲人、亲戚、老乡，到了县境，就意味着安全感、归属感。在数千年的文化和社会变迁中，中国以县为地理、历史、社会、政治、经济、心理区域，积淀形成了各自独特的地域文化群体性格，这些群体性格反作用于地域文化，相互助长，成为地域文化特色的核心特质，这些特质具有潜隐性、固着性、排他性，有些县域文化性格更加积极、宽和，与主流文化匹配融合，有些则比较消极、狭私，与主流文化相对抗，从文化学、历史学、心理学、社会学、人类学角度，开展县域文化与居民性格研究，为区域和谐社会建设提供决策依据，具有独特的现实和理论意义。

20世纪80—90年代，甘肃的心理学家更多注重民族区域跨文化心理学的研究，比如临夏回族自治州的东乡族、保安族；甘南藏族自治州的藏族、蒙古族以及张掖市肃南县裕固族的研究，研究成果更多是偏重于人口学变量影响下的性别、年龄、民族心理差异描述，缺乏真正的民族区域文化与民族性格的理论分析。而且，就汉族为主的县域文化与居民性格研究基本空白。我们自2006年以来开展的区域文化心理学研究，主要是甘肃河西河东两大区域和各个市域居民性格、刻板印象、攻击性、人际信任、老乡认同、心理健康等方面的研究。目前正在扩展省际比较研究，但县域文化与心理研究尚未开始。限于篇幅，我们以自己家乡——甘肃靖远县为例来初步探索县域文化与居民性格的关系。

第四节　县域文化与居民人格的区域跨文化心理学案例解析

首先可以引用靖远政府旅游网站的资料：靖远汉武置县，骞开丝路，民俗风情多彩多样，文化底蕴非常深厚，历史文化遗产丰富；中华民族的母亲河——黄河流经县城154公里，有雪山、戈壁、草场，还有黄土地貌、黄河峡谷等险峻地貌；靖远物产丰富，人文景观的发展已初具规模，美妙的田园风光，许多现代文明也可圈可点。靖远县位于黄河上游，甘肃省中东部，是古丝绸之路北路上的要道，距兰州140公里，处在兰、宁、呼经济带的几何中心，有"秦陇枢机，金城锁钥"之称；全县5809.4平方公里，辖18个乡镇,46.3万人，南北长135公里，东西宽120公里，地域广大，前景广阔；国道109线、省道207线、308线、白宝铁路、刘白高速公路穿境而过，京呼银兰光缆横穿全县，交通便捷，通讯方便。靖远造化毓秀，景观旖旎，黄河带两岸，屈吴襟三陇，一川烟霞，百顷碧畴。县内旅游资源丰富，其分布大体呈现"一带两山一线"的特点：一带指的是黄河沿岸带，黄河乌金峡、大浪天险、鹞子翻身、洋人招手、黄河飞虹、北湾河心岛、中流砥柱、虎豹口—红军渡、黄河风情园、碾湾生态园、乌兰耸翠、鹿鸣泰和、小口枣园、大庙梨园、大坝高效农业观光园、祖厉秋风、月河晚照、瓜园度假村、黄河水车、黄河古渡、羊皮筏子探险漂流、冲锋舟冲浪等主要旅游景区景点都分布在这个带上；两山主要是指屈吴山和哈思山，以自然风光为特色，有屈吴春嶂、雪岭堆银、原始森林、高山流水、雪山、草场以及云台山的旱塬风情等，在这里您可以尽情地领略大自然、享受大自然，陶冶性情；一线指的是丝绸之路线，以古城堡、石窟、寺庙、岩画、雕塑等人文景观为特点，主要景点有平滩堡祖厉古城、北城滩遗址、明长城及烽燧遗址、哈思吉堡、黑城子古城堡、吴家川岩画、法泉寺石窟、接引寺石窟、红罗寺石窟以及三槐树、钟鼓楼、乌兰山等古建筑及仿古建筑群。靖远已命名的名片有：全国科普示范县，全国基本普及九年教育、基本扫除青壮年文盲县，全国残疾人康复工作先进县，甘肃省发展个体私营经济十强县，甘肃省双拥模范县城，甘肃省卫生县城。是全省最大的稻米基地、羔羊肉集散地、亚洲稀土基地、甘肃煤都、陇原文化县、甘肃菜乡，被誉为"陇原水旱码头"、

"黄河明珠"、"灵秀之地"、"建筑之乡"、"中国西部历史文化名城"。

一、文化类型参照与靖远区域文化解析

然而前述历史沿革文化特色只是正面、积极、宣传性的介绍，要想真正描述分析、综合概括靖远人的文化与性格，还必须认真研究靖远的文化习俗与行为习惯。作为一个县，靖远文化首先具有中国文化的特征，比如以儒家文化为主流的自强不息的政治文化、以道家文化为主流的顺应自然的人生文化、以佛家文化为主流的心灵向善的宗教文化；比如按照酒神文化和日神文化区分，更多地表现为日神文化；按照阿波罗式文化和浮士德式文化区分的阿波罗式文化定向。同时作为甘肃省的一个县，其文化特征必然打上甘肃文化的烙印，比如按照男性文化和女性文化进行划分，靖远文化更多地表现为男性文化，按照游牧文化、农业文化、工业文化、信息文化的划分，靖远文化更多地表现为农业文化。按照乡土文化和都市文化的划分，靖远文化更多地表现为乡土文化。如果按照中国文化的区域历史划分，甘肃文化主要可以概括为陇右文化、陇东文化、陇中文化、河西文化，则靖远文化属于陇中文化和陇右文化的杂糅融合。

靖远文化从区域和行业视角可以区分为四种，第一种是县城文化，可以定义为市民文化；第二种是水地川区文化（靖远人把黄河沿岸的北湾乡、东湾乡、糜滩乡、水泉乡、陡城乡的人把自己称为"水地里人"。可以定义为精耕农业文化；第三种是山区乡村文化（靖远人把靠近会宁、海原、中卫等县地的高湾乡、大芦乡、共和乡、东升乡、永新乡等乡村的人称为"乡里人"），可以定义为粗耕农业文化；第四种是矿区文化，可以定义为企业工业文化，但这种仅仅存在于靖远矿区（1985 年行政区划上已经划给平川区，但实际上平川文化还是靖远文化）。

按照现代当代文化与文明的衡量标准，靖远文化所塑造的居民性格有自己的优势和积极品质，这些积极品质造就了靖远人的总体外在形象和刻板印象，即开拓进取、文教立家、耕读传家、热情好客、孝顺父母、勤俭节约、重视名节等。

（一）开拓进取：靖远文化所塑造的居民性格是一种开拓进取的性格，无论何时何地，无论是当农民，做公干，无论是搞教育，兴文化，靖远人都不甘

心落在他人之后。当农民，比试谁的庄稼长得好，谁的耕种技术好；搞教育，比试谁的孩子学习好，谁家孩子读的大学高；重文化，比试谁家过年对联写得好，谁家上房中堂高雅。鄙视、谴责、讨伐那些懒汉、泼妇、二秆子、二流子。崇拜有大气之人，敬仰有本事之人。

（二）文教立家：靖远文化非常重视文化传承，以家庭为单元的文化传承，其内容更多是儒家思想和儒家文化。家庭教育的核心还是孝敬、勤俭、诚信、谦让、忍耐。道德舆论谴责更多的是不孝子孙，铺张浪费、不讲信用、行事张扬、缺乏城府。不仅喜丧嫁娶活动贯穿着文教礼仪教育，就是在同常生活中也是处处体现文化教育。尤其是亲戚朋友的相互来往中，非常讲求长幼有序，尊长爱幼，注重学问，表扬技能。

（三）耕读传家：靖远文化传统与中国传统农业文化社会一样，城乡社会的家庭院门很容易见到“耕读传家”匾额。“耕读传家”观念流传深广，深入民心。因为古代社会，耕阳可以事稼穑，丰五谷，养家糊口，以立性命；读书可以知诗书，达礼义，修身养性，以立高德。所以，“耕读传家”既学做人，又学谋生。进入现代社会，工业文化、商业文化获得一定发展，但多数农业乡镇的农民家庭，继续以耕读传家作为家庭发展理念。绝大多数农民子弟一方面劳作于田野工地，另一方面积极攻读，不仅比劳作技术，更比学历水平。

（四）孝顺父母：中国文化的一个重要内涵就是孝顺。靖远文化传统也不例外。无论是县城的小市民社会还是农村的农民社会，都是通过道德舆论谴责和表彰的方式，通过榜样示范和事迹传播的途径，弘扬孝顺，贬斥不孝。因此，大多数子女都很孝顺父母，尊敬老人，不孝子孙往往被社区人群边缘化，失去得到帮助的机会。一旦家庭有个三长两短，就会陷入孤立无援的境地。进入现代社会，这个传统正在悄悄改变，子女越来越少，进城做工后，很少回家，但内心仍然延续着传统的孝顺情感。

（五）勤奋节俭：勤奋节俭是中国农业社会的一个基本生活准则，即使到了现代社会也不例外。靖远文化与全国农业社会一样，讲求勤奋节俭。平常同子都是粗茶淡饭，服饰清素。但招待客人却不吝啬，往往是最好的食物。特别是喜丧嫁娶红白事，一定会充分表现大方大气大度。可是，随着商品经济、市场经济的发展，传统的生活观念和方式正在改变。大家都以不勤奋而灵巧致富为榜样；以不节俭而体面生活为效仿。

（六）重视名节：名节就是名誉和节操，是中国古代儒家思想对人的道德要求。失却名节的人往往受到谴责和排斥。靖远文化也比较重视名节，比如宁可站着生，不能跪着死；宁可饿死，不受他人施舍；跪天跪地父母而不跪强暴；杀人偿命，借债还钱：富贵不能淫，威武不能屈，贫贱不能移。但老百姓往往做不到，为了生存，只能把名节藏在内心。只有知识分子可以坚守。可是到了现代社会，名节思想逐步淡化，人们越来越实用，只要有钱，没有人会把名节看得重，只是议论而已。

二、靖远民俗文化特色描述与分析

除了这些简单宏观的理论区分以外，作为一个童年少年在靖远家乡农村游戏学习劳动、青年早期在中心城市攻读学位、青年中晚期和中年早期在中等城市工作、随后再次进入省城工作的学者，一个城乡边缘人，一个多文化个体，我们通过耳闻目睹和理论概括发现，靖远风俗文化、饮食文化、生产文化等，与省内外许多地区相比较，具有很大特色。

1. 赌博风气全省第一

靖远人的赌博，可以说是全省第一。无论父母、妻子、亲戚多么辛苦劳作，男人也必须要赌博，小到一两元，大到十万百万，赢了继续耍，输了要么开煤矿挣钱，要么动脑子骗诈。一到逢年过节，大人小孩莫不忙着打麻将、摇单双，赌博起来父子同席、婶侄同炕，只认输赢，不认亲友。有个男人开煤矿，年底收入百万，过年都输完，侄女穷得要死，一分不给。男人赌博赢钱，女人送饭，男人一旦输了，女人寻死觅活。为了赌博债务，几乎每天都有打架斗殴。其中主要原因是农村文化生活贫乏，同时也是传统习惯的惯性。

2. 宗教风气全省之冠

全省没有一个县像靖远这样，每个村庄都有一个寺庙，甚至有的一个村庄几个庙宇，而且庙宇里面供奉的神灵千奇百怪，从孔夫子到太上老君，从吕祖爷到齐天大圣，从狗娃神到河神，从马王爷到毛主席，儒释道、方神、现世神全部塑身供奉一个寺庙。20 世纪 80 年代以来，由于主流文化的没落，靖远文化整体向传统回归。农民的主要文化活动就是庙会。家庭生活的不顺利、家庭成员的疾病、家庭人际关系恶化等问题，首要的解决方法是问神或算卦。问神就是提斩子、提角子。角子就是神灵的代言者。村民到庙里请求神灵示意，角子就向神灵请示，随后便神灵附体，以神灵的名义和口气给予“训示”，简称为“训”。“训”通常都是以古代格律“诗”的形式，由录生写在黄纸上。一般语言晦涩，很难理解其中含义。但神灵附体的角子会告诉求助者，如何采用宗教形式化解灾难。比如阳宅子有问题，就请神斩安顿，比如阴宅子有问题，就需要迁坟。

3．传宗意识深入骨髓

甘肃省没有一个县像靖远这样爱生孩子，从农民到国家干部，几乎没有只生一个孩子的，以至于20世纪80年代工作的干部都得了“副科病”（为了遏制生孩子，县委县政府作出决定，从1992年起，所有超生的干部一律不得再晋升职务，许多干部从此成为永远的副科级干部）。许多中小学教师成了永远的中级职称。但大家都不后悔，因为没有男孩的家庭会被人议论，感到非常自卑。当然更主要的是考虑自己的养老问题。作为一个以农业为主要生产方式的县份，居民不得不考虑60岁以后的家庭劳动力问题，没有男子当家，不仅会被人欺负，还会老无所养。女子出嫁后就是婆家的人，照顾娘家父母的能力非常有限。

4．男性文化绝对权威

靖远还有一个非常突出的现象，男人平时都不进厨房、不做饭，多数男人不会做饭，但过事情（婚丧嫁娶）多半是男人做厨师。这都是古代近代传统农耕社会形成的习惯，因为在那种社会中，女人是被男人养活的，女人都是裹成小脚的，不用下地干活，主要任务是操持家务。但进入现代社会后，女人要和男人一样下地劳动，劳动后，不管女人有多么劳累，回家还必须做饭洗衣服照顾孩子。当有客人时，女人一般只到厨房吃饭。他们认为即使娘家房子空着，女人也不能住娘家的房子，否则会给娘家带来灾难。

5．老乡观念固执排外

靖远县城“港口”很硬，非本县干部做县长很难有所成就。靖远人办许多事情都不想通过国家法律、制度途径解决，以舞弊、徇私手段办事为光荣。他们认为通过非正常手段套取国家资金然后胡花一通是有本事的表现。长此以往，人民都不再崇拜有学问的人、有技术、有志气的人，而是羡慕坑蒙拐骗的人。许多学生进入大学后不是想如何通过努力学习考试获得好成绩，而是成天琢磨认识一个有权力的老乡，靠作弊、仗势、假威而通过考试，惹是生非成为普遍现象。20 世纪 80 年代，靖远中学有好多优秀的教师，是中学生崇拜的学者，但因为得不到提拔重用而调离。

6．月经禁忌源流深远

月经禁是最典型、最强制性的风俗习惯。比如忌女婿在岳父家中同室住宿，俗谓“女婿上床，家破人亡”。比如忌女性大年三十晚上在娘家过年。忌女性将月经流在娘家房屋任何地方，如果女性将月经流在娘家，娘家哥哥就要用犁地的犁从娘家一直犁回婆家，方才可以免去灾祸。这些民俗不仅存在于现当代汉族村庄、少数民族村落，而且也存在于世界许多原始部落，乃至中国当代一些城市的中老年一代市民心理深层。考察其源流，乃是古俗之遗传，其心理意义在于如果既嫁女儿与女婿在家同床，象征女儿招汉子卖淫；女儿既然嫁出，便是婆家人，作为养育他人家族后代身体生理基础的经血，如果流在娘家，象征娘家成为婆家生育的地盘；至于不让女儿在娘家过年，则是为了避免邻居议论自己女儿不贤被婆家逐出家门。但归根到底是因为女性经血不洁的观念，追根溯源，乃是原始人经血恐惧心理的积淀和流变。而这种经血恐惧是因为原始人的思维没有逻辑或处于前逻辑发展阶段。同时，处女第一次性交后的矛盾情绪反应也是导致经血恐惧的深层心理原因。

7．死亡禁忌遍布日常

比如人死在家外，不论男女老少忌再进家宅，只能停尸户外。死去亲人的小辈谓有“生孝”，忌去别家走动。未成年男女，已婚未生子女者，以及死于产期的产妇忌埋入祖坟内。人刚死之后，未经选择，忌动哭声。妇人产小孩，产房门口挂红布，忌他人进入。制醋酱房门，悬挂红布，忌他人进入。亲友互相忌讲长辈姓名及诨号，家庭小辈忌称长辈姓名，同时同辈忌互称乳名。衣服扣子忌钉双数，谓“四六不上身”。老人死后寿衣忌穿双件、毛料和皮衣，被褥忌用缎子（谐音断子）。修盖房屋屋基忌砌双层。双方嬉玩忌玩弄对方帽子和以铁器指对方。忌一年之内兄弟二人先后结婚，忌姐妹二人同年出嫁。忌借房给别人结婚，民谚有：“宁借房给别人停丧，不借房给人成双”之说。未成年的小孩死了，尸体忌从大门出，须从墙头转出埋之。上炕忌不脱鞋，有谚说：“上炕不脱鞋，死了没人埋。”死者葬埋三日内，孝子每日日落前往坟地送水火，忌和别人说话。男女年龄忌说逢九之数。农村忌宅院内动土木。忌在牲畜圈内便溺、解手。忌对小孩说“肥”。坟地内忌挖土。忌近亲结婚。忌用餐时以筷子敲打碗碟。孝子百日内忌剃头、理发，妇女忌穿花红衣服。

8. 修房比赛代代相传

之所以说修房比赛，那是因为靖远人修房子，不仅是为了居住，更多是为了风水。同一个村庄，作为农民，显示自己和家庭地位的主要是房子，这和城市人比住房大小一样。如果邻居家修了新房子，而且修的比自己房子高，那就一定要翻修房子，而且要比邻居家高。高了才能占天时地利，才能聚集财富，才能保证家庭和睦，人丁旺盛，生活平顺。否则就认为自己的家庭被邻居压住了。靖远人的房子非常传统，上房一定居中，而且高于其他房间。上房两边两个耳房，相当于半个上房大小。东房是厨房，相当于上房的三分之二大小。西房则可以大可以小，主要是孩子或常住的亲戚居住。男人一生有三大任务，第一是为父母养老送终，第二是为孩子娶上媳妇，第三是修一院房子。每一代人都是如此，而且要与邻居、亲戚的房子比较。房子高大就是一个男人最大的成就。

9. 乡镇文化各具特色

如前所述，靖远县城文化是典型的小市民文化，居民中除了国家干部、教师医生，多数都是摆摊设点的商人，主要特点具体表现为计较小利，亲戚到家，一个劲倒水喝，即使待上一天也不会给你饭吃。水地川区文化是典型的精耕农业文化，黄河滩为居民提供了坚实的农业基础。但耕地面积比较小，只能精细耕作，选拔种子，种植时间，浇水次数，薅草工具，都不敢马虎，劳作十分辛苦，但有足够的蔬菜；山区乡村文化是粗耕农业文化，干旱荒芜的黄土高原山峦，家家都有数百亩旱地，种植小麦，往往二尺宽种一垄，一旦种上，只有期盼老天下雨，几乎不用锄草。只要收成好一年，几年都有粮食吃，当然吃饭也简单，不过大蒜就锅盔。浆水面的产生就是因为没有蔬菜、酱油、醋，面条甜得难以下咽，把好不容易得到的莲花白菜叶子放在水里发酵发酸，然后用来下饭。川区的农民原来并不知道浆水面，都是山区媳妇带来的习惯。矿区文化是企业工业文化，但这种仅仅存在于靖远矿区，主要特征就是经济头脑和生活匪气。因为矿区的后裔来自天南海北，没有传统文化积淀，矿区内干部职工都是外省外县人，企业文化的特征就是崇拜钱财，每个人每天的任务就是设法搞钱，养成了不顾一切手段赚钱的风气。同时霸气匪气成为征服的必要性格，每个人都极力培养自己的霸气，以便在竞争中获得支配地位。

三、靖远文化与靖远居民基本人格类型

我们还可以进一步以卡丁纳的风俗概念来说明靖远文化与靖远人的文化心理模式。风俗是特定社会文化区域内历代人们共同遵守的行为模式或规范。人们往往将由自然条件的不同而造成的行为规范差异，称之为“风”，而将由社会文化的差异所造成的行为规则之不同，称之为“俗”。所谓“百里不同风，千里不同俗”正恰当地反映了风俗因地而异的特点。风俗是一种社会传统，某些当时流行的时尚、习俗、久而久之的变迁，原有风俗中的不适宜部分，也会随着历史条件的变化而改变，所谓“移风易俗”正是这一含义。风俗由于一种历史形成的，它对社会成员有一种非常强烈的行为制约作用。风俗是社会道德与法律的基础和相辅部分。民俗，即民间风俗，指一个国家或民族中广大民众所创造、享用和传承的生活文化。它起源于人类社会群体生活的需要，在特定的民族、时代和地域中不断形成、扩大和演变，为民众的日常生活服务。这里讨论的风俗主要指的是民间风俗。就今日民俗学界公认的范畴而言，民俗包含以下几大部分：生产劳动民俗、日常生活民俗、社会组织民俗、岁时节日民俗、人生仪礼风俗、游艺活动民俗、民间观念风俗、民间文学风俗。观察和资料分析发现，其他风俗方面，靖远人与省内其他市县差异比较小，而前述八个方面差异比较大。这些风俗都可以被视为卡丁纳的初级风俗的组成部分，初级风俗指儿童出生时所面临的最基本的行为规则的总和，它是形成个体基本人格结构的文化基础。这些初级风俗通过儿童社会化过程塑造了靖远人的迷信性格，其本质是死亡恐惧和家庭安全意识，是靖远人个体人格基本人格结构组成部分，是靖远同一风俗中每个个体都具有的共同的“心理丛或行为丛的集合”。基本人格结构成为个体适应外部世界的有效工具，并成为次级风俗的心理基础。靖远人可以将生活中发生的一切现象用迷信风俗给予解释。进而为了使这些解释更合情合理，不断编制各种宗教和神话传说，形成个体基本人格结构的投射物的次级风俗。在初级风俗的影响下，形成社会个体相似的早期经验。相似的早期经验构成基本人格结构。那么，不同的社会风俗就会造就不同的基本人格结构。个体的基本人格结构是现存风俗塑造的结果；反过来，已形成的基

本人格结构决定个体对周围事物的反应，从而导致现存风俗的改变或新风俗的创造。正如前文所述，采用精神分析理论指导下的文化与人格相互作用理论，运用基本人格结构和风俗理论来解释文化与人格仍然存在牵强，更深层次的分析和综合需要运用自我理论。

历史上的靖远始终尚武，翻开史志，屈指可数的名人都是将军，尤其是明朝设立靖虏卫、靖远卫，强化了靖远人的尚武意识和斗争精神。靖远方言多是舌尖儿化音，说话速度很快，外地人总认为靖远人说话像吵架；靖远人到了外地最爱认老乡，但老乡很难团结；因为每个人都很要强，互相难以服气，都要做“老大”；靖远人很爱卖派，生怕别人不知道自己的家庭和自己的本事；概括起来，靖远文化的核心是农耕文化、男性文化、迷信文化、尚武文化。这些文化特征与靖远人强悍、迷信、刚烈、匪气、卖派的基本人格类型形成相互作用。按照林顿的理论，基本人格类型是文化的产物，不同的文化背景下有不同的基本人格类型，靖远文化类型与靖远居民性格彼此消长，相互强化，聚集为靖远区域文化心理类型，形成靖远人的内群体偏好，也形成了省内其他市、县区域的外群体对靖远人的刻板印象。

总而言之，在数千年的文化和社会变迁中，中国以县为地理、历史、社会、政治、经济、心理区域，积淀形成了各自独特的地域文化群体性格，这些群体性格反作用于地域文化，相互助长，成为地域文化特色的核心特质，这些特质具有潜隐性、固着性、排他性，有些县域文化性格更加积极、宽和，与主流文化匹配润和，有些则比较消极、狭私，与主流文化相对抗。从文化学、历史学、心理学、社会学、人类学角度，开展县域文化与居民性格研究，为区域和谐社会建设提供决策依据，具有独特的现实和理论意义。

第八章
刻板印象理论与市际省际相互刻板印象研究

刻板印象是心理学领域中一个重要的研究课题，特别是社会心理学与认知心理学的研究焦点。刻板印象是由新闻记者 Walter Lippmann 于 1922 年首次提出的。Lippmann 将刻板印象看做是一个人在社会化过程中所获得的文化上、语言上和思考方式上的反映。《心理学大词典》对刻板印象的定义是：对一群体或一群人的一套相对固定的、简单化的、过分普遍的看法①。在社会心理学研究领域，刻板印象的系统研究已有七十多年的历史，并且形成了社会文化学、团体动力学和社会认知学派三个主要学术流派。近二三十年来，随着认知心理学的发展，刻板印象研究的方法从直接测量向间接测量过渡，同时，刻板印象从研究刻板印象的内容转移到研究包含在刻板印象化中的认知过程上，不再特别强调刻板印象的内容而更关注于刻板印象形成或发展的内部认知机制。刻板印象是导致区域社会心理冲突的主要原因，因此便是区域跨文化心理学的主要课题之一。

第一节　中国心理学刻板印象研究的回顾与反思

随着心理学的发展及认识事物的需要，刻板印象成为一个十分热门的研究主题。在短短的几十年中，研究者从不同的角度研究刻板印象，使得对刻板印象的研究已经形成了独具特色的研究方法和理论，本研究采用文献学中常用的

---

① 林崇德、杨治良、黄希庭：《心理学大辞典》，上海教育出版社 2003 年版，第 1405—1406 页。

词频分析方法对国内学者有关刻板印象的研究情况进行了梳理，总结出了刻板印象研究的现状及特点，并对刻板印象的研究进行了反思。

一、关于刻板印象研究的文献检索结果分析

为从总体上说明刻板印象的研究变化情况，我们从 CNKI 中国学术总库中，以“刻板印象”为检索词，以题名为检索项进行全文检索，共检出相关研究文献 490 篇。现从文献的年份变化、研究所关注的具体内容、研究的作者单位以及 2008—2009 年度心理学 CSSCI 来源期刊中刻板印象研究的分布情况等进行分析。

（一）国内有关刻板印象研究文献的年份变化

有关刻板印象的研究文献共检出 490 篇，统计结果显示，2000 年以前的研究较少，2004 年开始有关刻板印象的研究直线增加，2007 年、2008 年关于刻板印象的研究达到了最高峰，分别为 69 篇、70 篇，具体见表 8—1。

表 8—1　关于刻板印象研究文献的年份分布情况

年份（年）	2009	2008	2007	2006	2005	2004	2003	2002	2001	2000
篇数（篇）	53	70	69	56	39	30	13	12	12	2

（二）关键词所反映的关于刻板印象研究所关注的具体内容分布情况

对所检索到的 490 篇文献进行关键词的分组，通过归类发现，刻板印象的研究从内容向加工转移的过程中，研究的具体内容主要集中于性别刻板印象、文化刻板印象和职业刻板印象的研究。也有学者开始研究刻板印象的脑电定位，具体情况见表 8—2。

表 8—2 刻板印象研究所关注的具体内容分布情况

内容	刻板印象	内隐刻板印象、内隐、内隐社会认知	跨文化交际、文化定型、文化定式、地域刻板印象	职业性别刻板印象、职业刻板印象、内隐职业刻板印象、职业性别刻板印象	性别刻板印象、内隐性别刻板印象、性别角色、性别角色定型	ERP、P600
篇数（篇）	92	20	53	23	73	8

（三）国内关于刻板印象研究作者单位的具体情况

通过文献检索的结果发现，国内关于刻板印象研究的作者单位主要集中在高等院校，其中西北师范大学的研究最多，研究较多的具体作者单位见表8—3。

表 8—3 刻板印象研究的作者单位分布情况

作者单位	西北师范大学	华东师范大学	华中师范大学	山东师范大学	浙江大学	苏州大学	北京师范大学	江西师范大学
篇数（篇）	21	20	15	14	11	10	10	10

（四）2008—2009 年心理学 CSSCI 来源期刊中刻板印象研究的分布情况

2008—2009 年心理学 CSSCI 来源期刊共有 7 种，其中《心理学报》等 5 种期刊有关于刻板印象的研究文献，《心理科学》对刻板印象的研究文献最多，有 26 篇，其他几种心理学 CSSCI 来源期刊的研究文献具体情况见表 8—4。

表 8—4 心理学 CSSCI 来源期刊中刻板印象研究的分布情况

期刊名	心理学报	应用心理学	心理科学进展	心理科学	中国临床心理学杂志
篇数（篇）	6	4	7	26	2

二、国内关于刻板印象研究的分析与讨论

检索到的文献统计可以看出，刻板印象的研究受到了心理学界的普遍关注，也取得了较大的进展。从研究文献的年份变化、研究所关注的具体内容、作者单位以及2008—2009年心理学CSSCI来源期刊中刻板印象研究的文献四个方面，发现国内对于刻板印象的研究主要呈现以下的特点。

第一，随着心理学研究的不断深入，心理学研究的问题也日趋具体化，刻板印象的研究成为心理学界关注的热点，尤其在2004—2009年中，刻板印象的研究得到了突飞猛进的发展。

第二，刻板印象研究的内容主要集中在刻板印象形成或发展的内部认知机制上，主要的研究集中在性别刻板印象、文化刻板印象和职业刻板印象的研究。随着研究内容的变化，研究方法也从直接的研究方法向间接的研究方法转变。随着认知神经科学的兴起，事件相关电位、脑磁图、正电子发射断层扫描术、功能性磁共振成像等多种新技术开始被应用于社会认知与行为方面的研究。

第三，关于刻板印象研究主要集中在高等师范院校，西北师范大学、华东师范大学、华中师范大学、山东师范大学的研究较多，通过检索发现，刻板印象的研究最多的学者是王沛、佐斌、孙连荣、梁宁建等。

第四，2008—2009年心理学CSSCI来源期刊中，关注刻板印象的文章最多，主要关注刻板印象的内在机制，同时也较多地关注刻板印象在日常生活中的应用。从整个文献出版来源来看，心理科学26篇，社会心理科学7篇，心理科学进展7篇，心理学报6篇，CSSCI来源期刊对刻板印象的关注较多，说明国内心理学界对刻板印象研究的重视程度。同时，关于刻板印象的研究得到了各种资助，包括国家自然科学基金（6项）、国家社会科学基金（6项）、全国教育科学规划（4项）等国家级项目和一些省级项目的资助，更进一步说明国内学术界对刻板印象研究的重视，同时也说明研究刻板印象的必要性和迫切性。

三、国内刻板印象研究的反思

综上所述，国内关于刻板印象的研究取得了较大的发展，研究的范围和质量有了较大的提升，研究方法不断改进，研究的问题也具有了针对性。受到认知心理学的影响，刻板印象的研究开始从内容向加工转移，并取得了丰硕的研究成果。但国内现有的研究也有一些不足与缺陷，具体表现在：(1) 刻板印象研究的具体内容主要包括性别刻板印象、文化刻板印象和职业刻板印象，而对其他的方面如地域刻板印象的研究较少，随着社会的发展，区域之间的交流增多，人际交往日益密切，对于区域之间差异的研究愈来愈引起人们的重视。为了方便人们之间的交与合作，促进人与人之间更好的了解，对于区域之间人们的刻板印象研究是必不可少的。(2) 在现有的研究中，学者们还是比较侧重理论的研究，而对刻板印象的应用研究较少。(3) 研究对象方面，涉及较多的被试是大学生，而随着人口的流动，对各个区域整体居民刻板印象的研究显得非常必要。(4) 研究方法方面，学者们大多采用内隐的研究方法，刻板印象是社会心理现象，因此应该多采用一种社会学的研究方法来直观地研究群体现象，才能使刻板印象研究产生更大的影响力。

总之，刻板印象的研究仍将是当前心理学和社会学研究的热点课题，在国家及各政府部门的资助和学者们的不断努力下，刻板印象的研究必将取得更加实质性的进展。

第二节 区域刻板印象的研究方法及其进展

方法的革新推动着科学的进步，心理学和其他领域一样，依赖于研究方法上的进展，刻板印象的研究一直以来都是社会心理学和认知心理学领域长期令人瞩目的研究焦点之一，从社会心理学角度出发，刻板印象是指社会上对于某一类事物产生的一种比较固定的看法，通常与种族、地区、性别、职业、年龄有关。而从认知理论的角度出发，刻板印象可以定义为“一种涉及知觉者的关于某个人类群体的知识、观念与预期的认知结构”。[①] 刻板印象的研究经历了八十多年，最早的实证研究最早要追溯到 1933 年 Katz 和 Braly 发表的有关大学生刻板印象的实证研究，这一研究现在已经被引为这一领域的经典。随着 20 世纪中后期认知心理学的高速发展，刻板印象的研究方法由过去的社会心理学方法逐渐转移到了实验心理学方法，随着认知心理学研究方法的进步，社会认知的研究方法也随之更新，新的研究方向也层出不穷。刻板印象的研究方法也经历了从直接测量到间接测量的演变过程，刻板印象研究的视角逐渐从意识代码的角度演变到认知神经科学的角度，研究领域也逐渐扩展到自我刻板印象、他人刻板印象、种族刻板印象、性别刻板印象、职业刻板印象、区域刻板印象及元刻板印象。

一、区域刻板印象的学科溯源

刻板印象的研究一直都带动着社会心理学的诸多相关研究，区域刻板印象正是在众多社会心理现象中产生的颇具现实意义的研究，我们认为区域刻板印象一方面来自自然科学的重量化研究，另一方面也来社会科学重质化的研究。区域刻板印象的研究是以地域为界，地理区划、行政区划和文化区划是区域刻板印象的区划范围，区域刻板印象的形成基础之一就是区域跨文化心理学。区域跨文化心理学是将不同区域人群的心理共同性和差异性作为研究对象。其理论假设是不同区域的文化存在很大差异，因而其心理也必然存在很大差异。地理环境、生态环境、经济环境和区域文化的差异形成不同的文化类型、文化模式，并进一步形成不同的文化心理和很多内隐的文化心理特征，如思想观念、生活准则、价值体系、行为方式、民俗习惯、神话传说、宗教信仰以及语言特点等方面。区域刻板印象正是在这样一种区域文化圈内逐渐形成的较为内隐的思想观念。由于行政区域和地理区域的不同划分，形成了不同的地理文化观念和地理文化景观，而这种地理文化观念和地理文化景观又会在不断地适应与发

---

① Hamilton,D. L. & Trolier, T. K. Stereotypes and stereotyping: “Anoverview of the cognitive approach”, In: Dovidio, J. F & Gaertner, S. *Prejudice, discrimination and racism*. Orlando, FL: AcademicPress, 1986, pp. 127-163.

展中形成不同的文化心理特征，不同的文化心理特征又会形成特定的区域文化性格，与此同时这种区域文化性格又会反作用于环境与之相互作用，形成特定区域的不同的区域性格，而这种区域文化性格之间的彼此巨大的差异性又常常导致我们在认知时产生对特定人群的固有观念，区域刻板印象便产生于此，如：燕赵文化，“混血”的文化，融合了农耕文化和游牧文化；齐鲁文化，深受儒家思想影响的齐鲁文化、圣人之乡；荆楚文化，能文能武的部落，“唯楚有才，于斯为盛”、“绍兴的师爷湖南的将”。山西人的性格是复杂多变的，怕事、拘谨，羞于外露而又勇敢、放纵，具有献身精神。内蒙古人深受成吉思汗文化影响而形成剽悍、勇猛、尚武、豪爽、直接等一些特征。江苏人因受江南多水的自然环境影响和人文学术思想的影响，而形成感情细腻、思想含蓄、性格内向、胆小等一些特征。

二、区域刻板印象的研究方法

区域刻板印象的研究始终遵循着刻板印象研究方法，既注重量化研究也注重质化研究。随着刻板印象研究理论的不断深入，刻板印象的形成理论、刻板印象的表征理论、刻板印象激活理论、刻板印象的信息加工理论等一些重要理论的相继提出，其研究方法也从不断更新，逐渐从直接测量发展到间接测量。方法的更新也同样促进了刻板印象研究理论的新发展。

（一）区域刻板印象的直接测量方法

1. 自由反应法（free－response method）

自由反应法也可以成为自由联想法，它是评估刻板印象内容最容易的测验。一般的过程是直接询问人们对于给定群体的看法，要求人们回答他们对于不同社会群体感觉如何，并且用他们的回答作为其态度的指标。这个方法的优点是自由反应很容易获得，而且十分节约时间。因为固有联想模式会使得被试不需要经过多少的思考就可以给出回答。当一个人被问及对内蒙古人印象时，往往回答内蒙古人豪爽、强壮，问及对甘肃人的印象时，往往回答贫穷、保守、不思进取、故土情节，问及对山西人的印象时，就会回答黑煤窑、大老板等。可以认为这些特征与这些群体有紧密的联系，自由反应法已经被广泛地应用于研究刻板印象和社会态度上。

2．Kazt－Braly 法

Katz 和 Braly 测验作为种族刻板印象先驱研究，用最明显最基本的测验测量种族刻板印象。他们向被试提供一个列有 84 个特征的清单并要求被试选择那些看来是典型的某个种族人的特征。Katz－Braly 用这种测验进行了共 10 个群体测量，在为这 10 个群体进行过特征选择之后，要求被试选择 5 个自己认为上述 10 个群体最典型的特征。数据用被试对每一个群体给出特征的百分比来表示，对一些群体而言，有些特征十分一致。在 Gaertner 和 McLaughljn 的实验中，给被试呈现若干对字母串，当两个都是单词时要求被试回答“是”，其他情况则回答“否”。他们发现：白人被试对白人一积极单词对的反应比黑人一积极单词的反应快（如黑人—精明、白人—精明)。而这样的差异在消极特质判断中并未出现（如白人一懒惰、黑人一懒惰)。宁夏大学心理学家石文典也利用 Kazt－Braly 法进行了宁夏人刻板印象的研究，证实了宁夏人的刻板印象是由宜人性、认真性、外倾性、开放性、地区文化特征、神经质、外貌特征 7 个因素构成。但是这种方法的局限性是显而易见的，它只能用于对刻板印象内容的评估，它使得刻板印象的内容较多地局限于研究者提供的形容词，它无法明确所列出清单中特征的意义，通过这个方法被试只能报告，而不能辨别群体流行的刻板印象。

3．Gadener 和 Bighham 法

Gadener 法要求被试把群体按照多样的语义差别或者特征类型等级方面进行评估，然后计算出对每一个等级、每一个群体被试给出的平均比率，那些高于假定为中间值到统计学上认为很重要的值之间的比率可以被假定为刻板印象的一部分。方便起见，一些有最高的两极分化率（依据 t 值）的特征数字被用来定义刻板印象。Gadener 法属于刻板印象的差异方法的一种，它让被试对每一个特征适合于每一个群体的程度进行排序。这不仅带来了更精确的关于人们共识的测量，而且也带来了更精确的关于个体差异的标识。同时，它也获取了更清晰的概念，即刻板印象是一种存在于群体标识和特征之间的联想，而且是以强度来划分等级的。Bighham 法也是一种个体差异法，它是建立在个人认可基础上的刻板测验。假定约有 10 个特征依靠大家的共识被认定为刻板印象，每个人的刻像得分则代表了她（或他）对于这些特征的平均值，因为这个测验

是依据共识义刻板印象的，那些对刻板印象认同多一点的人可以被认为是拥有较强的印象。这种测验的促进作用在于对那些有刻板印象的个人之间差异的识别。这两种测量刻板印象的直接方法比自由反应法和 Kazt－Braly 法更客观的测量刻板印象，对区域文化下的区域性格和内隐的区域刻板印象的测量更具准确和客观性，也是直接测量法中使用较多的方法。

（二）区域刻板印象的间接测量方法

1. 投射测验（projective test）

投射测量是指被试把自己的思想、态度、愿望、情绪或特征等，不自觉地反应于外界的事物或他人的一种心理作用。McClelland 等人要求被试在对模糊照片或图画的反应中生发故事或对抽象的刺激生发描述的研究方法。他们利用对内隐动机的投射测量与对外显动机测量之间的比较得出结论，认为投射和直接测量所评估的对象是不同的。[①]Spangler 在使用元发现方法对成就动机的研究中也得出了同样的结论，认为对成就动机的投射测量要比与之平行的问卷调查测量具有更高的预期效度。[②] 投射测验目前在心理咨询和人格心理学研究领域的使用率较高，在区域刻板印象的测量中目前我国还没有使用该方法进行研究的，投射测验在区域刻板印象中应该能够很好的运用。投射测验所测量出的是内隐的思想观念，而区域刻板印象是在区域文化的影响下形成的对某类群体的特定的内隐观念。因此，投射测验是一种很好的测量区域刻板印象的方法。

2. 内隐联想测验（Implicit Association Test，**简称**“IAT”）

内隐联想测验（Implicit Association Test，简称“IAT”）是 Greenwald 等于 1998 年提出的一种通过测量概念词和属性词之间评价性联系从而对个体的内隐态度等内隐社会认知进行间接测量的新方法。[③] 内隐联想测验在生理上是以神经网络模型为基础的。该模型认为信息被储存在一系列按照语义关系分层组织起来的神经联系的节点上，因而可以通过测量两概念在此类神经联系上的

---

① McClelland, J. L. & Rumelhart, D. E. *An interactive activation model of context effects in letter perception*: Part 1. An account of basic findings. Psychological Review, 1981（4）.

② Spangler, W. D. *Validity of questionnaire and TAT measures of need for achievement: Two meta-analyses*. Psychological Bulletin, 1992（2）.

③ 蔡华俭：《Greenwald 提出的内隐联想测验介绍》，《心理科学进展》2003 年第 3 期。

距离来测量这两者的联系。内隐联想测验就是通过一种计算机化的分类任务来测量两类词（概念词与属性词）之间的自动化联系的紧密程度，继而对个体的内隐态度进行测量。它也是以反应时为指标，基本过程是呈现属性词，让被试尽快地进行辨别归类（即归于某一概念词）并按键反应，反应时被自动地记录下来。概念词（甘肃人、内蒙古人）和属性词（保守、豪放）之间有两种可能的关系：相容的（如甘肃人—保守，内蒙古人—豪放）和不相容的（或相反的）（如甘肃人—豪放，内蒙古人—保守）当概念词和属性词相容，即其关系与被试的内隐态度一致或二者联系较紧密时，此时的辨别归类在快速条件下更多的为自动化加工，相对容易，因而反应速度快，反应时短；当概念词和属性词不相容，即其关系与被试的内隐态度不一致或二者缺乏紧密联系时，往往会导致被试的认知冲突，此时的辨别归类需进行复杂的意识加工，相对较难，因而反应速度慢，反应时长；不相容条件下的与相容条件下的反应时之差即为内隐态度的指标。这样，概念词和属性词关系与内隐的态度一致程度越高，联系越紧密，辨别归类加工的自动化程度就越高，因而反应时越短，而不相容条件下，认知冲突越严重，反应时自然会更长，其间的差就会更大，表明内隐态度越坚定。可见，内隐联想测验是通过测量概念词——属性词之间的自动化联系强度继而实现对内隐态度的测量。国内关于区域刻板印象的研究大多使用该方法，IAT 作为一种测量内隐记忆的方法在区域刻板印象的测量是一种十分有效的方法。

3. 刻板解释偏差（Stereotypic Explanatory Bias，简称“SEB”）

刻板印象解释偏差是人们在与刻板印象不一致的情境中所表现出的解释偏差，它作为测量内隐态度的一种指标，反映了个人对某一社会群体的刻板印象在其信息加工过程中，无意识地发生的作用下刻板印象解释偏差的测量产生于社会认知方面的研究。实验具体要求被试完成相关问卷，以检测被试是否存在 SEB。问卷由若干句原因填空句子构成，但它们均只向被试呈现前半句，这半句写出的是事件的结果，而后半句要求被试根据自己的状况填写，即对前半句所描述事件结果进行归因。而研究者则通过计算个体归因后提出解释的数量以及确定解释本身的性质（内 / 外归因，或个人 / 环境归因）来计算出 SEB 值。SEB 研究方法把归因作为切入点来研究人的内隐态度来分析他们在态度上是否存在刻板印象，或者他们对社会群体的刻板印象是否对其信息加工过程产生了影响，这使得SEB具备了结合情境、自然激发人的内隐态度的特点。杨治良使用SEB证实了内隐地域刻板印象的存在[①]，佐斌使用SEB研究内隐刻板印象证实大学生中普遍存在内隐刻板印象，并且在性别上是有差异的。[②]国内的研究表明SEB具有较高的效度和信度，刻板解释偏差作为一种测量内隐刻板印象的方法对区域刻板印象的测量是有效的，区域刻板印象源于区域文化异质，其本质也是一种内隐刻板印象。因此，根据不同要求设计有效的SEB问卷是测量区域刻板印象的主要问题。

三、刻板印象研究方法最新进展

随着认知神经科学的发展，事件相关电位（ERP）、脑磁图（MEG）、正电子发射断层扫描术（PET）、功能性磁共振成像（fMRI）等多种新技术的应用，科学家发现了更多的神经结构与社会认知与行为有关。神经心理学、神经电生理、脑损伤以及脑功能成像的研究发现，杏仁核、前额叶、颞上沟、扣带前回等在社会认知中发挥特殊重要的作用。岛叶、右侧躯体感区、白质、基底节也参与社会认知过程，更一般性的认知与执行功能在认知过程中同时进行，共同作用于人的这一重要功能领域。穆岩、周晓林对这个领域国外最新研究动态进了初步的整理[③]。朱春燕等也对此进行了归纳与展望，并提出了今后的研究方向[④]。社会认知神经科学目前还处于横向拓展阶段，但未来研究需要纵向深入发展，需要社会认知科学与认知神经科学的紧密合作。目前，认知神经科学方法进行刻板印象的研究还主要集中在性别刻板印象和职业刻板印象，由于技术和条件的限制，刻板印象的认知神经科学方法的推广使用还不现实，区域刻板印象中运用认知神经科学方法将会从新的视角来审视刻板印象的研究，对现有研究从神经生理学上进行研究。朱滢利用ERP对文化与自我进行研究，表明作为内隐的文化时刻影响着对自我的判断，不同文化背景下，对自我的脑

---

① 杨治良、邹庆宇：《内隐地域刻板印象的IAT和SEB比较研究》，《心理科学》2007年第6期。
② 佐斌：《基于IAT和SEB的内隐性别刻板印象研究》，《心理发展与教育》2006年第4期。
③ 穆岩、周晓林：《国外最新研究动态：社会认知神经科学》，《心理科学进展》2004年第4期。
④ 朱春燕、汪凯：《社会认知的神经基础》，《心理科学进展》2005年第4期。

区激活的位置和程度是不同的。[①]因此，我们可以推测，源于区域文化差异的区域刻板印象在脑区的激活位置和程度上也是不同的，这有待于进一步的认知神经科学的方法来进行研究。区域刻板印象研究方法的革新将为区域刻板印象的现实研究带来新的机遇，区域刻板印象的研究又是区域心理学的主要研究内容，因此其方法的进步将有利于区域心理与区域文化的进一步融合，同时也将为和谐社会的建设作出应有的贡献。

第三节　中国区域性格刻板印象跨文化研究路径分析

中国幅员辽阔，物产丰富，历史文化悠久。中国面积 960 万平方公里，人口约 13 亿，共有 56 个民族，是世界上人口最多的国家，也是面积最大的国家之一，设有 4 个直辖市，23 个省，5 个自治区，2 个特别行政区。从地理学上可以划分为东北、西南、东南、西北、华北、华中、华南等大区，不仅各个区域的地理环境、历史人文、经济发展水平、民族构成、文化传统、生活方式不同，而且在认知方式、价值观念、行为方式等心理与行为的方面也有巨大差异。

因此，由于行政区域和地理区域的不同划分，形成了不同的地理文化观念和地理文化景观，而这种地理文化观念和地理文化景观又会在不断地适应与发展中形成不同的文化心理特征，不同的文化心理特征又会形成特定区域的区域文化性格，与此同时这种区域文化性格又会反作用于环境与之相互作用，形成特定区域的不同的区域性性格，而这种区域文化性格之间的彼此巨大的差异性又常常导致我们在认知时产生对特定人群的认知偏差，从而影响区域民众间的交流融合与文化互动，因此我们有必要在这种区域文化心理学的背景中开展跨文化的区域刻板印象的研究，这不仅只是想了解区域民众的区域性格，更重要的目的是对于区域刻板印象的研究可以使我们区分不同文化类型和文化模式下的区域刻板印象，从而促进各省区、各文化区域、不同城乡文化下民众的相互

---

① 朱滢：《“文化与自我”自序——兼论自我在哲学、心理学与神经科学上的一致性》，《宁波大学学报（教育科学版）》2007 年第 3 期。

交流与融合，从而可以为当代中国和谐社会建设提供相关理论依据，也为区域和民族政策的制定提供相关理论依据。

一、刻板印象的研究历史溯源

（一）刻板印象定义之论争

刻板印象是一种人类社会交往活动中十分普遍的认知现象，也是社会学领域内长期令人瞩目的研究焦点之一。自社会心理学诞生以来，刻板印象的研究得到了学者们的高度重视。而在心理学中它常常与偏见、歧视联系在一起进行研究，其间也历经坎坷，几起几落，甚至差点被人遗忘，直到认知心理学的出现才恢复了应有的生机。刻板印象这一术语最初是由一位叫 W. Lippmann 的新闻记者在其著作《公众舆论》一书中提出来的，他发现成见或者沿用他的描述是“脑中的图像”，对决定个体对于人与事的知觉影响很大，他认为刻板印象是按照性别、年龄、职业、种族等进行社会分类而形成的对某类人的固定看法。[①] 在 W. Lippmann 对刻板印象这一术语的提出之后，引发了心理学者的广泛关注，也正因为如此，对刻板印象的看法与定义也是层出不穷，各执一端，不同时期不同的心理学家对其有自己的理解。Rosenberg 认为刻板印象是把个体特征和社会类别联系起来的假设和认知结构。[②]Ashmore 和 Delboca 指出，刻板印象是对某一类人的固定看法。[③]Hilton 认为，刻板印象是社会对某类群体的特征所做的归纳、概括的综合。[④]Wheeler 和 Petty 将刻板印象定义为某个特定社会类别的成员快速的与一组特征性属性相联系[⑤]。还有学者认为刻板印象是由人们对某些社会群体的知识、观念和期待所构成的认知结构，作为

---

① 王沛：《刻板印象的社会认知研究述论》，《心理科学》1999 年第 4 期。

② Rosenbergs, N. *A multidimensional approach to the structure of personality impressions*. Journal of personality and social psychology, 1968 (9).

③ Ashmore, R. D., & Delf, K. B.“what research on physical attractiveness can teach us”, In: lee J. Jussim(Eds). *Accuracy of sterotypes: toward appreciating group differences*. Washing, DC: American psychology Association,1995, p. 64.

④ Hilton, J. L., & Hippel, W. *Sterotypes*. Annual Reviwe of psychology, 1996 (4).

⑤ Macrae, C. N., stangor, C., & Hewestone, M. (Eds). *Sterotypes and Sterotyping*, New York: Guilford, 1996, p. 42.

一种特定的社会认知图式，刻板印象是关于某一群体成员的特征及其原因的比较固定的观念和想法。① 我国学者王沛指出，刻板印象具有相当大的合理性，它的出现是人类认知进化的必然产物，也是人类进一步认识社会与群体的心理积淀和认知基点，从某种意义上讲，不是所有的刻板印象都是值得警惕与消除的。② 尽管学者对于刻板印象的解释各不相同，但是对于一般民众来说，刻板印象就是指人们根据非直接的经验而产生的对某一类人的较为稳定的印象，并且这种印象一般是较为稳定的内化为社会态度或社会价值的一部分，在特定条件下对人或事起着消极的影响，人们一般认为的刻板印象都是消极的。因此，中国区域间对于区域性格的印象都是较为中性或消极的，这种刻板印象就直接影响人们之间的直接交流，从而会产生不良影响或是隔阂。

（二）刻板印象研究现状

对于刻板印象是如何形成以及起作用的一直是学者比较关注的问题，研究者试图从各种角度来给予作出解释，因此在前人研究的基础之上，认知心理学者对刻板印象的理论研究进行了开创性的拓展，刻板印象的研究从内容以及定义的界定转向加工的研究，这时的研究主要集中在作为一种认知结构的刻板印象是如何发生的，它又是如何影响后续的信息加工，并且提出一些较为适用的理论及模型。如刻板印象的形成理论，包括反映—建构模型、社会判断的信息加工模型、双重加工模型、连续加工模型；刻板印象的信息加工理论，包括图式过滤器模型，联想网络模型，灵活编码模型；刻板印象的表征理论，包括原型模型、范例模型、混合模型、内容模型；刻板印象激活理论，包括刻板印象的威胁论、刻板印象的观念运动论；刻板印象控制理论，包括簿记模型、非典型模型。心理学家从不同的角度提出各自的对刻板印象的内容或机制的解释，他们通过各种理论模型，借助最新的研究方法主要开展了民族刻板印象、性别刻板印象、职业刻板印象、年龄刻板印象等研究，并取得了一定的进展，但是对于区域刻板印象的研究，无论是国外还是国内都是很少见的，国外 Gilbert

---

① 佐斌、张阳阳、赵菊、王娟：《刻板印象的内容模型：理论假设及研究》，《心理科学进展》2006 年第 1 期。

② 王沛：《刻板印象的理论与研究》，甘肃教育版社 2002 年版，第 5 页。

和 Hixon 用词干补笔任务进行的一项研究表明，见过一名亚洲女性之后，个体更倾向于带着对亚洲人的刻板印象填空（例如礼貌），而不是以反刻板印象的倾向进行填空（例如警察）。在国内邹庆宇通过对上海区域刻板印象的研究表明：区域刻板印象广泛地存在于人群中，并且这种态度在很大程度上是内隐的，区域刻板印象是稳定的，随群体融合的时间增加而变化缓慢，区域刻板印象具有内群体偏爱的特点，不同群体对于自身群体都表现出一定的偏好，但对于对方群体的态度则有所差异，不同地域来源的被试，其归因偏向存在着一定的差异，本地群体更倾向于做出内归因，表现出一定程度的基本[①]。

二、刻板印象的区域跨文化研究路径

跨文化心理学也可以简称为文化心理学，是比较研究两个或者多个文化背景中个体和群体心理发展变化的规律，从而找出哪些是适用于任何社会文化背景中的人类行为的普遍法则，哪些是仅适用于特殊文化背景中的人类行为的特殊法则，它的研究目的在于查明人类心理在多大程度上以相同的形式发展；用什么来解释不同社会文化之间人们明显的个性和认知特征方面的差异；用心理因素能够解释哪些文化的差异和用文化因素能够解释哪些心理差异。而中国区域跨文化心理学属于跨文化心理学分支，是将不同区域的人群的心理共同性和差异性作为研究对象。其理论假设是不同区域的文化存在很大差异，因而其心理也必然存在很大差异，因为文化是影响社会心理活动的一个重要因素。[②]因此我们可以从不同的路径来研究区域刻板印象的产生以及它对民众之间交流的影响。

（一）心理学研究路径

从区域跨文化心理学的角度出发，我们才有可能把区域刻板印象这一社会心理学议题放到这样的框架中来进行研究，在中国区域心理学视野中可以区分

---

① 邹庆宇、姜月：《内隐刻板印象研究方法进展》，《心理科学》2006 年第 2 期。

② 张海钟：《中国城乡跨文化心理学和区域心理学与心理学本土化》，《内蒙古师范大学学报（社会科学版）》2006 年第 6 期。

出都市文化心理和村落文化心理差异，也可以区分出东西南北中各类地理文化类型以及齐鲁文化、中原文化、燕赵文化、关中文化、巴蜀文化等类型和模式，这些文化类型形成了全国各地不同的文化圈，造就了各地居民的不同文化性格。而每一种文化性格的背后都内隐着该文化的烙印，并且在潜移默化地影响着人们的观念，当然在同文化背景中我们往往感受不到我们文化的差异性，但是我们却可以感受到外省人，如南方人怎样，北方人怎样，西北人怎样，东北人怎样，其实这种感受性就是一种带着价值判断的区域刻板印象，当我们与我们所认为的外省人接触时，我们会无意识地带着我们的刻板印象与之交往，无形之中已经存在了交往的不对等性，已经影响到了区域之间人们的交流。因此，这种刻板心理更多的是因为我们心理上的原因所造成的，区域文化影响区域文化性格的形成，区域文化性格影响区域内与区域间对民众的看法，并逐渐形成一定固定刻板模式，刻板印象又会对行为方式起着指导作用，这就是区域文化、区域性格、区域刻板印象、行为方式之间的关系。

（二）人文地理学研究路径

一般说来，影响人的性格的外界因素有三个：自然环境，文化传统和经济形态。区域文化是区域地理环境、生产方式、历史积淀、经济发展水平、政治文化影响的结果，所有这些因素最后都积淀为区域文化性格，这些性格又反作用于区域文化。不同的地理环境的是仅次于传统文化对人性格影响的又一主要因素，不同的地理环境塑造形成不同的区域性格，那么这种基于文化或者地理区域不同而形成的文化或区域性格又与刻板印象有着怎样千丝万缕的关系呢？刻板印象是由人们对某些社会群体的知识、观念和期待所构成的认知结构，它是一种固定的看法与倾向，往往一个范畴，如性别、职业、民族、区域或是地名就会使我们产生一系列的刻板印象，尽管它不完全是真实的，但是却已经先入为主地影响了我们对其人的看法，那么一说到人，我们就会无意识地想起一种刻板印象。说起河北人，就会想起简朴、重农桑、性朴直少诈、悲歌慷慨、少虑。说起山西人，就会想起土地贫瘠、其人勤俭，多争斗，好骑射，性刚强、少礼文。说起陕西人，就会想起中华民族发祥地，其人有先王遗风，好稼穑，好本业，其俗尚勇力，习战备、性刚而好胜。说起山东人，就会想起有周孔遗风，其人多好儒学，尚礼义，重廉耻，性朴厚，崇俭约。说起河南人，就会想起重儒学，尚质直，贱商贾，好农桑。说起江浙人，就会想起民俗轻纤，尚学好文，其人工于算计，善机变。说起安徽人，就会想起土沃水丰，人多躁急，剽悍勇敢，巧而少信。说起四川人，就会想起土地肥美，其俗轻靡淫佚，柔弱好女。说起内蒙古人，就会想起马背上的民族、蒙古包、草原、牛羊、能喝酒。说起甘肃人，就会想起贫穷、保守，不思进取，故土情结等等。以上列举并不一定真实，但是确实在每一个人的意识中都会有这样的一个大概的刻板印象，这种刻板印象很大程度上是与所在地理区域和自然环境直接相关的。

三、中国区域性格刻板印象研究的视角

刻板印象的研究由来已久，但是对于区域民众的性格刻板印象的研究却是空白，区域性格刻板印象的研究既可以是自然科学的，也可以是社会科学的，但是我们认为更多的应该是社会科学的，社会科学的研究可以为我们描述出来区域刻板印象的典型性与具体性，更直观的作用于人们的视野之内，因而我们可以根据这种外显或内隐的刻板印象的描述研究来进行和谐社会的指导原则，制定具体的方案，因而，我们认为中国区域性格刻板印象的研究要从三个视角展开。

（一）文化区域间的刻板印象研究

由于中国的历史悠久，传统文化已经根深蒂固的作用于中国人的心理，形成了内隐的区域文化、区域文化心理特征、区域文化刻板印象，文化学者按照不同的文化类型和文化模式区分中国文化，每一种文化类型我们都可以区分出不同的文化性格，每一种文化性格既是传统文化、地理环境、经济条件的产物，更是三者与心理合力作用的产物，形成一定的刻板印象，这种刻板印象更多的是文化性格所造成的，对于来自不同文化区域的人我们通常用已经定式了的、内化了的、刻板化了的认知去认识与理解。因此，我们有必要从文化区域的划分来研究刻板印象，并且这种文化区域的研究甚至可以进行更微观层面的进一步区分，比如渔村文化以及特定的渔村人的性格刻板印象、牧村文化以及特定的牧村性格刻板印象、耕种村以及耕种村的性格刻板印象等，这种文化区

分可以更加细致地了解民众，并且适合于小区域内异质文化共存与融合，从而破除消极刻板印象定式心理防线。

（二）省域间的刻板印象研究

中国区域间不仅指文化区域间，更多的是指地理区划和行政区划的区域空间，省域之间的文化差异，必然也会产生省域心理性格和省域刻板印象，不同的省区因为历史、文化、地理、经济的原因会形成不同的省域性格，如内蒙古人深受成吉思汗文化影响而形成剽悍、勇猛、尚武、豪爽、直接等一些特征。江苏人因受江南多水的自然环境影响和人文学术思想的影响，而形成感情细腻、思想含蓄、性格内向、胆小怕事等一些特征。这些特征不一定就真实存在，但是传统已经内化为我们的观念，我们的观念里认为他们就应该是那样的人，所以不同省域之间人性格差异之大是形成区域刻板印象的基础。

（三）城乡间刻板印象研究

有时我们的视野过于宏观，看问题过于片面，往往忽略了中国主流人群——乡村。乡村作为一个群体往往被心理学者所忽视，国内关于研究农民心理的几乎没有，现代的心理学往往被认为是城市人的奢侈品，研究问题集中在城市、研究对象集中在城市，所以往往研究的结论和推广效度受到质疑，因此我们主张开展城乡跨文化心理学的研究，我们认为乡村与城市是两个变量，这两个变量由于其文化不同，乡村文化往往是阿波罗传统文化，而城市往往是浮士德现代文化，因而两种文化类型下的民众心理必然存在差异，既然存在心理差异那么城乡间的区域刻板印象也必然存在差异，乡村人对一些现象有着怎样的看法，城市人又是怎样的看法，他们是相同还是有差异，这是我们关注的，找到差异之后我们要做什么这是我们要关注的。因此，城乡间的刻板印象研究应该被作为建设社会主义新农村、建设社会主义和谐社会以及研究三农问题关注的焦点之一。

历史传统文化、自然地理环境、区域经济条件是影响区域文化心理的核心概念，区域文化心理在某一特定区域内受以上因素的长期影响而形成思想观念、生活方式、价值取向、认知方式、宗教信仰、风俗习惯等心理活动和行为模式，而且还会产生我们对某些人或事的以偏赅全、过分夸张和概括化的区域性格刻板印象，从而严重影响到了中国区域间民众的交流与融合。中国目前的科技、教育、卫生、文化状况就是东西发展不平衡，南北发展不平衡，省域间发展不平衡，城乡间发展不平衡，区域间消极刻板印象的存在将不仅影响我们区域间民众的交流与融合，还会影响到构建和谐社会的态度。因此，我们以何种视角、何种路径，如何利用各种自然科学和社会科学的研究方法来发现具体的区域性格刻板印象，如何利用心理学的手段来祛除消极的区域性格刻板印象给人们带来的思维定式，如何利用区域性格刻板印象来促进城乡二元结构下的城乡社会建设、如何利用区域性格刻板印象来促进区域间民众的和谐交流与文化互动，如何在现有水平上在区域跨文化心理学、文化心理学的理论框架内构建社会主义和谐社会，促进社会和谐、心理和谐，是我们长期要关注和研究的焦点。

第四节　中国省域居民性格气质刻板印象网络资料分析

提起上海，外省人就会联想到大都市、上海滩、黑社会、“阿拉”、黄浦江，提起上海人，外省人就会联想到洋气、高傲，歧视外地人，经济主义、小气，一个鸡爪子从新疆吃到上海，这就是上海人的刻板印象。提起东北，外省人就会联想到赵本山、满清王朝、大豆高粱黑土地、秧歌队，提起东北人，外省人就会联想到胆子大、好客、大嗓门，这就是东北人的刻板印象。提起甘肃，外省人就会联想到大漠戈壁、河西走廊、骆驼、少数民族、沙尘爆、“红二团”，提起甘肃人，外省人就会联想到土气、老实、节俭、贫困，这就是甘肃人的刻板印象，这种标签一贴上，即使一个不土气、不老实、不节俭、不贫困的甘肃人，也会被投射出土气、老实、节俭、贫困，这就是社会心理学所研究的刻板印象的作用，尽管本地人觉得不准确，尽管都是非理性、情绪化、负性的多、正面的少，但个人的力量难以改变。

一、中国省域民众气质性格刻板印象的网络资料综述

中国历史上，有许多学者关注着不同区域文化对人的性格气质的影响及其

区域刻板印象。限于篇幅不一一列举。近年来，随着网络文化的发展，随着人口流动性增加，许多人进入异域文化，真切感受了异域文化背景下人的性格气质差异，并且在网络发表文章给予评述。比如有的网友在百度贴吧发表《湘楚文化与湖南人格》的帖子认为：湖南人的性格里有某种火的特质，那是一团未经人类文明雕琢污染的野性的火，热烈、简单、直白，自然而张扬，酣畅而放肆。湖南人粗俗质朴的激情和强悍粗野的生命赋予他们一种野性的力量，所以，要想让湖南人循规蹈矩，对上司唯命是从几乎是不可能的。再文明的湖南人在骨子里也残留着原始的野性，这种野性常常被误解为刁蛮、落后和愚昧。湖南的文化启蒙，是勃起于春秋，鼎盛一时，终在吴起改制中式微的楚文化。其兴也勃，其亡也忽，正是在这勃忽之间，湖南人奠定了其性格最初和最大本质的部分。楚文化时期是湖南的童年，湖南人从小就乖张、狂野。如果说其东邻吴越文化的特点是俊秀清雅、纤巧柔腻，西毗巴蜀文化是才华恣肆、闲散虚浮的话，那么楚文化无疑是诡秘飘忽、清奇瑰丽的。楚文化的美丽透着妖冶和鬼气，骨格清奇，妙在邪正之间。同时也有有网友在《中国各省人的性格描述》写道：中国实为地大物博之国度，渊源文化，芸芸众生；气象万千，璨若星辰。各地风土人情，海纳百川，鳞次栉比；各地人物众相，千奇百怪而又逶迤绮丽；似有百种特点而又趋于丰富。是为五十六种民族，五十六朵花；五十六种颜色，五十六朵奇葩。在花费两万字描述各省人格之后，描述甘肃人保守，憨厚，善良。性格多为呆板，少创新。有网友在百度贴吧发表《苍凉与匪气——兰州人的性格》，认为苍凉与匪气是兰州人性格的核心特质。兰州人的性格比较像狼，坚忍，独立，踏实但善于思考，勇于行动。有个民勤中学生在作文《总想为你唱支歌》里这样写民勤人“民勤无天下人，天下有民勤人”。一曰民勤之艰苦，外乡人都望而生畏前来安营扎寨；二曰民勤人肯吃苦，敢于外出闯荡安身立命。勤劳勇敢的民勤人总使人想起流传了千年的苏武牧羊的故事，苏武的气节和精神正滋润着四处为家的勇敢的民勤人。

二、甘肃省市县区域经济社会发展概况与文化特征

甘肃是中国一个十分特殊的行政省区，地处黄河上游，位于我国的地理中心，东接陕西，南控巴蜀青海，西倚新疆，北扼内蒙古、宁夏，是古丝绸之路

的锁匙之地和黄金路段，并与蒙古国接壤，东西蜿蜒1600多公里，纵横45.37万平方公里，占全国总面积的4.72%，以黄河为界，可以分为河西和河东两大区域。

黄河以东有兰州、天水、白银、定西、庆阳、平凉、陇南、甘南、临夏7市2州，总共68个县（市、区），总人口2100万，其中甘南、临夏为少数民族自治州。天水、白银、定西、庆阳、平凉、陇南属于黄土高原地带，均为山区，农业经济不如河西5市，除天水、白银外，基本没有工业经济，即使天水、白银两个工业城市，现在也是天水工业倒退，白银资源枯竭，所属县域以农业为支柱产业，因为土地贫瘠，雨水稀少，靠天吃饭，城乡居民生活水平普遍较低，其中多数县是国家级贫困县。河东的地理环境是山岭纵横，经常发生饥荒，河东文化（包括陇中文化、陇东文化）属于陇右文化，基本上是秦文化的延伸，这种地理环境和历史文化造成了压抑、竞争、好强的性格，但也表现出比较多的忍耐、迷信。

黄河以西是河西走廊，总人口约500万，土地宽广，沙漠戈壁中散落着大大小小的几十个绿洲，形成21个县（市、区），组成5个市，从西到东分别是嘉峪关、酒泉、张掖、金昌、武威，其中嘉峪关、金昌是纯粹以酒泉钢铁集团和金昌有色金属集团为依托的工业城市，酒泉、张掖、武威是农业城市。河西走廊虽然气候恶劣，但依靠祁连山雪水灌溉，绿洲土地肥沃，城乡居民生活水平明显好于河东地区。河西走廊的宽阔平原绿洲环境和陇右文化与西域文化杂糅的河西文化，特别是民族杂居的影响，使得居民的性格更加原始、厚道、豁达、开阔，但也表现出进取性、开拓性不足。

三、甘肃市县区域社会刻板印象的直观描述

提起兰州，外地人就会联想到省会、污染、兰化公司、独特的兰州腔、黄河。提起兰州人，外地人就会联想到傲气、歧视外地人、经济主义、小市民，这就是兰州人的刻板印象。提起天水，外省人就会联想到麦积山、伏羲庙，山好水好，提起天水人，外省人就会联想到皮肤好，水灵、女人丰满、胆子大、嗓门大、泼辣，这就是天水人的刻板印象。提起定西，外省人就会联想到山大沟深、苦甲天下、贫穷，洋芋蛋，提起定西人，外省人就会联想到老实、眼界

窄，表情冷漠，这就是定西人的刻板印象。提起陇南，外省人就会联想到高楼山、贫困、地震，提起陇南人，外省人就会联想到实在、能吃苦、死犟，这就是陇南人的刻板印象。提起庆阳，外省人就会联想到老区、董志源，提起庆阳人，外省人就会联想到精明、计较、爱卖派，杂话多，这就是庆阳人的刻板印象。提起张掖，外省人就会联想到戈壁、大佛、马蹄寺，提起张掖人，外省人就会联想到冷静、无表情、做生意呆板，这就是张掖人的刻板印象。提起武威，外省人就会联想到大漠戈壁、河西走廊、骆驼、沙尘爆、“红二团”，提起武威人，外省人就会联想到土气、学不会普通话、精明、节俭，这就是武威人的刻板印象。提起白银，外省人就会联想到白银公司、黄河、高考升学率、中关村的会宁人，提起白银人，外省人就会联想到嗓门大、刚烈、得理不饶人、表情夸张，女人没地位、男人不做饭，讲迷信、耍赌博、生孩子，这就是白银人的刻板印象。提起酒泉、嘉峪关、金昌，外省人就会联想到镍都、钢都、戈壁滩、长城，提起酒泉、嘉峪关、金昌人，外省人就会联想到天南海北各地人会聚、企业文化、两性关系随便，经济主义、亲情淡漠，神秘提防的表情，这就是企业文化背景下酒泉、嘉峪关、金昌人的刻板印象。这种标签一贴上，就会影响外地人与这些区域人的交往模式。中国实证主义心理学家并不承认这种散文化的描述和分析属于心理学的范围，但是学术界并没有否定这种文化历史心理学分析也是学术研究，我们认为这也就成为区域跨文化心理学的研究对象。

第五节　甘肃省域居民自我刻板印象的实证研究

刻板印象是指有关某一群体的特征及其原因的比较固定的观念或想法，是近年来社会心理学研究的热点课题之一。而刻板化的过程即当个体被纳入某一群体、具有该群体的成员身份时，其附随的刻板印象亦会被冠于此人身上，我们会采用与我们对该群体的看法及信念相一致的方式来知觉和对待此人，它是活化和使用刻板印象的过程。然而，作为社会的成员，每一个人都隶属于特定的群体，我们关于自己所归属的群体的信念可能也会影响我们如何知觉和对待自己。学者们将人们自认为某群体的成员时，把伴随此种身份的刻板印象加之于自己身上的过程称为自我刻板化。因此，选取不同文化背景下的被试样本进行更多的跨文化比较研究，对文化与各类自我刻板化之间的关系做更深入的探讨和分析是非常必要的。采用形容词表对甘肃省域的2610名被试进行研究，以了解甘肃省域居民的自我刻板印象，为区域文化心理学的发展和以及地区之间的交流与合作提供借鉴。

一、甘肃省域居民自我刻板印象研究的对象与方法

（一）研究对象

通过对甘肃区域2610名城乡居民进行调查，其中，农村1292人，占49.5%；城市1318人，占50.5%；男性1363人，占52.2%；女性1247人，占47.8%；25岁及25岁以下的767人，占29.4%；26—35岁的728人，占27.9%；36—45岁的705人，占27.0%；46—55岁的353人，占13.5%；55岁以上的57人，占2.2%；受教育程度为文盲的4人，占0.2%；小学的84人，占3.2%；初中的789人，占30.2%，高中876人，占33.6%；大专以上的857人，占32.8%。

（二）研究工具

采用石文典编制的“宁夏人印象调查表”中所包含的101个形容词，要求被试对调查表中的形容词，按照符合甘肃人的程度进行5点式评分，从最不符合到最符合分别评为1—5分。

（三）测试过程

专业调查人员把量表带到城乡居民家中，由被试当场做，对于文化程度偏低的农民，由调查人员逐条宣读和解释。最后，采用SPSS13.0软件进行统计分析。

二、甘肃省域居民自我刻板印象研究的结果

（一）甘肃省域居民居于前十位的自我刻板印象形容词排序

按照被试的评定结果，居于前十位的自我刻板印象形容词是诚实、勇敢、

热情、正直、直率、节俭、踏实、善良、孝顺、淳朴，具体见表8—5。

表8—5　甘肃省居民居于前十位的自我刻板印象形容词排序

形容词	诚实	勇敢	热情	正直	直率	节俭	踏实	善良	孝顺	淳朴
平均值	3.78	3.52	3.73	3.71	3.54	3.53	3.53	3.67	3.62	3.63
标准差	1.12	1.08	1.06	1.08	1.10	1.08	1.09	1.09	1.08	1.10

（二）居民自我刻板印象排序的性别和城乡差异

通过调查发现，不同性别的居民自我刻板印象居于前十位的形容词大致相同，得分由高到低，男性分别为：诚实、热情、正直、善良、淳朴、孝顺、直率、勇敢、踏实、节俭。得分由高到低，女性分别为：诚实、热情、正直、善良、淳朴、孝顺、节俭、踏实、直率、健壮。城市居民自我刻板印象得分由高到低的形容词为：诚实、热情、正直、淳朴、孝顺、善良、踏实、直率、节俭、勇敢。农村居民自我刻板印象得分由高到低的形容词为：诚实、热情、正直、善良、孝顺、淳朴、节俭、直率、勇敢、仁爱。

（三）前十位自我刻板印象形容词性别差异比较

在居于前十位的自我刻板印象形容词中，男性在诚实、勇敢、正直、直率、节俭、踏实、善良、孝顺等方面的得分高于女性，但差异不显著（$P>0.05$），女性在热情、淳朴方面的得分高于男性，差异不显著（$P>0.05$），具体见表8—6。

表8—6　前十位自我刻板印象形容词的性别差异比较

特征形容词	男性均分	女性均分	总平均分	P
诚实	3.7770	3.7731	3.7751	>0.05
勇敢	3.5444	3.4916	3.5192	>0.05
热情	3.7271	3.7434	3.7349	>0.05
正直	3.7146	3.6993	3.7076	>0.05
直率	3.5495	3.5301	3.5402	>0.05
节俭	3.5326	3.5325	3.5332	>0.05

特征形容词	男性均分	女性均分	总平均分	P
踏实	3.5393	3.5325	3.5360	>0.05
善良	3.6398	3.6929	3.6656	>0.05
孝顺	3.6185	3.6159	3.6172	>0.05
淳朴	3.6280	3.6383	3.6334	>0.05

（四）前十位自我刻板印象形容词的城乡差异比较

在调查所得到的自我刻板印象前十位形容词中，城乡居民在诚实、勇敢、直率、节俭、踏实、孝顺、淳朴等方面的得分没有显著差异（$P>0.05$）；在热情方面，农村的得分高于城市，但没有统计学上的显著差异；在正直方面，农村居民的得分明显高于城市居民的得分，且差异显著（$P<0.05$）；在善良方面，农村居民的得分明显高于城市居民的得分，差异显著（$P<0.01$），具体见表8—7。

表8—7 前十位自我刻板印象形容词的城乡差异比较

特征形容词	城市居民均分	农村居民均分	T值	P
诚实	3.7458	3.8050	−1.348	0.178
勇敢	3.5008	3.5379	−0.878	0.380
热情	3.6988	3.7717	−1.759	0.079
正直	3.6548	3.7608	−2.511	0.012
直率	3.5402	3.5402	0	0.999
节俭	3.5220	3.5433	−0.505	0.613
踏实	3.5478	3.5240	0.556	0.578
善良	3.6100	3.7214	−2.606	0.009
孝顺	3.6153	3.6192	−0.091	0.927
淳朴	3.6525	3.6130	0.921	0.357

（五）前十位自我刻板印象形容词的文化程度差异比较

在此次调查中，有文盲、小学、初中、高中及高中以上五种受教育程度不同的居民，受教育程度不同，他们在前十位自我刻板印象形容词上的得分也各不相同。随着受教育程度的提高，居民在直率方面的得分不断增加，文盲的得分最低，受教育程度为高中以上的居民得分最高，受教育程度在直率方面的得分上差异显著（P < 0.01）；在善良方面的得分上，受教育程度为小学的居民得分最高，其次为受教育程度为初中居民，而文盲在这一方面的得分最低，受教育程度在善良方面的得分上差异显著（P < 0.05）；在淳朴方面的得分上，受教育程度越高，居民在这一方面的得分越高，受教育程度在淳朴方面的得分上差异显著（P < 0.05），具体见表 8—8。

表 8—8　前十位自我刻板印象形容词文化程度差异比较

形容词	诚实	勇敢	热情	正直	直率	节俭	踏实	善良	孝顺	淳朴
均方和	0.50	0.80	1.56	2.40	17.26	1.39	2.49	11.41	1.66	12.89
F 值	0.10	0.17	0.35	0.51	3.60	0.30	0.52	2.40	0.35	2.69
P	0.98	0.95	0.85	0.73	0.006	0.88	0.72	0.048	0.84	0.03

（六）前十位自我刻板印象形容词的年龄组差异比较

在此次调查中，我们将被试按年龄的不同划分五组，分别为 18—25 岁组、26—35 岁组，36—45 岁组，46—55 岁组，55 岁以上组。年龄不同，居民在前十位自我刻板印象形容词上的得分也各不相同。各年龄组在诚实方面的得分差异显著（P < 0.001），55 岁以上组的得分最高，其次为 46—55 岁组，而 26—35 岁组的得分最低；各年龄组在正直方面的得分差异显著（P < 0.001），年龄越大，得分越高。各年龄组在节俭方面的得分差异显著（P < 0.01），年龄越大，得分越高；各年龄组在踏实方面的得分差异显著（P < 0.001），55 岁以上组的得分最高，其次为 46—55 岁组，而 36—45 岁组的得分最低；各年龄组在善良方面的得分差异显著（P < 0.05），年龄越大，得分越高，具体见表 8—9。

表 8—9　前十位自我刻板印象形容词年龄组差异比较

形容词	诚实	勇敢	热情	正直	直率	节俭	踏实	善良	孝顺	淳朴
均方和	26.10	3.11	8.58	23.56	5.35	16.08	30.52	14.50	8.03	10.26
F 值	5.23	0.66	1.91	5.08	1.11	3.47	6.44	3．05	1.72	2.14
P	0.000	0.62	0.11	0.000	0.35	0.008	0.000	0.016	0.14	0.07

三、甘肃省域居民自我刻板印象的分析讨论

（一）甘肃省域居民自我刻板印象的内群体偏好

内群体偏好和外群体歧视是社会认同理论提出的概念。该理论认为个体通过社会分类，对自己的群体产生认同，并产生内群体偏好和外群体偏见，个体通过实现或维持积极的社会认同来提高自尊，积极的自尊来源于在内群体与相关的外群体的有利比较。当社会认同受到威胁时，个体会采用各种策略来提高自尊。由调查结果得知，甘肃省域居民的自我刻板印象突出的表现为诚实、热情、正直、善良、淳朴、孝顺等，调查得到的前10位自我刻板印象的形容词都是正性的、积极的，说明内群体偏好的存在。

（二）甘肃省域城乡居民自我刻板印象

在调查所得到的自我刻板印象前10位形容词中，农村居民在热情、正直、善良等方面明显高于城市居民的得分，说明改革开放以来，我国农民的经济地位和政治地位在逐渐获得了社会的认同的同时，农民在群体中的影响力也越来越好，也说明甘肃省域城乡居民自我刻板印象依然存在。

（三）自我刻板印象的受教育程度和年龄组差异

通过此次调查发现，甘肃省域居民的文化程度越高，群体内的认同度越高，人们倾向于认为高文化水平的人更显得直率、善良、淳朴等。同时，居民普遍认为55岁以上组的人更诚实、正直、节俭、踏实、善良。说明55岁以上组的居民更具有亲和力，在群体中取得了更高的认同感。

（四）自我刻板印象的影响因素

在现有的研究中，探讨自我刻板印象的实证研究较少，而对于影响自我刻板印象的因素，现有的研究主要涉及内群体特征和社会比较情境等情境因素，以及求同需要和求异需要等个体动机因素，并且个体的内群体认同水平对其中一些因素与自我刻板化之间的关系具有重要的调节效应。那么，甘肃省域居民的在描述自我刻板印象的特征时，其依据又是什么呢？是否受到无意识的内隐

自动化的影响，这是我们下一步研究所必须解决的问题。

本研究主要探讨甘肃省域居民的自我刻板印象，结果证明甘肃省域居民在描述自己时，比较认同内群体的积极特征，这与 Simon 等的实验研究结果相一致。由于样本分布、研究的方法以及数据处理等方面的局限性，所以只能直观的研究居民的自我刻板印象特征，希望能为自我刻板印象的研究和发展作必要的补充。

第六节　中国区域刻板印象的启动激活实验研究

刻板印象的研究一直是国内外心理学者关注的焦点。国外关于刻板印象的研究最早要追溯到 1933 年 Katz 和 Braly 发表的有关大学生刻板印象的实证研究，这一研究现在已经被引为这一领域的经典。在这一研究中，他们第一次用实证的方法证明，刻板印象这种看不见摸不到的心理状态也可以通过实证的方法来进行研究。在国内，有关刻板印象的研究则是从最近才开始的，但是已经取得一定的研究成果，刻板印象的研究目前主要集中在性别刻板印象、种族刻板印象、自我刻板印象、他人刻板印象、职业刻板印象和元刻板印象的认知加工、启动激活等方面的研究。

一、中国区域刻板印象启动激活实验研究的假设

区域刻板印象的研究国内外还并不多见，区域刻板印象源于区域文化的心理差异，我们假设区域文化不同，将会导致不同区域的民众心理差异。区域文化的心理差异使人具有不同的思想观念、生活准则、价值体系、行为方式、民俗习惯、神话传说、宗教信仰等，这些观念的内隐性是区域文化差异造成的，而这种差异必然导致不同民众对一些群体产生刻板印象，因此区域刻板印象要研究的就是在不同地理区域和文化区域下形成的内隐的民众的刻板印象以及区域刻板印象的激活机制问题。本研究通过对不同加工方式下的内蒙古和甘肃人进行研究，旨在探讨不同区域下的民众的刻板印象的存在性以及激活机制问题。

二、中国区域刻板印象启动激活研究的实验设计

（一）被试

被试总共 100 人，均为自愿参加实验。其中甘肃省 55 人，内蒙古自治区 45 人，男性 43 人，女性 57 人，城市居民 45 人，农村居民 55 人，被试年龄在 20 到 47 岁之间。

（二）实验材料

实验材料由 48 张幻灯片组成，卡片材料使用 PowerPoint 制作。其中 16 张为“甘肃人 / 内蒙古人”地域标签分别与 8 个典型的甘肃人属性词联系在一起（每张卡片上分别有一个编号、一个地域标签与一个属性词），另外 16 张为“甘肃人 / 内蒙古人”地域标签分别与 8 个典型的内蒙古人属性词联系在一起，剩余 16 张为“甘肃人 / 内蒙古人”标签分别与 8 个中性词联系在一起。所有的卡片顺序均随机排列。其中，用于卡片的属性词的选择参考了中国人人格形容词评定量表（QZPAS）和宁夏大学石文典编制的宁夏人刻板印象问卷，并结合事先进行的形容词调查的结果进行调整。实验分练习材料和学习材料，练习阶段和学习阶段卡片各 48 张，卡片格式完全相同，但练习卡片上标签与属性词的配对与学习阶段卡片完全不同。目的是为了避免被试的长时记忆对测验阶段的卡片虚惊率产生影响，具体卡片材料见表 8—10。

表 8—10　试验卡片材料

区域标签	甘肃人	甘肃省内人	甘肃本省人	甘肃本地人	内蒙古人	内蒙古区内人	内蒙古本地人	内蒙古本区人
甘肃人属性词	呆板	保守	知足	憨厚	懒惰	懦弱	迷信	热情
内蒙古人属性词	豪爽	粗犷	剽悍	好胜	勇敢	冲动	坦率	邋遢
中性属性词	门铃	中间	白色	消息	蓝色	前面	语言	窗户

（三）实验设计

本研究采用 2(区域：甘肃被试 / 内蒙古被试)×2（加工方式：概念加工 / 数据加工）×3［卡片类型：符合刻板印象（相容）卡片 / 不符合刻板印象（不相容）卡片 / 中性卡片］混合实验设计。其中加工方式（数据加工、概念加工）与区域来源（甘肃被试、内蒙古被试）为被试间变量，卡片类型（相容卡片、不相容卡片、中性卡片）为被试内变量，因变量为测验阶段新卡片的虚惊率。将被试随机均分为两组，一组为数据加工组，另一组为概念加工组。在学习阶段两组采取不同的指导语进行控制。

（四）实验程序

该实验研究的实验采取集体施测与单独施测相结合。整个实验分为三个部分，每个部分之间没有休息时间。学习阶段和正式测验阶段按不同的加工方法，采用相应的指导语，分别要求概念加工组和数据加工组的被试对 48 张卡片进行学习。学习卡片采用 PowerPoint 的形式通过显示器全屏呈现，学习阶段和正式测验要求被试在答题纸上进行回答。

数据加工组的指导语是：“屏幕上将依次呈现一系列卡片，每张卡片均包含卡片编号以及两个词语。答题要求：请你仔细阅读卡片，并将第二个词语的第一个汉字填入表格。请依次填写，不要遗漏。卡片呈现时间 2 秒，间隔时间 4 秒。”

概念加工组的指导语是：“屏幕上将依次呈现一系列卡片，每张卡片均包含卡片编号以及两个词语。答题要求：请你仔细阅读卡片，并对这两个词语的匹配关系做出合理、较合理、较不合理、不合理的判断。并填入下列表格，在相应编号后的相应空格里打钩。每张卡片只能作出一项判断。请依次填写，不要遗漏。卡片呈现时间 2 秒，间隔时间 4 秒。”

测验阶段指导语是：“屏幕上将依次呈现一系列卡片，卡片形式与学习阶段完全相同，其中有一半的卡片是在学习阶段出现过的，另一半卡片是新的。答题要求：如果你认为卡片是先前出现过的，那就在相应编号的空格中打钩，如果你认为卡片是先前没有出现过的，就在相应编号后的空格里打 ×。特别注意：卡片呈现的时间非常短，请尽量根据第一判断做出判断，小心不要遗漏。”

延迟阶段要求被试在三分钟内写出一份自我评价报告，目的在于阻止被试复述而发生长时记忆对实验结果产生影响。测验阶段：呈现全新的 48 张卡片，但事先提示被试其中有一半的卡片曾在学习阶段呈现过，要求被试判断哪些卡片是全新的，哪些卡片是学习阶段经常出现过的。集体施测的时候一并将3个阶段的答题纸装订后下发，使用投影仪播放PowerPoint卡片，在被试完成实验后统一回收答题纸，利用SPSS16.0社会统计软件进行数据整理与分析。

三、中国区域刻板印象的启动激活实验研究的结果与分析

在正式测验时，有50%的卡片是学习阶段出现过的，也就是有0.5的先验概率，因此我们首先进行0.5显著性水平的T检验，见表8—11。

表8—11　虚惊率0.5水平T检验

卡片类型	T	df	Sig（2－tailed）
相容卡片	47.437	99	0.000
不相容卡片	27.622	99	0.000
中性卡片	23.457	99	0.000

表8—11中的数据表明了，在卡片类型的三种类型上，三者都与0.5显著水平有相当显著的差异，表明学习阶段被试对三种类型卡片都有记忆痕迹，因此三者的虚惊率都远远高于0.5显著水平。这说明被试在判断过程中并没有完全记住卡片，而大多是根据自己内隐的记忆来作出判断的，那么这种意识又是被学习阶段的形容词所激活，所以说甘肃人和内蒙古人相互之间具有刻板印象，这就证实了不同区域间相互刻板印象的存在。

既然区域间的相互刻板印象是存在的，那么不同区域间的相互刻板印象之间的相互关系又是怎么样的呢？见表8—12。

表8—12　区域刻板印象多因素方差分析

来源	Dependent Variable	SS	df	MS	F	Sig.
地域来源	相容卡片	0.013	1	0.013	0.718	0.039
	不相容卡片	0.021	1	0.021	0.600	0.041
	中性卡片	0.335	1	0.335	6.870	0.310

来源	Dependent Variable	SS	df	MS	F	Sig.
加工方式	相容卡片	0.749	1	0.749	40.842	0.000
	不相容卡片	1.475	1	1.475	42.306	0.000
	中性卡片	0.806	1	0.806	16.507	0.000
城乡	相容卡片	0.016	1	0.016	0.896	0.346
	不相容卡片	0.024	1	0.024	0.678	0.412
	中性卡片	4.85E－005	1	4.85E－005	0.001	0.975
地域来源＊加工方式	相容卡片	0.003	1	0.003	0.171	0.051
	不相容卡片	0.000	1	0.000	0.008	0.928
	中性卡片	0.038	1	0.038	0.778	0.380
地域来源＊城乡	相容卡片	0.057	1	0.057	3.095	0.082
	不相容卡片	0.011	1	0.011	0.314	0.577
	中性卡片	0.013	1	0.013	0.270	0.604
加工方式＊城乡	相容卡片	0.012	1	0.012	0.652	0.422
	不相容卡片	0.001	1	0.001	0.018	0.894
	中性卡片	0.053	1	0.053	1.089	0.299
地域来源＊加工方式＊城乡	相容卡片	0.003	1	0.003	0.138	0.711
	不相容卡片	0.054	1	0.054	1.548	0.217
	中性卡片	0.025	1	0.025	0.514	0.475

从方差分析表中可以看到：(1) 地域来源、加工方式和城乡三因素中，只有加工方式的主效应显著（P＝0.000)，这说明甘肃被试和内蒙古被试对不同加工方式，其虚惊率具有显著性差异；(2) 对于不同区域来源的被试来说，相容卡片（P＝0.039）和不相容卡片（P＝0.041）的虚惊率有显著性差异；(3) 城市和乡村被试在卡片类型上的虚惊率没有显著性差异；(4) 地域来源和加工方式的交互作用边缘差异显著（P＝0.051)。

四、中国区域刻板印象启动激活实验研究的讨论

区域刻板印象的实验研究中不同加工方式对被试的虚报率有显著性差异，

这一结果是与邹庆宇的研究结果一致的，城乡之间差异不显著这一结果是与仇妙琴、应湘的研究结果相一致的（参见参考文献）。同时，我们还得到甘肃人和内蒙古人之间存在内隐的相互刻板印象（$P > 0.05$）。本实验设计了两类刻板印象：甘肃人的刻板印象与内蒙古人的刻板印象，同时提出二者均对自己以及对方群体存在着一定的刻板印象，即内—外群体效应广泛地存在于地域刻板印象中，而且这样的刻板印象的激活会因为不同的加工方式而有所区别，而实验结果也验证了我们的预期。实验结果已经证实区域刻板印象的存在，即相容卡片（$P = 0.000$）、不相容卡片（$P = 0.000$）、中性卡片（$P = 0.000$）。由于正式测验的先验概率是0.5，结果显示甘肃人和内蒙古人报告的虚惊率与0.5显著性水平有显著性差异。说明区域刻板印象是内隐的存在于这两类人的意识中，是通过长时期的积累而习得的，这种习得，则因区域的不同而有所不同，而区域文化则是影响相互区域刻板印象的主要原因。

区域心理学假设不同区域的文化存在很大差异，因而其心理也必然存在很大差异。人文地理学者认为人与地的相互作用会产生不同特色和形态的文化群而形成不同地域的不同心理。从行为者的角度来说，社会文化刻板印象集合仍在人们的知觉活动中其主要支配地位，所以正是区域地理与区域文化的形成与发展不同，会形成不同的内隐文化，而这种内隐文化则既作用于自己，也作用于别人，作用于自己便形成自我刻板印象，作用于别人便形成他人刻板印象，而区域刻板印象正是他人刻板印象的表现之一。

实验中不同的加工方式引起了被试虚惊率的显著性差异（$P = 0.000$），这说明区域刻板印象的激活因不同的加工方式而有所不同，认知资源加工理论支持了这一结果，数据加工属于简单加工，没有动用认知资源，而驱动加工需要运用认知资源，所以判断更加准确，虚报率更高。同时观念运动理论认为头脑中的观念会自动激活相应的行为。根据这一理论，如果刻板印象中包含了某些行为的信息，当刻板印象激活后这些行为很可能就自动启动，任何刻板印象激活了记忆中相关的行为表征就可以产生自动化行为。

实验中，城乡刻板印象的虚报率不显著（$P > 0.05$），由于测验阶段所呈现的卡片没有一张是曾经在学习阶段出现过的，被试在测验阶段所做出的选择，是在没有长时记忆参与下完成的，同时被试在非常短的时间内对卡片的类型进行判断。因此，唯一能决定被试选择的因素就只剩下了先前学习阶段被激活的城乡内隐刻板现象。这说明城乡刻板印象具有很强的内隐性和顽固性，也就是说刻板印象在主体没有意识到的情况下对外显判断具有明显的影响。

五、研究结论

通过对区域刻板印象的实验研究，我们可以得出以下结论：(1) 区域刻板印象是普遍存在的，不同区域来源的被试之间具有相互刻板印象；(2) 不同加工方式影响区域刻板印象的激活程度，区域刻板印象存在启动效应，是自动激活的；(3) 城乡来源与区域来源与虚报率之间差异不显著。

第七节　省域相互刻板印象量表的编制与激活方式实证研究

进入 21 世纪，在刻板印象领域中最受瞩目的当属 Fiske，Cuddy 和 Glick 的刻板印象内容模型（Stereotype Content Model，SCM）研究。在该研究领域中，普林斯顿大学一直位于前沿位置。在国内外，刻板印象的研究目前主要集中在性别刻板印象、种族刻板印象、年龄刻板印象、自我刻板印象、他人刻板印象、职业刻板印象和元刻板印象的认知加工、启动激活等方面。随着研究的深入，越来越多的研究集中在了追寻刻板印象是什么、刻板印象机制和影响刻板印象激活的因素的研究上，而对刻板印象激活的研究则在近年达到了一个小高潮，因而对刻板印象激活的研究便成为了国内外学者研究的一个热点问题。Wheeler 和 Petty 将刻板印象激活定义为“某个特定社会类别的成员快速地与一组特征性属性相联系”，将刻板印象激活的行为效应可以分为两类：一类是产生与激活的刻板印象相一致的行为（同化效应），另一类是产生与之不一致的行为（对比效应）。[①] 大多数的研究发现，刻板印象激活会使人们的行为产生同化效应，例如，Steele 和 Aronson 的研究发现，在非裔美国被试中激活有

---

① Wheeler, S. C., & Petty, R. E. *The effects of stereotype activation on behavior: A review of possible mechanisms*. Psychological Bulletin, 2001（127）.

关非裔美国人的刻板印象会降低他们完成学业测试的水平，更加典型的同化效应是，在年轻的大学生被试中激活老年人刻板印象，结果导致年轻大学生的走路速度放慢。还有一项研究认为，内群体的自我刻板印象是根据个体的情绪变化而变化的。很多实证研究都证实了刻板印象确实对人的行为产生着内隐的影响，同时相关研究也表明影响刻板印象激活程度的因素也是复杂的，既有内部生理、心理因素，也有外部社会因素。

但是，目前已有的研究都主要集中在种族、性别、职业、年龄刻板印象，研究对象主要集中在相对狭小的范围内。对区域刻板印象的研究国内外还并不多见，区域刻板印象在研究对象上将范围扩展到了文化区域间的被试上，将文化背景作为了一个变量来进行研究。我们通过以往的区域跨文化心理研究发现，区域间文化的异质性，导致区域间被试在气质、思维方式、人格特质、行为方式、价值观念、宗教信仰上都有差异，深刻地影响了他们与人交往的方式。区域刻板印象源于区域文化的心理差异，我们假设区域文化不同，将会导致不同区域的民众心理差异。区域文化的心理差异使人具有不同的思想观念、生活准则、价值体系、行为方式、民俗习惯、神话传说、宗教信仰等，这些观念的内隐性是区域文化差异造成的，而这种差异必然导致不同民众对一些群体产生刻板印象。因此，区域刻板印象要研究的就是在不同地理区域和文化区域下形成的内隐的刻板印象以及刻板印象的激活方式问题。连淑芳曾以地域刻板印象和地域内—外群体偏爱的两种 IAT 为实验工具，证明地域刻板印象的存在和内群体偏爱的内隐效应。[①] 邹庆宇（2006）以上海市的被试为研究对象，证明了区域刻板印象的存在性和稳定性。[②] 因此，用科学实证的方法证实区域间相互刻板印象的存在性和影响区域刻板印象启动的因素，这一问题已经成为研究这一领域的焦点问题。因此，我们的研究假设是由于区域间文化的异质性，将导致不同文化区域间存在相互刻板印象，并且这种刻板印象的激活会因不同加工方式任务而有所不同，即概念驱动加工比数据加工更能激活被试的区域刻板印象。根据以上假设，文中通过设计区域刻板印象形容词量表来证实是否真的存在区域刻板印象，用不同加工方式的实验设计来检验他们的激活程度。

---

① 连淑芳：《内—外群体偏爱的内隐效应实验研究》，《心理科学》2005 年第 1 期。

② 邹庆宇：《地域刻板印象的研究》，华东师范大学硕士学位论文，2006 年。

一、研究一：区域刻板印象量表的编制

（一）区域刻板印象量表的编制

1. 研究对象

选取甘肃省和内蒙古自治区原著居民（本地生活10年以上）为研究对象，采取随机抽样，在甘肃省涉及兰州、张掖、嘉峪关、天水、平凉、白银、庆阳、定西8个地级市，内蒙古涉及东部区和西部区的呼伦贝尔、通辽、赤峰、集宁、包头、呼和浩特、乌海7个地级市。被试的职业涉及工人、农民、学生、公司职员、公务员、教师、干部、医生、个体工商户等，被试职业来源多元化。问卷回收采取邮寄、电子邮件以及现场回收等方式进行，一共发放问卷300份，回收280份，剔除不合格问卷26份，有效问卷254份，问卷有效率达到90.7%。其中内蒙古120人，甘肃省134人；男性104人，女性150人；城市121人，农村133人；被试者年龄从14岁到66岁，平均年龄是25.03±8.76。

2. 研究方法

（1）调查工具。

自编的区域刻板印象形容词评定量表，通过查阅辞典和已有的文献，共搜集描述性格的形容词300个，将形容词按积极、消极、中性进行分类。找10名在读的甘肃籍和内蒙古籍汉语言文学专业硕士研究生对形容词进行排序，最后形成100个项目的预测量表，预测后通过项目分析和两次因素分析最后剩下75个项目，量表采用5级记分制，1代表完全不同意，2表示基本不同意，3表示而于二者之间，4表示基本同意，5代表完全同意，最后计算分量表分数和量表总分数，得分越高说明越具有该特质。

（2）统计方法。

所有数据利用社会统计软件SPSS16.0进行统计处理，并用相应的统计方法进行统计分析。

（二）区域刻板印象量表编制的研究结果

1．区域刻板印象形容词评定量表的结构效度

对75个项目用主成分分析法对评定结果进行因素分析，发现KMO值为0.766，Bartlett系数为11942.711，球形检验 $p < 0.01$，因此，适合进行因素分析。抽取公共因素，求得初始负荷矩阵，生成特征值大于1的因子31个，累积解释变异的69.675%。我们根据碎石图综合考虑，决定抽取特征值大于2的，用方差最大法进行正交旋转之前可以解释总变异的2%，每个因素至少包含5个项目的因素。对于两个共同因素上负荷值均高的项目，最后我们选出5个共同因素，5个共同因素累积方差贡献率可解释总变异的41.37%，转轴之后的因素负荷矩阵的载荷量以及共同度，见表8—13。

2．区域刻板印象形容词评定量表的维度

通过项目分析和因素分析，最后得到5个因素作为该量表的分量表，结合卡特尔16PF人格特质量表、艾森克EPQ人格问卷、大五人格问卷和石文典宁夏人特征形容词评定量表对因素进行命名，分别为宜人性，情绪性，开放性，忧郁性，世故性。因此，区域刻板印象形容词评定量表由以上5个因素构成，见表8—13。

表8—13　区域刻板形容词评定量表因素分析摘要

宜人性（17.56%）			温柔	0.275	0.265	有创造力	0.482	0.475
项目	**载荷量**	**共同度**	**情绪性（10.09%）**			健谈	0.470	0.448
淳朴	0.676	0.543	**项目**	**载荷量**	**共同度**	进取	0.462	0.435
热情	0.674	0.528	淡漠	0.534	0.535	灵活	0.441	0.424
豪放	0.629	0.514	暴躁	0.533	0.527	精明强干	0.431	0.412
孝顺	0.569	0.501	疯狂	0.515	0.488	知足	0.399	0.408
豁达	0.566	0.498	骄傲	0.495	0.476	排外	0.379	0.395
直率	0.564	0.487	冲动	0.494	0.458	保守	0.366	0.371
聪明	0.560	0.485	易怒	0.487	0.457	**忧郁性（4.92%）**		
勇敢	0.548	0.478	偏激	0.478	0.435	**项目**	**载荷量**	**共同度**
讲礼貌	0.536	0.475	兴奋	0.472	0.427	无精打采	0.599	0.622
活跃	0.504	0.468	焦急	0.468	0.424	失落	0.556	0.602
独立	0.497	0.462	情绪化	0.461	0.404	伤感	0.552	0.586

踏实	0.488	0.453	固执	0.425	0.387	沮丧	0.534	0.578
仁爱	0.477	0.459	散漫	0.371	0.386	孤独	0.523	0.548
乐于助人	0.437	0.457	欣喜	0.365	0.375	犹豫	0.467	0.543
善良	0.426	0.435	理智	0.354	0.368	忧郁	0.466	0.528
诚实	0.425	0.424	粗鲁	0.395	0.352	少言寡语	0.465	0.514
乐观	0.419	0.412	鲁莽	0.389	0.346	**世故性（2.65%）**		
有责任心	0.392	0.408	争强好胜	0.386	0.345	**项目**	**载荷量**	**共同度**
正直	0.356	0.395	容忍	0.379	0.340	冷漠	0.584	0.501
谦虚	0.355	0.386	平静	0.374	0.337	斤斤计较	0.522	0.498
随和	0.349	0.375	**开放性（6.15%）**			虚伪	0.454	0.489
严肃	0.345	0.362	**项目**	**载荷量**	**共同度**	工于心计	0.438	0.485
有修养	0.332	0.354	大胆	0.645	0.620	狡猾	0.338	0.475
有毅力	0.301	0.322	幽默	0.624	0.612	世故	0.313	0.468
美丽	0.284	0.318	开放	0.615	0.602			
细心	0.326	0.312	接纳	0.592	0.586			
随遇而安	0.308	0.298	开朗	0.608	0.575			
整洁	0.287	0.290	适应性强	0.554	0.548			

注：括号内为所解释变异的百分数。

3．区域刻板印象形容词评定量表的信度

通过对共同因素进行信度检验，发现各分量表之间的内部一致性系数均达到了理想水平，具有较好的内部一致性信度，量表总的信度是 $\alpha = 0.828$，宜人性 $\alpha = 0.945$，情绪性 $\alpha = 0.923$，开放性 $\alpha = 0.875$，忧郁性 $\alpha = 0.850$，世故性 $\alpha = 0.758$。

4．区域刻板印象形容词量表的相关分析

统计结果表明，该量表具有较好的内部一致性系数，见表 8—14。

表 8—14　量表各因素相关分析

变量	宜人性	情绪性	开放性	忧郁性	世故性	量表总分
宜人性	1					
情绪性	0.570**	1				
开放性	0.675**	0.585**	1			

变量	宜人性	情绪性	开放性	忧郁性	世故性	量表总分
忧郁性	−0.148*	0.597**	−0.198*	1		
世故性	−0.276**	0.565**	−0.302**	0.627**	1	
量表总分	0.649**	0.615**	0.647**	0.468**	0.380**	1

注：*P < 0.05，**P < 0.01（下同）。

5. **不同区域被试与各因素的差异比较**

由于量表具有良好的信度和效度，因此，我们对 254 名被试进行区域间的差异检验，结果发现，不同区域的被试对宜人性（F = 74.303，P < 0.01）、开放性（F = 59.750，P < 0.01）、量表总分（F = 51.418，P < 0.01）具有显著差异，其余分量表没有显著差异，见表 8—15。

表 8—15 不同区域被试与各因素的差异比较

变量	区域		F	P
	内蒙古（n = 120）	甘肃（n = 134）		
宜人性	97.45 ± 15.42	113.58 ± 14.25	74.30	0.00**
情绪性	52.08 ± 9.32	53.80 ± 10.72	1.84	0.17
开放性	44.44 ± 6.71	51.00 ± 6.79	59.75	0.00**
忧郁性	21.59 ± 5.03	21.05 ± 6.03	0.60	0.43
世故性	15.39 ± 3.87	14.80 ± 4.39	1.27	0.25
量表总分	302.58 ± 31.03	329.86 ± 29.40	51.41	0.00**

（三）研究结果分析

首先，通过分析发现区域刻板印象形容词评定量表可区分出五个维度，并且通过检验发现信度、效度和因素间的相关都达到了较高的水平，说明我们编制的量表是有效的，因此，该量表能够很好的测量出区域间刻板印象的存在。其次，根据对被试的区域来源进行差异分析，再一次发现区域间确实存在着相互刻板印象。并且区域间被试在宜人性、开放性存在着显著差异，甘肃被试的得分都比内蒙古人高，说明所有被试都认为内蒙古人更加具有宜人性和开放性。在情绪性、忧郁性和世故性上没有显示出显著性差异，也就可以说被试在这三个维度的看法具有一致性。

二、研究二：区域刻板印象的激活研究

（一）区域刻板印象激活研究的方法及程序

1．被试

被试共 100 人，均为自愿参加实验。其中甘肃省 55 人，内蒙古 45 人，男性 43 人，女性 57 人，城市 45 人，农村 55 人，被试年龄在 20 到 28 岁之间。

2．实验材料

实验材料由 48 张幻灯片组成，卡片材料使用 PowerPoint 制作。其中 16 张为“甘肃人 / 内蒙古人”地域标签，分别与 8 个典型的甘肃人属性词联系在一起（每张卡片上分别有一个编号、一个地域标签与一个属性词）；16 张“甘肃人 / 内蒙古人”地域标签，分别与 8 个典型的内蒙古人属性词联系在一起（每张卡片上分别有一个编号、一个地域标签与一个属性词）；16 张为“甘肃人 / 内蒙古人”标签，分别与 8 个中性词联系在一起。所有的卡片顺序均随机排列。其中，卡片属性词的选择参考了中国人人格形容词评定量表（QZPAS）和连淑芳对区域刻板印象进行的研究中所使用的材料，并且又通过查阅辞典和相关文献共收集了 300 个描述性格的形容词，通过对甘肃籍和内蒙古籍的 10 名研究生进行访谈，让他们将典型描述性格的形容词做排序，按照排序高低选出代表甘肃人性格形容词 8 个，代表内蒙古人性格形容词 8 个，最后确定 16 个地域性格描述的形容词。其中包括褒义、贬义形容词和 8 个中性形容词。实验分练习材料和学习材料，练习阶段和学习阶段卡片各 48 张，卡片格式完全相同，但练习卡片上标签与属性词的配对与学习阶段卡片完全不同。目的是为了避免被试的长时记忆对测验阶段的卡片虚惊率产生影响，具体卡片材料见表 8—16。

表 8—16　试验卡片材料

区域标签	甘肃人	甘肃省内人	甘肃本省人	甘肃本地人	内蒙古人	内蒙古区内人	内蒙古本地人	内蒙古本区人
甘肃人属性词	乐观	保守	知足	憨厚	吃苦	懦弱	迷信	热情
内蒙古人属性词	豪爽	粗犷	剽悍	好胜	勇敢	冲动	坦率	邋遢

区域标签	甘肃人	甘肃 省内人	甘肃 本省人	甘肃 本地人	内蒙古 人	内蒙古 区内人	内蒙古 本地人	内蒙古 本区人
中性 属性词	迅速	坚硬	清醒	熟睡	希望	前面	柔软	飞快

3. 实验设计

本研究采用 2（区域：甘肃 / 内蒙古）×2（加工方式：概念加工 / 数据加工）×3［卡片类型：符合刻板印象（相容）卡片 / 不符合刻板印象（不相容）卡片 / 中性卡片］混合实验设计。其中加工方式（数据加工、概念加工）与区域来源（甘肃人、内蒙古人）为被试间变量，卡片类型（相容卡片、不相容卡片、中性卡片）为被试内变量，因变量为测验阶段卡片的虚惊率。将被试随机均分为两组，一组为数据加工组，另一组为概念加工组，在学习阶段两组采取不同的指导语进行控制。每个被试均获得 3 个因变量数据：符合刻板印象（相容配对）卡片的虚惊率；不符合刻板印象（不相容配对）卡片的虚惊率；中性卡片的虚惊率。将这 3 个虚惊率作为因变量进行后续的统计程序。

4. 实验程序

实验研究的实验采取集体施测。在多媒体教室进行测试，在甘肃省的西北师范大学进行 4 次测试，共 55 人。在内蒙古自治区的内蒙古科技大学进行了 3 次测试，共 45 人。整个实验分为三个部分，每个部分之间没有休息时间。在完成第一部分和第二部分后，要求被试者做与实验无关的任务。在完成第一部分之后，要求被试用 3 分钟时间写出最能描绘自己的十个形容词。在完成第二部分之后，要求被试计算一组小学五年级的数学题（包括 20 道题目），大约在 3 分钟内完成。这样做是为了避免先前的实验对对后面的实验起到练习和记忆效应。学习阶段和正式测验阶段按不同的加工方法，采用相应的指导语，分别要求概念加工组和数据加工组的被试对 48 张卡片进行学习。学习卡片采用 PowerPoint 的形式通过显示器全屏呈现，学习阶段和正式测验要求被试在答题纸上进行回答，具体见以下指导语。要求每个被试按照指导语只做一种加工方式下的任务。每个阶段具体指导语如下：

数据加工组的指导语是：屏幕上将依次呈现一系列卡片，每张卡片均包含卡片编号以及两个词语。答题要求："请你仔细阅读卡片，并将第二个词语的第一个汉字填入表格。请依次填写，不要遗漏。"卡片呈现时间 2 秒，间隔时间 4 秒。

概念加工组的指导语是：屏幕上将依次呈现一系列卡片，每张卡片均包含卡片编号以及两个词语。答题要求："请你仔细阅读卡片，并对这两个词语的匹配关系作出合理、较合理、较不合理、不合理的判断。在相应编号后的相应空格里打钩。每张卡片只能作出一项判断。请依次填写，不要遗漏。"卡片呈现时间 2 秒，间隔时间 4 秒。

测验阶段指导语是：屏幕上将依次呈现一系列卡片，卡片形式与学习阶段完全相同，其中有一半的卡片是在学习阶段出现过的，另一半卡片是新的。答题要求："如果你认为卡片是先前出现过的，那就在相应编号的空格中打钩，如果你认为卡片是先前没有出现过的，就在相应编号后的空格里打 ×。特别注意：卡片呈现的时间非常短，请尽量根据第一判断作出判断，小心不要遗漏。"

测验阶段呈现全新的 48 张卡片，但事先提示被试其中有一半的卡片曾在学习阶段呈现过，要求被试判断哪些卡片是全新的，哪些卡片是学习阶段经常出现过的。集体施测的时候一并将 3 个阶段的答题纸装订后下发，使用投影仪播放 PowerPoint 卡片，在被试完成实验后统一回收答题纸，利用 SPSS16.0 社会统计软件进行数据整理与分析。

（二）区域刻板印象激活研究的实验结果

1．不同自变量与卡片类型虚惊率的主效应

对各自变量的主效应进行检验发现，区域（$F_{(1,99)}=12.44$，$P<0.05$）和加工方式（$F_{(1,99)}=35.32$，$P<0.01$）与卡片类型虚惊率的主效应差异检验显著，性别（$F_{(1,99)}=2.71$，$P=0.10$）和城乡（$F_{(1,99)}=0.28$，$P=0.59$）变量没有显著性差异，见表 8—17。

表 8—17　不同自变量与卡片类型虚惊率的主效应

自变量	SS	Df	MS	F	P
性别	0.16	1	0.16	2.71	0.10
城乡	0.01	1	0.01	0.28	0.59
区域	1.07	1	1.07	12.44	0.028*
加工方式	2.17	1	2.17	35.32	0.00**

2. 不同卡片类型的配对检验

研究发现，相容卡片—不相容卡片（t = 9.18，df = 99，$P < 0.01$）、相容卡片—中性卡片（t = 9.54，df = 99，$P < 0.01$）、不相容卡片—中性卡片（t = 2.24，df = 99，$P < 0.05$）之间均存在显著性差异，见表 8—18。

表 8—18 不同卡片类型的配对检验

卡片类型	M	SD	SE	t	df	P
相容卡片—不相容卡片	0.15	0.17	0.01	9.18	99	0.00**
相容卡片—中性卡片	0.20	0.21	0.02	9.54	99	0.00**
不相容卡片—中性卡片	0.04	0.20	0.02	2.24	99	0.02*

3. 不同加工方式对卡片类型虚惊率的差异比较

由于主效应分析显示，不同加工方式的与卡片的虚惊率有显著性差异，因此，我们对不同的加工方式进行差异检验，发现不同加工方式对相容卡片（$F_{(1,99)} = 44.88$，$P < 0.01$）、不相容卡片（$F_{(1,99)} = 45.79$，$P < 0.01$）、中性卡片（$F_{(1,99)} = 16.92$，$P < 0.01$）三种类型卡片的虚惊率均达到了显著性水平，见表 8—19。

表 8—19 不同加工方式对卡片类型虚惊率的差异比较

卡片类型	来源	SS	Df	MS	F	P
相容卡片	组间	0.21	1	0.21	14.88	0.00**
	组内	1.78	99	0.01		
不相容卡片	组间	0.02	1	0.02	0.78	0.45
	组内	3.32	99	0.03		
中性卡片	组间	0.85	1	0.85	6.92	0.09*
	组内	4.94	99	0.05		

4. 不同区域来源对卡片类型的虚惊率的差异比较

主效应分析发现区域间被试与卡片虚惊率存在显著性差异，因此，应对其进行再一次的差异检验。对区域变量的方差分析发现，不同区域来源的被试在相容卡片（$F_{(1,99)} = 1.07$，$P = 0.48$）上没有达到显著性差异，在不相容卡片（$F_{(1,99)} = 8.18$，$P < 0.01$）、性中性卡片（$F_{(1,99)} = 6.73$，$P < 0.01$）达到了显著

性差异，见表 8—20。

表 8—20　不同区域来源对卡片类型的虚惊率的差异比较

卡片类型	来源	SS	Df	MS	F	P
相容卡片	组间	0.03	1	0.03	1.07	0.48
	组内	2.58	99	0.03		
不相容卡片	组间	0.36	1	0.46	8.18	0.01**
	组内	4.82	99	0.05		
中性卡片	组间	0.37	1	0.37	6.73	0.04*
	组内	5.42	99	0.06		

（三）区域刻板印象激活研究的分析

我们通过各自变量与卡片虚惊率的主效应检验，发现区域和加工方式与卡片虚惊率有显著性差异，而在性别和城乡上则不存在显著性差异。通过对配对样本 t 检验发现，被试在相容卡片—不相容卡片、相容卡片—中性卡片、不相容卡片—中性卡片都存在显著性差异，说明地域刻板印象在被试的认知加工中起了显著的作用，即区域刻板印象显著存在于人群中，从总体上看，被试对不同卡片的虚惊率很好地反应了其地域刻板印象的程度。这就说明区域刻板印象是内隐的存在于这两省人的意识中。在主效应检验基础之上又进行了加工方式变量、区域变量与卡片虚惊率的方差分析，在对不同加工方式对卡片类型虚惊率进行检验时发现，相容卡片、中性卡片与卡片虚惊率达到了显著性差异，说明不同加工方式对刻板印象产生了加工性分离，即数据加工和概念加工对刻板印象的激活程度不同。在对不同加工方式对卡片类型虚惊率进行检验时发现，不同区域来源的被试在不相容卡片和中性卡片达到了显著性差异，说明在相容卡片上被试是按照内隐关于彼此的刻板印象来进行反应的，这与相容卡片是一致的，所以又一次证明了区域间一定存在着相互刻板印象。

三、总体讨论

（一）区域刻板印象量表的编制与区域刻板印象的存在性

研究结果表明，区域刻板印象形容词评定量表可区分出五个维度，分别是宜人性、情绪性、开放性、忧郁性和世故性。统计结果表明具有较好的信度和效度，能够较好的进行区域刻板印象的研究。通过对区域变量进行分析，证实了确实存在一定的区域刻板印象。我们认为存在区域刻板印象的主要原因是区域间文化心理差异，区域文化导致区域文化心理差异，不同的区域属于两个亚文化群体，在这两种亚文化背景中的社会结构，思想观念、生活准则、价值体系、行为方式、民俗习惯、神话传说、宗教信仰以及语言特点等方面的差异也必然形成特定的文化心理差异，而导致对人形成带有区域文化特性的主观偏见，从而影响人们之间的交流与合作。内蒙古在地理结构上是平原与高原相结合，富饶的草原曾是内蒙古的最主要的生活区域，自古以放牧、游居的生活方式为主，形成了一种典型的区域文化性格，豪爽、奔放、直爽的性格一直被人们所称道。由于地理区划、历史文化和政治经济的原因，形成了典型的内蒙古草原文化。而甘肃是中国一个十分特殊的行政省区，地处黄河上游，位于我国的地理中心，东接陕西，南控巴蜀青海，西倚新疆，北扼内蒙古、宁夏，是古丝绸之路的锁匙之地和黄金路段，并与蒙古国接壤。所属县域以农业为支柱产业，因为土地贫瘠，雨水稀少，靠天吃饭，河西走廊虽然气候恶劣，河东的地理环境是山岭纵横，沟壑遍地，经常发生饥荒。因为地理环境和恶劣的生活环境，形成了独特的区域文化特性，这种区域文化是区域地理环境、生产方式、历史积淀、经济发展水平、政治文化、当地生存方式影响的结果，所有这些因素最后都积淀为区域文化性格，这些性格又反作用于区域文化。这种区域文化性格就是被外群体所称为的区域刻板印象。

（二）不同加工任务对区域刻板印象激活的影响

在本研究中，实验者在实验一的基础上再一次验证了区域刻板印象的存在性，并且实验证明不同认知加工方式对区域刻板印象的激活程度是不同的。在测验阶段所呈现的卡片没有一张是曾经在学习阶段出现过的，也就是说，被试在测验阶段所做出的选择，是在没有长时记忆参与的状态下完成的，同时又需要被试在非常短的时间内对卡片的类型进行判断，唯一能够决定被试选择的因素就只剩下了先前学习阶段被激活的地域刻板印象。因此，区域刻板印象是存在的，并且在很大程度上受到内隐的无意识的影响。

在实验中我们设计了两类刻板印象：一类是甘肃人对内蒙古人的刻板印象，另一类是内蒙古人对甘肃人的刻板印象。同时我们提出的假设是：无论是甘肃人和内蒙古人，均对自己以及对方群体存在着一定的刻板印象，即内—外群体效应广泛地存在于区域刻板印象中，而且这样的刻板印象的激活会因为不同的加工方式而有所区别，实验结果也验证了我们的预期。不同加工方式对被试的虚报率有显著性差异，即对于符合刻板印象的卡片来说，两类加工所导致的结果有着很明显的差别，概念加工比数据加工更能激发出被试的区域刻板印象，简单的数据加工只要求被试对刺激的表象进行处理，而没有涉及被试的社会认知态度，而进一步的概念加工则涉及了被试的社会认知态度，在这个过程中被试原先所固有的地域刻板印象就会被激活。认知资源加工理论支持了这一结果，数据加工属于简单加工，没有动用认知资源，而概念加工需要运用更多的认知资源。而且，观念运动理论认为头脑中的观念会自动激活相应的行为。根据他们的理论，如果刻板印象中包含了某些行为的信息，当刻板印象激活后这些行为很可能就自动启动，任何刻板印象激活了记忆中相关的行为表征就可以产生自动化行为。因此，实验的结果证明了我们的假设，即不同加工方式对刻板印象的激活程度不同。

根据以上分析，发现不同区域来源的被试对相容卡片的虚惊率没有显著的差异，也就是说甘肃人具有对内蒙古人一贯的刻板印象，内蒙古人对甘肃人也有一贯的刻板印象。说明区域刻板印象是内隐的存在于这两类人的意识中，是通过长时期的积累而习得的。因此，除了个体认知能力、人格特征等个体差异外，区域文化的异质性则是影响相互区域刻板印象的主要原因。区域心理学假设不同区域的文化存在很大差异，因而其心理也必然存在很大差异。人文地理学者也认为人与地的相互作用会产生不同特色和形态的文化群而形成不同地域的不同心理。从行为者的角度来说，由社会文化所形成的刻板印象集合始终在人们的知觉活动中起着主要支配地位，所以正是区域地理与区域文化的形成与发展不同，会形成不同的内隐文化，而这种内隐文化则既作用于自己，也作用于别人，作用于自己便形成自我刻板印象，作用于别人便形成他人刻板印象，而区域刻板印象正是他人刻板印象的表现之一。

（三）研究的局限性

在研究一中，由于受取样的限制，在编制区域刻板印象形容词评定量表的取样上偏少，而且取样只涉及了两个省区，样本的代表性存在一定问题。虽然量表的统计指标表明量表具有很好的信度和效度，但是研究一的外部效度还是具有一些问题的。以后的研究应在样本取样上进一步扩大范围。在研究二中，实验的实施是群体集中施测，在进行实验过程中被试之间的影响没能很好的控制，对于外部效度也有一定影响。由于卡片呈现的时间是在已有文献的基础上进行了延长，这会因被试的个体差异而对反应结果有一定的影响。因此，今后的研究中对被试的选择还应该进行分层抽取或者进行相关的前测。

（四）省域刻板印象研究结论

在研究一中，我们通过编制区域刻板印象形容词评定量表，首先验证了量表的信度与效度，在量表具有较好的信度、效度基础之上进行了区域间被试的差异分析，验证了区域刻板印象的存在性。在研究二中，我们利用不同加工方式的任务，又一次验证了实验一的结果，即区域刻板印象的存在性。其次，证明了不同加工方式对区域刻板印象激活程度具有影响。文中两个研究基本上证明了我们所提出的假设。因此，研究得出以下结论：(1) 区域刻板印象由宜人性、情绪性、开放性、忧郁性、世故性五个因素构成；(2) 以不同加工方式的启动实验研究发现，区域刻板印象的启动是自动的，不同加工方式对区域刻板印象的激活程度是不同的，概念加工比数据加工更容易启动区域刻板印象；(3) 不同区域间的被试存在相互刻板印象。

第九章
老乡观念与认同效应的区域跨文化心理学研究

俗话说："老乡见老乡，两眼泪汪汪。""亲不亲家乡人，甜不甜家乡泉。""人人都说家乡好，何人曾说他乡好。"中国有人生四大乐事："久旱逢甘霖，他乡遇故知，洞房花烛夜，金榜题名时。"离开村到外村，同村人成为老乡，离开乡到外乡，同乡人成为老乡，离开县到外县，同县人成为老乡，离开省到外省，同省人成为老乡，离开祖国到外国，中国人就是老乡。老乡观念是一个以祖籍、出生地、成长地的家乡村落、社区为中心，以家族观念为基础，以人情为纽带形成的圆伦心理结构。

第一节 中国人老乡观念的区域跨文化心理学解析

中国区域心理学视野的老乡观念是形成区域文化性格的基础，也是区域文化差异与人格差异相互作用的重要标志。老乡观念的社会心理学本质是族群认同，是民族认同、国家认同的心理基础，但在民族、国家内部人口规模流动的跨文化适应中也是影响社会和谐的重要因素。

一、老乡概念的古代现代汉语语义分析

辞海解释：据甲骨文，繁体字的鄉，像二人对食形。"'鄉'和'饗'原本是一字……整个字像两个人相向对坐，共食一簋的情状。本义是用酒食款待别人，所以鄉是'饗'的古字。后来假借为行政区域名，古代五百家为党，

一万二千五百家为乡，合而称乡党。”[①]《说文》：“乡，国离邑民所封乡也。啬夫别治封圻之内六乡六卿治之。”《周礼·大司徒》云：五州为乡，后人注云：“万二千五百家。”但《广雅》则说：十邑为乡，是三千六百家为一乡。唐、宋至今指县以下的行政区划。所辖规模历代不同。比如唐宋时由地方官推荐应进士考试的人叫乡荐；由州县选拔出应科举的士子称乡贡；比县大的区域比如省一级科举联合考试叫乡科、乡试。乡官，指治理一乡事务的下级官吏，汉代以三老、有秩、啬夫、游徼等为乡官，将乡官之治处亦称为乡官；乡贯，祖先居住的地方，即籍贯；古代的乡也泛指城市外的区域，历代文书典籍都有用法，限于篇幅不一一列举。至于《论语》中的《乡党》篇则是记述孔子在庙堂和乡里活动中各种礼仪的典籍。[②]

现代汉语的乡，泛指小市镇，比如乡村，穷乡僻壤等[③]。具体而言，第一个含义是自己生长的地方或祖籍，比如家乡，故乡，乡井。第二个含义是乡里家庭久居的地方。比如乡党、乡里。其中乡党是陕西人专用。第三个含义是中国行政区划基层单位，属县或县以下的行政区领导。通常使用的词汇有乡巴佬，指笨拙、迟钝又粗俗质朴的乡下人；乡愁指思念家乡的忧愁心情；乡村指针对城市来说，以从事农业为主要生活来源人口较分散的地方；乡党指家乡，乡里的人；乡丁，旧指为乡政府做杂役、守卫的人；乡关就是故乡；乡规民约指由当地村民共同制定并要求共同遵守的规约。乡宦是旧称，指乡村中做过官又回乡的人。还有乡间、乡井、乡里、家乡、乡佬儿、家乡、乡邻、乡民、乡亲、乡情、乡曲、乡人、乡绅、乡俗、乡下、乡音、乡友、乡镇、乡梓等与乡有关的词汇。

老乡则是一个民间语言词汇，专指个人离家外出遇到的家乡来的人或者与自己有同一祖籍又在外做生意或者工作的人。“老”的含义非常丰富，既包含了亲切、信任、归属感、认同感，又包含了依恋、互助、帮派、信息等社会心理成分。其中共同的方言是老乡认同的心理核心。老乡的“乡”小可以到村庄、社区，大可以到南方、北方，乃至祖国、民族。这里的“乡”可以视为随时随

---

① 广东、广西、湖南、河南辞源修订组：《辞源》，商务印书馆2009年版，第167页。

② 夏征农：《辞海》，中华书局1979年版，第201页。

③ 张海钟、姜永志：《中国人老乡观念的区域跨文化心理学解析》，《教育文化论坛》2010年第3期。

地变化区域。

二、族群认同理论与中国人老乡认同研究

区域心理学的研究为中国不同文化下的心理现象的研究提供了崭新的视角，而老乡现象的出现，其本质是族群的区域文化研究问题，由于区域的政治、经济、历史文化和地理环境的原因造成的区域文化，经过长时间的磨合最终内化为一种区域观念，形成一种区域文化性格和特质，这种性格和特质是有别于其他区域人群的，而人类是社会属性与自然属性的动物，在交往中往往寻求与自己同质的、具有相似或同样文化底蕴、语言、生活方式、行为习惯、风俗传统、价值观念的人群进行交往，这样既可以满足安全感、情感需要，还会获得社会认同感和社会归属感。因而由于人类有地域的、政治的、经济的、职业的、宗教的等不同性质的族群归属，于是也就有你是北京人，我是上海人，你是中国人，我是美国人，你是穆斯林，我是基督徒等反映这些归属的族群认同。民族是人类族群归属的一种，因而民族认同也是人类族群认同的一种。民族认同是社会成员对自己民族归属的自觉认知。国家认同是近代概念，往往和民族认同交织在一起。

社会认同理论认为，要想全面理解人们的社会行为，必须研究人们如何建构自己和他人的身份。人们会用自己或他人的某些社会群体成员资格来建构自己或他人的身份。按照社会认同理论，社会认同是个体对其所归属的群体或类属的认知和信念。社会认同理论强调社会比较（social comparison）和社会类化（social categorization）过程。通过社会比较过程，个体将知觉对象分成两类：与自己相似的个体和与自己相异的个体。他们将与自己相似的个体归结为内群体（in-group），并为其贴上内群体的标签；将与自己不同的个体归结为外群体（out-group），并为其贴上外群体的标签。一旦个体对不同的知觉对象贴上内群体或外群体的社会标签，社会类化也就完成了。

族群认同包括自我认同、归属感、对参照群体的认知以及个体在群体中的价值分享等不同的维度，是动态的多维度的结构。弱势族群之个体的认同是在文化适应的驱动（压力）下，通过一系列事件或经验获得的，这种经验是文化适应的重要组成部分。族群认同也可以看做一种自我宣称或自我决定的过程，

这一过程大都是未被个体意识到的。如果社会所宣称的或给予他们的是一个被歪曲的、卑下的或被轻蔑的形象，族群在对这一形象的认知过程中就会受到心理伤害。

“族群认同”（ethnic group identity）是社会认同理论在民族心理学和文化心理学研究中的发展。族群关系，族群文化适应，族群之间的偏见、歧视和冲突，都与族群认同的发展有关。狭义的族群认同是一个动态的、多维的、涉及人的自我概念的结构；族群认同是一个概念化的自我模式，这一模式可能被周围的环境接受或拒绝，它对个体是具有强制性的，你有什么样的祖先、什么样的后代都是先定的；族群认同是一个复杂的结构，它不但包括个体对群体的归属感，而且还包括个体对自己所属群体的积极评价，以及个体对群体活动的参与等。广义的族群认同不仅包括个体对本族群的信念、态度和参与行为，而且还包括个体对他族群的信念、态度和参与行为。认同依个体和时间的不同而发生变化，它与国家认同有时是交叉的或可替换的。

我们认为，就中国本土心理学的视角，老乡是一种族群，是因为地域同一而形成的族群归属。老乡认同是通过社会比较和标签效应而形成的社会类化。老乡族群的一般认同主要包括老乡族群自我认同（我是 ××× 地方人；我的老家是 ×× 县的；我的祖籍在 ×× 省、县）、老乡族群归属感（这里有许多我们的老乡；我们老乡很团结）、族群态度和族群卷入（我觉得和老乡在一起安全，可以无话不谈；我经常参加老乡聚会；我有难事就找老乡帮忙）等。老乡族群特殊认同包括区域文化中的方言、民俗、历史、地理等，方言是核心成分。老乡族群自我认同（也叫族群自我界定或族群自我标定）是个体为自己所贴的族群标签，我是甘肃人，我是东北人，我是宝鸡人，我是靖远人，可以看做一种自我宣称或自我决定的过程，这一过程大都是未被个体意识到的。如果社会所宣称的或给予某一个区域的是一个被歪曲的、卑下的或被轻蔑的形象，老乡族群在对这一形象的认知过程中就会受到心理伤害。

总体而言，老乡这一族群的认同其表现有二：一方面表现为对家乡的认同、对交往的渴求、对寻求社会支持的渴望，在外乡遇见同乡邻里会产生对老乡的认同、依赖、往往是以地方观念和乡土感情为基础建立起来的并且有很强的内部凝聚力，又源于同一地区的归属感。这种乡党观念一般会促进异乡的老乡之间的交流和情感联结，给异乡人带来极大的心理情感支持，有利于其社会化的发展。另一方面是对区域主位文化的认同，往往倾向于对乡土文化和本地主流文化观念和意识形态的认同，而排斥外来文化、外来意识观念，具有封闭性和排外性，倾向于夸大自我文化优势的特征、贬低外来文化优势的特征，利用社会比较来回避本土弱势观念和文化。

三、区域文化心理学视野的老乡观念分析

以地域为基础的互动，显然见诸一切民族的历史和现实，区域心理学的研究就是这样一种以地域为依托的研究取向，中国区域跨文化心理学属于跨文化心理学分支，简称区域心理学，是将不同区域的人群的心理共同性和差异性作为研究对象。其理论假设是中国不同区域的文化存在很大差异，因而其心理也必然存在很大差异，因为文化是影响社会心理活动的一个重要因素。如果把城市和乡村作为两个大的区域，中国城乡跨文化心理学是区域跨文化心理学的分支。中国主流的跨文化心理学主要研究的是不同民族的心理差异，没有把不同省或者不同区域族群的心理差异研究纳入研究范围，我们研究的中国区域和城乡跨文化心理学研究是将城市乡村、省域市域作为不同的文化区域来比较研究。就这一视野而言，老乡文化、老乡关系、老乡族群、老乡归属、老乡认同、老乡观念是区域心理差异的典型代表，因而就成为区域心理差异比较研究的重要路径。

我们认为，区域心理学视野的老乡观念也是人类族群认同的一种，属于区域族群归属认同，是对家乡和家乡人的一种态度，包括认知、情感、行为三个心理成分[①]。就认知而言，家乡是自己永远的生活基地，家乡有自己的父母兄弟姐妹，父老乡亲朋友，有了这些亲人的这个基地，即使个人外出在异质文化中失败，还有一个东山再起的机会，即使永远不再辉煌，也有一个田园生活的安宁。当一个人外出进入其他文化中，异质文化的神秘感，语言交流的困难，游戏规则的陌生感，都会使一个人感到孤独和疏离，此时遇到老乡，便会意识到互相帮助、相互依赖、交流信息的重要性；就情感而言，老乡的方言（乡音）

---

① 姜永志、张海钟：《方言与老乡认同的区域跨文化心理学解析》，《中北大学学报》2010年第4期。

使人感到亲切、安全、信任，老乡带来的信息使人摆脱思念的焦虑，老乡之间的倾诉，使苦闷得以缓解；就行为而言，只要认了老乡，就会不定时聚会或者联系，联系中会敢于摆脱人格面具和社会角色的束缚，宣泄自己的情绪，这种行为是心理焦虑的补偿，是摆脱危险、孤独、寂寞的需要，获得社会支持的最好方法。

就中国而言，老乡观念是一个圆轮结构，即以自己父母或者自己出生地的村和社区为中心，向外画圆，一圈一圈向外推，越往外，感情越淡化，越往里面，感情越深。最里面一圈是村或社区级老乡，不管出县出省出国，这一级老乡认知最清晰最知底，但也存在隐匿的竞争和防备，感情最深厚最真挚，但也存在隐匿的嫉妒，行为聚会最多最踢实，但也存在隐匿的防备；其次是县乡一级老乡，不管出县出省出国，认知最清晰最知底最信任，感情最深厚最真挚最实在，行为聚会最多最踢实最放肆；再次是省市一级老乡，只有出省才会体会，认知较清晰，感情较实在，行为聚会较最踢实；最后是国家级老乡，只有出国后才会体会到，大多数中国人不会有这种认知、感情、行为。

老乡之间不仅仅是互助、关爱，也存在嫉妒、竞争，在异域文化中，外来的老乡群体会分化出许多小群体。老乡内部的矛盾冲突往往是内隐的，忌讳矛盾表面化。

四、影响老乡观念和行为的区域文化社会因素

前述只是一般规律，在具体的人口流动情境中，每个省域、县域人群的老乡观念并不相同，有的省、县的人出外后非常“链帮”（甘肃方言，拉帮派），有的省、县的人却是十分疏离。这取决于区域文化社会因素，也受到个人处境、利益、性格以及双方年龄、性别的影响。

第一，区域文化传统：中国文化整体上是一个包容性、融合性、凝聚力、向心力很强的文化，但就每个省、县区域而言，文化传统不同，老乡观念也有很大差异。就省域而言，山西、安徽有晋商、徽商，古代就比较重视老乡互助、老乡组织，但像上海这样的移民城市，民众的老乡观念就比较淡化。

第二，家乡亲友舆论：中国文化是一种道德控制文化，而道德是由社会舆论和良心支撑的。出门在外，老乡认同还受到家乡亲友舆论的影响。如果一个

在外发达的人在他乡怠慢了老乡，很快就会传回老家，然后形成舆论压力，受到各种场合的谴责，直接影响他在家乡的亲友的处境，甚至影响他在外地的工作环境和人际环境。

第三，个人处境利益：中国人出门在外的强烈老乡认同，还取决于自己的处境和利益。一个人出门做生意，或者到他乡工作，普遍存在跨文化心理适应问题，原在老乡可以提供该文化的游戏规则和行为规范，使其减少陌生带来的不安和紧张，减少适应时间；新到的、临时拜访的老乡可以带来老家发展和亲友生活状况的信息，使其摆脱老家信息剥夺带来的焦虑。

第四，个人性别年龄：老乡认同的观念还受到个人性格、年龄、性别的影响，一般而言，女性的老乡意识相对淡化，因为到了青春期以后，已经清楚的意识到自己将来必然要嫁到他乡。如果一个女子已经出嫁，就有一个娘家老乡认同度和婆家老乡认同度的差异问题，通常取决于夫妻感情和处境利益。同时，年龄越大老乡认同意识越强。中国人自古就有叶落归根的习俗和情结。

总而言之，单向的老乡认同，取决于自己当时的处境和利益，越是处境艰难越渴望认同老乡，获得利益摆脱不安和孤独。反之，则老乡意识淡化。双向的老乡认同，取决于双方祖籍、出生地的距离，双方的地位、利益、年龄、性格以及老家亲友的舆论压力等因素。

五、老乡认同与区域偏见及和谐社会建设

中国是世界上人口最多的国家，也是面积最大的国家之一；设有4个直辖市，23个省，5个自治区，2个特别行政区，数千个县区，数万个乡镇。可以划分为东北、西南、东南、西北、华北、华中、华南等大区。不仅各个大区域的地理环境、历史人文、经济发展水平、民族构成不同，而且省县乡区域在文化传统、生活方式等方面也有巨大差异。在这些区域文化差异基础之上形成的区域文化势必会内化为老乡心理观念，使不同区域的民众形成区域性格、区域情结，这种区域性格和区域情结在往往是具有独特性、不相容性和刻板性，因而在与异质文化进行碰撞时会出现排斥、排外现象。而对于来自同一区域的人，则因为文化传统、思想观念、思维方式、行为方式、价值观念、风俗习惯、语言的相似或相同而倾向于互相吸引，形成良性互动，而出现内部聚合，

外部离散的现象。新中国成立60年，民众已经习惯于按照自己的父母出生地或自己出生地认同家乡，形成以县、市、省为标签的老乡认同和老乡观念。正如种族、民族之间存在社会文化差异导致的心理冲突一样，县域、市域、省域也会出现心理冲突，从而影响整个国家的和谐社会建设。这种冲突异于种族、民族、国家之间的冲突，非是宗教、国家利益冲突，而是基于生活方式差异形成的区域偏见导致的冲突。比如上海人歧视甘肃人，甘肃人则亲和陕西人。在特殊背景下，也有老乡利益的冲突，比如大学校园里老乡群体之间的冲突时常发生。政治系统中老乡派别的争斗则是只可意会不可言传。中国历史上的战争、政治斗争、商业竞争，无不打上老乡群体的烙印。当代中国社会中各个行业、各个单位、各个部门内部，老乡群体的明争暗斗，中国人自己心知肚明，但却是公开场合的禁忌。为此，我们从事区域心理学研究，早就被心理学同人视为自找烦恼，是主动踩踏中国文化的地雷。然而，我们认为，和谐社会建设的目的是解决各类民族、文化、心理的冲突，促进社会公正公平，使全国各地民众都能够和谐相处，共同富裕，幸福生活。为了达到这个目标就不应该把区域文化差异造成的老乡心理差异作为禁区。我们的课题被国家社会科学基金立项，已经证明这个领域不是禁区。

第二节　方言与老乡认同的区域跨文化心理学解析

中国广袤的疆土、悠久的历史文化传统、复杂的地理环境和政治经济环境，深刻地影响着我国区域文化格局的形成，在此基础上形成了不同的区域文化心理特征，并典型化为区域文化性格，因而也就形成了区域间心理的差序格局，这种差序格局在心理上的表现之一就是方言与老乡的认同问题。关于老乡认同问题我们曾撰文从区域心理学的角度做过探讨，老乡认同的核心是社会文化认同问题，但是文化认同的核心又是语言认同。因此，语言在区域间老乡认同问题上则是关键所在，语言文化体又是由很多亚文化的方言岛所构成，故此方言与老乡认同问题也是区域心理学所关注的一个焦点问题。方言与老乡认同问题涉及的是区域和谐与和谐社会建设层面的问题，因此对其研究具有一定的现实意义，既是为构建社会和谐提供心理学依据，同时这也是一个区域心理学学科理论建设问题。因而我们通过区域心理学的视角对方言与老乡认同问题进行新的诠释，并且在区域心理学理论框架内对其进行心理学分析。

一、语言与方言的文化标识性

语言在人类的生活中表现最多的是一种交际工具，但是语言的背后给我们展现的则不仅仅是交际工具，它更是一种文化标识，是文化的产物。马林诺夫斯基认为："语言是文化整体的一部分，但它并不是一个工具的体系，而是一套发音的风俗及文化的一部分。"[①] 泰勒在《人类学——人及其文化研究》一书中认为："在前历史时期中，发生了人类在地球上的初次扩散和大种族的发展，产生了语言，确定了大的语系，文化发展到古代世界东方民族的水平——他们是现代文明的先驱者赫然奠基者。"正是因为语言在人类文化体系中的地位如此重要，所以我们甚至可以认为，语言不仅是文化的一种形式，它其实就是一种"元文化"。[②] 因此可以说语言的变化与文化的变化是同步的，因而他们之间的关系就不可能是一维静态的，而应该是双向二维互动的。语言作为文化的载体一方面表现语言的文化性，另一方面文化差异会分化出不同的语言系别。

语言既然是文化的建构手段和表现形式，那么它在建构和表现文化的过程中则会因亚文化群体的出现而不可能整齐划一，于是民族的语言体系或国民的语言生活必然要产生某些与特定亚文化群体相适应，并可以成为该群体的文化表征的语言成分，这些语言成分就是我们说的区域方言。方言最简单的定义就是指一个特定地理区域中某种语言的变体，是全民语言的不同地域上的分支，是语言发展不平衡性而在地域上的反映。然而，值得注意的是，在对所谓的"语言"和"方言"进行定义时，无论是采用社会语言者"相互理解性"的判别标准，或者是历史语言学者"历史发展关系"的判别标准，我们都无可避免地会碰到相当程度的任意性和困难性。因此，多数人同意，在实际操作上，判别语言和方言的标准往往是政治性的，如果某种语言完成标准化的程序，我们通常将其称为"语言"；如果某种语言没有完成这个程序，则我们通常将其称

---

① 马林若夫斯基：《文化论》，中国民间文艺出版社 1987 年版，第 7 页。

② 泰勒：《人类学——人及其文化研究》，上海文艺出版社 1993 年版，第 30 页。

为“方言”。这种区域方言随着时间推移，民族人口的繁衍与居民活动的扩展，大范围的语言使用中不可能在语音、词汇、语法等各个方面维持统一的标准，其分歧成分在各种复杂原因的作用下就逐渐形成了区域方言的地域特征，形成区域方言内部的方言岛。所谓方言岛就是成片的方言区域中存在着一个讲不同方言的人口居住地，它与周围方言有着明显的不同。方言区域也好，方言岛也好，它总是伴随着方言的融合与分化，这种融合更多的是趋于主流文化或是主流语言的，也就是趋向于具有更大的同化力的语言文化。方言也是语言，只不过方言是变异的语言，因而它同语言一样是文化的载体，是一种区域文化标识，因而区域文化与语言或是方言的融合与分化都是双向互动的。他们都是一定区域文化的产物，而区域文化与区域心理也是一种双向互动的关系，因此方言在一定程度上反映的是区域文化心理差异。

二、老乡认同的区域文化特性

心理学意义上的“认同”一词最早由精神分析学派大师西格蒙德·弗洛伊德提出的，用以表述个人与他人、群体或模仿人物在感情上、心理上趋同的过程，并指出这是一种个体与他人有情感联系的最早的表现形式，后来埃里克森在弗洛伊德认同概念的基础上提出了“自我同一性”的概念，对认同概念做了进一步解释和阐述，进而将同一性分成“自我同一性”和“集体同一性”两种。在塞缪尔·亨廷顿看来，认同“是一个人或一个群体的自我认识，它是自我意识的产物：我或我们有什么特别的素质而使得我不同于你，或我们不同于他们，随着认同问题的研究不断深入。[①] 按照社会认同理论，社会认同是个体对其所归属的群体或类属的认知和信念。社会认同理论强调社会比较和社会类化过程。通过社会比较过程，个体将知觉对象分成两类：与自己相似的个体和与自己相异的个体。他们将与自己相似的个体归结为内群体，并为其贴上内群体的标签，将与自己不同的个体归结为外群体，并为其贴上外群体的标签。一旦个体对不同的知觉对象贴上内群体或外群体的社会标签，社会类化也就完成了。

---

① 塞缪尔·亨廷顿：《我们是谁》，新华出版社 2005 年版，第 20 页。

我们认为，老乡是一种族群，是由于地域同一而形成的族群归属，是通过社会比较和标签效应而形成的社会类化。老乡族群的一般认同主要包括老乡族群自我认同、老乡族群归属感、族群态度和族群卷入等。它主要包括区域文化中的区域方言、民俗习惯、历史地理、宗教信仰、行为方式、思维特点等，老乡认同实质上是区域文化影响下的社会文化认同，它是一种对内群体文化和优势文化的认同和对外群体文化和弱势文化的排斥。区域心理学是将不同区域的人群的心理共同性和差异性作为研究对象。其理论假设是中国不同区域的文化存在很大差异，因而其心理也必然存在很大差异。就这一视野而言，老乡认同是因区域地理环境与区域文化特性所形成的区域心理差异，是区域文化的产物，具有区域文化的差异性。

三、方言与老乡认同的关系

方言与老乡认同问题不仅在中国有，而且在国外也有，在国内一般把方言分为七个方言区，包括北方方言、吴方言、湘方言、赣方言、客家方言、粤方言和闽方言。在意大利方言可分为：西西里岛方言、托斯卡纳方言、佛罗伦萨方言、罗马方言、翁布里亚方言、马奇方言、科西嘉方言等。欧洲一些国家的方言与中国相比甚至是有过之而无不及。老乡认同在表现形式上主要包括老乡族群自我认同、老乡族群归属感、族群态度和族群卷入等，各个方面表现为一种趋同心理关系，这种趋同心理反映在语言上就是对语言身份的认同，这种认同的不断加强也就是一个族群文化不断强大的过程。在与另一种文化接触的过程中，本族群的身份在与其他语言或方言的区别中不断被加强，通过这些差异建构自己的身份特征，而这些特征就构成了该语言的文化背景。语言的身份成了文化心理的一种载体，一种外在的体现。人们在使用这种语言时所体现出来的心理行为风貌，建构了一个族群的文化心理。而语言身份的认同其本质上是一种对本族群文化或社会历史的趋同心理，语言身份的认同是构建老乡认同的重要手段。因此，老乡认同主要是文化认同，文化认同又是以语言为载体和标识的，所以老乡认同又是以语言认同为本质内核的。而语言的亚文化群体—方言文化群在一定程度上反映了老乡认同之间的差异性。方言所代表的又不仅是一种语言交际工具，它背后载负的文化内涵是极其复杂的，既反映了老乡认同的社会性，也反映了老乡认同的心理差异性，因为老乡认同是以区域文化区分的，区域文化在心理上所诠释的正是区域文化心理差异。老乡认同的建立是以一定的地理区域或是文化区域为前提，在这个区域内必然存在区域文化心理的差异，这种区域文化心理差异是与方言岛紧密联系在一起的。因此，老乡认同—方言岛—区域文化心理之间是一条双向互动锁链，是紧密联系，相互影响的，方言认同是老乡认同最深层次和核心问题。

四、区域心理学视野中的方言与老乡认同

以地域为基础的互动，显然见诸一切民族的历史和现实，区域心理学的研究就是这样一种以地域为依托的研究取向，区域心理学也称区域跨文化心理学，是跨文化心理学的分支之一，它的理论假设是不同区域的文化存在很大差异，因而其心理也必然存在很大差异，因而主张比较不同区域人群的心理共同性和差异性，探讨各亚文化背景中的社会结构、思想观念、生活准则、价值体系、行为方式、民俗习惯、神话传说、宗教信仰以及语言特点等方面的共同文化心理特质和文化心态差异，其目的在于揭示区域亚文化对人的心理的影响，从而查明两个或多个文化背景中个体和群体心理发展变化的规律，来获得文化学和心理学两方面的意义。我们认为区域地理环境差别，将导致民众适应环境的差异，不同的适应必然逐渐内化为区域内的一种语言、习惯、思维，最后生成一种区域文化，不同的区域文化下因存在差异，而必然使民众用内化了的思想观念、价值观念、思维方式而形成不同区域的文化心理特征，不同的文化心理特征的表征方式必然就是该区域内被内化了的区域文化心理行为，这种区域文化心理特征与区域文化心理行为在一定程度上又会强化对区域地理环境的适应。因此，方言与老乡认同问题就是一个区域心理学问题，它是以地理区域、行政区域、文化区域的划分来展开研究的。[①]

方言在一定程度上可以分为优势方言与弱势方言，那种具有广泛适用群体的方言可以说是一种优势方言，这种方言或是一个民族、或是一个区域、或是

---

① 姜永志、张海钟：《社会认同的区域文化心理研究》，《长安大学学报（社会科学版）》2009年第4期。

一个省、或是一个市县、或是一个自然村所广泛使用的。老乡认同往往表现为情感归属，归属可为个体提供属于某一群体的心理安全感、社会情感支持等心理需要的满足，情感归属最直接的就是对家乡方言的认同，这种方言所形成的内群体偏好就是对优势方言的一种情感依附和社会认同。这种依附和社会认同是要以一定地理区域为依托，在一定区域内所形成的建立在语言基础上的老乡认同具有更强的凝聚力，这种区域范围越小，所表现的凝聚力和内群体偏好就更强烈。按照需要层次理论来说，方言在使用中也是为了满足安全的需要，操着同一种方言的老乡在一起，往往说的是方言。区域心理学认为，方言背后隐藏的是方言区的文化内涵，其中就包括方言区的生活习惯、风俗习俗、宗教信仰、价值观念、行为方式等，这些文化现象是抽象的内隐在方言区人中的，在有第三方在场时，不安全感会使其用方言隐藏这种不安全感。

区域心理学以研究区域文化背景下的文化心理差异为主要研究内容，方言区域的形成就是一种典型的以区域文化为基础形成的区域心理差异问题，方言所表达的主要是区域文化信息，是区域文化心理差异的信息。这种信息却是形成老乡认同的基础和核心。为此，我们主张将老乡认同问题纳入到区域心理学的视野中，澄清方言与老乡认同和区域文化心理的关系将有助于研究区域文化心理差异。区域文化心理差异所反映出来的就是一个和谐问题，区域文化体之间的区域刻板印象、社会认同偏差都会影响到区域文化的融合以及区域经济文化的交往，阻碍和谐社会的构建。为此，我们的研究既是构建和谐社会的需要，也是区域心理学学科建设的需要。在区域心理学今后研究中，一方面我们构建区域间社会认同的理论体系是必要的，另一方面运用田野工作的开展同文化研究和主位文化研究，运用心理学的调查与实验方法进行一定的实证研究也是区域心理学研究的趋势所在。因此，对于方言与老乡认同问题我们开展以上所说的研究是现实可行的，也是必要的。

第三节　区域心理学视野下的“乡党”现象心理学分析

中国作为一个地大物博、历史文化传统悠久的历史古国，其地域的广阔性以及地理条件和气候的复杂性和差异性，形成了中国不同区域的不同文化系别。因为广阔而很难形成统一的语言、风俗，因为地理环境迥异而很难形成统一的行为方式与思维方式和区域居民性格。而以上的种种差别则因行政区域的划分和地理环境的自然特性而形成了中国当代独特的“乡党”现象，乡党现象的出现应该是政治、经济、历史文化相互交汇的产物，它的形成也是以上述因素为基础的，其表现更是具有区域文化的典型特性。因此对于乡党现象的研究，我们把它纳入到区域心理学的框架之中来，希望可以在区域心理学范畴内用心理学的理论和方法对其进行解释和研究，来弱化乡党现象的消极影响促进社会和谐的建设。

一、“乡党”语义学分析及研究现实意义

“乡党”一词最早见于《论语》的《论语·雍也》和《论语·乡党》，原文是“原思为之宰，与之粟九百，辞。子曰：毋！以与尔邻里乡党乎”和“孔子之于乡党，恂恂如也，似不能言者。其在宗庙朝廷，便便言，唯谨尔”。二者乡党的意思都是老乡、邻里、乡亲之意。而古汉语词典中的解释是五百家为党，一万二千五百家为乡，合而称乡党，指的是行政单位。而乡党一词在英语的翻译是 local communities，直译是本地社区、本地团体、当地社团之意，而几乎没有老乡、邻里乡亲之意，这说明传统的乡党与现代意义上的乡党还是有区别的。在现当代我们说乡党一般来说是说以地理区域和行政区域划分的具有共同文化、共同语言、共同风俗习惯、共同生活方式，以情感联结为纽带所组成的一群人的集合。因而乡党通常被理解为老乡、同乡、相亲、邻里，所以我们的研究是以原来生活在同一区域而现在不在同一区域生活的人为研究对象，研究的是孔子说的“乡党”，即老乡、同乡、相亲、邻里。

对于乡党现象和乡党观念的研究在社会科学的其他领域已经有学者开始研究，社会学对于语言、宗教、风俗习惯、文化传统的研究，心理学对于老乡社会认同、社会归属感的研究等。乡党现象在我国是一种普遍存在的现象，对于具有深厚传统文化基础的区域，其乡土观念更加明显，乡土情结也比较严重。如甘肃河西走廊地区，由于地理、历史的原因形成了封闭性的意识和观念，实用为本的需要定式、阿波罗式的情感定向、无可奈何的迷信思想、长老中心的道德裁定、超限忍耐的意志品质占据着普通民众的心理，而形成一种故土难离

的乡土情结，并且这种情结是一种排他性的情感，具有内群体偏好的特点。总体而言，乡党现象和乡党观念其表现有三：第一方面为对家乡的认同、对交往的渴求、对寻求社会支持的渴望，在外乡遇见同乡邻里会产生对老乡的认同、依赖、往往是以地方观念和乡土感情为基础建立起来的并且有很强的内部凝聚力，又源于同一地区的归属感。这种乡党观念一般会促进异乡的老乡之间的交流和情感联结，给异乡人带来极大的心理情感支持，有利于其社会化的发展。第二方面是对区域主位文化的认同，往往倾向于对乡土文化和本地主流文化观念和意识形态的认同，而排斥外来文化、外来意识观念，具有封闭性和排外性，倾向于夸大内群体优势特征、贬低外群体优势特征，利用社会比较来回避本土弱势观念和文化。第三方面是乡党观念的存在，在不同程度上也会产生一种社会小势力，形成哥们义气等结帮结党的现象，处理不好在一定程度上会影响社会的和谐与稳定。因此，对于乡党现象和乡党观念的研究就显得具有一定现实意义，一方面通过对乡党现象和乡党观念的分析，可以了解乡党观念的心理表征以及形成的心理社会原因；另一方面也可以采取适当的措施进行适度引导，促进乡党这种现象的积极发展。

二、乡党现象之区域心理学研究路径

区域心理学的研究就是这样一种以地域为依托的研究取向，区域心理学也称区域跨文化心理学，是跨文化心理学的分支之一，它的理论假设是不同区域的文化存在很大差异，因而其心理也必然存在很大差异，因而主张将不同区域的文化为背景，比较不同区域人群的心理共同性和差异性，其目的在于揭示区域亚文化对人的心理的影响，从而查明两个或多个文化背景中个体和群体心理发展变化的规律。区域心理学的研究为中国不同文化下的心理现象的研究提供了崭新的视角，而乡党现象的出现，其本质是区域文化研究问题，由于区域的政治、经济、历史文化和地理环境的原因造成的区域文化，经过长时间的磨合最终内化为一种区域观念，形成一种区域文化国民性格和特质，这种性格和特质是有别于其他区域人群的，而人类是社会属性与自然属性的动物，在交往中往往寻求与自己同质的、具有相似或同样文化底蕴、语言、生活方式、行为习惯、风俗传统、价值观念的人群进行交往，这样既可以满足安全感、情感需要，还会获得社会认同感和社会归属感，这就是为什么乡党现象可以在中国这样一个地大物博、历史文化传统悠久地域出现的原因，并且也是中国所独有的。

建立在跨文化心理学、文化心理学、人文地理学和文化人类学基础之上的区域跨文化心理学，它的一个显著特征就是可以充分利用上述学科的各种理论和研究方法来进行心理现象的研究，区域心理学对于不同文化模式下的人类心理研究具有显然的优越性，由于历史文化以及地理区域的原因在中国形成了种种文化类型，如齐鲁文化、中原文化、燕赵文化、关中文化、巴蜀文化、荆楚文化、吴越文化、岭南文化、滇黔文化、闽台文化及西藏文化、蒙古草原文化、松辽文化等类型和模式。在这些文化类型和文化模式基础之上形成的区域文化势必会内化为乡党心理观念，使不同区域的民众形成区域性格、区域情结，这种区域性格和区域情结在往往是具有独特性、不相容性和刻板性，因而在与异质文化进行碰撞时会出现排斥、排外现象。而对于来自同一区域的人，则因为文化传统、思想观念、思维方式、行为方式、价值观念、风俗习惯、语言的相似或相同而倾向于互相吸引，形成良性互动，而出现内部聚合，外部离散的现象，对于这种现象的分析，不仅要从政治制度、经济体制、经济环境上来分析，更重要的是要从社会文化的区域性格、区域文化心理的形成以及它们的相互影响上来进行分析，并运用心理学的有效方法，如统计、测量、访谈、田野工作、团体辅导等方式对其进行度量、量化和干预。

三、乡党现象之心理学视角分析

乡党现象的出现在我国是一种较为普遍的社会现象，从孔子的“以与尔邻里乡党乎”、“孔子之于乡党，恂恂如也，似不能言者”，到今天的“老乡见老乡，两眼泪汪汪”、“美不美，家乡水，亲不亲，故乡人”，乡党现象的发展也可以说有其悠久的历史，其历程之长是伴随着中华民族的文化而衍生和发展的，因而研究乡党现象就要涉及古代文化的乡党观念之变化，但是古代文化的乡党观念之变化又反映在现代人的传统观念中，文化的基因与生物基因一样，通过遗传的方式使现代人带有与我们的先人相似的观念，因而归结起来要从研究其心理现象着手，研究乡党现象的表现方式、形成原因、心理机制等问题。

（一）社会认同理论与乡党观念

社会认同是个体认识到他或她属于特定的社会群体，同时也认识到作为群体成员带给他的情感和价值意义。每个人都拥有多个群体的成员资格，却只会使用其中一部分来建立自己和他人的社会身份。从这一假设可以推断出社会认同与社会比较有非常密切的关系：人们会评价和比较各社群的优劣、社会地位和声誉，争取把自己编入较优越的社群，并觉得自己拥有该社群一般成员具有的良好特征。当人们认同的社会身份受到攻击或威胁时，人们会在思维或行动上捍卫该群体的声誉，他们或在思想上肯定该群体成员共有的特征和价值，或以具体行动还击。区域文化影响下的乡党观念同样是一种社会认同，他们是一种对家乡文化和优势文化或观念的认同，而这种认同更多的是建立在对外群体的社会认同威胁基础之上的，也就是在社会比较的情况下，由于群体地位的差异，某一群体的个体在认知、情感上，对自我、所属群体身份的不承认，那么在这种社会认同威胁面前，人们往往感到的是孤独、寂寞、安全感丧失、社会支持缺失，产生的一种心理上的疏离感和剥夺感、自卑感。这种心理倾向就会使他们对外群体的排斥和对内群体的依赖，往往认为自己属于某一群体，那么这个群体就是乡党群体，而他们往往把自己归入优势文化家乡群体，而形成乡党情结，这种情结是心理焦虑的补偿，是摆脱危险、孤独、寂寞的需要，获得社会支持的最好方法。如北京郊区某村的一位农民在为自己归入群体时会对人说自己是北京人，因为北京人会为自己争得面子，抬高身价。

（二）社会需要层次理论与乡党观念

美国人本主义心理学创始人马斯洛在20世纪50年代提出人格的需要层次理论，他把人的需要分为七个层次，分别是生理需要、安全需要、爱和归属的需要、尊重的需要、认知的需要、审美的需要和自我实现的需要。这个理论强调的是，低层次的满足是高层次需要满足的条件，而人类作为自然属性与社会属性的统合体，其低层次需要中的安全需要、爱和归属的需要、尊重的需要无疑是重要的，人与人的交往过程中面对的将是安全能否得到保障、能否爱与被爱、是否被尊重、是否能够找到心理归属等，如若这些需要得不到满足的话，那么社会属性的人必将处于安全感丧失的焦虑与恐惧中、爱的缺失的失落中、不被尊重的自卑中和没有归属感的孤独、寂寞之中。因此，乡党观念的形成必然是对于需要不能满足的恐惧，是出于自身需要的满足，是对不利于自己的社会态度的逃避，因而我们才会趋向于把自己归因于优势文化群体、归因于家乡文化群体，以便可以得到安全、爱与归属、尊重等需要。

（三）社会归属感与乡党观念

归属感是一个属于社会文化心理范畴的概念，是指“归于、属于某种事物的情感”。从本质上说，归属感是指由于物质和精神两方面的共同作用，使某一个体对某一群体产生高度的信任和深深的眷恋，从而该个体在潜意识里将自己融入群体中去，将该群体利益作为自己行事的出发点，归属感是一种内在的主观体验。对于归属感的获得是人类社会交往的普遍性法则，马斯洛的需要层次理论中就要求归属感的满足，可见归属对于个体的重要性，归属可为个体提供属于某一群体的心理安全感、社会情感支持等心理需要的满足。由于社会经济的发展、人口流动的加快，生活节奏的加快，归属感又显得有其重要意义和作用，在大众归属感丧失的今天，乡党的归属感则显得尤为显眼，他们对于同根同源的乡党有着文化和情感的联结，也很容易使他们因为有着这样一种归属感而走到一块，形成一个乡党群体。有着一样的文化背景、说着同样的方言、有着类似的生活习惯和风土人情、有着熟悉的地理环境景观，这本身就是一个联结纽带，是一种归属感的获得条件，在这样一种条件下，人们是会更倾向于这种给自己带来心理归属的群体的。

（四）内—外群体偏好理论与乡党观念

内外群体偏好理论认为，人们在归因时常常倾向于把自己归属于优势群体中，而避免把自己归因于劣势群体中，这样人们就可以认为自己拥有优势群体中一切好的品质，从而抬高自己的社会地位，获得高自尊和良好的自我认同感来获得更多更好的社会资源。所以人们在为自己归类时常常说自己是哪一个好的地方的人，因为他或许认为说自己是一个名不见经传的地方的人会使人不知道是哪儿给自己丢面子，还或许他就认为说自己来自于一个有名的地方可以给自己增加好的印象，当然这要源于听者的刻板印象。但是总的来说，这样会给自己带来好处。因此人们也就常常将自己所属团体与其他团体比起来更好，由于内群体偏好的存在而会对外群体无意识地贬低其地位。乡党观念中也同样存在这种对参照群体的贬低而抬高自己的群体的倾向，这种倾向更多的是源于对自我的认同、对群体归属感的基础之上的。

乡党现象和乡党观念的描述以及心理学归因，还是要回到区域跨文化心理学的理论框架中来，对于影响乡党现象存在的社会认同理论、社会需要层次理论、社会归属感和内外群体偏好理论而言，其产生根源还在于一种国民性格，这种国民性格就是，我们是集体主义观念社会，我们的社会交往、我们的感情卷入以及我们的行为方式都是按照集体观念来运作的，都受传统儒道释文化观念的影响，不同的区域同样印刻着不同的文化烙印，因而形成不同的文化情感联结。因而对于乡党现象和乡党观念的研究要着眼于中国区域文化特性，在区域跨文化的框架中开展研究，一方面我们要用科学的理论和方法证明乡党现象的现实存在性以及乡党观念与区域刻板印象的关系，乡党观念的形成原因和乡党现象的社会心理机制。另一方面我们要弱化乡党观念的消极作用，削减乡党观念所形成的固有的刻板印象，使不同群体的交流得以对等、顺利地进行。

第四节　中国人老乡观念的社会表征及其初步建构

群体心理（group psychological）的研究一直是社会心理学最主要的研究领域之一，虽然社会学一直希望通过对研究对象的规定来明确学科之间的界限，即主张社会学研究人的群体心理，心理学研究人的个体心理。然而，学科间的交叉与变化终究没能明确二者的界限。如今在社会心理学领域，群体心理研究是最受关注的领域之一，个体作为社会一员，是怎样与社会中的个体、群体进行社会的、心理的交流的，它们的心理机制与心理过程是怎样的，如何通过对个体或群体心理的抽象来对个体与群体的行为进行有效的预测，从而达到有效沟通以及社会的有效运作的目的。这样的问题要求心理学工作者付出不懈的努力。

在中国社会心理学研究中，伴随着社会进步和社会转型出现的群体心理一直是我国心理学研究的重点，这些研究都与社会现实密切相关，目前的研究已经初步奠定了中国社会心理学的基础。然而，在社会急剧转型的今天，城镇化速度异常加快，农民工大量涌进城市，跨区域流动人口迅猛增加，长期定居或暂居人口也在不断增加，在这种情况下，离家在外寄居者便在心理上产生一种老乡情结，形成一种老乡心理，他们拥有着共同的价值观、生活方式、情感经历、文化背景等一些共享的社会认知结构和社会知识，由此便形成老乡观念Fellow（Concept），形成中国社会特有的老乡族群。老乡族群遍布着社会的各个角落，因此，对老乡族群的老乡观念或老乡心理的研究则应该成为中国群体心理研究的重要内容。而老乡观念或老乡心理的社会表征是如何建构的，老乡观念的社会表征有着怎样的结构，老乡群体与其他个人和群体的交流与互动是怎样进行的？这些问题的解决将对我国高度跨域人口流动带来的社会心理危机与社会和谐稳定具有重要现实意义。文中通过对新兴的社会心理学理论，即社会表征理论的阐述，进而以此为基础，用其解释老乡观念的社会表征过程以及老乡观念社会表征的结构及建构。

一、社会表征理论

20世纪70年代，主流的社会心理学经过历史的两次转折之后，一度陷入社会心理学危机，主要原因在于，主流社会心理学的个体取向研究忽略和遗忘了人类社会中社会的、集体的意义。它既不研究作为一种个人与社会之间互动的社会行动，也不去研究社会中的个体，心理学已经变成一种私人生活的心理学，故此，心理学家们都意识到社会心理学的理论应该整合“社会”成分。由此，法国著名社会心理学家莫斯科维奇提出了社会表征理论（social representations theory）。[①] 该理论在社会心理学界产生了巨大影响，与社会认同理论（social identity theory）、话语分析理论（discourse analysis theory）一同并列成为欧洲社会心理学的三驾马车。该理论对于解释群体心理具有非常强的解释力，该理论对中国传统文化下的老乡观念这一群体心理也是具有解释力度的，因此，文中将对该理论进行系统阐述。

（一）社会表征理论的内涵

社会表征理论是由迪尔凯姆的社会学构念——集体表征（collective repres-

① Moscovici, S. *Social representations: explorations in social psychology*. Polity Press, 2000, p. 3.

sentations）发展而来的，迪尔凯姆曾区分了两种社会整合（social integration）的类型：一种是机械团结（mechanical solidarity），另一种是有机团结（organic solidarity），他认为这两种团结载负着同一个族群或社会所共享的意义符号（common shared meaning），基于社会个体通过共享的社会认知结构来进行易化的沟通，从而形成集体心理表征，这种表征是源于共享的文化、生活方式、价值观念、宗教信仰与风俗习惯。① 在迪尔凯姆看来，这些符号化"意象"、"方式"的共享社会认知源自人际互动，并获得了超个体性和客观性，进而构成了无所不包、虚拟性的、社会建构的现实。这种的集体表征则透过所谓潜移默化的理智过程（trickledown intellectual process），强制性规约着个体相应的思维、情感及行动，并为特定社会的所有成员同质化地共享。面对主流心理学与人文主义心理学论战的僵局，莫斯科维奇接续迪尔凯姆的集体表征理论提出了社会表征理论，他将其界定为"某一社群所共享的价值观、概念以及实践系统，它兼有两种功能，即其一是为个体在特定生活世界中的生存进行定向，另一则是提供可借以进行社会交换及对生活世界与个体、群体历史进行明晰分类的符号，使人际沟通得以实现"，② 而社会表征实质上则是源于日常生活人际互动过程的概念、话语及解释体系，其相当于传统社会中的神话及信念系统或同时代的常识，这一概念所具内含与文化心理学中的文化心理（culture psychology）或新心性心理学中五种心理形态之一的常识心理（common psychology）具有交叉和重叠部分，它们都强调共享的社会认知及其社会符号意义，这种社会认知及其社会符号意义都是经由历史的、文化的、社会的大环境所形成并内化为个体的认知结构的，所不同的是莫斯科维奇的社会表征主要关注的是关于群体的社会认知结构和意义化的心理符号，而后者主要关注的是对于社会认知和意义化的心理符号的个体认知。

（二）社会表征的结构

社会表征具有双重特性结构的系统，它由中心因素（central core）与外围因素（peripheral elements）两部分组成，二者在功能上特定而且互补。其中，

---

① Durkheim, E. *The Division of Labor in Society.* New York: The Free Press, 1984, p. 59.

② Moscovici, S. *Attitude and opinions*. Annual Review of Psychology, 1963(2).

中心因素是社会表征的核心部分，它主要包括群体共享的意义符号系统，它决定了社会群体的同质性。中心因素通常具有稳固性、规范性、共识性以及历史性。而外围因素则是中心因素的重要补充，相对于中心因素来说，外围因素介于现实世界和中心因素之间，它具有灵活多变的功能，它可以调节中心因素和现实世界之间的差异。外围因素更多则依赖于情境和个体特质来反映社会群体的现实和异质性，因此，外围因素是最先感觉到外部情境中新异信息并对其作出反应。由此可见，社会表征的结构具有不同的分层，一部分是具有相对稳定的，而另一部分则具有相对的流变性。这两部分之间的相互作用能使事物具体化，也决定着社会表征的变革。在社会表征变化的过程中，如果情境是可以逆转的，那么社会表征的外围要素会将新的因素整合到已有认知结构中，中心因素则保持稳定，这一过程类似于皮亚杰图式理论（schema theory）的同化过程。如果境况是不可逆转的，社会表征会随内外冲突程度的由弱趋强，相应发生抵抗性转变、渐进性转变及粗暴性转变等转变，达到改变对群体社会表征或易化群体社会表征的结果，从而缓解个体在新异环境中形成的个体心理与情境之间的紧张状态，形成沟通的易化。

（三）社会表征与社会认同的关系

社会表征具有的双层结构系统就如同文化心理的硬核与保护层一般，外层负责对内层的保护和缓冲，从而为内部系统的适应与改变提供前提保障。然而社会表征不同于文化心理，前文已述在此不再赘述。在对社会表征进行深入的研究时势必要将其与社会认同（social identity）进行界定，因为社会认同也是群体心理达成的一个关键因素，是群体社会表征和文化心理形成必不可少的因素。社会表征和社会认同两种理论其实是同源于一种历史脉络的，同时他们之间有交叉点也有差异之处。莫斯科维奇对二者的关系有着独到的见解，他认为，同一文化群体的成员建构社会客体的表征都是对自我的一种界定，这也意味着社会表征的内容架构必定要建立一定的认同基础上。反过来，社会认同也是社会群体共享表征的一个积极强化的结果。[①] 所以说，社会表征是同一社群

① 管健：《社会表征理论的起源与发展——对莫斯科维奇“社会表征：社会心理学探索”的解读》，《社会学研究》2009 年第 4 期。

的共享认知结构，它界定了群体认同的符号边界，而社会认同是一个表征的动态过程，以锚定的参照点来影响社会表征的发展。Wagner 曾描述了社会表征的形成以及与社会认同的关系，他认为，在个体的社会化过程，社会表征首先作为一种共享的认知架构，来帮助个体在一定历史文化群体内进行生活定位和解释。当个体内化了本群体的社会表征以后，也就必然形成了他们的社会认同。这种在共同的社会表征基础上的社会认同促进了一种亲密的情感和群体的一致性。①

二、老乡观念社会表征的建构

我们在之前的相关研究中曾认为心理地域图式（mental geographical schema）是老乡观念的最基本单位，它是个体所内化的关于家乡故土的价值观念（values）、生活方式（life－style）、行为方式（behavioral style）、民族习俗（national customs）、宗教信仰（religions belief ）等意识形态，它是心理地域的最小单位，是群体中个体所共享的一种直接或间接的生活经验和知识体系，是与他群体的心理地域图式有所区别的，这种心理地域图式是老乡群体心理最直接的表征方式。而老乡观念正是通过心理地域图式进行表征的，在老乡群体内部，所有人拥有共同的心理地域图式，因此对群体有较强的内部凝聚力和我群体偏好，在心理上产生对群体的积极趋同。我们所说的这种心理地域图式在某种程度上与社会表征是一致的，只不过是更多的关注个体心理认知的构建，较多偏向于个体社会认同。在此研究的基础之上，我们希望借助于莫斯科维奇的社会表征理论，从群体心理层面上对老乡观念的社会表征进行试探性构建，试图以社会表征理论为基底，阐释老乡观念的社会表征的内涵，揭示老乡观念社会表征的结构。

（一）老乡观念社会表征的内含

基于以上关于社会表征的阐述，可以认为，社会表征是关于群体的共享的

---

① Wagner, W. "Theory and method of social representations". *Asian Journal of Social Psychology*, 1999(1).

价值观、概念以及实践系统，它关联着特定的价值观、概念以及具有某种特征的论述。它发生于群体沟通与理解的社会过程，又作为认知库存为群体沟通与理解的社会过程提供了强有力的支撑，其实质就是一种内化的、先验性的内隐认知社会系统，它时刻以一种先验的身份参与个体与群体的交往中，同时在互动过程中获得新的群体社会表征，并最终通过社会比较进行个体社会认同与群体社会认同，进而强化群体社会表征。老乡观念也是一样，老乡群体作为中国本土文化特有之群体，在群体内部必然也存在一种共享的社会认知系统和先验的知识系统，姜永志和张海钟通过对老乡概念的界定认为，老乡群体作为一个跨区域流动，长期寄居外地的社会群体，他们主要来自于同一地域，具有较强的地域认同、文化认同、语言认同、情感归属感以及习俗认同。① 这就说明，老乡群体是具有共享的社会认知结构、同质性的文化背景及其社会符号意义，这种社会认知结构、同质性的文化背景及其社会符号意义都是经由历史的、文化的、社会的大环境所形成并内化为个体的认知结构的，这些内隐的社会认知结构对该群体具有缓解新环境适应的紧张状态，具有心理上的慰藉作用。所以老乡观念的社会表征可以表现为一种该群体所具有的，关于家乡的、共享的，在大的历史的、文化的、社会的背景下形成的普遍性、常识性、意义性的文化心理表征。这种文化的心理表征在很大程度上是基于个体在所生活环境中的实践性体验，所形成的特有的关于历史、文化、社会的价值观念、习俗信仰、行为方式等，这些观念的内化成为一种共享知识结构。只有当个体获得这种共享的知识结构之后，老乡观念社会表征才会在一定的情境中凸显出来，并形成老乡观念社会表征。

（二）老乡观念社会表征的获得

而老乡观念之所以在中国历史文化传统中流传不衰，我们认为，主要在于两个方面的原因，一方面是其所根植的社会文化脉络没有发生根本性变革；另一方面是该群体中个体获得的维持该系统的共享社会认知结构起着作用，这些认知结构以传统文化观为基础，强有力地维护了传统儒家道德观以及其他颇具

---

① 张海钟、姜永志：《中国人老乡观念的心理表征及其心理机制》，《辽宁师范大学学报（社会科学版）》2010 年第 5 期。

影响力的传统文化。所以，解析老乡观念的社会表征个体获得过程，将有助于我们深入了解传统社会文化影响现时老乡群体交往以及老乡观念的重要渠道，或潜隐在社会绵延不辍与个体独特各异之悖论表象下的社会与个体的互动机理。

社会表征作为老乡群体所共享的本土的认知知识结构和知识体系，个体对本土认知结构和知识体系获得也便是个体获取相应知识的过程。在对知识获得过程的解释上，主要存在着两种解释范式：一种是社会认知观（social cognition's perspective），认为知识的获得是个体在参与各种社会活动中，对潜隐于其中的结构或模式进行内化的结果；另一种是社会建构论（social constructionism），认为知识的获得是群体或共同体寻求共识性建构，并最终达成合理协商的结果。但是，Lave 和 Wenger 认为以上两种理论均不能很好的解释知识的获得，因此，他们对以上两种观点批评的基础上提出情景化学习（situated learning）理论，他们认为，“知识的获得是个体在实践共同体（communities of practice）中合法地边缘性参与（Legitimate Peripheral Participation）的结果”。[①] 实践共同体往往是围绕着特定领域的知识及能给予成员共同事业感及群体认同的活动而构建起来的，它包括参与其中的成员、成员所参与的共同活动及其所在的社会文化。根据该理论，我们认为，老乡观念的社会表征作为先验的本土社会认知结构，相应的文化心理内含和符号意义系统以其共享的普遍性，已遍布于老乡群体之中。同时，个体在该群体中进行着共同的社会实践，以一个边缘性身份依从于其所属的群体，并参与到老乡群体交往的共同实践中去，这一社会性实践必然隐含有个体对自身经验的反思性建构，随着卷入程度的由浅入深，其逐渐获取到了对老乡群体的社会认同，并且这种社会认同以一种推动作用又作用于社会表征，强化着个体对老乡群体共享的认知结构和知识的唤醒，并且这种作用是相互的、动态的，而非静止的、停滞的，如此，老乡观念的社会表征才得以最终获得，个体最终成长为一独立的社会行动者。

---

① Lave, J., & Wenger, E. *Situated learning: Legitimate peripheral participation.* New York: Cambridge University Press, 1991, p. 109.

（三）老乡观念社会表征的结构及其机制

以上基于社会表征理论，我们讨论了老乡观念的基本内含和社会表征的获得，但是还有一层内隐的深层次的问题有待解决，那就是老乡观念社会表征的结构是怎样的，它是怎样帮助老乡观念社会表征的成功获得的。为此，我们再次以社会表征理论的框架来分析老乡观念社会表征的结构问题。以上分析表明，群体社会表征是一个双层结构系统，它由中心因素与外围因素两部分组成，它们在功能上具有互补性。其中，中心因素形是社会表征的核心部分，它主要包括群体共享的意义符号系统，它决定了社会群体的同质性。中心因素通常具有稳固性、规范性、共识性以及历史性。而外围因素则是中心因素的重要补充，它具有灵活流动性的特点。

结合在之前的相关研究，我们认为老乡观念作为一种心理观念也具有内外两层的双层结构，我们也可以称为老乡观念社会表征的中心因素与老乡观念社会表征的外围因素，张曙光曾在研究同乡交往时发现，老乡作为一个松散的社会群体，它的形成必须具备以下四个条件：一是个体的流动在外，二是原籍地切近且文化共识趋同，三是个体之间彼此关怀与帮助，四是个体对行政区划的认知。① 这四个条件我们认为是老乡界定的主要要素，在张曙光对被研究者进行访谈时发现，个体的流动在外、原籍地切近且文化共识趋同、个体之间彼此关怀与帮助是构成老乡观念社会表征的最核心要素，也即中心要素，而对行政区划的认知则是一个充分条件而非必要条件。因此，我们认为老乡观念的社会表征结构可以由中心因素与外围要因素组成，其中，中心要素是个体的流动在外、原籍地切近且文化共识趋同、个体之间彼此关怀与帮助是，外围要素是个体对地理行政区划的认知。对老乡观念社会表征结构的成因进行进一步分析，我们发现，只有当具备相关的群体共享认知结构的个体，离开自己的原籍地或原住地，移居或寄居外地时，有关两地的风俗习惯、方言俚语、行为方式以及周遭人群的心理社会距离等客体的社会比较过程才更有可能被激活。此时，个体较为敏感的便是自己面对新异环境时的紧张焦虑的境况，因此，首要解决的就是心理的紧张与焦虑状况，解决的方式就是要与同自己在口音、文化习俗及

---

① 张曙光：《社会表征理论评述——一种旨在整合心理与社会的视角》，《国外社会科学》2008年第5期。

待人处事的地域特征等方面相似的人进行交往，以求尽快适应异地生活环境。而老乡观念社会表征的实现必然要与个体社会认同为前提，只有当中心因素、外围因素、特定环境、个体社会认同四因素相互作用的过程中老乡观念的社会表征才可以最终界定，并随着环境与社会认同的变化而发生变化。

我们认为根据社会表征理论，可以将老乡观念的社会表征在具体情景下引发老乡社会认同，并在特定层次凸显的机制进行概括：首先，老乡观念社会表征的中心因素以其对地缘社会共同性的界定，规约着谁能成为老乡。其次，对行政区划的心理认知作为外围要素则引导着个体检视周遭潜在同乡人群在各层次行政区划的分布，最终以较高的标准贴合度及较低的比较贴近度，聚焦在其原生地所属或与之相切近的行政区划层次上，从而将归属于该层次的人群视作老乡，并且老乡既有的内含被赋予具体实践，老乡社会认同便在该层次得以凸显，老乡社会认同的形成将强化老乡观念心理表征在具体环境中的凸显。

总而言之，老乡观念是中国社会所特有的关于群体心理的社会心理特征，在中国传统文化的影响下经久不衰，一直对中国人的社会交往产生着巨大的影响，对老乡观念的社会表征从群体层面上进行揭示，将有利于对老乡群体的个体与群体的心理研究。我们首先主围绕社会表征这一新兴的群体心理理论进行系统的阐述，此理论是与社会认同理论、话语分析理论一同并列成为欧洲社会心理学的三驾马车的理论，它回归了对群体社会心理的人文主义关怀，对群体心理具有较好的解释力。其次，在此基础之上，我们结合中国具体的、特有的老乡观念，在该理路框架下对老乡观念社会表征既有内含、老乡观念社会表征的结构及老乡观念社会表征的心理机制进行了详细分析，基本上构建了老乡观念社会表征的理论框架。我们希望通过对这一理论的解读，能够在今后的研究中从实证研究的角度和质性研究的角度对老乡观念社会表征进行有力的支持，同时也希望通过对老乡观念社会表征的研究可以为中国本土社会心理学特别是群体心理研究提供相应的思路，为中国本土社会心理学的发展作出贡献。

第五节　老乡观念的心理表征及其心理机制建构

群体心理的研究是社会心理学研究最重要的内容之一，在中国心理学逐渐摆脱欧美心理学束缚的时候，中国社会心理学也逐渐建立起一整套关于研究中国人群体心理的内容、理论和范式，正在为形成中国独立的社会心理学而努力。在中国社会心理学研究中，伴随着社会进步和社会转型出现的群体心理一直是我国心理学研究的重点，这些研究都与社会现实密切相关，目前的研究已经初步奠定了中国社会心理学的基础。然而，在社会急剧转型的今天，城镇化速度异常加快，农民工大量涌进城市，跨区域流动人口迅猛增加，长期定居或暂居人口也在不断增加，在这种情况下，离家在外寄居者便在心理上产生一种老乡情结，他们拥有着共同的价值观、生活方式、情感经历、文化背景，由此便形成老乡观念，形成中国社会特有的老乡族群。老乡族群遍布着社会的各个角落，因此，对老乡族群的老乡观念或老乡心理的研究则应该成为中国群体心理研究的重要内容，对老乡观念的研究将为新时期社会转型带来的心理冲击起到缓冲作用，从而为社会转型期的社会和谐作出贡献。文中通过对老乡观念的中国式界定，根据相关的理论，提出老乡观念的心理表征，并对老乡观念的心理机制进行初步构建。

一、区域心理学中老乡观念的中国式界定

国内学者张海钟最先提出区域心理学的概念，他认为，区域心理学是将不同区域人群的心理共同性和差异性作为研究对象，理论假设是中国不同区域的文化存在很大差异，因而其心理也必然存在很大差异。就这一视野而言，老乡观念是区域心理差异的典型代表，因而就成为区域心理差异比较研究的重要路径。[①] 老乡观念在英文辞典的翻译是 Fellow concept，Fellow 同伴、伙伴、家伙、小伙子、同事、研究员的含义，但在中国老乡专指个人离家外出遇到的家乡人或者与自己有同一祖籍又在外地的人，其形成包含了很多历史、政治、经济、文化等因素，具有深刻的文化内含，从概念的表层与深层次来讲显然与西方不同，因此，中国老乡观念是有别于西方 Fellow concept 的。因而，在区域心理学的框架内，老乡观念可以定义为“个体在他乡面对不熟悉的情境中，遇到家乡人时在心里产生的对家乡人的语言、文化、情感、生活方式、价值观

① 张海钟：《中国城乡跨文化心理学刍议》，《心理科学》2005 年第 5 期。

念、宗教习俗等的一种积极的情感卷入和趋同心理倾向的过程”。[①] 这种情感卷入和趋同心理倾向往往是以地域的格局化和差序格局化为前提的。因而，老乡观念不是一种心理状态，而是一种心理过程，是涉及认知、情感的心理过程。老乡观念的基础是情感倾向，其中情感起中介作用，一切心理过程都是以情感为纽带，通过老乡间的情感归属感，最终外显为老乡行为。

二、老乡观念的理论溯源

（一）社会认同理论的特殊表现形式

社会认同理论认为，依据社会群体成员资格来建构的身份被称为社会认同，社会是以社会建构类别来知觉的，自己属于哪些群体，不属于哪些群体。而群体首先是由两个或更多的个体所组成的集合，群体成员共享某种共同的生活方式、价值观、文化背景、语言、宗教习俗等，群体成员把自身理解为群体中的一分子，并获得归属感。相对于外群体，人们更喜欢内群体，对内群体表现出更多的偏爱，甚至在偏爱内群体的情况下，而贬抑外群体。美国社会学家萨姆纳认为“内群体”是主宰我们思想的特殊群体，群体成员对它有着特殊的忠诚，而内群体以外的其他群体即“外群体”，人们总是对内群体表现出更友好的行为和态度，对外群体表现出敌意。这种在评价上和行为上明显表现出对内群体偏好的倾向被称为内群体偏爱（In－group Favoritism），反之被称为外群体偏爱（Out－group Favoritism）。[②]Tafel 和 Tuner 进一步就内群体偏爱提出了自我分类理论，指出个体通过社会分类过程将自我和他人区分为内群体和外群体，内群体的相似性以及与外群体的差异性会被强调。[③] 对于内群体与外群体而言，我们更倾向于使用“我群体”和“他群体”的概念，老乡观念作为一种心理过程需要认知与情感的参与，中国是以关系为本位的社会，用我群体与他群体来表征更能深入到中国文化的深层。老乡观念从本质上说是社会认同的

---

① 张海钟、姜永志：《中国人老乡观念的心理表征及其心理机制》，《辽宁师范大学学报（社会科学版）》2010 年第 5 期。

② 周晓虹：《认同理论：社会学与心理学的分析路径》，《社会科学》2008 年第 4 期。

③ Tafel, H., & Turner, J. C. “The social identity theory of inter group behavior”, In: Worchel, S., & Austin, W. (eds). *Psychology of Intergroup Relations.* Chicago: Nelson Hall, 1986, p. 24.

一种特殊形式。因此，老乡观念的建立首先要通过类化和社会比较来区分出我群体与他群体，我群体的建构是形成群体心理的核心环节。我群体的建构与他群体的区分的完成，也就意味着一个人的社会建构或者心理建构的暂时完成，但是社会认同永远是一个连续性的问题，它应该具有的品性是连续性与相对稳定性，因此永远也不可能一劳永逸地解决，只能是在不断的变化之中进行调整，老乡观念的我群体建构也会随着自我的多元文化的变化而随时进行调整和变化，以适应社会环境的变化。

（二）**心理图式理论与老乡观念**

图式这一概念最初是由德国哲学家康德提出的，在康德的认识学说中占有重要的地位，他把图式看做是“潜藏在人类心灵深处的”一种技术，一种技巧。因此，在康德那里，图式是一种先验的范畴。当代知名的瑞士心理学家皮亚杰通过实验研究，赋予图式概念新的含义，成为他的认知发展理论的核心概念。他把图式看做是包括动作结构和运算结构在内的从经验到概念的中介，在皮亚杰看来，图式是主体内部的一种动态的、可变的认知结构。心理图式(schema)是认知心理学家在前人研究基础之上提出的一个概念，它是表征人类一般知识的一种心理结构，是一种知识框架、计划或脚本（script），由一般或抽象知识组成，起源于个体先前的知识或经验，用来引导个体进行信息的编码、组织与提取等。[①] 它是建立在人的直接或间接生活体验基础上，与具体事物或事件密切相关，涵盖与事物或事件有关的时间（temporal）和空间（spatial）等信息，它是被激活的一组信息，而这组信息包含打上时空印记的背景知识。另外，心理图式还应具有将意识与记忆统一起来的形式，这是心理图式的相继性。它包括意识内容和记忆内容，意识内容的保持就是记忆内容，记忆内容的激活也就是意识内容，这两者的衔接是通过意识形态与记忆形态的相互转换实现的。这种转换可以说就是心理图式的相继性。正是这种相继性将两种不同形态的内容连接在一起，形成一个完整的结构单位，保证了心理图式的存在和延续。而老乡群体的老乡观念包括一系列群体内达成共识的生活体验、间接经验和直接经验，这些共识便是该群体的集体心理图式，它是关于某些共识的心理连续体，

---

① 李键：《图式的心理定位及概念界说》，《心理科学》2003 年第 4 期。

这个集体心理图式里包含了所有的个体所熟悉的具体的和抽象的事物。一旦个体所处环境或经验与个体原有的心理图式产生冲突时，个体便不能很好地适应环境，就会通过类化和社会比较进行身份的建构，这时如果出现一个群体的心理图式与个体原有心理图式相契合时，就会激活个体原有的心理图式，个体就会产生强烈的情感归属，形成老乡观念和老乡行为；当个体原有心理图式与新环境的心理图式没有冲突而发生融合时，个体便不会产生环境不适应，也就不会进行我群体与他群体的区分与构建，老乡观念也就不会产生或是不强烈。

三、心理地域图式——老乡观念的典型心理表征

心理地域不同于区域心理，区域心理学对区域心理的划分主要是依据地理区划、文化圈区划和行政区划，以地理坐标和现实客观存在物为标准。认为不同区域的个体由于历史、政治、经济、文化等原因会产生特定区域的典型心理特征，这种心理特征是区域心理特征，与区域文化联系紧密。是由于行政区域和地理区域等的不同划分，形成不同的地理文化观念和地理文化景观，而这种地理文化观念和地理文化景观又会在不断适应与发展中形成不同的文化心理特征，不同的文化心理特征又会形成特定区域的区域文化性格，而这种区域文化性格决定了区域心理差异。而心理地域不是客观存在的物理实在，它是一种由于地域不同所产生的心理观念、心理意识，心理地域是内隐的存在于每个人的意识与潜意识之中，无论个体身在何处，在家乡还是离开家乡，这种心理地域都会跟随个体而存在。心理地域图式便是个体所内化的关于家乡故土的价值观念、生活方式、行为方式、民族习俗、宗教观念等意识形态，它是心理地域的最小单位，是群体中个体所共享的一种直接或间接的生活经验和知识体系，是与他群体的心理地域图式有所区别的，这种心理地域图式便是老乡群体心理最直接的表征方式。而老乡观念正是通过心理地域图式进行表征的，在老乡群体内部，所有人拥有共同的心理地域图式，因此对群体有较强的内部凝聚力和我群体偏好，在心理上产生对群体的积极趋同。

通过文献分析和理论研究，发现社会认同主要包括语言认同、身份认同、情感归属认同、民族与宗教认同、地域认同与文化认同，它们之间彼此是相互交融和相互包含的，其中身份认同是社会认同的基础，身份认同在很大程度上

借助于语言、民族、宗教、文化等来完成。张海钟和姜永志在社会认同理论基础上进一步研究表明，老乡观念可以区分出五个维度，分别是语言认同、文化认同、情感归属、习俗认同和地域认同，他们之间既相互区别有相互包含，其中情感归属是联结纽带，其他认同都通过情感归属完成的，如语言情感认同、文化情感认同、习俗情感认同和地域情感认同。所以心理地域图式就应该包含以上所说的几个维度的内容，当然还可能有其他未被实证所证实的维度。由于不同群体的心理地域图式之间是不同的，所以只有包含以上内容的心理地域图式之间才会相互契合，产生情感共鸣，形成老乡观念，而不同老乡群体之间因为心理地域图式的差异而不能产生情感共鸣，也就不能产生老乡观念。不能契合的心理地域图式下的老乡群体之间也最容易由于心理地域图式的差异而产生矛盾和冲突的群体。

四、老乡观念心理机制的初步建构

老乡观念的形成是以认知为基础，情感联结为纽带，心理地域图式为基本单位所形成的动态心理过程。心理地域图式作为老乡观念最基本的心理表征单元，它提供了个体或群体生存所必需的关于过去、现在与未来的完整的意识经验，这种意识经验的流动性也使老乡观念随着环境不断地进行必要的调整。因此，老乡观念通过情感联结，将老乡间的心理地域图式与老乡观念有机地联结起来。老乡观念的心理机制首先要通过社会认知来进行识别，当个体在新环境中通过认知过程发现，个体原有的心理地域图式与新环境中的心理地域图式没有差别或差别很小时，将会产生原有心理地域图式与新环境中的心理地域图式相契合的现象，个体这时就不会通过认知来构建身份，不会积极地去区分我群体与他群体，从而不会形成对某一群体的情感联结，老乡观念也就不会产生。而当个体通过认知发现，新环境中的心理图式与原有的心理地域图式不同，就会产生心理冲突，产生冲突的同时个体也会体验到来自他群体的压力，体验到少数群体受到的压力，形成对来自他群体的威胁的恐惧心理，此时个体会进行身份的重新建构，积极的进行我群体与他群体的区分，身份建构的完成、我群体与他群体的区分完成，个体将会将原有心理地域图式与新区分出的我群体进行契合，成功契合后个体将以情感连结为纽带对老乡群体产生积极的情感卷入和趋同心理倾向，进而完成老乡观念的建构，老乡观念的继续发展将产生老乡群体间的亲社会行为。

但是当老乡群体因为某些原因或受外来观念和文化所同化的时候，该群体间的某些个体将会重新进行身份建构和我群体与他群体的区分，去重新寻找心理地域图式的契合群体，如此往复不断循环，老乡观念就在变化中不断重组与发展，老乡群体也会在稳定与变化中做正态变化。同时，老乡观念的情感卷入度与趋同心理倾向也会随着地缘的远近而由疏到密的发展，说明老乡观念受到地缘因素的影响而形成不同情感卷入度与趋同心理倾向。简而言之，老乡观念最终将形成一种“不在家”效应，老乡群体的典型特征就是个体不在家，只有在异乡，个体才会进行以上所述的老乡观念的建构，进而产生老乡心理观念。这种“不在家”效应言简意赅地概括了个体以认知为基础，以情感联结为纽带，以心理地域图式为基本心理单位所形成的动态心理过程。

基于中国社会现实所进行的理论阐释，在社会高速发展的中国社会，老乡群体逐渐成为城市新移民的典型群体，他们在环境适应时出现的心理问题需要关注，他们的群体心理是怎样形成的以及群体形成的心理机制是怎样的都是应该给予揭示和研究。通过对以往研究整理和阐述，我们区分了中国式老乡观念的概念，同时以社会认同理论和心理图式理论为理论背景，提出了老乡观念的心理表征是心理地域图式这一概念，最后对老乡观念所形成的心理机制进行了初步构建，所形成的理论建构还有待进一步的验证。因此，这一理论探讨对于中国社会转型时期的社会和谐稳定具有重要现实意义，对中国社会心理学关于的群体研究也是一个空白的填补和理论独创性贡献。

第十章
老乡观念认同效应的心理学问卷调查和实验研究

为了进一步探索老乡观念认同的心理学效应，我们采用问卷法、实验法，就老乡观念和认同效应进行更深入的研究。研究包括老乡观念问卷的编制以及测验、老乡观念的群体参照效应实验。

第一节　老乡观念的结构及问卷编制

在交通和信息发达的今天，国内跨省市县区域的人口流动越来越多，跨域人口流动是形成老乡观念的基础，跨域人口流动也同样也是社会稳定与社会和谐的隐患之一，研究老乡观念的心理成分，对于跨域人口流动形成的社会问题具有一定的现实意义，因此编制一个较好的符合实际的老乡观念问卷，则成为研究老乡观念以及其他老乡问题必不可少的研究工具。前文已述，在中国传统文化看来，老乡的“老”含义非常丰富，既包含了亲切、信任、归属感、认同感，又包含了依恋、互助、帮派、信息等社会心理成分。老乡的“乡”泛指乡村，穷乡僻壤等。具体而言，第一个含义是自己生长的地方或祖籍，比如家乡，故乡，乡井。第二个含义是乡里家庭久居的地方。比如乡党、乡里。第三个含义是中国行政区划基层单位，属县或县以下的行政区领导。在中国当代社会发展过程中，老乡逐渐成为一个社会群体，我们认为它是一个族群，称为老乡族群，它是由于地域同一而形成的族群归属，是通过社会比较和标签效应而形成的社会类化，老乡族群所形成的老乡心理称为老乡观念。

国内外关于各种群体心理的研究层出不穷，但是对于老乡这一个具有中国特性的群体还很少有人进行研究，仅有的研究也是从理论层次进行浅层的剖析，并没有进行过深入研究。孟繁兵通过研究老乡关系认为老乡关系会缓解人际交往所带来的心理压力。乡音乡情成为一种特殊的纽带，拉近了彼此间的心理距离，老乡间更容易产生亲切感和信任感，也更容易沟通，从而满足其交往与合群的心理需要。① 张步先和倪士光认为，大学生对家乡的认同、对友谊的渴求、对寻求社会支持的渴望、对促进自身发展的动力需要等，让他们很容易加入到属于自己的老乡群体，并在自己的群体中建立起群体认同感。② 姜永志、张海钟通过理论分析认为，老乡观念是因区域地理环境与区域文化特性所形成的区域心理差异，是区域文化的产物，具有区域文化的差异性。老乡观念主要是文化认同，文化认同又是以语言为载体和标识的，所以老乡观念又是以语言认同为本质内核的。同时认为，区域心理学视野的老乡观念也是人类族群认同的一种，属于区域族群归属认同，是对家乡和家乡人的一种态度，包括认知、情感、行为三个心理成分。就认知而言，家乡是自己永远的生活基地，就情感而言，老乡的方言（乡音）使人感到亲切、安全和信任。他们还认为老乡观念是一个圆轮结构，即以自己父母或者自己出生地的村和社区为中心，向外画圆，一圈一圈向外推，越往外，感情越淡化，越往里面，感情越深。③ 因此，老乡观念的表现主要有两方面，一方面为对家乡的认同、对交往的渴求、对寻求社会支持的渴望，往往是以地方观念和乡土感情为基础建立起来的，并且有很强的内部凝聚力，又源于同一地区的归属感。这种老乡观念会给异乡人带来极大的心理情感支持，有利于其社会化的发展；另一方面是对区域主位文化的认同，往往倾向于对乡土文化和本地主流文化观念和意识形态的认同而排斥外来文化、外来意识观念，具有封闭性和排外性，倾向于夸大内群体优势特征、贬低外群体优势特征，利用社会比较来回避本土弱势观念和文化。以上研究都表明，中国人具有一种老乡观念，无论在情感、语言、文化上都有一种趋同心理，而且老乡群体之间还有差异。但是以上的理论研究缺乏理论的体系性，而且没有相关的实证研究作为支撑，所以老乡观念的心理

---

① 孟繁兵：《大学生中老乡群体的特征及管理对策》，《枣庄学院学报》2005年第4期。

② 张步先、倪士光：《高校老乡会特点分析及引导对策》，《合肥工业大学学报（哲学社会科学版）》2006年第2期。

③ 张海钟、姜永志：《中国人老乡观念的心理表征及其心理机制》，《辽宁师范大学学报（社会科学版）》2010年第5期。

成分需要进一步的理论与实证探索、验证并作相关的补充。

老乡观念研究的理论基础就来源于西方的社会认同理论，因而对老乡观念的研究要在社会认同理论的框架下来展开，该理论是以20世纪70年代Tajfel就知觉的社会因素、种族主义的认知和社会信念、偏见与歧视等方面所做的早期研究为开端的。进入20世纪80年代中期后，Turner强调共享的社会认同可以使个人的自我知觉和行动去个性化，它对社会认同理论进行了必要的补充。在社会认同理论提出后的几十年里，国内外心理学者对社会认同理论进行了相关的理论与实证探索，结果都基本验证了Tajfel的社会认同理论具有较强的理论性。但是，国内学者申继亮、李永鑫和张娜通过对教师组织认同量表的编制，发现社会认同理论可以作为问卷编制的理论基础，但是有些文化色彩的认同观念东西方具有巨大差异，不能完全以西方价值体系下的认同理论套用中国文化。[①] 万增奎和杨韶刚研究中国青少年道德认同时也发现，国外的问卷具有明显的西方价值观念，不能很好契合中国文化，因此对问卷进行了中国化的修订。[②] 东西方文化对社会认同的理解的差异性，要求我们必须在理论框架下对其进行文化差异研究。所以，以社会认同理论为理论支撑将会使本研究具有强有力的理论支撑，但该理论不能完全契合中国文化，需要在中国文化下进行必要的修订。老乡观念作为社会认同的一种特殊形式，目前国内并没有任何研究工具可以进行老乡观念的量化研究，基于此，我们为了弥补前人研究的不足，本研究决定在文献综述、专家咨询、开放式问卷调查的基础上进一步厘清思路，对老乡观念的概念、理论进行澄清，在此基础之上，通过项目分析、探索性因子分析和验证性因子分析等多种方法，编制具有较高信度效度的老乡观念问卷，以期为进一步的理论研究和实证研究提供较为有效的研究工具。

一、问卷的初步编制

（一）问卷的结构及项目形成

前文已述，文献分析和理论研究发现社会认同主要包括语言认同、身份认

① 申继亮、李永鑫、张娜：《教师组织认同的图解法初探》，《心理研究》2008年第1期。

② 万增奎、杨韶刚：《青少年自我认同问卷的修订》，《社会心理科学》2008年第5期。

同、情感归属认同、民族与宗教认同、地域认同与文化认同，它们之间彼此是相互交融和相互包含的，其中身份认同是社会认同的基础，只有通过身份认同，社会认同与区域文化心理交互作用模式不发生混乱，才可以进行较高级的社会群体认同，身份认同在很大程度上借助于语言、民族、宗教、文化等来完成。这些认同都是文化认同的最终产物，其中核心是文化认同，文化又包括宗教信仰、生活方式、风俗习俗、语言、价值观念等，它们都是构成社会认同不可或缺的文化现象。为此，本研究以此为基础，对兰州市的 10 名农民、10 名公务员、10 名大学生、10 名工人和 10 名教师进行了开放式问卷调查，调查内容主要包括被试对老乡观念的具体事例，要求被试从各种角度随意举例。请三名心理学专业硕士研究生对收集的调查问卷进行归类分析，发现被试对老乡观念的理解主要从方言、情感、地域、文化、习俗方面进行说明的。调查基本符合姜永志和张海钟通过文献分析和理论研究的结果。因此，我们构想老乡观念主要包括老乡间的语言认同、情感归属、地域认同、文化认同和习俗认同几个维度。从以上几个维度出发，通过查阅相关的认同问卷和结合开放式调查的结果，进行删除和合并，最后我们编制了 30 个条目，问卷条目用 Likert 五级计分法，包括“完全不同意”、“基本不同意”、“不清楚”、“基本同意”和“完全同意”五个等级。

（二）初始问卷的施测

1. 被试

通过现场施测和邮寄的方式选取甘肃省 13 个地级市的 1650 名被试，平均年龄 27.85 岁（SD = 10.62），其中男性 904 人，女性 746 人，被试的职业多元化，其中厨师 35 人、医生 7 人、教师 78 人、学生 674 人、商人 52 人、司机 11 人、工人 285 人、农民 222 人、农民工 41 人、军人 39 人、公务员 105 人、公司职员 91 人。

2. 材料与程序

使用编制出的有 30 道题目的问卷对 1650 名被试施测，被试按照指导语填答问卷。测试无时间限制，测试完毕及时回收问卷并剔除作答不完全或明显随意勾画的问卷，最后得到有效问卷 1620 份，其中男性 884 人，女性 736 人，被试的职业多元化，其中厨师 31 人、医生 7 人、教师 73 人、学生 665 人、商人 50 人、司机 11 人、工人 282 人、农民 220 人、农民工 49 人、军人 38 人、公务员 103 人、公司职员 91。将有效问卷随机分成均等的两份，其中一半做探索性因子分析，另外一半做验证性因子分析。

3．数据处理

问卷最后用的数据处理用社会统计软件 SPSS13.0 和 LISREL8.20 进行数据的分析。

（三）研究结果与分析

1．项目分析

以各问卷总分最高的 27%和最低的 27%作为高分组与低分组界限，求出两组被试在每题得分的平均数差异，将没有达到显著水平的题目剔除。计算每个题目与总分之间的相关，剔除原则是将相关较低（$r < 0.3$）的题目剔除。经项目分析发现，每题得分与高低分组全部达到显著性水平，但是每题与总分的相关中，V5、V7 和 V19 与总分相关小于 0.3，故此将其删除，初始问卷最终剩余 27 项题目。

2．探索性因子分析

用主成分分析法对 810 份初始问卷的 27 个项目进行探索性因子分析，KMO 检验值为 0.898，Kaiser 给出的 KMO 的度量标准：0.9 以上非常适合作因子分析，0.8 适合，0.7 一般，0.6 不太适合，0.5 以下不适合（王红娇、卢家楣，2004），本研究 KMO 检验值为 0.898，Bartlett 球形检验值达到极其显著水平，说明进行因子分析是可行的。用主成分分析法（PC）求出最终的因子负荷矩阵，结合陡阶检验准则提取因子，抽取特征根大于 1 的因子 5 个，解释总变异的 45.570%。本研究参考以下标准对项目进行筛选：(1) 因素负荷小于 0.4（$a < 0.4$）；(2) 共同度小于 0.3（$h^2 < 0.3$）；(3) 项目在多个维度上有高负荷（$a > 0.4$）；(4) 项目与问卷的相关太低（< 0.3），结果发现项目 16 的因子负荷在因素 1、因素 2 与因素 5 都较高，项目 23、27 在因素 2、因素 3 和因素 4 上都较高，因此将项目 16、项目 23、项目 27 删除，剩余其他项目均不符合删除原则，均达到了问卷编制的要求，所以初始问卷经过探索性因素分析后删除 3 个项目，问卷剩余 24 个项目。将删除后的项目再进行因素分析，得到特征值大于 1 的 5 个因素。其中 F1 包括 6 个项目，分别是 V1、V3、V6、V20、

V21、V26，这些项目都是被试对家乡语言或方言的一些意向倾向，所以可以对应构想中的语言认同；F2 包括 5 个项目，分别是 V24、V25、V28、V29、V30，这些项目主要反映的是被试对家乡生活方式和价值观念和文化的认识，可以对应构想中的文化认同；F3 包括 5 个项目，分别是 V8、V12、V15、V17、V18，这些项目主要反映的是被试对老乡在情感上的倾向性，可以对应构想中的情感归属；F4 包括 4 个项目，分别是 V2、V13、V14、V22，这些项目主要反映的是对家乡风俗习惯的积极倾向以及对家乡的积极关注，可以对应构想中的习俗认同；F5 包括 4 个项目，分别是 V4、V9、V10、V11，这些项目更倾向于对家乡地域及家乡人的积极倾向性，可以对应构想中的地域认同。探索性因素分析的结果表明，因素分析的结果与初步的理论构想是相符合的，因子分析的结果见表 10—1、表 10—2、表 10—3。

表 10—1　问卷特征值、方差贡献率和累计方差贡献率

公共因子	特征值	方差贡献率（%）	累计方差贡献率（%）
F1	4.880	20.335	21.762
F2	2.496	10.402	30.737
F3	1.328	5.533	36.270
F4	1.196	4.985	41.255
F5	1.036	4.315	45.570

表 10—2　问卷探索性因子分析因子载荷矩阵

F1		F2		F3		F4		F5	
项目	载荷	项目	载荷	项目	载荷	项目	载荷	项目	载荷
V26	0.674	V25	0.659	V18	0.756	V14	0.762	V4	0.633
V21	0.655	V24	0.611	V17	0.715	V13	0.739	V9	0.489
V6	0.632	V30	0.607	V8	0.632	V22	0.581	V10	0.408
V20	0.611	V28	0.606	V15	0.588	V2	0.453	V11	0.349
V1	0.593	V29	0.571	V12	0.364				
V3	0.417								

得出老乡观念问卷的结构的同时，为了检验这 5 个因子是否一致性地代表了老乡观念，我们对这 5 个因子进行二阶探索性性子分析，结果发现只能提取

出一个特征值大于1的因子，特征值是3.308，因子的解释率达到67.769，所以，通过初步分析，可以认为这5个因素基本可以反映老乡观念问卷所要测量的内容。

3．验证性因子分析

使用探索性因子分析后保留下来24个项目数据，用LISREL8.2软件对剩下的另一半810份问卷进行一阶验证性因子分析。按照探索性因子分析所得的24个有效项目与5个因子之间的归属关系构建理论模型，在LISREL8.2的Syntax窗口中编写程序，设置相关参数，完毕后保存该程序，运行后提取模型拟合指标。以5个因子为潜变量，以每个因子对应的项目为观察变量作验证性因子分析，结果发现所有项目在对应因子上的标准化回归载荷（Standardized Regression Weight）均大于0.4，如图10—1所示。

验证性因子分析发现，模型的CFI、GFI、IFI、AGFI、NNFI、NNFI都较接近1，RMSEA小于0.08，所以，验证性因子分析模型的拟合指数都达到了可以接受的标准，表明该模型与理论构想拟合程度较好，见表10—3。

表10—3 验证性因子分析模型整体拟合指数

Model	χ^2	df	χ^2/df	GFI	AGFI	RMSEA	NNFI	CFI	IFI
假设模型	1208.31	242	4.99	0.94	0.92	0.051	0.85	0.87	0.87

4．信度分析

本研究采用克隆巴赫α系数和分半信度进行信度的检验，发现各因子的α系数从0.658—0.773，分半信度从0.624—0.703，总问卷的α系数为0.815，分半信度为0.794，心理学研究要求，对信度进行检验时，如果信度在0.6—0.8之间，说明具有较好的信度，问卷各因子的信度不是特别高，但总问卷的信度较高，从整体上看，问卷的信度已经达到问卷编制的要求，见表10—4。

表10—4 问卷各因子及总问卷的信度分析

维度	内部一致性信度（α系数）	分半信度
F1	0.711	0.703
F2	0.664	0.624

维度	内部一致性信度（α 系数）	分半信度
F3	0.671	0.650
F4	0.773	0.685
F5	0.658	0.641
Total	0.815	0.794

5．效度分析

在本研究的探索性因子分析中，研究用主成分分析法（PC）求出最终的因子负荷矩阵，结合陡阶检验准则提取因子，抽取特征根大于 1 的因子 5 个，解释总变异的 45.570%，与之前的理论构想一致，在探索性因子分析基础上通过验证性因子分析研究发现，结果与理论构想和探索性因子分析结果一致，模型的拟合度较高，因此说明问卷具有较好的结构效度，结果见表 10—1、表 10—2、表 10—3 和图 10—1。心理学研究还认为，各因子分数与问卷总分的相关以及各因子间的相关也可以作为效度指标，各因子分数与问卷总分高过各因子之间的相关是结构效度的一种表现，相关分析的结果再次表明问卷具有较高的结构效度，见表 10—5。

表 10—5　问卷各因子及总分相关分析矩阵

因子	F1	F2	F3	F4	F5	Total
F1	1					
F2	0.485**	1				
F3	0.306**	0.341**	1			
F4	0.304**	0.401**	0.386**	1		
F5	0.443**	0.462**	0.425**	0.397**	1	
Total	0.683**	0.729**	0.687**	0.662**	0.712**	1

注：* $P < 0.05$, ** $P < 0.01$。

（四）研究结果的讨论

1．问卷的理论构想

研究以社会认同理论为理论基础，首先根据对社会认同理论文献分析和理论研究的基础上，区分出了社会认同包含的下位概念，并根据张海钟和姜永志

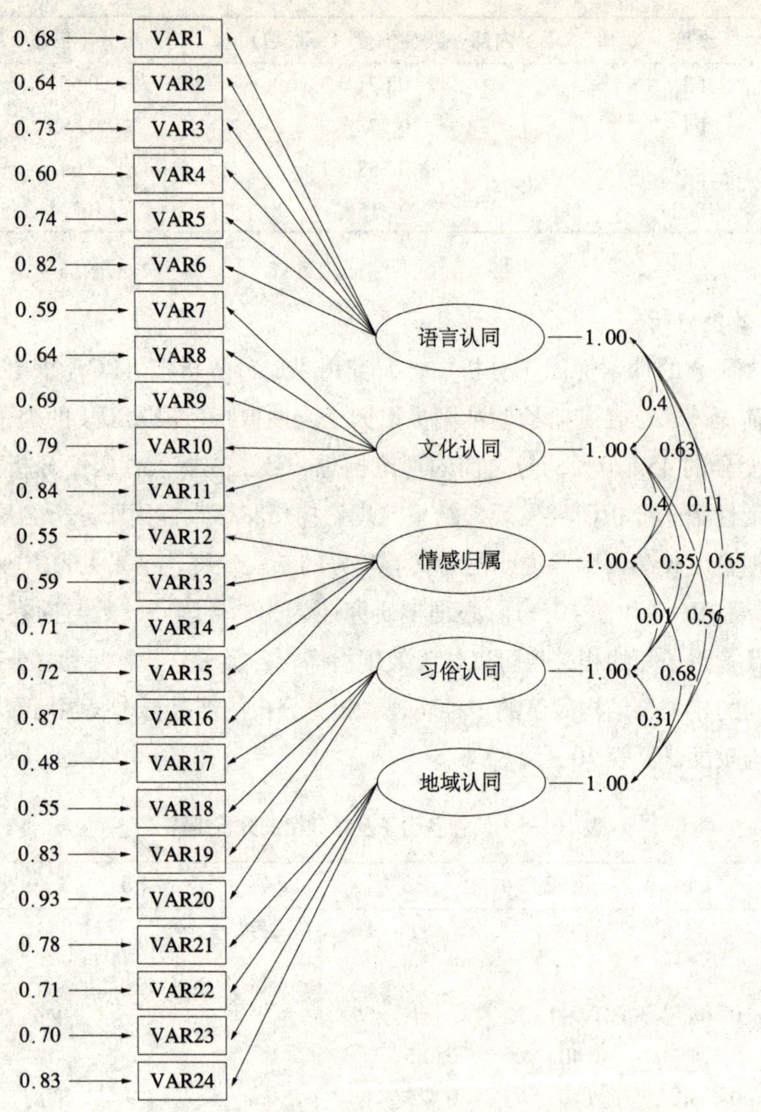

图 10—1　老乡观念结构模型及标准化路径系数

注：图中项目 VAR1—VAR24 依次对应 V26、V21、V6、V20、V1、V3、V25、V24、V30、V28、V29、V18、V17、V8、V15、V12、V14、V13、V22、V2、V4、V9、V10、V11。

对老乡观念与社会认同的辨析，提出老乡观念的理论结构应该与社会认同所属的下位概念基本一致，其中包括语言认同、情感归属等。在具体编制上通过对五种职业人员的开放式调查，了解到了被试对老乡观念的具体事例和具体观点，在三位专业人士的整理下，提出老乡观念应包含的五个维度，分别是语言认同、文化认同、情感归属、习俗认同和地域认同。这几个维度在一定程度上是具有相关的，表 10—1 中结果表明，五个因子之间是相互影响、相互作用，也是相互包含的，其中语言认同与情感归属、地域认同的标准化路径系数分别达到了 0.68 和 0.65，文化认同与习俗认同、地域认同的标准化路径系数分别达到 0.35 和 0.56。这都说明理论构想的五个因子间既是相互独立的，又是相互联系的，因此这个结构是符合理论构想的。

2．测量工具

本研究在选编问卷项目时主要以开放式访谈所得资料为基础，进行筛选和扩编，使初试问卷的项目能真实而全面地反映维度构想的内容，同时仔细揣摩问卷条目的叙述语言，使每一条叙述都清楚明白简洁。问卷的发放要求被试严格按照指导语作答，问卷回收后对其进行了仔细的筛选，将不完整和不符合要求的问卷删除，做到了严格施测，严格回收。通过项目分析严格筛选项目，项目分析后的问卷删除 3 个项目。在项目分析的基础上进行探索性因子分析，发现有 3 个项目在多个因子上具有高负荷，项目 16 既可以反映文化认同，也可以反映语言认同和地域认同，项目 23 和项目 27 既可以反映文化认同，也可以反映情感归属和习俗认同，二者区分度不高，故此将 3 个项目删除。二次探索性因子分析发现可以提取特征值大于 1 的五个因子，与理论构想一致。说明初始问卷具有较好的结构效度。在此基础上进行的验证性因子分析结果与探索性因子分析一致，各个题目在各自潜变量上的负荷值都达到了显著水平，模型的拟合优度指数(GFI)、调整的拟合优度指数(AGFI)、近似误差方根(RMSEA)、标准拟合指数（NFI）、相对拟合指数（CFI）等都达到了可以接受的统计学标准。这说明数据拟合较好，各个分问卷均有较好的结构效度，说明了理论构想的模型的适用性，再次验证了问卷具有良好的结构效度。最后我们采用了 Cronbach's α 系数与分半信度考察了各个因子的信度和总问卷的信度情况。结果表明，各个因子的信度水平都达到可以接受的标准，但不是特别理想，根据对问卷和研究过程分析，问卷各因子间信度系数不高的原因可能是：首先，每个因子的项目不多，因子最多 6 个项目，最少 4 个项目，由于项目偏少导致信度系数偏低；其次，个别因子间的相关较高，使被试在作答时受到项目的干扰，由此导致信度系数降低。但是，问卷的整体的信度较高，总的来说问卷具有较好的信度。问卷的效度检验一方面是根据探索性因子分析和验证性因子分析的结果，前文已进行阐述；另一方面根据各因子之间分数的相关以及各因子分数与问卷总分的相关来检验的，相关分析结果表明各因子分数与问卷总分的相关大于各因子之间的相关，所以也验证了问卷的效度。

3．研究不足之处

研究所取样本主要是甘肃省各个地级市及所属县市乡镇的被试，如果将问卷推广到其他省市，还需进一步进行验证性检验。由于缺少相关的成形问卷作为参照，本问卷所编项目主要来自开放式问卷，问卷的效标效度有待于进一步验证。本研究主要是一种探索性的研究，老乡观念的概念及理论并没有系统化，它与社会认同的异同还存在争议，在社会认同理论指导下进行相关研究是否合适，还需要以后的研究来验证。

综上所述，本研究编制了研究老乡观念的量化工具，提出老乡观念是多维的，包括5个因子，分别是语言认同、文化认同、情感归属、习俗认同和地域认同。研究表明，《老乡观念问卷》具有较好的理论构想，有较好的信度效度，是一份研究老乡观念的有效问卷，填补了在该研究领域的空白。

第二节　老乡观念及其影响因素研究

老乡效应问题是中国社会特有的现象，老乡群体以及形成的老乡观念或老乡心理都是中国近年来人口比跨域流动性增强的结果。人口的大规模流动造成了个体离家在外而缺失社会与心理支持，由此容易产生特有的老乡心理，形成老乡情结。在国内外关于各种群体心理的研究层出不穷，但是对于老乡这一个具有中国特性的群体还很少有人进行研究，仅有的研究也是从理论层次进行浅层的剖析，并没有进行过深入研究。前文已述，老乡观念主要是文化认同，文化认同又是以语言为载体和标识的，所以老乡观念又是以语言认同为本质内核的。老乡心理或老乡观念侧重的主要是个体离家在外所形成的对老乡群体的社会认同以及情感归属等，主要是心理层次。而老乡效应则既包括心理层面也包括行为层面，它以老乡心理或老乡观念为中介，形成特有的老乡行为。老乡效应的研究我们曾在之前相关研究中涉及过，我们以甘肃人为被试对老乡心理结构进行了探索，并且对老乡心理形成的心理机制进行了理论阐述，本章将以之前我们的相关研究为基础，对影响老乡效应的因素进行分析并对其进行讨论，以为老乡问题研究提供更加翔实的例证的和理论性的依据。

一、研究方法

（一）研究对象

通过现场施测和邮寄的方式对甘肃省13个地级市的1620名被试进行问卷调查，被试平均年龄27.85岁（SD = 10.62）。被试特征，性别：男性884人，女性736人；现家庭居住地：城市662人，农村958人；职业：学生635人，公务员103人，农民220人，农民工49人，工人282人，教师73人，公司职员91人，军人38人；籍贯：兰州256人，武威206人，天水172人，平凉101人，陇南78人，定西125人，庆阳55人，张掖113人，酒泉59人，临夏76人，白银83人，金昌80人，甘南10人，省外205人；年龄分布：20岁以下477人，21—30岁618人，31—40岁287人，41—50岁178人，50岁以上60人。

（二）研究方法

1．调查工具

自编老乡观念问卷，该问卷通过项目分析、探索性因素分析和验证性因素分析进行处理，验证性因子分析结果显示，GFI = 0.94、AGFI = 0.92、RMSEA = 0.051、NNFI = 0.85、CFI = 0.87、IFI = 0.87，说明问卷拟合度较好，最后得出老乡观念的5个维度，分别是语言认同、文化认同、情感归属、习俗认同和地域认同。信度分析发现，问卷内部一致性系数在0.658—0.773之间，分半信都在0.624—0.703之间，总问卷的α系数为0.815，分半信度为0.794。同时问卷具有较好的结构效度、效标效度和内容效度。最终问卷由24的项目组成，问卷项目用Likert五级计分法，包括“完全不同意”、“基本不同意”、“不清楚”、“基本同意”和“完全同意”五个等级，得分越高表明具有的老乡观念就越强烈。

2．统计方法

所有数据利用社会统计软件 SPSS13.0 进行统计处理，主要对数据进行相关分析和方差分析处理。

二、研究结果

（一）描述变量与问卷总分相关分析

通过对人口学变量进行描述统计，将描述变量与老乡观念问卷总分的相关分析，发现问卷总分与被试的职业（$P < 0.01$）、现家庭区域（$P < 0.01$）、籍贯（$P < 0.01$）、年龄分组（$P < 0.01$）有显著相关，与性别（$P > 0.05$）在统计学上没有达到显著性，见表 10—6。

表 10—6　描述变量与问卷总分相关分析（N = 1620）

变量	性别	职业	现家庭区域	籍贯	年龄	问卷总分
性别	1					
职业	−0.107**	1				
现家庭区域	−0.028	−0.255**	1			
籍贯	−0.038	0.024	−0.048	1		
年龄	−0.095**	0.447**	−0.166**	−0.210**	1	
问卷总分	−0.017	−0.18**	0.136**	−0.155**	0.125**	1

注：* $P < 0.05$，** $P < 0.01$。

（二）不同性别被试与问卷及总分方差分析

对不同性别被试与问卷各维度及问卷总分进行方差分析，发现被试在文化认同纬度（$F_{(1,1620)} = 5.619$，$P < 0.05$）、问卷总分（$F_{(1,1620)} = 11.886$，$P < 0.01$）上的差异达到显著水平，在其他维度上差异没有达到显著性水平，通过性别的事后比较发现在因子文化认同上，女性（$M = 24.25$）大于男性（$M = 23.73$），问卷总分女性（$M = 13.12$）小于男性（$M = 13.67$），见表 10—7。

表 10—7　不同性别被试与问卷及总分方差分析摘要（N = 1620）

变量	SS（组间）	df（组间）	MS（组间）	F
语言认同	116.379	1	116.379	0.492
文化认同	107.806	1	107.806	5.619 *
情感归属	21.912	1	21.912	1.327
习俗认同	23.244	1	23.244	1.641
地域认同	10.441	1	10.441	1.026
问卷总分	121.442	1	121.442	11.886 **

注：* P < 0.05, ** P < 0.01。

（三）不同职业被试与问卷及总分方差分析

通过对不同职业被试与问卷各维度及问卷总分进行方差分析，发现不同职业被试在问卷总分（$F_{(7,1620)} = 7.930$，$P < 0.01$）与语言认同（$F_{(7,1620)} = 15.346$，$P < 0.01$）、文化认同（$F_{(7,1620)} = 12.467$，$P < 0.01$）、情感归属（$F_{(7,1620)} = 11.944$，$P < 0.01$）、习俗认同（$F_{(7,1620)} = 6.038$，$P < 0.01$）和地域认同（$F_{(7,1620)} = 13.647$，$P < 0.01$）上的差异均达到了显著性水平，见表 10—8。

表 10—8　不同职业被试与问卷及总分方差分析摘要（N = 1620）

变量	SS（组间）	df（组间）	MS（组间）	F
语言认同	1607.579	7	116.379	15.346 **
文化认同	1308.267	7	229.654	12.467 **
情感归属	586.070	7	186.895	11.944 **
习俗认同	922.538	7	83.724	6.038 **
地域认同	546.211	7	131.791	13.647 **
问卷总分	223722.095	7	338.871	7.930 **

注：* P < 0.05, ** P < 0.01。

经多重事后检验发现，在总分上，学生显著大于公司职员、工人，显著小于公务员、农民、农民工，学生与教师、军人没有显著差异；公务员显著大于学生、工人、公司职员、军人，公务员与农民、农民工、教师没有显著差异；

农民显著大于学生、工人、教师、公司职员、军人，农民与农民工和公务员无显著差异；农民工显著大于学生、工人、教师、公司职员、军人，农民工与农民和公务员无显著差异；工人显著小于学生、公务员、农民、农民工、教师，工人与公司职员和工人无显著差异；教师显著小于农民和农民工，显著大于公司职员和工人，与学生、公务员、军人无显著差异；公司职员显著小于学生、公务员、农民、农民工和教师，与军人无显著差异；军人显著小于公务员、农民和农民工，与学生、工人、教师、公司职员无显著差异。总分的排序从大到小依次为：农民工、农民、公务员、教师、学生、军人、公司职员和工人。

（四）不同籍贯被试与问卷及总分方差分析

通过对不同籍贯被试与问卷各维度及问卷总分进行方差分析，发现不同籍贯被试在问卷总分 $F_{(12,\ 1620)} = 9.833$，$P < 0.01$ 与语言认同 $F_{(12,1620)} = 8.921$，$P < 0.01$、文化认同 $F_{(12,1620)} = 7.261$，$P < 0.01$、情感归属 $F_{(12,1620)} = 5.854$，$P < 0.01$、习俗认同 $F_{(12,1620)} = 5.872$，$P < 0.01$ 和地域认同 $F_{(12,1620)} = 4.894$，$P < 0.01$ 上的差异均达到了显著性水平，见表 10—9

表 10—9　不同籍贯被试与问卷及总分方差分析摘要（N = 1620）

变量	SS（组间）	df（组间）	MS（组间）	F
语言认同	2099.127	12	161.471	8.921**
文化认同	1481.674	12	113.975	7.261**
情感归属	1308.603	12	79.893	5.854**
习俗认同	9747.558	12	57.504	5.872**
地域认同	633.367	12	48.721	4.894**
问卷总分	28204.435	12	216.572	9.833**

注：* P < 0.05, ** P < 0.01。

多重事后检验发现，兰州显著大于酒泉，显著小于武威、天水、平凉和金昌；武威显著大于兰州、定西、庆阳和张掖；天水显著大于兰州、庆阳、张掖和酒泉；平凉显著大于兰州、庆阳、张掖和酒泉；陇南显著大于庆阳、张掖和酒泉；定西显著大于张掖和酒泉，显著小于武威；庆阳显著小于武威、天水、平凉、陇南、临夏和金昌；张掖显著小于武威、天水、平凉、陇南、定西、白银和金昌；酒泉显著小于兰州、武威、天水、平凉、陇南、定西、临夏、白银和金昌；临夏显著大于庆阳、张掖和酒泉；白银显著大于张掖和酒泉；金昌显著大于兰州、庆阳、张掖和酒泉；甘南与其他所有区域均没有显著差异。按问卷总分从高到低排序依次为：武威、金昌、平凉、天水、陇南、临夏、定西、白银、兰州、甘南、庆阳、张掖和酒泉。

（五）不同年龄组被试与问卷及总分方差分析

通过对不同年龄分组被试与问卷各维度及问卷总分进行方差分析，发现不同年龄分组被试在问卷总分 $F_{(4,\ 1620)} = 8.130$，$P < 0.01$ 与 $F_{(4,1620)} = 1.978$，$P > 0.05$、文化认同 $F_{(4,1620)} = 75.523$，$P < 0.01$、情感归属 $F_{(4,1620)} = 2.544$，$P < 0.05$、习俗认同 $F_{(4,1620)} = 10.016$，$P < 0.01$ 和地域认同 $F_{(4,1620)} = 17.211$，$P < 0.01$ 上的差异均达到了显著性水平，见表 10—10。

表 10—10　不同年龄组被试与问卷及总分方差分析摘要（N = 1620）

变量	SS（组间）	df（组间）	MS（组间）	F
语言认同	151.868	4	37.967	11.978**
文化认同	360.721	4	90.180	75.523**
情感归属	143.685	4	35.921	2.544*
习俗认同	398.862	4	99.715	10.016**
地域认同	680.842	4	170.210	17.211**
问卷总分	7556.000	4	1899.000	8.130**

注：* $P < 0.05$, ** $P < 0.01$。

经多重事后检验发现，20 岁以下年龄组显著小于其他所有年龄组；21—30 岁年龄组小于 31—40 岁年龄组、41—50 岁年龄组和 50 岁以上年龄组；31—40 岁年龄组显著大于 20 岁以下年龄组和 21—30 岁年龄组；41—50 岁年龄组显著大于 20 岁以下年龄组和 21—30 岁年龄组；50 岁以上年龄组显著大于 20 岁以下年龄组和 21—30 岁年龄组。按问卷总分从高到低排序依次为，50 岁以上年龄组、41—50 岁年龄组、31—40 岁年龄组、21—30 岁年龄组和 20 岁以下年龄组。

（六）现工作学习地与问卷及总分方差分析

通过对被试现工作学习地与问卷各维度及问卷总分进行方差分析，发现被试现工作学习地在问卷总分 $F_{(2,1620)} = 21.511$，$P < 0.01$ 与 $F_{(2,1620)} = 1.291$，$P > 0.05$、文化认同 $F_{(2,1620)} = 19.780$，$P < 0.01$、情感归属 $F_{(2,1620)} = 10.061$，$P < 0.01$、习俗认同 $F_{(2,1620)} = 25.722$，$P < 0.01$ 和地域认同 $F_{(2,1620)} = 25.945$，$P < 0.01$ 上的差异均性达到了显著性水平。事后分析比较发现，现工作学习地在农村的被试总分显著高于工作学习在城市的被试，见表 10—11。

表 10—11　现工作学习地与问卷及总分方差分析摘要（N = 1620）

变量	SS（组间）	df（组间）	MS（组间）	F
语言认同	49.666	2	24.833	11.291**
文化认同	638.381	2	319.190	19.780**
情感归属	282.031	2	141.015	10.061**
习俗认同	508.048	2	254.024	25.722**
地域认同	517.781	2	258.890	25.945**
问卷总分	9921.201	2	4960.600	21.511**

注：* $P < 0.05$, ** $P < 0.01$。

三、研究结果讨论

通过对甘肃人老乡观念的考察，我们发现被试除了在性别上被试与问卷总分相关不显著外，其他变量如职业、籍贯、年龄分组、现工作学习地与问卷总分相关都达到了显著性水平，说明老乡观念与以上因素密切相关，他们是影响老乡效应的主要因素。基于此，我们对每一个变量都进行了方差分析和多重事后检验处理，对其具体的影响进行了探讨。

第一，在性别上，分析显示，性别只与文化认同和问卷总分有显著性差异，与其他没有差异，通过进一步分析发现女性对文化认同的分数高于男性，说明女性更倾向于对家乡的文化产生情感上的倾向性。考虑到个体性别的差异性，我们往往认为女性更加敏感细腻，应该在情感归属上显示出显著差异，但是结果只有文化认同一项有差异，确实是出乎研究者的意料之外，不过这一变化也许正可以说明我们传统观念中的女性心理也正发生着变化，随着社会的进步、时代的开放，性别差异个会趋同，对老乡观念不会产生太大的影响。

第二，通过对不同职业被试与问卷各维度及问卷总分进行方差分析，研究发现，他们与问卷及总分都达到了统计上的显著性差异水平，经过多重事后比较也发现了各种职业间的老乡观念的程度，最后按总分的排序从大到小依次为：农民工、农民、公务员、教师、学生、军人、公司职员和工人。因此，可以认为，农民工与农民的老乡观念最强烈，公司职员与普通工人的老乡观念最弱。我们认为，农民工和农民在我国是受传统文化影响较大的群体，他们的乡土意识浓厚，其中农民工作为跨域流动性较大的特殊群体，他们在异地他乡的社会支持以及心理支持相对来说是缺失的，为了缓解这种冲突，他们与老乡间的交往要明显多于其他职业，很多研究也表明农民工是中国最特殊的群体之一，他们在异地他乡经常会结成老乡会，相互扶持、相互帮助。而工人作为普通劳动者，基本上是没有流动性的。由于老乡形成的必备条件是由中心因素和外围因素组成的，其中中心因素就包括离家在外、地缘切近、文化趋同和相互扶持。工人的这种意识相对来说很少，他们流动性差、工作生活稳定、安逸，因此对老乡观念的心理理解程度和亲身体会就会差一些。对于中间的其他职业则是介于高低分之间，在一定程度上职业对他们的老乡观念影响也较大，只是相对来说不如农民工群体。

第三，通过对不同职业被试与问卷各维度及问卷总分进行方差分析，研究发现，他们与问卷及总分都达到了统计上的显著性差异水平，经过多重事后比较也发现了籍贯地的不同，他们之间存在具体差异程度，按问卷总分从高到低排序依次为：武威、张掖、平凉、天水、陇南、临夏、定西、白银、金昌、甘南、庆阳、兰州和酒泉。我们可以认为，武威、张掖人老乡观念最强烈，兰州和酒泉人的老乡观念较弱，但是他们之间都达到了差异的显著性水平。这可能就是地缘差异引起的不同籍贯间老乡观念的差异，由于地理原因，每个地区由于其历史、社会、文化的原因都会形成典型的文化心理，再加上该地区与周边环境以及周边省区的相互交融，也会形成区域文化心理，不同的区域文化心理作用下形成的群体性格相应也会发生变化，从而形成老乡观念的心理变化。

第四，通过对不同年龄分组被试与问卷各维度及问卷总分进行方差分析，发现不同年龄分组被试在问卷及总分上都达到了差异的显著性水平。按问卷总分从高到低排序依次为，50 岁以上年龄组、41—50 岁年龄组、31—40 岁年龄组、21—30 岁年龄组和 20 岁以下年龄组。因此，这个结果与我们的假设是完全吻合的，我们认为个体会随着年龄的增长对老乡观念具有强烈的意识，研究结果证明了该假设。我们认为，随着个体年龄的增长，个体社会阅历的增多，跨域流动性的增多等原因都将使他们对老乡观念具有强烈的意识，而年龄小则相对的经历就少一些，在老乡意识上也差一些。因此，随着年龄的增长，个体的老乡观念越强烈。

第五，通过对被试现工作学习地与问卷各维度及问卷总分进行方差分析，发现被试现工作学习地在问卷及总分上都达到了差异的显著性水平。事后分析比较发现，现工作学习地在农村的被试总分显著高于工作学习在城市的被试。工作学习在农村的被试比工作生活在城市的被试老乡观念要差一些，这与我们的假设也是完全吻合的，我们认为，工作生活在农村，个体相对交往的圈子更狭小，再加之农村固有的乡土意识、关系本位等传统观念的影响必然使个体具有强烈的乡土意识以及产生老乡情结，形成老乡观念。而生活工作在城市的个体，一方面受城市的现代文明熏陶，另一方面他们交往的圈子也相对宽泛，这种原因造成个体社会支持系统和心理支持系统得以健康发展，而不至于产生心理危机，因而其寻找老乡进行交往的几率也低，老乡观念意识也不强烈。

通过对以上因素的分析，老乡观念是一种中国文化背景下滋生出的特殊情结，影响它的因素很多，我们最后得出结论，我们认为个体的籍贯、职业、年龄、现工作学习地都会对老乡观念产生影响，但是性别因素不对老乡观念造成影响。具体来说：在职业上，农民工与农民的老乡观念最强烈，公司职员与普通工人的老乡观念最弱；在籍贯上，武威、张掖人老乡观念最强烈，兰州和酒泉人的老乡观念较弱；在年龄上，年龄越大，老乡观念越强烈；现先学习工作地上，现工作学习地在农村的个体老乡观念比工作学习在城市的个体老乡观念强烈。

第三节　老乡效应的群体自我参照心理实验研究

群体参照效应是在自我参照效应的基础上进行的，是对自我参照效应的扩展。自我参照效应是指自我参照条件下的信息记忆显著优于其他参照条件（语义、语音、结构）或他人参照条件，也就是说，人们常常对自我相关的信息表现出记忆优势。Johnson 等人在研究中，要求被试在不同参照条件下（自我，内群体，语义）加工特征形容词，结果发现，被试在自我参照加工和内群体（家庭或大学）参照加工条件下的记忆成绩没有差异，且都优于语义参照加工的任务，这种对内群体表现出的记忆优势被称做群体参照效应。实验结果说明内群体跟自我一样能够促进记忆，对自我重要的他人和内群体都包含于自我概念中。

老乡是以地缘关系为纽带形成的一种社会群体，作为一种特殊的群体，它是否也是自我概念的一部分？老乡又称同乡，它的第一层意思是，同一籍贯而在外地者互称同乡。第二层意思是，对不知姓名的农村人的称呼。我们主要讨论前者。《辞源》对“乡”的解释：“古以万二千五百家为乡，清地方自治制，以人口不满五万之区域为乡。区域之通称，如同省，同府，同县，今皆称同乡。城镇以外皆称乡。对客土而言，如离乡还乡。两阶间谓之乡。”为什么老乡的定义是：同一籍贯而在外地者互称老乡。人们在外地或本地，对相同籍贯的人是否会有不同的认知和感情。我们试图通过实验来考察人们在本地或外地时，是否会对与自己籍贯相同的人表现出不同的效应。由于老乡可被视为一种特殊的群体，我们可以采用群体参照的实验范式对此进行探讨。

杨红升和黄希庭在探讨中国人的群体参照记忆效应时，以中国人作为认同群体，以美国人作为非认同群体，主要基于以下考虑：身为其中一员，被试对自己的祖国和祖国人民普遍都有较强的认同，以中国人作为认同群体可以最大限度地避免出现被试对该参照群体不认同的情况；美国人则是中国被试相对较熟悉的外国人，可以构成规模和性质上与中国人相当的对照群体。① 因此，我们选取与被试籍贯相同的人作为参照群体，以其他地方的人作为对照群体，将

① 杨红升、黄希庭：《中国人的群体参照记忆效应》，《心理学报》2007 年第 2 期。

呈现的实验材料与某群体联系在一起进行加工。我们假设，被试在外地或本地时对相同籍贯的人可能会表现出不同的效应。

一、实验设计

实验设计时需要考虑以下两个问题：第一，根据老乡的定义，同一籍贯而在外地者互称老乡。因此，实验分别选取在本地和在外地上学的大学生作为被试。第二，老乡的构成规模会随环境而发生变化，所以从省和市两个层次选取参照群体。研究认为，老乡群体可以因个体的跨域流动范围不同而呈现相对性。我们用 3 项研究来验证我们的假设：(1) 不同省份作为参照条件；(2) 不同省份的城市作为参照条件；(3) 同一省份的不同城市作为参照条件。根据被试籍贯与现所在地的地域关系相同或者不同，每项研究又分为两个实验。三项研究（6 个实验）的相关信息详见表 10—12 至表 10—14。

表 10—12 研究一：不同省份之间的比较

实验	比较范围	籍贯与现所在地关系	参照刺激类型		
			籍贯地名	喜欢的地名	感觉一般的地名
1	省际	不同	本省	外省	外省
2	省际	相同	本省	外省	外省

注：籍贯与现所在地关系：被试籍贯（省份）与现所在省份不同或者相同；刺激类型，本省指籍贯（省份），外省指本省以外的其他省份。

表 10—13 研究二：不同省份城市之间的比较

实验	比较范围	籍贯与现所在地关系	参照刺激类型		
			籍贯地名	喜欢的地名	感觉一般的地名
1	省际	不同	本市	外省城市	外省城市
2	省际	相同	本市	外省城市	外省城市

注：籍贯与现所在地关系：被试籍贯（城市）与现所在城市不同或相同；刺激类型，本市指籍贯（市），外省城市指其他省的城市。

表 10—14　研究三：同一省份城市之间的比较

实验	比较范围	籍贯与现所在地关系	参照刺激类型		
			籍贯地名	喜欢的地名	感觉一般的地名
1	省内	不同	本市	外省外市	本省外市
2	省内	相同	本市	外省外市	本省外市

注：籍贯与现所在地关系：被试籍贯（城市）与现所在城市不同或相同，但属于同一个省；刺激类型，本市指籍贯（市），本省外市指本省范围内的其他城市。

二、不同省份之间的实验比较研究

实验一：被试籍贯（省份）与现所在省份不同

（一）研究方法

实验一采用 2（形容词效价：积极、消极）×3（参照条件：本省、喜欢的外省、感觉一般的外省）被试内设计。参照条件与效价均为被试内变量，以形容词的自由回忆率作为因变量。

（1）被试：选取籍贯与现所在地不是同一个省的大学生 30 名（其中男生 14 名，女生 16 名，年龄在 18—22 岁之间）。被试听力正常，视力或矫正视力正常。

（2）材料：电脑、纸和笔。从《现代汉语常用词词频词典》中选取 36 个人格特征形容词作为实验材料，均使用双字词。积极和消极形容词各占一半，对各参照条件下形容词的效价和词频进行平衡。

（3）程序：实验程序由 E—prime 编成，实验前要求被试自由选择一个喜欢的外省和一个感觉一般的外省，根据被试的籍贯（省份）和选择的两个省份修改程序，这些省份名称将会作为参照条件，随机呈现在电脑屏幕上，每次只呈现一个形容词和一种参照条件，呈现时间为 1000ms。要求被试根据屏幕上呈现的问题和形容词作“是”或“否”的判断。例如，“‘勇敢’适合描述山东人吗?”，如果被试认为呈现的形容词适合描述特定参照条件下的群体就按“1”键，不适合则按“9”键。被试凭感觉按键反应（“1”键和“9”键在被试间做了平衡)。形容词全部呈现之后，进行 2 分钟的分心实验，最后让被试自由回忆刚刚看到过的形容词，能想起几个写几个。

（二）实验结果

对自由回忆率进行 2（形容词效价：积极、消极）×3（参照条件：本省、喜欢的外省、感觉一般的外省）重复测量方差分析，统计结果如下见表 10—15。

表 10—15 实验一：不同参照条件下自由回忆率的平均值与标准差

不同参照条件	N	积极效价（$\bar{x}\pm s$）	消极效价（$\bar{x}\pm s$）	总计（$\bar{x}\pm s$）
本省	30	0.37±0.13	0.26±0.15	0.63±0.17
喜欢的外省	30	0.23±0.14	0.26±0.14	0.49±0.24
感觉一般的外省	30	0.20±0.13	0.27±0.12	0.47±0.18

方差分析发现，参照条件主效应显著 $F_{(2,58)}=6.00$，$P<0.01$；形容词效价的主效应不显著，$F_{(1,29)}=0.11$，$P>0.05$；参照条件与效价之间的交互作用显著 $F_{(2,58)}=6.25$，$P<0.01$（见图 10—1）。简单效应分析发现，本省人参照条件下，积极信息的回忆率显著高于消极信息，$F_{(1,29)}=6.59$，$P<0.05$，喜欢的外省参照条件下，积极信息和消极信息之间没有差异，$F_{(1,29)}=0.79$，$P>0.05$，而感觉一般的外省参照条件下，积极信息和消极信息回忆成绩间差异不显著，$F_{(1,29)}=3.95$，$P>0.05$；积极特征词的回忆率在不同参照条件下存在差异，$F_{(2,58)}=12.22$，$P<0.01$，而消极特征词的回忆没有差异，$P>0.05$。

（三）实验讨论

实验一结果显示，被试在外省时，对参照本省人加工的信息记忆，显著高于其他参照条件，而其他两种参照条件下的回忆率没有差异，说明被试对本省人表现出了群体参照效应。同时，与本省人有关的积极信息的记忆显著优于消极信息，而其他两种参照条件下，积极信息和消极信息的回忆率之间均无差异，这表明被试对本省人有积极偏差。积极偏差是指，与自我相关的积极信息的记忆成绩要高于消极信息。对大多数个体而言，与自我相关的信息总是与积极的联系在一起。个体总是把积极的特质或结果归于内部的、稳定的及个人所有的特性，而不会把消极的特质或结果与个人特性联系在一起。这种归因偏差

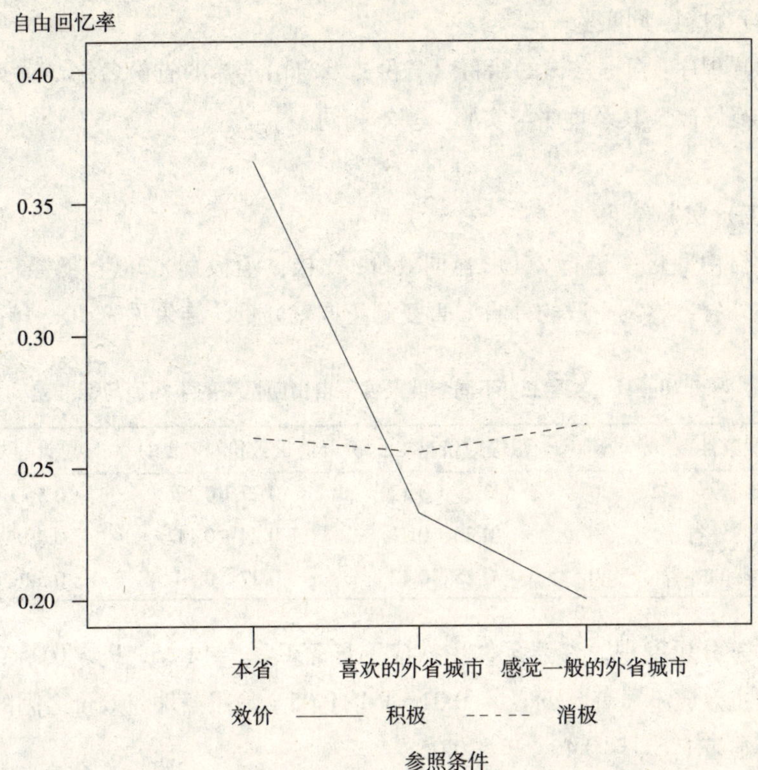

图 10—2　实验一中不同参照条件下的自由回忆率

就是自我积极偏差，是社会心理学研究发现的一种常见且稳定的现象。

实验二：被试籍贯（省份）与现所在省份相同

实验一中被试在外省时，对本省人表现出强烈的群体参照效应和积极偏差。如果被试在本省时，是否会对本省人表现出群体参照效应，我们在实验二中对此进行探讨。

（一）研究方法

实验设计同实验一。

（1）被试：选取籍贯与现所在地为同省的大学生 30 名（其中男生 15 名，女生 15 名，年龄在 18—22 岁之间）。被试听力正常，视力或矫正视力正常。

（2）材料：同实验一。

（3）程序：根据被试的籍贯（省份）及自由选择的省份名称，对实验参照条件进行修改，其余程序与实验一基本相同。

（二）实验结果

对自由回忆率进行2（形容词效价：积极、消极）×3（参照条件：本省、喜欢的外省、感觉一般的外省）重复测量方差分析，结果见表10—16。

表10—16 实验二：不同参照条件下自由回忆率的平均值与标准差

参照条件	N	积极效价（$\bar{x}\pm s$）	消极效价（$\bar{x}\pm s$）	总计（$\bar{x}\pm s$）
本省	30	0.29±0.12	0.27±0.12	0.56±0.15
喜欢的外省	30	0.25±0.11	0.24±0.11	0.49±0.15
感觉一般的外省	30	0.25±0.12	0.27±0.14	0.52±0.18

方差分析发现，参照条件主效应不显著$F_{(2,58)}=1.35$，$P>0.05$；形容词效价的主效应不显著，$F_{(1,29)}=0.01$，$P>0.05$；参照条件与效价之间的交互作用也不显著$F_{(2,58)}=0.46$，$P>0.05$。

（三）实验讨论

实验二中，当被试在本省时，参照本省人加工的回忆率与其他两种参照条件之间没有差异，被试对本省人没有表现出群体参照效应。

综合实验一和实验二的结果，我们发现，被试在外省时，对本省人有群体参照效应，而在本省时，对本省人没有表现出群体参照效应。我们认为，被试在外省时，陌生的环境激起了强烈的乡土意识和老乡观念；而被试在本省时，周围大多数人都跟自己是一样的，人们很少会提到自己是某省人，本省人这一概念很少引起人们的注意，在实验中很难被激活。

由于本省人所涉及的群体规模比较大，群体规模可能会影响被试对某群体的认同，在研究二中我们缩小参照群体的范围，选用本市人作为参照群体，比较不同省份城市的群体，探讨被试在外市或本市时，是否会对本市人表现出群体参照效应。

三、不同省份城市间的比较

类似于研究一，根据被试籍贯与现所在地的关系，分别选取在外市和本市上学的大学生被试，探讨他们对本市人是否会表现出群体参照效应。

实验三：被试籍贯（城市）与现所在城市不同

（一）研究方法

实验三采用 2（形容词效价：积极、消极）×3（参照条件：本市、喜欢的外省城市、感觉一般的外省城市）被试内设计。参照条件与效价均为被试内变量，以形容词的自由回忆率作为因变量。

（1）被试：选取籍贯（城市）与现所在地不是同一个城市的大学生被试 31 名（其中男生 14 名，女生 17 名，年龄在 18—22 岁之间）。被试听力正常，视力或矫正视力正常。

（2）材料：同实验一。

（3）程序：实验程序基本同实验一。以被试的籍贯（城市）和自由选择的不同外省的城市为参照条件，修改程序。

（二）实验结果

对自由回忆率进行 2（形容词效价：积极、消极）×3（参照条件：本市、喜欢的外省城市、感觉一般的外省城市）重复测量方差分析，统计结果见表 10—17。

表 10—17　实验三：不同参照条件下自由回忆率的平均值与标准差

参照条件	N	积极效价（$\bar{x}\pm s$）	消极效价（$\bar{x}\pm s$）	总计（$\bar{x}\pm s$）
本市	31	0.36±0.20	0.26±0.17	0.62±0.26
喜欢的外省城市	31	0.22±0.17	0.26±0.18	0.48±0.24
感觉一般的外省城市	31	0.24±0.17	0.31±0.18	0.54±0.27

方差分析的结果表明，不同参照条件下的回忆成绩差异显著，说明参照条

件主效应显著，$F_{(2,60)} = 3.34$，$P < 0.05$，形容词效价主效应不显著 $F_{(1,30)} = 0.02$，$P > 0.05$，两者间交互作用显著，$F_{(2,60)} = 3.76$，$P < 0.05$（见图 10—2）。简单效应分析发现，在本市人参照条件下，积极信息的回忆率显著高于消极信息，$F_{(1,30)} = 4.26$，$P < 0.05$，喜欢的外省城市参照条件下，积极信息和消极信息之间没有差异，$F_{(1,30)} = 0.66$，$P > 0.05$，而感觉一般的外省城市参照条件下，积极信息的回忆成绩与消极信息之间没有差异，$F_{(1,30)} = 3.17$，$P > 0.05$；积极特征词的回忆率在不同参照条件下差异显著，$F_{(2,60)} = 7.89$，$P = 0.001$，而消极特征词的回忆没有差异，$P > 0.05$。

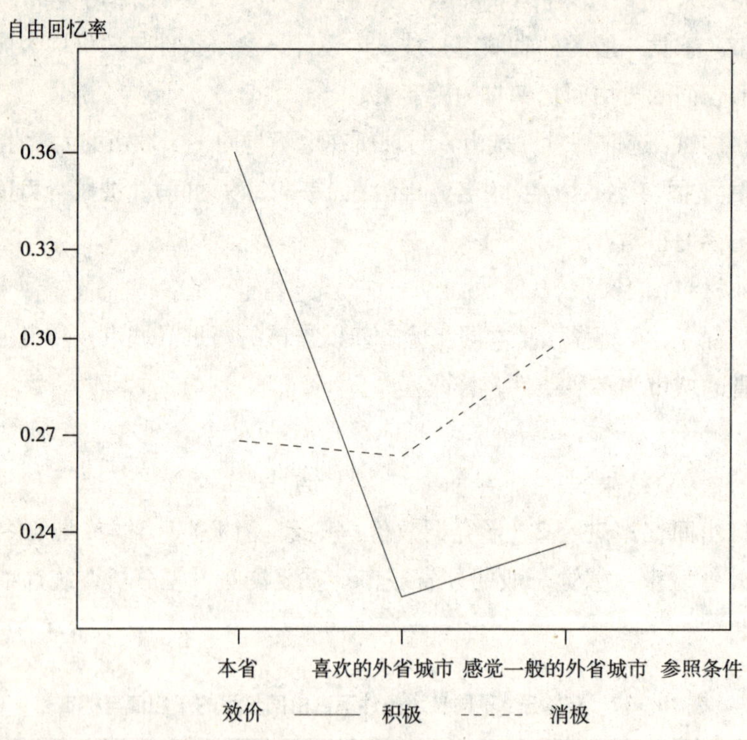

图 10—3　实验三中不同参照条件下的自由回忆率

（三）实验讨论

实验三中，被试对与本市人相关的信息记忆，显著高于与其他群体相关的信息的记忆，对本市人表现出了群体参照效应。同时，被试对描述本市人的积极特征词的记忆，显著优于消极消极特征词；被试喜欢的外省城市或感觉一般的外省城市群体相关的信息，积极特特征词与消极特征词之间的回忆成绩均无差异。说明对本市人表现出了积极偏差。

实验四：被试籍贯（城市）与现所在城市相同

（一）研究方法

实验设计同实验三。

（1）被试：选取30名籍贯与现所在城市相同的大学生被试（其中男女生各占一半，年龄在18—22岁之间）。被试听力正常，视力或矫正视力正常。

（2）材料：同实验一。

（3）程序：实验程序基本同实验一，根据被试籍贯（城市）和选择的外省的城市，修改程序。

（二）实验结果

对自由回忆率进行2（形容词效价：积极、消极）×3（参照条件：本市、喜欢的外省城市、感觉一般的外省城市）重复测量方差分析，统计结果见表10—18。

表10—18　实验四：不同参照条件下自由回忆率的平均值与标准差

参照条件	N	积极效价（M±s）	消极效价（M±s）	总计（M±s）
本市	30	0.30±0.11	0.29±0.10	0.59±0.13
喜欢的外省城市	30	0.29±0.10	0.26±0.13	0.55±0.15
感觉一般的外省城市	30	0.28±0.12	0.31±0.14	0.59±0.20

方差分析发现，参照条件主效应不显著 $F_{(2,58)} = 0.73$，$P > 0.05$；形容词效价的主效应不显著，$F_{(1,29)} = 0.07$，$P > 0.05$；参照条件与效价之间的交互作用也不显著 $F_{(2,58)} = 0.62$，$P > 0.05$。

（三）实验讨论

实验四结果显示，被试在本市人参照条件下的信息回忆率与其他参照条件之间没有差异，说明被试在本市时，对本市人没有表现出群体参照效应。我们认为，这一现象的原因跟实验二相似。

从研究一和研究二的结果中可以看出，当被试不在本省或本市时，被试对本省人和本市人都表现出了群体参照效应（实验一和三），而当被试在本省或本市时，没有出现群体参照效应（实验二和四）。我们认为，研究二和研究一实验结果的原因相似。并且当被试在外地时，对本省（市）人都表现出了积极偏差。前面两项研究分别进行了不同省份和不同省份城市之间的比较，但对同一省份的城市之间没有作比较，被试在本市或本省的其他城市时，又会出现什么样的结果。根据前面实验所得结果，我们提出以下假设：与本省其他城市相比，当被试不在本市时，可能会对本市人表现出群体参照效应；当被试在本市时，可能不会对本市人表现出群体参照效应。

四、同一省份不同城市间的比较

实验五：被试籍贯（城市）与现所在城市不同

（一）研究方法

实验五采用 2（形容词效价：积极、消极）×3（参照条件：本市、喜欢的本省城市、感觉一般的本省城市）被试内设计。参照条件与效价均为被试内变量，以形容词的自由回忆率作为因变量。

（1）被试：选取 30 名籍贯与现所在地为不同城市（同一省份）的大学生被试（其中男生 14 名，女生 16 名，年龄在 18—22 岁之间）。被试听力正常，视力或矫正视力正常。

（2）材料：同实验一。

（3）程序：实验程序基本同实验一，根据被试籍贯（城市）和所选的本省的其他城市，修改程序。

（二）实验结果

对自由回忆率进行 2（形容词效价：积极、消极）×3（参照条件：本市、喜欢的本省城市、感觉一般的本省城市）重复测量方差分析，统计结果见表

10—19。

表 10—19 实验五：不同参照条件下自由回忆率的平均值与标准差

参照条件	N	积极效价（x̄ ±s）	消极效价（x̄ ±s）	总计（x̄ ±s）
本市	30	0.39±0.20	0.30±0.20	0.69±0.32
喜欢的本省城市	30	0.24±0.14	0.29±0.15	0.53±0.24
感觉一般的本省城市	30	0.29±0.17	0.24±0.16	0.53±0.26

方差分析发现，参照条件主效应显著 $F_{(2,58)} = 4.21$，$P < 0.05$；形容词效价的主效应不显著，$F_{(1,29)} = 2.19$，$P > 0.05$；参照条件与效价之间的交互作用显著 $F_{(2,58)} = 3.83$，$P < 0.05$（见图 10—3）。简单效应分析，在本市人参照条件下，积极信息的回忆率显著高于消极信息，$F_{(1,29)} = 4.63$，$P < 0.05$，喜欢的本省城市参照条件下，积极信息和消极信息之间没有差异，$F_{(1,29)} = 2.42$，$P > 0.05$，感觉一般的本省城市参照条件下，积极信息的回忆成绩与消极信息

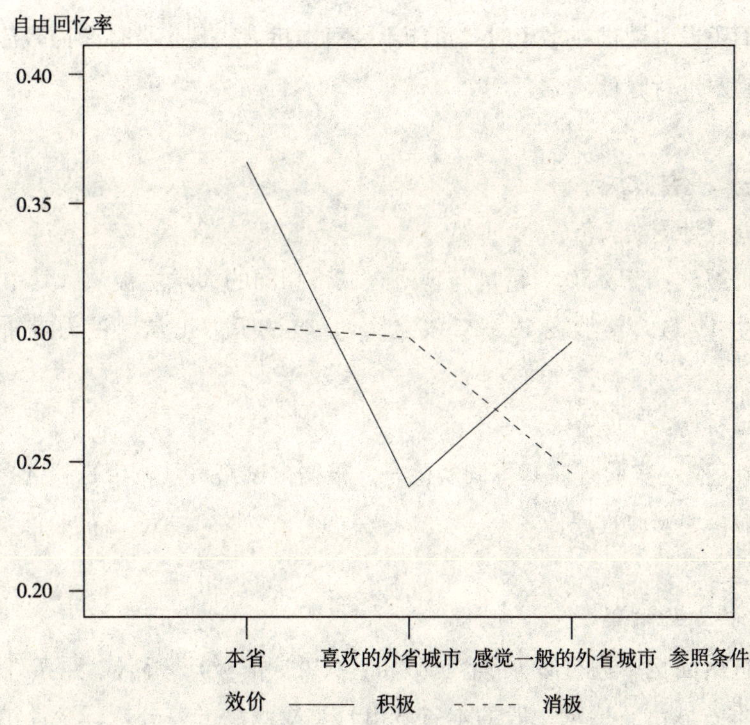

图 10—4 实验五中不同参照条件下的自由回忆率

之间差异不显著，$F_{(1,29)}=2.27$，$P>0.05$；积极特征词的回忆率在不同参照条件下差异显著，$F_{(2,60)}=7.89$，$P=0.001$，而消极特征词的回忆成绩没有差异，$P>0.05$。

（三）实验讨论

实验五结果显示，被试在外市时，对本市人参照的信息记忆显著高于其他参照条件，而其他两种参照条件下的自由回忆率没有差异，说明被试对本市人表现出了群体参照效应，实验结果与假设一致。被试对自己的内群体表现出了群体参照效应，这也证明了内群体包含于自我概念中。并且本市人参照条件下积极信息的回忆率显著高于消极信息，而其他两种条件下，积极信息和消极信息回忆率之间的差异不显著，结果表明被试对本市人有积极偏差。

实验六：被试籍贯（城市）与现所在城市相同

我们假设，被试在本市时，可能不会对本市人表现出群体参照效应。我们通过实验六进行验证。

（一）研究方法

实验设计同实验五。

（1）被试：选取30名籍贯与现所在城市相同的大学生被试（其中男生15名，女生15名，年龄在18—22岁之间）。被试听力正常，视力或矫正视力正常。

（2）材料：同实验一。

（3）程序：实验程序基本同实验一。根据被试籍贯（城市）和选择的本省的其他城市，修改程序。

（二）实验结果

对自由回忆率进行2（形容词效价：积极、消极）×3（参照条件：本市、喜欢的本省城市、感觉一般的本省城市）重复测量方差分析，统计结果见表10—20。

表 10—20 实验六中不同参照条件下自由回忆率的平均值与标准差

参照条件	N	积极效价（$\bar{x}\pm s$）	消极效价（$\bar{x}\pm s$）	总计（$\bar{x}\pm s$）
本市	30	0.31±0.10	0.29±0.15	0.60±0.20
喜欢的本省城市	30	0.28±0.11	0.29±0.12	0.57±0.17
感觉一般的本省城市	30	0.26±0.11	0.28±0.12	0.54±0.17

方差分析发现，参照条件主效应不显著 $F_{(2,58)}=0.24$，$P>0.05$；形容词效价的主效应不显著，$F_{(1,29)}=0.74$，$P>0.05$；参照条件与效价之间的交互作用也不显著 $F_{(2,58)}=0.82$，$P>0.05$。

实验六中，被试在本市时，本市人参照条件下的信息回忆率与其他参照条件之间没有差异，对本市人没有表现出群体参照效应，结果验证了假设。

五、总讨论

从 6 个实验的结果我们可以看出，当被试的籍贯与现所在地不同时，即被试在外省或外市时，被试对本省或本市人表现出了群体参照效应（实验一、实验三、实验五；当被试籍贯与现所在地相同时，即被试在本省或本市时，并没有出现群体参照效应（实验二、实验四、实验六）。并且，被试在外地时对本省和本市人有积极偏差。根据老乡的定义（同一籍贯而在外地者互称老乡），我们把实验一、三和实验五中出现的群体参照效应和积极偏差称做老乡效应。从实验上述结果中，我们发现一个现象，当被试在外地时对老乡表现出了群体参照效应，而被试在本地时没有出现这种效应。换言之，被试只有在外地时才会出现老乡效应，这与张海钟、姜永志的相关理论研究一致。

当被试在外地时，与参照喜欢的、感觉一般的外省（市）的群体相比，被试对本省（市）人参照加工的信息记忆要好得多。我们认为，被试对本省（市）人表现出的群体参照效应并不是由喜欢或熟悉所造成。如果老乡是由喜欢所致，那么被试应该对喜欢的省（市）的人也表现出群体参照效应；若是由熟悉所致，按照加工深度理论，其他两种参照加工的成绩应该优于本省（市）人参照加工的成绩，但实验结果并非如此，所以也不能用熟悉性来解释老乡效应。

群体参照效应是一种特殊的自我参照效应，实验一、实验三和实验五中出现的老乡也可以看做一种特殊的自我参照效应。自我参照效应的元分析指出，自我参照效应之所以发生，主要是因为自我是一个发展得很完善并经常使用的结构，它能够促进信息的精细加工和组织加工，同时指出自我与他人间的亲密程会影响自我参照的记忆优势。

为什么在外地时，被试对本省（市）人表现出了老乡效应，而在本地时没有出现这种效应。我们认为，主要是不同的环境引发了被试的认知和情感等方面的变化。被试在外地时，面对陌生的环境与社会群体，彼此间不同的思维方式、行为准则、价值观念、地方方言、风俗习惯等文化观念与个体原环境中迥然不同，从而使个体产生了孤独和不安全感。而正是由于老乡之间有相似或相同的思维方式、行为准则、价值挂念、地方方言、风俗习惯等文化观念，才使人备感亲切，在很大程度上满足了人们对情感归属和安全的需要。个体身处异乡，强烈的老乡观念和乡土意识油然而生，这使得人们在情感上更依赖于老乡。这种环境中，老乡对个体而言具有重要的心理意义，作为一种内群体可能被纳入到自我概念中。Aron 等人关于自我扩展模型的研究，① 以及 Turner 等人提出的自我分类理论都说明，对个体重要的他人和内群体包含于自我概念中，而内群体跟自我一样能够促进记忆。② 但是，被试在本地时，生活环境等各方面几乎没有发生变化，周围的熟人也相对比较多，被试没有背井离乡之感。人们也很少提到自己是某地方人，本地人这一概念很少能上升到意识层面而被引起注意。环境的变化使得老乡对个体的重要性发生了改变，所以被试在外地时出现了老乡效应。在杨红升、黄希庭的实验中，藏族被试在非专门的民族学院的大学中是少数群体，其少数民族身份具有凸显性，民族身份的凸显性促进了内群体信息的记忆，在藏族学校中他们的民族身份不再凸显，所以没有出现群体参照效应；而汉族被试在两种环境条件下都没有出现群体参照效应，主要是因为汉族是多数，汉族身份不具有凸显性，很少能引起人们的注意。

杨红升和黄希庭提出，要考察群体参照效应，重点应将参照某认同群体的加工成绩与另一规模相当的非认同群体的加工成绩进行比较，而不是比较参照

---

① Aron, A., Aron, E., Tudor, M., & Nelson, G. Close, "relationships as including other and self", *Journal of Personality and Social Psychology*, 1991(3).

② Turner, J. C., Oakes, P. J., Haslam, S. A., & McGarty, C., "Self and collective: Cognition and social context", In *Personality and Social Psychology Bulletin*, 1994(2).

认同群体和参照自我等个体的加工成绩。例如可以对家庭，不同的年龄群体或性别群体分别进行研究。因此，我们以被试所归属的本省（市）人作为参照群体，其他省（市）的人作为对照群体。类似的，由于对参照规模不同的对象进行加工，可能会因为参照对象的具体性不同而混淆了实验效应。因此，我们把本省或本市人分别作为参照群体进行考察，结果发现，无论群体规模大或是小，当被试在外地时，都出现了老乡效应，这与 Johnson 等人的研究结果一致。即，群体参照效应并非仅仅发生于小群体中，虽然家庭和大学所包含的群体成员的数量相差很大，但被试在这两种参照条件下，都出现了群体参照效应。

六、研究的不足和展望

首先，实验只考察了被试在外省和外市两种实验条件，对于县一级或者更低一层的社区、村落等还没有进行考察。其次，本实验中被试在外地时，对与自己同籍贯的人表现出的老乡效应是否具有一般性，还有待将来的研究。再次，实验是在一个概括性较高的层面上进行比较，如选取在外省的被试时，只要现所在省份与籍贯省份不同即可，至于被试是南方、北方人或者其他省份，都没有做进一步的区分。最后，我们使用的被试是大学生，这一现象是否可以推广到其他人群，还有待进一步的探索和研究。

文中论述的老乡是指与自己籍贯相同的群体，对部分人而言，出生地、成长地、长期居住地可能与籍贯相同或部分相同，对于另外一些人，这四个概念所指的地区可能完全不同。未来的研究可以分别探讨出生地效应、成长地效应、长期居住地效应以及它们之间、它们与老乡效应之间的关系。

第十一章 中国区域跨文化心理学视野的自我研究整合探索

自我研究是西方近年来研究的热点问题，自我在社会心理学乃至在整个心理学中都是十分重要的概念。早在两千多年前，苏格拉底就提出了“认识你自己”，人们就开始了对自我的探索。但真正较为科学而且系统地对自我的研究还只有近百年的历史。到目前为止，自我问题的研究，已经取得很多成果，而且研究的视角很广，涉及的领域也很宽泛，如哲学、伦理学、宗教、语言学、社会学、心理学等，并且现在关于自我的研究已经更加注重自我的文化性研究。西方学者曾研究东西方自我的跨文化性，发现东西方关于自我的概念是不同的，认为西方人的自我是一种独立的自我，即是个体主义自我，东方人的自我是一种关系自我，是一种集体主义自我。对于以上的观点已被国内外学者所认可，并已经定型化为研究东西方文化的经典之作。但问题是，西方人站在自己的立场上采用一种异文化的客位研究来研究出的结论是否就正确，东西方所研究的自我因文化差异有一些内容是不一致的，而来套用所有自我的研究似乎显得不是太合适，并且他们以自己文化为出发点而进行的研究本身就已经无价值中立可言。东西方人的自我是否真的就可以分为集体主义与个体主义这两个维度，是否还有其他未知的方面，或者说还有代表不同内含的特质存在我们还不得而知。

第一节 中国人自我的宏观文化与微观文化立体式整合探索

目前自我从中国本土化的角度来研究，用主位文化研究策略，站在中国人的立场，能否提出一些新的本土化概念并取得研究成果，是我们的心理学者要做的工作。那么本节希望通过对东西文化下自我的剖析，从区域跨文化心理学的角度提出一些中国本土化的研究思路以供学界借鉴。

一、自我的东西文化差异

“自我”一词最早是由詹姆斯1890年引进美国心理学的，他认为自我是人们所有经验的中心，并将“我”分为主我（I）和客我（me）。[①] 弗洛伊德在其精神分析引论中还将“我”分为本我、自我（ego）和超我，他对自我的解释是，个体学会区分心灵中的思想与围绕着个体的外在世界的思想，是从本我中分离出来的一部分，它是用来调节本我与超我的中间环节，他既要获得满足还要避免痛苦，弗洛伊德认为自我是人格的执行者。艾里克森认为自我是一个独立的力量，不再是本我和超我压迫的产物。他把自我看做一种心理过程，它包含着人的意识活动，是可以加以控制的。自我是人的过去经验和现在经验的综合体，并且能够把进化过程中的两种力量，即人的内部发展和社会发展综合起来，引导心理能力向合理的方向发展，决定着个人的命运。而在荣格那里的自我却是指的是集体无意识整体。现在关于自我已经比较认可的说法是：指个体对自身状况、人—我关系的认识，情感以及由此产生的情感意向，包括自我认知、自我情感和自我意向三种成分。这个定义完全是西方心理学家依据西方文化背景而下的，因此用这种自我所代表的内涵来进行研究中国人的自我显然是不合适的。在“自我”这个大标题之下，最常被提出的一个非常笼统的概念叫“自我概念”。西方学者对这个概念所给的定义很多，有的较宽广，有的较狭窄。一般是泛指一个人对自己个人自身的知觉，它是一种把“自我”当做一个静态的对象来看的结果。西方心理学家多数认为它是多方面的、有层次的及有组织的、稳定的，但是在不断发展中的，具有评价性而且是可以与别人分开来的。在这个定义之下，“自我概念”很显然已经包括了“自我认定”，自己对自己究竟是一个什么样的人的确认；“自我意识”，自己对“个己”存在的感觉及注意；“自我评价”，自己对“个己”所做的好坏的评定。在“自我评价”概念

① 姜永志、张海钟：《天命观对中国人人格的建构与影响》，《心理学探新》2010年第1期。

之内，西方学者又将之细分为“自我接受”，自己对现实真正自己的接受及赞许程度；“自我尊敬”，自己对自己的好的看法及评价；“自我注重”，自己对自己的关心及看重，不管自己是好的，还是坏的。

西方人的自我是一种西方本土化的定义，那么在中国研究自我，我们应该如何理解？可以肯定的是，中国的自我观念是与西方自我是不同的。汉语中的“我”是从“仁”出发的，“仁”即“我”，注重以“内自省”为特点的“修己”，认为只有在“二人”的对应关系中，人才能称其为“人”，只有在与他人构成的人际网络中才能定位，“无他即无我，由他才解我”，中国人的“人”具有共生取向，但是却缺乏一种独立取向。中国人的“我”可以分为小我与大我，人前我与人后我、公我与私我、表我与里我、真我与伪我。而这种区分是在传统儒家的道德观念下所区分的，在“道德文化”的影响下形成“道德我”，认为“我”是私我、小我，他们的存在是次要的，他们的存在是为了成就大我，这就是一种“道德我”。在道家看来，人应该是“柔我”，它的特点是贵柔、畏争、能忍、谦下，认为“以生为大忧，以死为至乐”这是一种厌世观，这种思想在一定程度上也是深刻影响中国人的自我观的。墨家则主张“无我”，主张“兼相爱，交相利”，要求人们去除一己之私，要求忽略小我，一切为他人。同时中国人的自我还表现在人格的各个方面，中国人的人情自我、面子自我、和谐自我、耻我等都是中国人自我所独有的。归纳起来就是中国文化中的自我的主张的主要是克己复礼、修身养性、自谦、自制。通过以上分析，所以可以说中国人个体自我应该是人际关系的产物，强调的是一种心理社会稳态（PSH），这种心理社会稳态是指人是一个矩阵或框架，每个人都在其中寻求着维系心理和人际平衡的一个满意的等势。只有建立各种复杂的和谐的社会关系网络，并且处理好各种关系他们才能达到心理社会稳态，否则就会出现心理冲突。所以说东西方自我是因文化而不同的，中国人的自我强调关系自我，西方自我强调个体经验自我，在一定程度上可以说是集体主义自我与个体主义自我之分。

二、中国人自我研究的早期探索

在 20 世纪 80 年代，国内的学者就开始了自我的研究，但是初期的工作还主要集中在翻译外来研究成果上：佟景韩、范国恩与许宏治共同翻译了科恩所著的《自我论：个人与个人自我意识》，李维翻译了简·卢文格所著的《自我的发展》，赵月瑟翻译了乔治·米德所著的《心灵、自我与社会》，包晓霞对现代西方社会心理学关于自我研究的基本理论进行了简述，李晓东介绍了Markus等人的自我概念理论，董奇对Marsh自我描述问卷进行了修订，苏林雁、万国斌与杨志伟等根据湖南情况调整了Piers-Harris的儿童自我概念量表，周国韬和贺岭峰则以初中学生为被试，对Song-Hattie的自我概念量表进行了修订，李德显对大学生自我概念发展规律进行了研究，乐国安等对青年军人自我概念进行了测量，周国韬与贺岭峰对中学生自我概念进行了测量，金盛华对儿童自我概念的形成与发展作了研究，他们分别获取了不同被试自我概念的有关资料。另外，李晓文、杨宜音、黄希庭等社会心理学工作者，也分别从不同角度介绍了国外自我研究的新成果，大量自我理论被翻译与介绍到国内，由此促进了我国在自我方面的研究。

通过介绍西方自我的研究，中国人的自我与西方人自我的概念及内含是有区别的。不同于西方文化，中国人的价值体系并不强调个人去控制环境、表现自我、实践潜能，而强调人境融合、自我克制及顾全大局。因此，“自我”的研究必须回归到文化的脉络之中，才能发掘对理解中国人的自我有意义、有启示的研究旨趣。港台学者杨国枢、杨中芳、黄光国等一直在进行中国人本土心理研究，他们提出了从本土化角度研究中国人的“自我”，并指出中国人的“自我”与西方人的“自我”的差异，他们主张我们应该摆脱西方对自我研究所用的概念、理论及工具的束缚，以新的观点研究自我与他人的互赖性，以及如何产生我们在具体事件中的自我呈现。① 但是，到目前为止，我国的自我研究还存在很多问题。其中包括对中国人自我本质的认识模糊，自我的结构和发展过程不完全清楚，自我发展是否具有阶段性？自我概念对个体行动是怎样产生作用的？文化对自我的影响，以及与自我有关的自尊、自信、自我效能、自我调节、自我控制等概念在自我理论中的作用，对个体在不同情境中选择要不要表现自我，表现什么自我，以及此情景中自我界定为何等问题。

---

① 杨国枢、陆洛:《中国人的自我：心理学的分析》，重庆大学出版社2009年版，第4页。

三、中国人自我的宏观文化与微观文化立体式整合探索

中国人的自我的研究已经不再是可以单纯用西方理论就可以研究的了，寻求一种普适性的自我研究的规律显然已经因为文化因素而受到阻击。中国人的自我因受传统文化的影响而具有与西方自我概念不同的内含和表现方式。王登峰说："中国心理学根植于深厚的传统文化土壤，如果照搬西方，只能是'隔靴搔痒'，甚至'水土不服'。"因此，西方文化下所使用的问卷量表等工具是否适应中国本土自我的研究，是一个值得重新考虑的问题。如果我们把东西方文化比作一个平面的话，那么这个平面是由许多的线条和点所构成，并且线与点的密度也会有所不同。中国文化是一个面，不同的地理环境下的人为了生存会产生不同的生活方式，不同的生活方式影响着该区域内的风俗习惯、宗教信仰、思维方式、价值观念等。比如文化地理学可以把中国分为不同的文化区域，两淮文化、湘楚文化、吴越文化、台湾文化、燕赵文化、荆楚文化、中州文化、齐鲁文化、三秦文化、徽州文化、黔贵文化、陈楚文化、青藏文化、岭南文化、西域文化、琼州文化和草原文化等 24 个文化区，这样区分的每一个文化区都可以说是一条线。而每一条线下我们则还会具体分出更多的亚文化集群，亚文化集群下还会区分出很多具体的点，即典型区域文化，包括省市域间、乡村间的具体文化习俗。如果从宏观上把握的中国人的自我实质上是将中国人的自我模式化、刻板化了，将所有中国人都看成是克己复礼、修身养性、自谦、自制、关系本为、共生取向的自我。中国人的自我虽然会因主流文化而形成主流自我概念，但是中国区域文化类型、文化模式种类甚多，并不是只用主流文化自我就可以说清楚的。因地理区域、生活方式、生活习惯、宗教信仰、价值取向等会形成的特色文化区，每一个文化区背景下的人的性格是有区别的，自我是性格研究最主要的部分之一。因此，中国人的自我如果简单概括为集体主义自我，则会忽略中国广大的地理、历史、经济，人文等文化区，形成研究的以偏赅全，出现研究偏差。所以我们主张中国人自我的研究，要从讲求中国宏观文化下的自我研究转向讲求区域文化的中国人自我的微观研究。

从微观的文化研究中国人的自我，我们既要借助于文化地理学、人文地理学、文化人类学的研究内容，同时也要借助于文化心理学、人格心理学等关于

自我的研究理论成果。但是，最重要的是我们要从宏观上把握一个脉络，就是文化不是背景变量，而应当把不同文化作为一个实实在在的自变量，并且在区域跨文化心理学的理论框架之内展开研究。中国区域心理学也可以叫做中国区域跨文化心理学，它的理论假设是不同区域的文化存在很大差异，其心理也必然存在很大差异，因而主张将不同区域的文化为背景，比较不同区域人群的心理共同性和差异性，其目的在于揭示区域亚文化对人的心理的影响，从而查明两个或多个文化背景中个体和群体心理发展变化的规律。区域心理学虽然还不是一个具体的学科，没有独立的学科体系，现在只可算是一种心理学研究方法或范畴，但它可以为我们研究微观文化的中国人自我提供一个很好的理论框架。在这个理论框架下研究中国人自我共性中的特殊性，既要考虑中国人内隐的共享文化资源，还要考虑到不同地区文化下中国人自我的特殊取向。因此要对中国人自我的研究进行立体式整合与构建，在研究宏观的主流文化自我的同时进行微观区域文化下的自我研究。研究的内容我们可以借鉴西方的研究内容：自我意识、自我概念、自我效能、自我控制、自尊等。特殊文化下可以对西方工具进行修订或是重新编排，另外还要从中国人本土研究的角度出发，摆脱那些与中国人表达意义与内含不一致的概念，应根据中国人具体特点独创出具有宏观文化性与微观区域文化性的典型性概念与定义，做到切实的同文化研究与主位文化研究策略。

四、中国人区域文化自我研究展望

目前中国人关于自我的研究，一方面是来自翻译外来的东西跨文化研究，另一方面来自港台学者对华人本土化的自我的研究，但是其研究始终为摆脱单一从宏观层面上的研究，很少进行区域文化自我的微观文化研究。区域跨文化心理学从微观上为我们研究中国人的自我提供了一个恰当的理论构架，在这个理论建构下我们可以在宏观研究中国人自我的基础上，进行更细微的微观文化下自我的研究，这样的研究既是特殊性的研究又是普遍性的研究，因为他是站在中国传统文化的立场上对中国人区域文化下自我进行的研究。从宏观文化与微观文化、整体与局部、特殊性与普遍性的立体式全方位研究，可以为中国人自我的研究提供多角度、更宽广的研究视野。这种研究既是目前中国心理学关于自我研究单一的补充，同时也是构建和谐自我、和谐社会的主要内容，可以为解决区域和谐与社会和谐提供心理学理论依据。我们相信，这种微观文化取向的研究一定会得到很多现在没有的结论，并且也会更正或补充国内外关于中国人自我的研究理论成果。

第二节　中国人双文化自我与文化适应问题探索

西方的自我是“self”，这个自我是在西方文化背景之下被提出来的，现在关于自我已经比较认可的说法是：指个体对自身状况、人—我关系的认识，情感以及由此产生的情感意向，包括自我认知、自我情感和自我意向三种成分。自我是激发对环境信息选择加工和价值估价的积极代理者，从而形成不同的社会行为。西方人的自我一直主张强调个人对环境的掌控以及自我潜能的实现，这种自我观同样也体现在心理学的研究中。但是，中国人的价值体系并不强调个人去控制环境，表现自我或实现潜能，而是强调人与环境的融合，自我克制及顾全大局。因此，中国人关注自我的层面或许与西方人不同，而且在这些层面上对自我的理解、分析与感受可能与西方世界不同。所以，研究中国人的自我一定要回归到中国文化的脉络中来，从分析东西文化对自我的不同构建与理解着手。在中国文化背景下研究中国人自我的真正实质内含，提出能够真正解释中国人自我的本土化概念，揭示中国人自我与社会的相互作用过程以及这种作用过程的机制问题，是目前研究中国人自我的主要议题。伴随着经济文化的进步，在中国文化背景下中国人的自我也在发生着潜移默化的变化，文化的变化直接导致文化心理与文化自我的变化，在这种背景下个体则具有双文化自我性，他们如何适应文化的变迁则成为我们讨论的焦点之一。希望通过对中国人自我的双文化现象给予阐释并在区域文化心理学背景之下对其进行剖析，以为建构中国人自我的研究提供新的依据。

一、东西文化对自我的理解差异

（一）西方文化自我的内含

在西方社会中，自我和自我的研究是非常宽泛的，西方的自我一般是指具体的、单个的人，并区分出主体的我和客体的我，而不是指“个性”，或单个人的各种“因素”的总和。西方自我的历史大约分三个阶段，第一个阶段是（从基督教以前的时代至1850年为止），以哲学、神学和文学的自我为特征（使用灵魂和心灵的概念），强调主体意识的个人本质、在本体论上区分人和事物以及确定个人对其行为所负责人的范围的倾向。第二阶段是（1850—1940年），自我作为一种心理学的概念获得了精辟的分析与研究，社会的自我作为一种符号交互作用结构得到了详尽的阐释。第三阶段是（1940年到现在），自我的多元发展与研究，以自我概念、自我意识、自我效能、自我控制等为研究内容，并且仍在继续发展中。从西方人自我的发展历程来看，西方人自我是一种趋于个体内部的自我形态，他们倾向于朝着提升人类主宰性的方向发展，因而强调自我主张与扩展，追求支配与权力，凸显差异与独特，执著与他人分离，着重个人能力、需求，但却压抑了人类本性中共生的一面，忽略了与他人互动合作，联合与结盟的需要，因此，在一定程度上可以说是一种个体主义文化下主导的个体主义自我。

（二）中国文化自我的内含

中国人的自我是一种深受传统文化影响下的自我，儒家强调传统儒家的道德观，在“道德文化”的影响下形成“道德我”，认为“我”是私我、小我，他们的存在是次要的，他们的存在是为了成就大我，这就是一种“道德我”。其实儒家对自我是非常强调的，而不像西方社会所说的中国人自我是完全集体主义的自我，中国人的自我强调的自我是“仁”，强调“己立立人，己达达人”，通过行仁、践仁的道德实践，仁道与天道合一，人与天合一，此时人会发现仁心不仅在自己生命中体现，也感通到周围之人，甚至超越人的世界，扩及宇宙天地，这便是以人来体现仁，以人的道德实践来彰显天道，在内修行自身心性以达到内圣，在外推行仁道遍及宇宙以达到外王，最终实现自我的最高境界——内圣外王。在道家看来，自我是“无为而无不为”，强调人应该是“柔我”，它的特点是贵柔、畏争、能忍、谦下，认为“以生为大忧，以死为至乐”，人只有顺其自然才能“得道”，“我无为而民自化，我好静而人自正，我无事而民正当，我无欲而民自普”，要求人只要顺应自然就会在内修行以得道，达到人之至善至美。佛家主张自我是“悟”，“悟”以成佛达到自我的实现，佛家强调体认的重要性。以上便是传统文化对自我的认识，都强调对内的修行以达到自我实现，追求的更多是精神上的升华。中国人自我在传统文化影响下，逐渐形成了以道德观为核心的社会取向的关系自我，它本质上是“人伦”的，是镶嵌在社会关系网之中的，正因这种互依性、关系性与集体性的自我格外重要，自我的独特性常被压抑，相似性才是强调的重点，以维持团体及社会的和谐运作。中国人的自我要在道德观的约束下在内修行道德自我，对外践行道德自我，强调人际关联性、互依性，认为个体并非独立实体，强调关系的重要性，强调个人对团体的归属与适应，注重个人角色、地位与义务，强调顺应环境等。这种自我的两面性也可能比较高，公开的自我与私密的自我之间会有较大的差距。对社会取向的自我而言，自我与他人的界限并非固定的，而是有弹性的，甚至将不断追求自我的扩张以包纳他人作为道德修为的课目，正所谓“修身、齐家、治国、平天下”，就自我的完善而言，天人合一才是终极目标。

二、中国人双文化自我的区分形式

（一）港台学者的宏观文化区分

中国的传统文化与西方世界的文化相比具有很大的差异性，一种是根植于传统儒道释文化，一种是于基督教“罪感”文化，这两种文化在当代社会是影响最大的两种主流文化。随着中国逐渐接受西方文化，中国人的自我已经受到西方文化的影响，双文化自我就是在这样的背景下产生的。杨国枢认为双文化自我应该包含以下两个方面的内容：第一是指现今社会中某些可能拥有各种不同组合的“双文化或是双国籍认同”，典型的如世界公民和移民。这些人置身于两种不同文化的交汇处，他们的自我必须要纳入到客体文化中重要价值观的核心部分，以解决可能遭到的冲突和文化差异问题。因此这些人可能拥有两套自我系统：一套源于本民族或祖国传统文化，另一套来自于对异地文化的适应与经验，是慢慢积累而成的。对于大多数人来说，由两套文化自我所构成的双文化自我的整合程度或拟合度并不高，源自本民族或祖国的文化自我始终处于优势地位，异文化自我始终属于从属或辅助地位。第二，是双文化自我可能更加普遍，如生活在大陆的香港人、台湾人、新加坡人等，他们一方面已经完全接受中国传统的“关系自我”，另一方面也习得了西方的“独立自主的自我”，并且把二者统合在一起而发展出一套“折中自我”。

（二）区域文化心理学的微观文化区分

双文化自我是台湾心理学家从宏观文化的角度所提出来的，那么，从中国的国情出发，我们还可以从微观文化的角度区分出微观的双文化自我，由于中国地域广阔，是世界上人口最多的国家，也是面积最大的国家之一，从地理学上可以划分为东北、西南、东南、西北、华北、华中、华南等大区，从文化地理学上又可以区分出秦晋文化、两淮文化、湘楚文化、吴越文化、台湾文化、燕赵文化、荆楚文化、中州文化、齐鲁文化、三秦文化、徽州文化、黔贵文化、陈楚文化、青藏文化、岭南文化、西域文化、琼州文化和草原文化等24个文化区，所以各个区域的地理环境、历史人文、经济发展水平、民族构成、文化传统、生活方式不同，而且在认知方式、价值观念、行为方式等心理与行为的方面也有巨大差异。而中国区域跨文化心理学把不同区域的人群的心理共同性和差异性作为研究对象，认为不同区域的文化存在很大差异，因而其心理也必然存在很大差异，因为文化是影响社会心理活动的一个重要因素。因此在微观文化层次上，我们认为，如果我们把东西方文化比作等同的两个平面的话，那么这两个平面是由许多的线条和点所构成，并且线与点的密度也会有所不同。中国文化作为一个面，它又是由许多线和点构成的，这些线就是中国不同的区域文化和城乡文化，点就是区域文化区分下的省域、市域和更微观的文化，不同的区域文化下的人为了生存会产生不同的生活方式，不同的生活方式影响着该区域内的风俗习惯、宗教信仰、思维方式、价值观念等，逐渐形成区域文化自我，因此，这种跨区域的文化自我之间必然也存在着双文化自我现象。对于中国区域间文化异质的程度，也许还可以更具体的、更微观的进行区分，或许还会出现中国人的三重文化自我、四重文化自我等，这需要今后研究的验证。

三、中国人双文化自我与文化适应

（一）双文化自我的文化适应

文化适应是当今跨文化心理学研究中最重要的领域之一，它是由个体所组成，且具有不同文化的两个群体之间，发生持续的、直接的文化接触，导致一方或双方原有文化模式发生变化的现象。但是这个概念过于笼统化，不能很清楚地表达所要说明的具体内容。因此，一般现在指的文化适应是持续、直接地接触两种截然不同文化的价值观、风俗习惯和行为规范所导致的文化变迁，表现为由饮食、气候、居住、人际交往方式、规则和新文化价值观适应等体现的生理和心理的变化，它是一个漫长而艰辛的过程，比一般的适应更为复杂。对于研究双文化自我的文化适应问题，这个概念仍旧适用，从宏观与微观文化来讲，双文化自我都是要使用两种文化系统在不同的情境中进行文化自我调试，适应具体文化的价值观、生活方式、风俗习惯等，以满足社会道德规范或法律规范的要求。对于现代中国人来说，经常表现为两种文化自我角色的转化问题，如某人在公司要表现出凸显差异与独特，执著与他人分离，着重个人能力、需求与权力追求独立、决断、个人主义，是倾向于西方个体主义自我的文化自我。在家又表现的强调人际关联性、互依性，强调个人对家庭的归属与适应，注重个人角色、地位与义务，强调对家长的孝顺、恭敬等，是一种倾向于传统的集体主义自我，这是中国都市社会非常典型的双文化现象。

（二）双文化自我的文化适应方式

双文化自我在达到完全内化两种文化之前，其文化适应过程必然是一个强烈的自我冲突的痛苦阶段，个体只有在完全内化了异文化之后，这种冲突才会减弱，那么完全内化之后双文化个体的自我则会变成一种“折中自我”，“折中自我”是双文化自我在文化冲突之后内化了两种文化所形成的内化的自我，它具有两种文化下自我所需要和遵守的所有道德、行为规范与准则。它一方面关注人的分离性与及个人的独特性，强调个人有别于他人，独立于他人的内在特征，清楚地意识到个人的需求、愿望、兴趣、能力、目标和意向，能够适当地表达个人的动机、认知和情绪，追求个人的成就与潜能的发挥。另一方面又关注人与人之间的关联性及个人对他人的依赖，强调个人在社会关系网络中的角色、地位等，清楚地意识到团体内部的目标，能够将集体利益先于个人利益，追求家族、集体的荣誉。这种双文化自我的变式能够很好的解释双文化自我在文化适应与冲突过程的心理冲突，这是除了宏观上区分的集体主义文化与个体主义文化外的第三势力，“折中自我”在不同的文化适应中是不完全一致的，它是内化了两种典型的文化系统而成的动态结构系统。因此，它可以自如地调整以解决不断变化的文化以及文化冲突。以整合独立自足自我与互依包容自我的态度，来处理传统文化与现代文化间的冲突，很可能是最好的适应方式。这样的一种“折中自我”，正可同时表达人类基本的个人“独特性”与人际“关联性”的双重需求，可以说是一种包含了传统中国文化与现代西方文化基础的双文化自我。

（三）双文化自我的区隔化心理适应策略

东西方文化下个体双文化自我的文化适应在宏观上来讲，西方文化追求自我的跨情景一致性，强调自我言行的一致，言行与情境的吻合性、一致性，因此双文化自我的文化适应较困难，需要付出更多的时间与精力。而中国文化追求的是情景不一致性，强调言行的情景变化性，心理状态与言行是同步变化的，因此，中国人对双文化自我的调试要优于西方人。杨国枢曾提出一种叫心理区隔化的有效的双文化自我适应策略，认为在区隔作用下，个体有意识的将不一致或冲突的态度与价值观分为两个或两个以上的范畴，避免在同一时间觉察到不同范畴的态度与价值观。重复的采用这种防卫的应对策略，会形成一种区隔化心理系统，在这个系统里，传统文化与异文化各自主导不同的范畴。这种区隔化心理需要在双文化自我不断的解决冲突过程中达成实质性的统合，是一个动态变化过程，并且因个体差异，统合的效果有所差别。[①] 对于中国人来说，个体需要在复杂的社会关系网络中平衡关系自我与独立自我、平衡心理和人际的，达成一种心理社会平衡，这种心理社会平衡主要是针对异文化而言，因为传统文化一般是早已内化且是自动加工的过程，更多的注意应该被放在异文化与传统文化的统合上，统合成“折中自我”并不断形成区隔化心理系统，这样一个完整的双文化适应过程就结束了。

---

① 杨国枢、陆洛:《中国人的自我：心理学的分析》，重庆大学出版社 2009 年版，第 78 页。

四、双文化自我文化适应的区域心理整合

（一）区域心理学对文化自我的微观分解

中国区域跨文化心理学属于跨文化心理学分支，简称区域心理学，是将不同区域的人群的心理共同性和差异性作为研究对象。其理论假设是中国不同区域的文化存在很大差异，因而其心理也必然存在很大差异，因为文化是影响社会心理活动的一个重要因素。如果把城市和乡村作为两个大的区域，中国城乡跨文化心理学是区域跨文化心理学的分支。中国主流的跨文化心理学主要研究的是不同民族的心理差异，没有把不同省或者不同区域族群的心理差异研究纳入研究范围。因此，在区域心理学的框架中既可以从宏观将中国文化看成集体主义文化，也可以从微观上将中国不同区域的文化加以区分，区分为省域文化、市域文化、城乡文化抑或更微观的文化单元。

但是心理学者在解析东西方文化及其对人类心理与行为的影响时，大多以文化两分的系统为导引，而最常使用的概念系统就可谓是个人主义与集体主义了。大多数学者都认为个人主义和集体主义是两套不同的文化系统或文化会模式，统整了与某一社会中有关价值观念、风俗习惯、宗教信仰、生活方式等核心内容。而且近年来，“独立我与互依我建构”在“自我”研究上引起了很多争议，这一组文化两分的对应概念应该是个人层次上与文化层次上的“个人主义与集体主义”。他们的研究仍旧停留在宏观的文化二分法上，没有对文化心理做进一步的区分，这将导致个体主义与集体主义文化或独立我与互依的概念体系缺乏普适性，在区域心理学的框架之内，这种文化的两分法应该是被打破的，中国传统文化只能说是趋于线性的文化模式，但是不能一刀切为中国文化是集体主义文化或互依性文化。因此，区域心理学首先要对文化自我作微观上的进一步区分，才能从理论上对中国人的双文化自我的文化适应作出更清晰而具体的说明。

（二）区域心理学视野中“折中自我”的再次分离与整合

从宏观文化上讲的双文化适应，实质上是将两种文化系统统合，另辟蹊径独创出第三种文化自我，即“折中自我”，“折中自我”的提出可以为双文化自

我的文化适应提供一种有效的解释路径。从区域心理学的微观上来讲，这种“折中自我”则又可以分离出不同的变式，它既可以是两种文化系统的折中组合，也可以是三种、四种或更多文化自我的多种文化的折中组合，原因是区域心理学视野中的文化系统是为数众多的，文化自我也是众多的，因而双文化自我或多重文化自我也是众多的，这就要求将宏观文化下的“折中自我”加以变化而运用到区域心理学的微观文化中来，这就是“折中自我”的分离与整合。再通过心理区隔化的策略而达到或解决双文化自我或多重文化自我的文化适应问题。但是区域心理学中的双文化自我或多重文化自我的文化适应更加复杂，个体面对的是多种不熟悉的文化体系，因而会使用更多的认知资源进行“折中自我”的建构。但值得一提的是，多重文化自我中的个体还是在中国传统文化的集体主义、社会取向、关系取向文化背景之下所进行的文化适应，因此，是一种在自我主流文化中的微观文化适应。

五、中国人自我的区域文化心理学研究展望

目前中国人关于自我的研究，一方面是来自于翻译外来的东西跨文化研究，另一方面来自港台学者对华人本土化的自我的研究，但是其研究始终为摆脱单一从宏观层面上的二分法的研究，很少进行区域文化自我的微观文化研究。区域跨文化心理学从微观上为我们研究中国人的自我提供了一个恰当的理论构架，在这个理论建构下我们可以在宏观研究中国人自我的基础上，进行更细微的微观文化下的自我研究。而对于双文化自我的微观文化分解，目前还只是从理论上进行构建，没有进行实证研究，今后的研究要在进一步进行理论构建的基础上，进行相关的微观层面的实证研究，以为中国人自我的区域文化心理学框架开展中国人自我的研究提供更多的实证材料，为查明区域文化间多重文化自我的文化适应提供数据支持，同时也为更好地促进因区域文化差异带来的文化自我的适应问题提供依据，也为和谐社会建设背景下中国人的心理和谐作出贡献。

第十二章 中国区域跨文化心理学研究与和谐社会建设

当代中国有许多问题影响和困扰着社会稳定、和谐、发展，比如环境问题、气候问题等，但最大的问题是城乡差距进一步拉大，贫富差距进一步拉大，区域发展差距进一步拉大，城乡矛盾、贫富矛盾、区域矛盾成为三大矛盾。因此，国家在作出建设社会主义和谐社会决定的同时，高度强调坚持科学发展观，坚持以人为本，全面、协调、可持续发展。按照“统筹城乡发展、统筹区域发展、统筹经济社会发展、统筹人与自然和谐发展、统筹国内发展和对外开放”的要求推进各项事业的改革和发展。其中协调发展、和谐社会建设都包含了区域之间的政治经济、文化心理的协调和和谐。新世纪以来，政治学、经济学、社会学、伦理学、法律学等学科从不同角度就社会主义和谐社会建设作了大量研究，提出了众多意见建议，成为党和政府决策的重要依据。但从心理学角度研究者相对比较少，而且有一个重大课题并没有得到重视，或者被视为禁区，这就是中国区域文化心理差异与和谐社会建设。

第一节 和谐社会建设中的中国区域文化心理和谐问题

社会主义和谐社会建设的目标是民主法制、公平正义、诚信友爱、充满活力、安定有序、人与自然和谐相处的社会。构建和谐社会的这六个基本特征或目标，从根本意义上讲，涉及人与自身、人与人、人与社会、人与自然四个方面的全面和谐，也就是说，在这四对矛盾中，矛盾的双方减少对抗和冲突的形式，相互促进，良性运行，和谐共存，共同发展就是和谐。

人是社会的人，总是生活在一定社会环境之中。每个具体人的生活环境总是处于一定区域之中，不同区域中的人的自身和谐、人与人的和谐、人与社会的和谐、人与自然的和谐，都受到区域自然环境、社会环境、文化环境的影响。如果使用文化人类学的概念，除自然环境之外的所有环境因素都是文化，那就可以认为，区域间和区域内的人与人的和谐是和谐社会建设的重要组成部分。

而区域是一个弹性很强的概念，可以将一个国家、一个地区视为一个区域，也可以将一个国家内部各个省域、市域、县域、乡域视为一个区域。当代中国设有4个直辖市，23个省，5个自治区，2个特别行政区。可以划分为东北、西南、东南、西北、华北、华中、华南等大区。各个区域不仅地理环境、历史人文、经济发展水平、民族构成不同，而且在文化传统、生活方式等方面也有巨大差异。这些可以用文化差异来概括的差异与区域文化性格的相互作用，既可以促进发展，也可以积累矛盾，影响和谐。

当我们看到“苏修美帝河南蛋，日本鬼子民乐县”这样的短信段子时，当我们阅读到《河南人怎么了?》为河南人辩护时，当我们看到因为区域和城乡文化差异造成家庭婆媳关系问题的电视剧时，当我们看到城市区域的城里人以傲慢的态度对待农村区域乡里人时，我们就会意识到，区域文化心理差异与和谐社会建设的密切关系，我们的研究正是基于此种情况。

因此，进入20世纪80年代以来，国内先后产生了区域经济学、区域教育学等学科。从心理学的发展来看，目前的跨文化心理学主要研究的是不同民族不同国家的心理差异，没有把不同省或者不同区域人群的心理差异研究纳入研究范围。为此，我们近年来以跨文化心理学为基础，提出了建设中国区域跨文化心理学的设想，并给予积极探索。① 探索认为，中国区域跨文化心理学是将不同区域的人群的心理共同性和差异性作为研究对象。区域跨文化心理学也可以称为区域心理学，其理论假设是不同区域的文化存在很大差异，因而其心理也必然存在很大差异，因为文化是影响社会心理活动的一个重要因素。中国城乡跨文化心理学是将城市和乡村作为两大区域来比较研究。

在甘肃省教育厅硕士研究生导师科研项目和甘肃省555创新人才基金项目配套经费，特别是2008年国家社会科学基金项目《区域文化心理差异与和谐

---

① 张海钟:《中国区域心理学与和谐社会建设》,《甘肃理论学刊》2008年第1期。

社会建设》课题经费支持下，我们带领研究生和本科生，通过对区域和城乡心理差异比较研究成果的综述，通过对中国区域文化类型的解析，通过对甘肃省、市、县、区域城乡男女居民心理差异的系列问卷调查，形成了一系列理论研究论文和实证研究报告。这些报告说明，区域间居民在心理健康、社会支持、自我意识、侵犯动机、性格特质、人际信任、刻板印象等心理机能和人格方面都有不同程度的差异，这些差异既是文化差异的反映，也是文化差异的表征，既是和谐社会建设的障碍，也是和谐社会建设的基础。

第二节　中国区域文化差异与心理差异的理论解析

就地理环境而言，中国的文化源远流长，博大精深，统一的多民族国家的背景下形成的文化的内容也是丰富多彩的。而这种文化的丰富多彩，则更多地体现在文化的地区性差异上。我们不妨以考古学上文化的命名为例。在考古学上，往往以某一类型的考古学文化的最先发现地来命名，例如我们熟知的河南仰韶文化、山东龙山文化、浙江余姚河姆渡文化、二里头夏文化以及二里岗商文化等。应该说，这种命名方式，与地理环境和文化的关系是有一定联系的。用地理区域名称为文化命名，反映了一种文化在一定区域内的特征，从而区别于其他区域内的文化。更为重要的是，不同地域的文化确实存在着差异，因而决定了可以以地域区分不同类型的文化。此外，不同地域的自然物产资源，也影响着文化的面貌。河南仰韶文化是著名的彩陶文化，而山东龙山文化则是著名的黑陶文化，相同时期出现的陶器，除了生产技术方面的差异以外，所烧制陶器的泥质无疑也对陶器的颜色起着重要作用，我们不得不承认这是自然资源对文化面貌的影响。抛开考古学文化不说，另外像我们常说的吴越文化、荆楚文化、巴蜀文化等，也是以地理区域划分的。这也证明地理环境确实对文化区域性特征的形成有一定的作用。而形形色色的区域文化融会在一起，便形成了中华民族统一的中华文化。

中国区域跨文化心理学的提出，既是社会现实的需要，也是中国心理学学科发展的需要。中国区域跨文化心理学的核心是文化心理问题，最主要的哲学基础是中国传统文化其中包括儒家文化、道家文化以及佛家文化。它注重对中国传统文化及文化心理的解读与诠释，它的研究对象要求是带有文化属性的个体或群体，它的研究内容不局限于科学主义心理学，它立足于传统，主张多角度、多维度阐述传统及传统文化与人的心理的关系，致力于用有效的研究方法，如人类学、文化学、历史学、地理学等学科的研究方法，以问题为中心进行深入的心理学研究。区域跨文化心理学既不同于文化心理学、跨文化心理学、文化心理学、本土心理学以及文化地理学，它是综合相关学科的理论与方法的综合体。区域跨文化心理学虽然注重心理学研究的文化品性，但是它又不完全沉溺于传统文化对人心理的局限，它既立足于传统文化又对文化有所突破，它的研究内容不断推陈出新就是一个很好的例证。它不仅关注传统文化影响下的观念对中国人心理与行为的影响与构建，它还注重现实情境下，中国当代文化转型情境下的社会现实对中国人心理与行为的影响与构建，其中天命观对中国人人格的影响与构建是从传统文化为出发点，是深刻挖掘古代传统思想来阐释中国人在当代所具备的人格特质。对于“忍”与和谐心理的阐释同样是根植于传统的儒家、道家、佛家心性心理学思想，以其对中国当代人的心理与行为的影响为出发点，进行的心理学理论探索与构建。而对老乡观念的理论与实证研究则是区域跨文化心理学立足中国现实的社会变迁与社会转型所提出的独创性议题，这一课题的提出是以中国当代社会高速发展，区域性人口大规模流动，以及西方文化对中国传统文化的挑战这一背景下所提出来的，这一课题不仅是个体心理研究也是群体心理研究，不仅涉及文化心理还涉及心理文化、心理生活以及心理环境，是具有深层次的心理理论研究。因此，可以说，区域跨文化心理学是以文化心理研究为依托，借助交叉学科的多种研究方法，对区域文化影响下的区域心理差异及其人格构建、影响因素的研究，它的研究内容正在以更加贴近现实的人文主义关怀不断波及社会心理学的各个层面，其理论建构也是以中国本土化心理学理论构建为目标，最终形成独特的研究中国人区域心理与行为差异的学科分支。

第三节 中国区域心理差异研究与和谐心理建设

中国是一个文明古国，也是一个文化大国，在这样一个国度里，文化心理的研究就显得尤为重要，而区域跨文化心理学的研究就是突破文化心理学、生态心理学、文化学、人类学、历史学等学科的局限，进行的多学科交叉文化心理研究。我国的地大物博既是优势，也是一大劣势，区域的广阔形成了中国不同的区域文化及其区域文化心理特征。以甘肃为例，从春秋设置建制开始，甘肃的历史迄今已达2000余年，它是中华民族灿烂文化的重要发祥地。中国传统文化的主流文化儒、释、道等文化都是先从西北形成或传入，再逐步向各区域传播的，佛教也是经新疆的龟兹、于阗等地传入甘肃河西，再经长安然后传到全国。甘肃还是古丝绸之路的重要通道，拥有世界文化遗产敦煌莫高窟，有许多优秀的地方文化。这样一个具有悠久历史和灿烂文化的省份，受中国传统主流文化影响极为深远，具有浓烈的区域文化心理积淀。甘肃位于中国西北，地处黄河上游，地貌狭长、复杂多样，山地、高原、平川、河谷、沙漠、戈壁交错分布，东西蜿蜒1655公里。甘肃的复杂地貌，形成了从东南到西北的悬殊气候，各地居民的人文景观、风俗习惯、思想观念、文化等都有很大差异，文化心理迥然不同。自古以来甘肃就是一个多民族聚居区域，我国的55个少数民族中，甘肃就有其中的54个（只有珞巴族不含在内），其中东乡族、裕固族、保安族还是甘肃独有的民族。由于各个民族所处的自然地理环境不同，政治、经济、文化的发展程度不同，具有不同的历史传统、生产方式、宗教信仰和生活习俗。甘肃的多民族特点决定了甘肃是一个多宗教的省份，世界“五大教派”伊斯兰教、佛教（包括汉传佛教和藏传佛教）、道教、天主教、基督教，甘肃俱全，历史悠久。多民族、多宗教的历史，形成了甘肃特殊的区域文化特色，各地区、各民族、各时代主要宗教、文化形式相互影响、相互融会，形成了具有悠久文化历史和鲜明宗教特征的传统文化心理。可见单单甘肃一个区域下就会形成各种各样的区域文化心理。因此，区域文化心理的研究在我国是具有现实性和社会意义的。区域跨文化心理学研究的目的之一就是寻找出区域文化心理的差异以及普遍性，从而为科学的健康的交流与合作提供心理学依据，而这一目标的直接结果就是促进多文化背景下的心理健康发展，心理健康的人能正确认识自己。只有心理健康的人才会对自己的思想品质、工作能力、道德修养、个性倾向、体能素质等方面有恰如其分的评价；只有正确认识自己的人才能积极应对挑战，寻求人生的价值，忠于社会职责，追求心理的更高境界。心理健康的人能尊重和理解他人。和谐社会还主要体现在人与人交流的和谐。

心理健康的人能用积极的眼光看待周围的人和事物，始终保持开放的心态，他们富有自立而立他、自利而利他的精神，能够在助人过程中增强自我价值感。良好的人际关系是经营来的，不是自然得到的。

因此，区域跨文化心理学可以通过对和谐心理的构建、文化心理的融合最终消除心理隔阂，形成民族的、宗教的、历史的、社会的、心理的统合体。区域跨文化心理学研究最终将促进中国人的心理进一步走向和谐，和谐的心理观需要区域跨文化心理学的努力才能实现。

第四节　中国区域心理差异研究与和谐社会建设

区域文化心理是在某一特定区域内由于社会文化的长期影响而形成的思想观念、生活方式、价值取向等心理活动或行为模式。它不仅影响着人们对构建和谐社会的态度，而且对区域经济、文化、科技、教育等诸多方面的发展，也具有重大影响。区域文化不仅与区域文化心理以及和谐心理构建有着密不可分的关联，同时它也是社会和谐必不可少的心理学要素。

第一，区域文化心理影响着人们对和谐社会的认识、评价和态度。在区域文化的长期熏陶下，人们会形成一种相对稳定的思想观念、道德标准、生活习惯、宗教信仰和社会态度，这种文化心理决定着人们对国家政治方针、法律制度、经济政策及文化工作的认识、评价和态度。构建社会主义和谐社会既包括全面建设小康社会的物质文明，也包括民主法治、公平正义、诚信友爱、充满活力、安定有序、人与自然和谐相处的政治文明、精神文明建设，内容丰富，在这个过程中区域文化心理影响着人们对它的认识、评价和态度。

第二，区域文化心理影响区域经济发展。经济发展是城乡和谐社会建设的重要内容。区域文化影响社会群体的生活态度、物质需求、价值观念和社会追求等个体心理特征的形成，这些心理因素决定着人们对经济发展的认识水平和发展意识、发展观，从而支配个体的社会经济行为。先进的区域文化，有利于人们形成民主法治、公平正义、诚信友爱、充满活力等健康的区域文化心理，激发起经济主体从事生产、经营的积极性、主动性和创造性，为区域经济的发展提供强大的精神动力，促进生产力的发展，保障区域经济的繁荣；反之，落后的区域文化，则会误导人们形成投机取巧、见利忘义、恶意竞争、享乐主义等消极的区域文化心理，破坏市场经济主体正常的生产、经营的秩序，损害区域经济的发展。

第三，区域文化心理影响着区域社会精神文明建设。区域文化直接影响着人们的思想意识、思维方式、愿望意志、理想信念、生活观念、价值取向、宗教信仰等精神面貌，它决定着个体对待现实的态度，形成区域文化心理。这种文化心理影响人与人、人与社会、人与自然的关系。一个具有先进、开放、进取的优良社会传统文化的社会，人们往往能够形成自信、坚毅、勤劳、勇敢、公平、诚信、和谐、互助的健康文化心理，有利于形成良好的社会风尚和社会主义和谐社会精神文明的建设，而一种落后、封建、腐朽的社会文化，则会形成专制、自私、霸道、仇视、掠夺、排外的不良文化心理，影响区域精神文明的建设。

第四，区域文化心理影响科技、文化和教育发展。对文化的认识，决定着人们对科技、文化和教育的态度。先进的区域文化环境，容易使当地居民形成重视教育、崇尚科技的文化心理，形成浓厚的学习风气；落后的区域文化地区，往往使人们形成排斥外来文化、不愿意接受新鲜事物的保守观念，影响现代科技的传播和文化、教育的发展。

总之，人们对和谐社会的认识、评价和态度，区域文化心理影响区域经济发展，区域文化心理影响着区域社会精神文明建设，区域文化心理影响科技、文化和教育发展，最终都将难以摆脱区域文化心理对个体与群体的心理与行为的影响与构建。中国区域文化心理学理论建构、实证研究就是立足于人的文化的和社会的属性，我们反对将人及其心理看做是物理客观实在的研究，人的心理是自觉之心，是不能等同于物理现象的，尤其是人是社会历史文化的产物，具有客观物理实在没有的属性。因此，从区域文化心理学的视角出发，深刻挖掘中国本土心性心理学思想，关注现实的人文主义关怀，将能够在现代社会复杂的文化背景下为个体与群体的心理健康、心理和谐与社会和谐提供心理的慰藉，同时这一研究也一定是未来中国社会与人格心理学发展的一个闪亮点和纵向研究的切入点。

第五节　甘肃区域文化与居民心理特征的现象描述与分析

至今为止，三农（农村、农业、农民）问题仍是制约经济与社会发展的瓶颈性问题。我们自治学以来，对三农问题尤其是农民问题体会和关注颇多，先后发表多篇论文，对中国城乡社会心理差异、三西（宁夏海西固、甘肃定西、河西）农民消极心理、农村农民的迷信心理进行描述性理论分析。因为甘肃是一个农业大省，农村人口占绝对多数，即使居住在城市、城镇的市民，多数也是农民出身，因为分析农村、农民社会心理，其实就是在分析甘肃区域主体文化与心理特点。现综合我们发表的几篇论文，给予描述分析，作为和谐社会建设建议的依据。

一、甘肃省域生态、经济、人口背景简述

甘肃的生态可用五个关键词来概括，即高原、黄土、绿洲、戈壁、沙漠。河东地区除了黄河、白龙江等河流灌溉区域，基本都是黄土高原，河西地区除祁连山雪水和地下水滋养的一些大大小小的绿洲之外，大部分地方是戈壁和沙漠。这些年，由于人口增加、自然灾害、战争祸害、人为破坏，沙漠化正在加剧，地下水正在急剧下降。沙尘暴成为非常棘手的问题。由于生态背景的影响，甘肃的经济主要是农业经济。除了一些国有或集体所有的大农场机械化耕作程度较高外，绝大部分农户仍采用比较简单低下的以人力为主的耕作方式。近些年来由于生态环境恶化，水源短缺，退耕还林，使农业经济逐步退化，但工业经济尚待发展。解放以来，甘肃河西走廊一直是国家的商品粮基地之一。然而这几年来，全国粮食形势较为乐观，粮食价格下跌，河西走廊正在失去其农业优势。与此同时，虽然计划生育工作相对全省其他地区情况较好，但因自然出生和河东移民的逐年增加，人口数量也在不断增加。而且由于城市建速度加快，商业日益发达，流动人口也在大幅度增加。

历史上的甘肃主要是少数民族的聚居地。汉族农民的来源有：历代战争和国防需要派遣到河西的屯田士兵及其后裔；历代统治者为了同化少数民族，从中原地区迁移的汉民及其后裔；违犯封建律法而被发配的“犯人”及其后裔；

历代因为逃避战乱和自然灾害而从全国各地流落到河西的汉民及其后代。新中国成立后，一次是市民下乡，另一次是河东向河西移民。均使河西容留了一部分农民。汉族农民的相对增加，少数民族如藏族、裕固族、哈萨克族牧民人口相对稳定。但无论是人数较多的汉族农民，还是相对人较少的各少数民族的牧民，受教育程度还是相对较低。这些生态、经济、人口的背景是为我们从经验和现象的层面分析甘肃农民社会心理提供了现实的基础。

二、甘肃居民心理特征的现象描述与多学科分析

20 世纪 90 年代初期，我们在《“三西”农民消极心理及其对策》一文中总结了包括河西走廊农民在内的甘肃农民心理特征：安于现状的惰性性格；实用为本的需要定式；阿波罗式的感情定向；无可奈何的意志品质等。[①]2003 年我们再次以这个分析框架为基础，分析概括了河西农民社会心理特征。[②] 最近几年，以自己的耳闻目睹以及利用各种机会进行的田野工作，我们发现，甘肃农民社会心理已发生了一些微妙的变化，其积极心理仍表现为勤劳、善良、忠厚、尚礼，但在开拓创新方面已有所发展。

（一）实用为本的需要定式

传统心理学从发生学角度把需要分为生理需要和社会需要；从对象上分为物质需要和精神需要。20 世纪 60 年代，美国心理学马斯洛等以人本主义思想为立场，把人的需要分成了生理、安全、爱与归属、自尊与尊重，自我实现五个层次，后来又在其上增加了审美和认知两个层次。马斯洛认为，人的五或七个层次的需要是随人类文明的发展和个体年龄的增加而逐次递进的。一般情况下低层次需要满足之后才会产生高层次需要。而且受教育程度和所从事的职业也会影响人的优势需要，但每个人在特定的时间和岗位上都有其特定的优势需要。

甘肃农民（牧民）文化水平相对较低，生活上虽然官方报道达到了小康，但因贫富差距拉大，大多数农民生活仍然十分清贫，加之长期封闭，与外界交

---

① 张海钟、雒焕国：《“三西”农民消极心理概观》，《兰州师专学报》1992 年第 3 期。

② 张海钟：《河西走廊农民社会心理的现象描述与多学科分析》，《科学经济社会》2003 年第 6 期。

流较少，使其需要层次相对停留在低层次上。生理需求如吃饭、穿衣、娶妻生子、劳动工具的需要；安全需求如住房、减少被人欺负的几率等仍是优势需要。近几年由于交通状况改善，生活水平有一定提高，尊重与自尊需要在有些家庭逐步占据优势。比如省吃俭用供子女考大学当干部，以提高家庭在本村社及亲朋中的社会地位。总括起来，农民的需要仍是实用为本。高层次的精神需要仍在逐步发展之中，或者说由于环境条件的限制，仍在潜抑着。电视上五彩缤纷的产品广告、村民委员会的选举，虽然是诱因，但不会使其潜在的需要激发为动机。

（二）阿波罗式的情感定向

哲学和文化人类学家把人类的文化模式概括为两种，一种是阿波罗式的，也即日神文化。这种文化模式相信宇宙本来就有一个天然的秩序，人必须而且只能维持和安于这个秩序，人与人之间在这种秩序中才能和谐、和睦相处，生命的价值在于维护这种秩序；另一种则是浮士德式的，也即酒神文化。这种文化模式坚信生命的意义在于冲突。人天然就应当是自由的，无序的，秩序对人而言乃是枷锁。人只有与他人的冲突、竞争、斗争中才能高扬自己的价值。有的学者认为，东方文化总体上是一种阿波罗文化，而西方文化则是一种浮士德文化。也有人认为，东方文化是女性文化，而西方文化则是男性文化。女性文化即是阿波罗式的日神文化，而男性文化则是浮士德式的酒神文化。

阿波罗式的文化模式实际上是农耕生产方式造就的古典精神，而浮士德的文化模式实际上是近代工业生产造就的现代精神。人类学家、哲学家、文化学家的文化模式概括成为心理人类学和社会心理学家分析区域文化社会心理的框架。

甘肃的社会文化无疑属于农耕文化，这种文化带有阿波罗文化模式的特征，农民的坚信，这个世界本来就是如此，一切都是安排好的，都是命。农民天生就是农民，就是贫苦的。农民们是认命的，都是服从管制的，都是安于农村各种正式和非正式组织领导的。他们教育后代中的“不轨者”说：“你难道想当国务院总理吗？”他们对这个世界上现有的一切合理的不合理的规范的应对方式是适应、忍耐，失去了同化能力。因为他们的祖辈们曾无数次的改造现实，但都是失败的。因此，我们将甘肃的农民的感情定向归结为阿波罗式。

（三）无可奈何的崇祖迷信

对祖先灵魂的崇拜和迷信是中国人普遍文化心理积淀而成的民俗。心理学的研究发现，迷信盛行的心理学基础或者说心理机制是人对前途和命运的不可预测、不可设定。当人们无法预知自己的行为会带来什么后果时，人就会迷信一种不可知的力量，期望得到神祇的保护。与全国许多地区的农民一样，甘肃的农民也十分重视对祖先和多种神仙的迷信。

几千年来甘肃农民饱受自然灾害、战争破坏之苦，吃饭穿衣、人身安全仍得不到保障。多少代人种下的是汗水和心血，而收获的却是汗水和心血。一代又一代与自然搏斗，与压迫抗争，但最终都绝望了。他们不知道明天突然会发生什么灾难，妻子不生育，后代夭折，疾病缠身，天旱无收，出门惹祸等，都使他们感到恐惧，感到无可奈何，他们只好相信这都是冥冥之中的神力在决定他们的命运。于是他们迁坟、祭祖、求神、拜佛，希冀着神灵来保佑他们平安，从这个意义来讲，迷信其实成为一种心理治疗手段，人们通过对祖先的祭典，对神灵的膜拜，来消除了对未来灾祸的恐惧，从而获得精神上的胜利和心灵上的安慰，增加一些短暂的生活信心。

改革开放以来，全国许多自然村落都在大肆重修庙宇，甘肃也不落后，河西地区虽然较少，但封建迷信心理盛行，有些村社庙会的号召力实际大于行政村民委员会的号召力。宗法势力日益强大。以修家谱、立家规为形式的家族组织正在发展。这说明崇祖迷信重新向组织化发展，同时又充分说明基层组织的软弱以及农村税费过高，已经超过了农民的承受力，农民正在利用崇祖迷信心理，组织家族势力以自我保护，需要引起各级党委、政府的高度重视。总之，崇祖迷信是甘肃农民社会心理结构的重要组织部分。这种心理的实质是农民对家庭和个人前途无法把握，只有当农民感到自己的命运可以自己把握时，才可以清除。

（四）长老中心的道德裁定

道德是由舆论和良心所支持的一种调节人和人之间社会关系的行为规范和准则的总和。表现在个体身上即为品德，由道德认识、道德动机、道德情感、道德意志、道德行为习惯等心理成分组成。至今为止，甘肃农村仍是一种乡土社会，由于传统宗法社会观念的积淀和文化水平的限制，在道德自我意识方面缺乏合理的思考和批判，因而接受道德人格较完善的长老的统治便成为一种道德心理选择。而长老所坚持的无非是无为、中庸等祖先遗留的儒道风范，用一个词来概括，即是以礼代法。即以道德礼仪裁定代替法律裁定。费孝通在《乡土中国》中已有透彻的分析，然而至今仍有很大的市场。

衡量人的社会动机和行为的标准是礼而不是法。而执礼者便是自然村落中人品较好的长者或者有一定文化水平的长者。人们通过婚丧嫁娶等事情中的总管位置来维护这些长老的执礼权，并且从认识、情感、意志等心理层面上慑服于长老，听凭长老对个人行为是非、善恶的评判。尤其在对家族之间、族内成员之间人际关系、利益冲突的解决中，长老更是起着举足轻重的作用，远远大于村委员会的权威。

对长老的普遍要求是道德上的修养炉火纯青，老而得道，即为长老，长老便是道德的化身，真理的代言人。对于这种几千年沉淀在农村文化中的社会问题处理模式，每个个体的反抗是微不足道的。随着时间的推移，每个农民都会自动就范。无论今天的法制如何深入人心，在乡土社会中，人们处理各种社会问题自有其长老中心的道德裁定模式。许多事件的是与非，并不是法庭判决生效的。即使你在法庭上胜诉，而在乡村的道德法庭上也未必胜诉。因为他人从情理上作出的判断会形成一种心理氛围，这种氛围会使不合理的一方陷入孤独之中。所以说，甘肃乡土社会中的农民人际关系心理本质上是一种道德社会心理。

（五）超限忍耐的意志品质

意志是人在社会生活中，自觉调配行为，克服困难，实现目的的心理过程，人们在改造自然改造社会的实践活动中，无时不遇到各种各样内部、外部的社会困难，这些困难阻抑着人们达到一定目的、满足一定愿望。在每一种具体的实践活动中，人们会面临两种情况，一种是困难克服—目的达到—情感愉悦—有成就感；另一种是困难较大—目的受阻—精神低落—有挫折感。

甘肃农民所面对的是自然条件相对较差和内部文化素质较低的多重困难。困难会使人改造自然、改造自身，也会使人失望困惑、畏于天命。河西人所处环境使他们必须接受现实、面对现实，选择忍耐，犹豫不决。面对黄土高坡、面对茫茫戈壁，他们植过树，造过林，但没有达到预期的目的。环境造就人，也造就了人的心理品质。市场经济把他们推进建筑工程队、乡镇企业，但他们的意志品质仍以忍耐为轴心，千里之外搞副业，两地分居，可以忍耐；年关之际，工头不付工资，可以忍耐，他们恪守一个古训：出门在外学会忍耐。忍耐之泛化，便成为一种群体性格。这种性格是胆汁质与黏液质的矛盾组合。性情刚烈而又老成持重，坦白直率而又少于言谈，易怒易躁而又固执淡漠。忍耐其实源于无奈。

沙莲香在《中国人国民性格之研究》一文中列举了中国人的14种人格特质：仁爱、气节、侠义、忠孝、理智、中庸、私德、功利、勤俭、进取、实用、嫉妒、屈从、欺骗，这些特征在甘肃农民社会心理结构中占有一定成分。①

三、甘肃居民社会心理中心特质形成机制及改造对策

甘肃的农耕生产方式需要大量男性劳动力，这种生产方式促使农民以牺牲妇女的利益作为代价，形成多子多福的人生道德价值观，而儿子大了又要娶妻生子、占地分家，使土地越来越少，终极结果是农耕生产方式更加强化、更加保守，并用此形成对现代文明的无意识排斥。在这种经济与文化观念的循环强化过程中，钟爱土地便为甘肃农民乃至全国绝大多数农民的核心心理特质。尽管改革开放以来，农村城镇化正在急步推进。农民外出务工人数大幅度增加，但土地绝对仍是农民的命根子。因此可以认为，甘肃农民与全国大多数农民一样，除了具有汉民族的那些民族性格之外，应当说具有钟爱土地的心理特质。同时甘肃农民与全国大多数地区的农民一样，具有强烈的故乡意识。这是因为，相对于城市来说农村比较贫困，农民一旦背井离乡到故乡以外的城市工作，就会面临被人歧视、欺负所造成的孤独、愤懑、紧张等心理状态。而在故乡贫富差距不是很大，相对城市来说农民之间的亲情、友情比较淳朴，相互可以得到呵护，能够得到自我的安全感。所以除非万般无奈，农民绝对不愿意背井离乡，他们只有守住故乡、守住土地，才能使自己获得心灵的安宁和做人的基本尊严。

正是在钟爱土地和故乡意识这两个社会心理中心特质的导引下，才形成了我们所描述的那些消极心理特质，这种以故乡意识和土地意识为中心的心理结构是由其汉族和少数民族的杂居、中华民族历代祖先的集体无意识积淀、当代

---

① 沙莲香：《社会心理学》，中国人民大学出版社1998年版，第98页。

社会的时代心理背景以及农村的现有生活水平和生活方式交错作用而形成的，具有与中国儒家文化一样的超稳定性。

综上所述，我们所描述的甘肃农民消极社会心理与当代经济社会发展存在严重的不适应问题。表面看来，似乎应当从矫正和改造农民社会心理入手来解决问题。其实不然，要解决农民社会心理的消极影响，还须从发展经济入手，因为社会存在决定社会心理。我们认为，新的世纪里，要使农民社会心理尽快跟上时代的步伐，必须实施三大战略，一是大力发展经济；二是改善生态环境；三是提高人口素质。实际上，这也正是当前甘肃各级党委和政府正在努力实施的战略。只有当经济得到了较好的发展，生态环境得到较大的改善，人口素质得到较快的提高，农民社会心理中的消极面才能得以减少。

第六节　甘肃居民人格心理健康与和谐社会建设

2004 年以来，我们在积极探索中国区域文化心理学学科建设的同时，采取便利原则，将甘肃作为一个地理历史行政文化区域，开展了河西、河东各个市域居民心理差异系列调查。调查发现，甘肃各个市域居民在心理健康、社会支持、人际信任、自我和谐、老乡观念、社会态度、气质类型、性格特质、攻击性等方面，既有共同性，又有差异性。按照文化心理学的理论推导，这些差异性和共同性，反映了甘肃文化的区域差异性和共同性，其中这些差异性是影响和谐社会建设的重要因素。

按照马克思主义的辩证法，任何一个文化、任何一种性格，都有两面性，甘肃文化和甘肃居民性格特征，既有其优点，又有其缺点。甘肃河西、河东两大区域和各个市域的文化心理差异，也是利弊参半。和谐社会建设不是取消差异、消灭差异，而是承认差异，相互理解，积极沟通，和谐相处，共同建设美好家园。

一、甘肃居民心理健康与和谐社会建设

心理健康调查结果表明，河西河东 8 个地理区域城乡居民在总症状指数和

阳性症状痛苦水平上的得分均高于全国常模，反映出城乡居民的总体心理健康水平较低。单因素方差分析进一步显示，河西河东8个地理区域、城市乡村变量在总症状指数和阳性症状痛苦水平上均有显著差异。多重比较显示8个地理区域的总症状指数白银地区显著地大于其他7个地区，天水地区显著地大于酒泉地区；阳性症状痛苦水平白银地区显著地大于武威、定西、张掖、酒泉和平凉5个地区，天水地区显著地大于武威地区，定西地区显著地大于张掖地区。河西河东两个地理区域上的农民除了在敌对因子上没有显著差异外，在其余的8个因子上的检验结果均达到显著。事后比较进一步显示，在躯体化、强迫症状、人际关系敏感、抑郁、焦虑、恐怖、偏执和精神病性8个因子上的平均差异均为河东地区显著大于河西地区。白银、天水、武威、定西、张掖、庆阳、酒泉、平凉8个地理区域在9个因子上的检验结果均达到显著。事后比较进一步显示，在躯体化因子上，白银地区显著地大于天水、武威、定西、张掖、酒泉和平凉地区，定西地区显著地大于酒泉地区；在强迫症状因子上，白银地区显著地大于武威、定西、张掖、庆阳、酒泉和平凉地区，天水地区显著地大于武威、定西、张掖和酒泉地区；在人际关系敏感因子上，白银地区显著地大于武威、定西、张掖、庆阳、酒泉和平凉地区，天水地区显著地大于武威、定西、庆阳和平凉地区；在抑郁因子上，白银地区显著地大于武威、定西、张掖、酒泉和平凉地区，天水地区显著地大于武威、酒泉和平凉3个地区；在焦虑因子上，白银地区显著地大于武威、定西、张掖、酒泉和平凉地区，天水、张掖和庆阳3个地区均显著地大于九泉地区；在敌对因子上，白银地区显著地大于天水、武威、定西、张掖、庆阳、酒泉和平凉地区，张掖地区显著地大于平凉地区；在恐怖因子上，白银地区显著地大于武威、定西、张掖、酒泉和平凉地区，天水地区显著地大于武威、定西和酒泉地区，定西、张掖、庆阳和平凉4个地区均显著地大于酒泉地区；在偏执因子上，白银地区显著地大于武威、定西、张掖、庆阳、酒泉和平凉地区，天水地区又显著地大于定西、酒泉和平凉3个地区；在精神病性因子上，白银地区显著地大于天水、武威、定西、张掖、酒泉和平凉地区，而天水、定西、张掖和庆阳4个地区又均显著地大于酒泉地区。城镇和农村居民在9个因子上的检验结果均达到显著。事后比较进一步显示，在9个因子得分的差异上均为农村居民显著大于城镇居民。说明我省农民的生产生活条件和心理健康相比城市而言可能有更多的问题和得到更多的关注。

社会支持调查结果表明，河西河东两地居民社会支持在总分、主观支持分和对支持的利用度上无显著差异，但在客观支持分上存在显著差异，得分上表现为河东地区大于河西地区。究其原因可能是河东自然条件相对较差，生活比较艰苦，互相支持的需求水平较高。8个地理区域居民的社会支持在对支持的利用度上无显著差异，说明甘肃省作为一个相对文化区域，社会心理的同一性比较强。在客观支持分和主观支持分上有显著差异，差异的具体表现是：在客观支持上，天水和平凉地区均显著地大于庆阳地区，武威和张掖地区大于白银、天水、庆阳和酒泉地区，定西地区大于白银、天水、庆阳、酒泉和平凉5个地区；在主观支持上，定西和张掖地区大于白银、天水、武威和酒泉地区，庆阳和平凉地区大于酒泉地区。城乡居民社会支持在客观支持分和对支持的利用度上无显著差异，但在主观支持分上存在显著差异。

人际信任量表测量发现，男性农村居民在可预测性的平均得分上高于男性城市居民，女性城市居民在可预测性的平均得分上高于女性农村居民；单因素方差分析表明，在地区变量上，不同地区之间在可预测性、可依靠性和依赖性上均存在显著差异，而这种差异在各地区之间的表现各不相同。生活事件调查发现，5%的甘肃省域居民在2008—2009年中经历了较多的积极生活事件（6次及6次以上），约18%左右的居民遭遇了较多的消极生活事件（8次及8次以上）。居于甘肃省域居民生活事件前10位的生活事件，主要表现在职业、婚姻、子女、经济等常见的生活事件。攻击性水平调查发现，经济发展水平低的区域，居民攻击性显著高于经济发展程度高的区域；城乡发展不均衡的区域，居民攻击性显著高于城乡比较均衡发展的区域；文化程度低的居民攻击性显著高于文化程度高的居民；发展程度整体较好的区域男女攻击性无显著差异。

这些研究结果提醒我们，甘肃河西河东区域、各个市域居民在心理健康水平、得到的社会支持、自我和谐、人际信任等方面存在不同程度的差异，和谐社会建设中的心理教育和保健，需要有一定的区域针对性。比如白银市城乡居民的心理健康水平值得引起重视；河西地区居民的相互社会支持水平显著低于河东地区，需要进一步探索其中机制并给予教育文化调节；农村居民的人际信任度高于城市，提醒我们注意城市居民之间的相互信任问题；过多的消极生活事件，严重影响甘肃居民的生活质量，需要政府进一步发展经济，强化法制建设；攻击性是影响社会和谐的重要变量，认真发展经济，促进城乡经济发展平衡，提高居民文化程度是解决攻击性水平过高问题的对策。

总而言之，经济发展水平、城乡均衡发展是建设社会主义和谐社会中降低减少居民攻击性侵犯行为的根本举措，同时，提高居民文化水平，促进区域整体发展也是减少居民攻击性侵犯行为的主要举措。因此，我们在建设和谐社会时，既要统筹城乡发展，也要统筹区域发展，不仅要统筹经济，也要统筹教育，使各方面的发展在整体上向前推进。最后降低、减少城乡、男女和各区域居民的攻击性，以期达到社会的长期和谐稳定。通过这些结论，也进一步证明开展中国区域跨文化心理学研究的必要性，未来的社会心理学应该积极倡导本土区域化研究，通过区域化研究成果，为区域和谐社会建设提供依据的同时，丰富社会心理学的本土理论，建设本土社会心理学、文化心理学体系。

二、甘肃居民性格气质与和谐社会建设

承前所述，性格气质调查表明，河东河西两地居民性格特征在循环性、主观性、非合作性等方面差异显著，河东居民得分明显高于河西居民。甘肃省区域居民的主要气质类型为混合型，典型类型中胆汁质和抑郁质比较多；河西居民的抑郁质人数明显高于河东居民，并差异显著；农村胆汁质的人数明显高于城市人数，且差异显著；天水地区气质类型为抑郁质居民人数要高于其他几个地区。城镇和农村人口在女性化上的分布存在显著差异，城镇女性化的比例显著地高于农村女性化的比例。河西的男性化比例显著地高于河东的男性化比例外，其他三种性别类型在两地上的分布均没有显著差异。八个市域之间，除女性化分布差异不显著外，其他三种性别类型分布存在显著差异。

在一个商业化、信息化、市场化、国际化时代，在一个建设和谐社会的时代，甘肃本土居民过多的抑郁质、胆汁质典型或混合型气质，不利于在各个职业领域获得成功，而且心理健康问题发生可能性更多，但性情直率的甘肃人可能更能弘扬正气；性情抑郁的甘肃人可能更赋予同情心，有利于和谐社会建设。建议甘肃居民在生活中充分发挥自己气质类型优点的同时，不断完善自己的气质，如胆汁质的人应着重发扬开朗、豪放、进取的特点。注意控制感情，培养耐心，自控能力，要谦虚，多听他人意见，沉着冷静，防止产生任性、粗

暴、高傲的不良品质。抑郁质的人着重发扬心细、机警、稳重的品质，加强主动性、积极性的培养，勇于面对挫折，提高自己的胆量，多参加活动，培养自信心，防止产生孤僻自卑的不良品行。同时也建议甘肃省市县各级党政部门在甘肃和谐社会建设中更多考虑甘肃人的气质特征，增强心理管理的针对性，增进心理健康。

甘肃地理历史特征与甘肃人人格的相互作用形成了甘肃人性情直率、脾气暴躁、敏感、沉静、反应缓慢的气质特征。就个体一生而言，气质是一个超稳定结构的生理心理特征，但不是完全不变的，经过数十代人的纵向“进化”，不同族群的气质也会随之发生群体接近现象。甘肃的经济社会发展水平可能在一定程度上直接制约于甘肃人的气质性情与当代商业化、信息化社会性格要求的矛盾，其中的机制需要我们通过省域相互刻板印象的研究进一步验证。

三、刻板印象与和谐社会建设

调查结果发现，甘肃省域居民的自我刻板印象突出的表现为诚实、热情、正直、善良、淳朴、孝顺等，调查得到的前10位自我刻板印象的形容词都是正性的、积极的，说明内群体偏好的存在。在调查所得到的自我刻板印象前10位形容词中，农村居民在热情、正直、善良等方面明显高于城市居民的得分，说明改革开放以来，我国农民的经济地位和政治地位在逐渐获得了社会的认同的同时，农民在群体中的影响力也越来越好，也说明甘肃省域城乡居民自我刻板印象依然存在。甘肃省域居民的文化程度越高，群体内的认同度越高，人们倾向于认为高文化水平的人更显得直率、善良、淳朴等。同时，居民普遍认为55岁以上的人更诚实、正直、节俭、踏实、善良。说明55岁以上组的居民更具有亲和力，在群体中取得了更高的认同感。

这些调查表明，甘肃居民的自我刻板印象更多是积极的，这有助于甘肃居民充满自信，形成自我内部和谐，进而有利于和谐社会建设。但从相反方面来看，其消极性是显而易见的。甘肃人没有意识到自己的区域性格缺陷，存在显著的内群体偏好，甘肃经济社会发展需要甘肃人正视自己的市场经济适应性问题。

参考文献

中文参考文献

1. 安桂花、张海钟：《自我意识的城乡跨文化心理学十年研究成果综述》，《甘肃行政学院学报》2005 年第 4 期。

2. 安东尼、马赛拉：《文化与自我——东方与西方的比较研究》，江苏文艺出版社 1989 年版。

3. 包晓霞：《现代西文社会心理学关于自我研究的基本理论述评》，《社会心理研究》1995 年第 2 期。

4. 蔡华俭：《Greenwald 提出的内隐联想测验介绍》，《心理科学进展》2003 年第 3 期。

5. 蔡华俭、周颖、史青海：《内隐联想测验（IAT）及其在性别刻板印象研究中的应用》，《社会心理研究》2001 年第 6 期。

6. 车文博：《弗洛伊德主义原理选辑》，沈阳辽宁人民出版社 1988 年版。

7. 陈利民、叶小平、吴俏燕、李志魁：《论我省区域文化心理特征与城乡和谐社会建设》，《甘肃高师学报》2007 年第 6 期。

8. 程贵铭：《当代中国农民社会心理研究》，首都师范大学出版社 2000 年版。

9. 崔新建：《文化认同及其根源》，《北京师范大学学报（社会科学版）》2004 年第 4 期。

10. 崔红、王登峰：《人格维度与自我和谐的相关研究》，《中国心理卫生杂志》2005 年第 6 期。

11. 崔红、王登峰：《中国人人格形容词评定量表（QZPAS）的信度、效度与常模》，《心理科学》2004 年第 1 期。

12. 仇妙芹：《城乡刻板印象激活的实验研究》，《广州大学学报（社会科学版）》2008 年第 6 期。

13. 刁俊荣：《250 名高中生自我和谐量表测查分析》，《山东精神医学》2001 年第 4 期。

14. 戴昭铭：《文化语言学导论》，语文出版社 1996 年版。

15. 杜秀芳：《国外刻板印象研究新进展》，《河北师范大学学报（社会科学版）》2004 年第 6 期。

16. 董奇：《离婚家庭与正常家庭儿童自我概念的比较研究》，《心理发展与研究》1993 年第 3 期。

17. 董明伟：《城市农民工的自我社会认同分析》，《云南财贸学院学报（社会科学版）》2008 年第 2 期。

18. 费孝通：《乡土中国》，三联书店 1985 年版。

19. 方文：《群体资格：社会认同事件的新路径》，《中国农业大学学报（社会科学版）》2008 年第 1 期。

20. 冯正直：《自我和谐量表军人常模的建立及其结果分析》，《解放军预防医学杂志》2000 年第 2 期。

21. 甘于恩、刘倩：《七彩方言——方言与文化趣谈》，华南理工大学出版社 2006 年版。

22. 葛鲁嘉：《本土传统心理学的两种存在水平》，《长白学刊》1995 年第 1 期。

23. 葛鲁嘉：《新心性心理学宣言——中国本土心理学原创性理论建构》，人民出版社 2008 年版。

24. 葛鲁嘉：《新心性心理学理论构建——中国本土心理学理论创新的新世纪选择》，《吉林大学学报》2005 年第 5 期。

25. 葛鲁嘉：《本土心性心理学对人格心理的独特探索》，《华中师范大学学报（人文社会科学版）》2004 年第 6 期。

26. 葛鲁嘉、周宁：《从文化与人格到文化与自我——心理人类学研究重心的转移》，《求是学刊》1996 年第 1 期。

27. 葛鲁嘉：《本土心性心理学对人格心理的独特探索》，《华中师范大学学报（人文社会科学版）》2004 年第 6 期。

28. 管健、乐国安：《社会表征理论及其发展》，《南京师大学报（社会科学版）》2007 年第 3 期。

29. 贺雯、梁宁建：《刻板印象激活的行为效应》，《心理科学》2006 年第 3 期。

30. 胡伟希：《20 世纪中国哲学的学术伦理：日神类型与酒神类型》，《学术月刊》1999 年第 3 期。

31. 胡文海：《改革开放以来我国人文地理学发展回顾与展望》，《池州学院学报》2008 年第 3 期。

32. 胡志海、梁宁健、徐维东：《职业刻板印象及其影响因素研究》，《心理科学》2004 年第 3 期。

33. 胡兆量、孙惠淑、阿尔斯郎、琼达：《中国文化地理纲要》，人民教育出版社。

34. 胡琳丽、胡基贤：《高师学生自我和谐状况调查》，《中国健康心理学杂志》2008 年第 2 期。

35. 胡发贵：《论中国传统文化之忍》，《社会科学战线》2003 年第 4 期。

36. 黄亚平、刘晓宁：《语言的认同性与文化心理》，《中国海洋大学学报(社会科学版)》2008 年第 6 期。

37. 黄希庭：《国外关于身体自我的研究》，《心理学动态》2001 年第 1 期。

38. 侯杰泰、温忠麟、成子娟：《结构方程模型及其应用》，北京教育科学出版社 2004 年版。

39. 赫尔雷格尔、斯洛克姆、伍德曼：《组织行为学》（第九版），华东师范大学出版社 2000 年版。

40. 姜永志、张海钟：《中国区域性格刻板印象跨文化研究刍议》，《社科纵横》2009 年第 10 期。

41. 姜永志、张海钟：《社会认同的区域文化心理研究》，《长安大学学报》2009 年第 4 期。

42. 姜永志、张海钟：《天命观对中国人人格的建构与影响》，《心理学探新》2010 年第 1 期。

43. 姜永志、张海钟：《中国人自我的本土化心理研究——忍的和谐思想》，《延边大学学报（社会科学版)》2010 年第 2 期。

44. 姜永志、张海钟:《老乡观念的结构及问卷编制》,《心理研究》2010 年第 1 期。

45. 姜永志、张海钟:《社会认同的区域文化心理研究》,《长安大学学报(社会科学版)》2009 年第 4 期。

46. 蒋灿、阮昆良:《大学生自我价值感与自我和谐的相关研究》,《西南师范大学学报(人文社会科学版)》2006 年第 3 期。

47. 纪海英:《文化与心理学的相互作用关系探析》,《南京师范大学学报(社会科学版)》2007 年第 4 期。

48. 金盛华:《自我概念及其发展》,《北京师范大学学报(社会科学版)》1996 年第 1 期。

49. 科恩:《自我论:个人与个人自我意识》,三联书店 1986 年版。

50. 李志民:《实用农民心理学》,经济管理出版社 1993 年版。

51. 李炳全:《文化心理学》,上海教育出版社 2007 年版。

52. 李炳全:《文学化心理学与跨文化心理学的比较与整合》,《心理科学进展》2006 年第 2 期。

53. 李孝聪:《中国区域历史地理》,北京大学出版社 2006 年版。

54. 李继利:《族群认同及其研究现状》,《青海民族研究》2006 年第 1 期。

55. 李亚玲:《内隐刻板印象研究的进展》,《社会心理科学》2005 年第 2 期。

56. 李锐、凌文辁:《自我刻板化及其影响因素与效果》,《心理科学进展》2008 年第 4 期。

57. 李彦章:《军医大学 414 名学生自我和谐状况调查》,《中国学校卫生》2003 年第 6 期。

58. 李雪:《集体与个体主义文化中人格的发展》,《重庆科技学院学报》2006 年第 4 期。

59. 李晓东、Markus:《自我概念理论评述》,《社会心理研究》1997 年第 4 期。

60. 李德显:《关于大学生自我概念发展规律的研究》,《社会心理研究》1995 年第 4 期。

61. 李晓文:《自我心理学对精神分析学说的发展》,《心理科学》1996 年第 5 期。

62. 李本和:《区域文化心理差异对区域经济发展的影响与对策》,《理论建设》2004 年第 1 期。

63. 李有发：《社会归属感的嬗变及其相关问题探讨》，《宁夏社会科学》2008 年第 4 期。

64. 李敏龙、杨国枢：《中国人的忍：概念分析与实证研究》，桂冠图书公司 2002 年版。

65. 李键：《图式的心理定位及概念界说》，《心理科学》2003 年第 4 期。

66. 林升栋：《自我图式的重构：从两极模型到双变量模型》，《心理科学》2006 年第 5 期。

67. 刘承华：《文化与人格》，中国科学技术大学出版社 2002 年版。

68. 刘纯彬：《论中国的二元社会结构》，《社会》1989 年第 4 期。

69. 刘倩：《户籍制度背后：打工妹生存状态及社会心理》，《中州学刊》2001 年第 6 期。

70. 刘鸿宇、王牧群：《构建心理图式提高跨文化交际能力的研究》，《燕山大学学报（哲学社会科学版）》2008 年第 2 期。

71. 罗薇：《大学生自我和谐与家庭亲密度和适应性的研究》，《预防医学情报杂志》2006 年第 6 期。

72. 连淑芳：《内—外群体偏爱的内隐效应实验研究》，《心理科学》2005 年第 1 期。

73. 卢光莉、陈超然：《大学生人际信任状况的研究》，《新乡师范高等专科学校学报》2004 年第 3 期。

74. 卢文格：《自我的发展》，辽宁人民出版社 1989 年版。

75. 陆洛：《人我关系之界定——“折中自我”的现身》，《本土心理学研究》2003 年第 20 期。

76. 陆学艺：《当代中国社会阶层研究报告》，北京社会科学文献出版社 2002 年版。

77. 龙红芝：《张海钟等西北农村初中生学习习惯与应试技能调查分析》，《甘肃高师学报》2000 年第 4 期。

78. 马林若夫斯基：《文化论》，中国民间文艺出版社 1987 年版。

79. 麦天枢：《西部在移民》，《新华文摘》1988 年第 5 期。

80. 穆岩、周晓林：《国外最新研究动态：社会认知神经科学》，《心理科学进展》2004年第4期。

81. 明恩波:《中国人的气质》，中华书局2006年版。

82. 孟红莉:《对农民工群体社会认同的探讨》,《石河子大学学报》2005年第3期。

83. 庞彤彤、宋凤宁:《大学生人际信任度研究》,《社会心理科学》2006年第1期。

84. 潘菽:《论心理学基本理论问题的研究》，江苏教育出版社1987年版。

85. 涂微、余嘉元、夏春:《分离中的社会认同》,《安徽农业大学学报（社会科学版)》2008年第3期。

86. 申继亮、李永鑫、张娜:《教师组织认同的图解法初探》,《心理研究》2008年第1期。

87. 孙九霞:《试论族群与族群认同》,《中山大学学报（社会科学版)》1998年第2期。

88. 沙莲香:《社会心理学》，中国人民大学出版社1990年版。

89. 申荷永:《中国文化心理学心要》，人民出版社2002年版。

90. 苏林雁、万国斌、杨志伟、Piers-Harris :《儿童自我概念量表在湖南的修订》,《中国临床心理学杂志》1994年第1期。

91. 苏新春:《文化语言学教程》，外语教学与研究出版社2006年版。

92. 泰勒:《人类学——人及其文化研究》，上海文艺出版社1993年版。

93. 万明钢、王舟:《族群认同、族群认同的发展及测定与研究方法》,《世界民族》2007年第3期。

94. 万明钢:《文化视野中的人类行为——跨文化心理学导论》，甘肃文化出版社1996年版。

95. 万明钢:《跨文化心理学的兴起和发展对我国心理研究的启示》,《西北师范大学学报（社会科学版)》1989年第4期。

96. 万明钢、刑强:《自我和社会行为的跨文化研究》,《西北师范大学学报(社会科学版)》1998年第3期。

97. 万增奎、杨韶刚:《青少年自我认同问卷的修订》,《社会心理科学》2008年第5期。

98. 王登峰:《自我和谐量表的编制》,《中国临床心理学杂志》1994年第2期。

99. 王大涛、张海钟：《自杀行为的城乡跨文化心理学十年研究成果综述》，《天水师范学院学报》2006 年第 1 期。

100. 王晓一、李微、杨美荣：《大学生自我和谐与人际信任的相关研究》，《中国健康心理学杂志》2008 年第 6 期。

101. 王小章：《社会心理学：从现代到后现代》，《社会心理研究》1996 年第 4 期。

102. 王建民：《城市管理学》，上海人民出版社 1987 年版。

103. 王雯露：《酒神精神与日神精神——浅析“悲剧的诞生”》，《山花》2008 年第 15 期。

104. 王沪宁：《当代中国村落家族文化》，上海人民出版社 1990 年版。

105. 王玉德：《文化学》，云南大学出版社 2006 年版。

106. 王歆：《认同理论的起源、发展与评述》，《新疆社科论坛》2009 年第 2 期。

107. 王莹：《身份认同与身份建构的研究评析》，《河南师范大学学报》2008 年第 1 期。

108. 王红娇、卢家楣：《中学生自我控制能力问卷的编制及其调查》，《心理科学》2004 年第 6 期。

109. 王亚鹏、万明钢：《民族认同研究及其对我国民族教育的启示》，《比较教育研究》2004 年第 8 期。

110. 王重鸣：《心理学研究方法》，北京人民教育出版社 2001 年版。

111. 王沛：《刻板印象的社会认知研究述论》，《心理科学》1999 年第 4 期。

112. 王沛：《刻板印象的理论与研究》，甘肃教育版社 2002 年版。

113. 王沛：《内隐刻板印象研究综述》，《心理科学进展》2002 年第 2 期。

114. 王沛、刘峰：《社会认同理论视野下的社会认同威胁》，《心理科学进展》2007 年第 5 期。

115. 汪向东、王希林、马弘：《心理卫生评定量表手册》，《中国心理卫生杂志》1999 年第 1 期。.

116. 汪向东：《心理卫生评定量表手册》，《中国心理卫生杂志》1995 年增刊。

117. 汪凤炎：《中国文化心理学》，暨南大学出版社 2004 年版。

118. 汪凤炎：《“尚和”：中国人的集体潜意识》，《江西师范大学学报（哲学社会科学版)》2001 年第 1 期。

119. 王春光:《新生代农村流动人口的社会认同与城乡融合的关系》,《社会学研究》2001 年第 3 期。

120. 王毅杰、倪云鸽:《流动农民社会认同现状探析》,《苏州大学学报(哲学社会科学版)》2005 年第 2 期。

121. 塞缪尔·亨廷顿《我们是谁?》,新华出版社 2005 年版。

122. 徐光兴、肖三蓉:《文化适应的心理学研究》,《江西社会科学》2009 年第 4 期。

123. 许烺光:《美国人与中国人 / 两种生活方式的比较》,华夏出版社 1986 年版。

124. 奚春华:《城市青年信任的特征》,《青年研究》2006 年第 2 期。

125. 杨治良、邹庆宇:《内隐地域刻板印象的 IAT 和 SEB 比较研究》,《心理科学》2007 年第 6 期。

126. 杨海文:《文化类型与文化模式简论》,《中州学刊》1996 年第 2 期。

127. 杨国枢、陆洛:《中国人的自我:心理学的分析》,重庆大学出版社 2009 年版。

128. 杨国枢:《华人自我的理论分析与实征研究社会取向与个人取向的观点》,《本土心理学研究》2004 年第 22 期。

129. 杨宝琰、万明钢:《跨文化心理学中的压力和应对研究》,《心理科学》2008 年第 4 期。

130. 杨中芳、彭泗清:《中国人人际信任的概念化一个人际关系的观点》,《社会学研究》1999 年第 2 期。

131. 杨宜音:《"自己人":信任建构过程的个案研究》,《社会学研究》1999 年第 2 期。

132. 杨宜音:《自我与他人:四种关于自我边界的社会心理学研究述要》,《心理学动态》1999 年第 3 期。

133. 杨宇:《中国社会心理学评论(第四辑)》,社会科学文献出版社 2008 年版。

134. 杨慧芳、郭永玉、钟年:《文化与人格研究中的几个问题》,《心理学探新》2007 年第 1 期。

135. 燕国材：《关于理论心理学的几个问题》，《心理学探新》2000 年第 3 期。

136. 阎德民：《当代中国农民工阶层特征分析》，《中州学刊》2005 年第 5 期。

137. 阎耀军：《论区域文化性格概念》，《理论与现代化》2002 年第 3 期。

138. 阎耀军：《文化区域与区域文化性格的识别》，《社会心理科学》2006 年第 2 期。

139. 姚本先、曹光法：《师范类大学生自我和谐状况及其影响因素研究》，《中国社会医学杂志》2008 年第 3 期。

140. 余伟、郑钢：《跨文化心理学中的文化部适应研究》，《心理科学进展》2008 年第 6 期。

141. 俞海运、梁宁建：《刻板解释偏差测量》，《心理科学》2005 年第 1 期。

142. 易遵尧、张进辅、曾维希：《大学生道德价值观的结构及问卷编制》，《心理发展与教育》2007 年第 4 期。

143. 乐国安：《当代青年军人自我概念特点》，《心理学探新》1996 年第 1 期。

144. 许梅、曹光法、高姗姗：《中师生自我和谐状况及影响因素分析》，《中国卫生事业管理》2008 年第 6 期。

145. 徐一峰：《两种生活事件量表的应用比较》，《中国心理卫生杂志》1996 年第 5 期。

146. 夏四平：《农民工社会认同的特点研究》，西南大学硕士学位论文，2008 年。

147. 薛天山、翟学伟：《西方人际信任研究的路径与困境》，《南京大学学报》2009 年第 2 期。

148. 张海钟：《河西走廊农民社会心理的多学科理论分析》，《科学·经济·社会》2003 年第 4 期。

149. 张海钟：《中国城乡跨文化心理学刍议》，《心理科学》2005 年第 5 期。

150. 张海钟：《中国区域心理学与和谐社会建设》，《甘肃理论学刊》2007 年第 1 期。

151. 张海钟：《揭开神灵的面纱》，《心理世界》1993 年第 4 期。

152. 张海钟:《中国楹联与心理测验》,《大众心理学》1993 年第 1 期。

153. 张海钟:《民间游艺与中国心理测验的本土化》,《大众心理学》1997 年第 1 期。

154. 张海钟:《中国城乡跨文化心理学和区域心理学与心理学本土化》,《内蒙古师范大学学报》2006 年第 6 期。

155. 张海钟:《中国城乡跨文化心理学与心理测量的本土化》,《宁夏大学学报》2006 年第 1 期。

156. 张海钟:《评梁漱溟的大心理学思想》,《殷都学刊》1995 年第 1 期。

157. 张海钟:《人性、人生、人格》,社会科学文献出版社 2009 年版。

158. 张海钟:《心理健康的城乡跨文化心理学十年研究成果综述》,《赣南师范学院学报》2006 年第 1 期。

159. 张海钟:《人格心理的城乡跨文化研究十年成果综述》,《社科纵横》2006 年第 3 期。

160. 张海钟:《生理心理类型受害论与社会预防导泄机制》,《临沂师范学院学报》2004 年第 1 期。

161. 张海钟:《高师学生性格特质与人际信任的相关研究》,《西北师大学报(社会科学版)》1996 年第 3 期。

162. 张海钟:《高师学生考试焦虑与气质类型的相关研究》,《高等师范教育研究》1995 年第 4 期。

163. 张海钟:《高师学生心理健康的 SCL—90 调查分析》,《健康心理学》1996 年第 1 期。

164. 张海钟:《西北农村初中生性爱心理调查分析》,《美国中华身心医学杂志》1998 年第 3 期。

165. 张海钟:《西北农村初中生人际关系调查分析》,《甘肃高等师范学院学报》1999 年第 1 期。

166. 张海钟:《区域心理学视野的中国省域居民性格气质刻板印象》,《陇东学院学报》2010 年第 1 期。

167. 张海钟、姜永志:《区域心理学视野下的“乡党”现象心理学分析》,《长春工程学院学报(社会科学版)》2009 年第 3 期。

168. 张海钟、姜永志:《试论文化心理学与区域心理学的差异及契合性》,

《邯郸学院学报》2009 年第 1 期。

169. 张海钟、姜永志：《方言与老乡认同的区域跨文化心理学解析》，《中北大学学报（社会科学版）》2010 年第 4 期。

170. 张海钟、蔡丹丰、刘芳：《中国当代心理学者的本土理论心理学思想述评》，《心理研究》2009 年第 5 期。

171. 张海钟、邓文斌：《国内出版的三本跨文化心理学著作与中国城乡和区域跨文化心理学研究》，《河西学院学报》2007 年第 3 期。

172. 张海钟、安桂花：《甘肃省域河西河东城乡男女居民性格特征调查比较分析》，《兰州学刊》2009 年第 9 期。

173. 张海钟、安桂花、赵文进：《甘肃省市县区域居民心理差异调查研究》，《当代教育与文化》2009 年第 3 期。

174. 张海钟、安桂花：《甘肃河东河西市域城乡居民气质类型的调查研究》，《天水师范学院学报》2010 年第 4 期。

175. 张海钟、安桂花、赵文进：《甘肃省与城乡居民心理差异调查研究》，《科学·经济·社会》2008 年第 3 期。

176. 张海钟、安桂花、赵文进：《甘肃河西河东居民心理差异调查比较研究》，《社科纵横》2008 年第 10 期。

177. 张海钟、赵文进：《甘肃八个市域市民农民支持社会调查比较分析》，《天水师范学院学报》2008 年第 1 期。

178. 张海钟、赵文进：《甘肃八个地区城乡居民心理健康调查》，《中国心理卫生杂志》2009 年第 2 期。

179. 张海钟、赵文进、杨明科：《甘肃八个区域男女双向化人格调查比较分析》，《精神医学》2008 年第 3 期。

180. 张海钟、冯媛媛：《文化类型论与中国区域文化心理类型解析》，《阴山学刊》2010 年第 1 期。

181. 张海钟、雒焕国：《“三西”农民消极心理及对策》，《兰州师范专科学校学报》1992 年第 2 期。

182. 张宝瑞、佐斌：《社会认同理论及其发展》，《心理科学进展》2006 年第 3 期。

183. 赵志裕、温静、谭俭邦：《社会认同的基本心理历程——香港回归中国的研究范例》，《社会学研究》2005年第5期。

184. 张国政：《中西部农民心理贫困与塑造人格现代性》，《雁北师范学院学报》2004年第4期。

185. 张明园：《生活事件量表：常模结果》，《中国神经精神疾病杂志》1987年第2期。

186. 张明远：《黄色文明》，上海文艺出版社1990年版。

187. 张曙光：《社会表征理论评述——一种旨在整合心理与社会的视角》，《国外社会科学》2008年第5期。

188. 张曙光：《同乡交往的社会表征研究——以大学生群体为例》，清华大学硕士学位论文，2006年。

189. 张静：《大学生自我防御机制与社会支持自我和谐的关系研究》，《中国学校卫生》2009年第3期。

190. 张建新、张妙清、梁觉：《殊化信任与泛化信任在人际信任行为路径模型中的作用》，《心理学报》2000年第3期。

191. 张明元、张肇中：《人际信任心理调查》，《学术交流》2008年第9期。

192. 张小龙、张海钟：《甘肃省市域城乡男女居民攻击性问卷调查比较分析》，《甘肃联合大学学报（社会科学版）》2009年第6期。

193. 张宝瑞、佐斌：《社会认同理论及其发展》，《心理科学进展》2006年第3期。

194. 张拓基、陈会昌：《关于编制气质类型量表及其初步试用的报告》，《山西大学学报（哲学社会科学）》1985年第4期。

195. 张步先、倪士光：《高校老乡会特点分析及引导对策》，《合肥工业大学学报（哲学社会科学版）》2006年第2期。

196. 赵志裕、温静、谭俭邦：《社会认同的基本心理历程——香港回归中国的研究范例》，《社会学研究》2005年第5期。

197. 张剑峰：《族群认同探析》，《学术探索》2007年第1期。

198. 翟有龙、李传永：《人文地理学新论》，西南交通大学出版社2004年版。

199. 瞿明安：《文化人类学》，云南出版集团公司2009年版。

200. 郑雪：《人格心理学》，广东高等教育出版社2004年版。

201. 郑也夫：《古代中西城市化与民间社团之比较》，《北京社会科学》

2001 年第 6 期。

202. 周国韬、贺岭峰：《11—15 岁学生自我概念的发展》，《心理发展与教育》1996 年第 3 期。

203. 周尚意、孔翔：《文化地理学》，高等教育出版社 2008 年版。

204. 周晓虹：《传统与变迁：江浙农民的社会心理及其近代以来的嬗变》，三联书店 1998 年版。

205. 周兰桂：《文化人格与文化态度》，《武汉科技大学学报（社会科学版）》2002 年第 4 期。

206. 周碧青：《论文化视野中的自我和谐》，《教学与研究》2007 年第 11 期。

207. 朱春燕、汪凯、Lee：《社会认知的神经基础》，《心理科学进展》2005 年第 4 期。

208. 朱力：《农民工阶层的特征与社会地位》，《南京大学学报（哲学社会科学版）》2003 年第 3 期。

209. 郑日昌：《大学生心理诊断》，山东教育出版社 1996 年版。

210. 左银舫：《湛江地区 950 名大学生自我和谐状况分析》，《中国学校卫生》2006 年第 6 期。

211. 佐斌：《基于 IAT 和 SEB 的内隐性别刻板印象研究》，《心理发展与教育》2006 年第 4 期。

212. 佐斌、张阳阳、赵菊、王娟：《刻板印象的内容模型：理论假设及研究》，《心理科学进展》2006 年第 1 期。

213. 邹庆宇、姜月：《内隐刻板印象研究方法进展》，《心理科学》2006 年第 2 期。

214. 邹琴、李文虎：《中学生父母教养方式与自我和谐相互关系研究》，《中国学校卫生》2006 年第 3 期。

英文参考文献

1. Abric, J. C. Central System, *Peripheral System*: *Their Functions and Roles*

in the Dynamics of Social Representations. Papers on Social Representations, 1993(2).

2. Ashmore R. D, & Delf, K.B. what research on physical attractiveness can teach us. In: lee J. Jussim. (Eds). *Accuracy of sterotypes: toward appreciating group differences*. Washing, DC: American psychology Association,1995.

3. Bargh, J. A., Chen, M., & Burrows, L. *Automaticity of social behavior: Direct effects of trait construct and stereotype activation on action*. Journal of Personality and Social Psychology, 1996 (4).

4. Bennett, M., & Sani, F., *Children's subjective identification with social groups: A group-reference effect approach*. British Journal of Developmental Psychology, 2008 (6).

5. Bennett, M., Allian S., Anderson J., & Asker N. *On the robustness of the group reference effect*, European Journal of Social Psychology, 2009 (1).

6. Cabassa, L. J., *Measuring acculturation: where we are and where we need to go*. Hispanic Journal of Behavioral Sciences, 2003 (2).

7. Cui, H. & Wang, D. F., Reliability, *Validation, and Norm for the Chinese Personality Adjective Rating Scale (QZPAS)*. Psychological Science, 2004(1).

8. Cuddy, A. J. C., Fiske, S. T., & Glick, P., *The BIAS Map: Behaviors from intergroup affect and stereotypes*. Journal of Personality and Social Psychology, 2007(2).

9. Deutsch, *M. Trust and Suspicion*, The Journal of Conflict Resolution,1988 (2).

10. Dijksteruis, A., "Automatic social influence: The perception behavior Link as an explanatory mechanism for behavior matching". In J. Forgas, & K. D. Williams (Ed.), *Social influence: Direct and indirect processes*. Philadelphia, PA: Psychology Press, 2001.

11. Durkheim, *E. The Division of Labor in Society*. New York: The Free Press, 1984.

12. Du, X. F., *New progress on the stereotype explorations*. Journal of Hebei Normal University, 2004 (6).

13. Ethnocentrism: *A Study of Social Identity Versus Multicultural Theory of Development*. Cultural Diversity and Ethnic Minority Psychology, 2003 (4).

14. Elejabarrieta, F., *Social positioning: a way to link social identity and social representations*. Social Science Information, 1994 (2).

15. Frey, F. E., & Tropp, L. R., *Being seen as individuals versus as group members: Extending research on metaperceptions to intergroup contexts*. Personality and Social Psychology Review, 2006 (3).

16. Greene, S., *Social Identity Theory and Party Identification*, Social Science Quarterly, 2004 (1).

17. Hirose, Y., Taresawa, Y., & Okuda, T., *Collective action and subordinate group identity in a simulated society game*. Japanese Psychological Research, 2005 (1).

18. Gilbert, D. T., Fiske, S. T., & Lindzey, G. (Eds.) *Handbook of social Psychology*. Boston: McGraw-Hill, 1998.

19. Hamilton, D. L., & Trolier, T. K., *Stereotypes and stereotyping: An overview of the cognitive approach*. In: Dovidio, J. F, & Gaertner, S. L. Prejudice, discrimination and racism. Orlando, FL: Academic Press, 1986.

20. Johnson, D., Terry, D., & Louis, W., *Perceptions of the Intergroup Structure and Anti-Asian Prejudice Among White Australians*. Group Processes & Intergroup Relation, 2005 (1).

21. Johnson, C., Gadon, O., Carlson, D., Southwick, S., Faith, M., & Chalfin, J., *Self-reference and group membership: evidence for a group-reference effect*. European Journal of Social Psychology, 2002 (3).

22. Kuiper, N. A., & Rogers, T. B., *Encoding of personal information: Self-other differences*. Journal of Personality and Social Psychology, 1979 (3).

23. Lave, J. and Wenger, E., *Situated learning: Legitimate peripheral participation*. New York: Cambridge University Press, 1991.

24. Lian, S. F., *An Experimental Study on the Implicit Effect of Ingroup and outgroup Favoritism*. Psychological Science, 2005 (1).

25. Li, Y. L., *The Development of the Research of Stereotype*. Social and psy-

chological sciences, 2005 (2).

26. Macrae, C. N., stangor, C., & Hewestone M. (Eds). *Sterotypes and Sterotyping*, New York: Guilford,1996.

27. Markus, H. R., & Kitayama, S., *Culture and the Self: Implication for Cognition, Emotion, and Motivation. Psychological Review*, 1991 (8).

28. Mezulis, A. H., Abramson, L. Y., Hyde, J. S., & Hankin, B. L., *Is there a universal positivity bias in attributions?* A meta-analytic review of individual, developmental, and cultural differences in the self-serving attributional bias. Psychological Bulletin, 2004 (5).

29. Paul, F., *Stereotype endorsement and perceived ability as mediators of the girls' gender orientation-soccer performance relationship*. Psychology of Sport and Exercise, 2009 (10).

30. Rogers, T. B., Kuiper, N. A., & Kirker, W. S., *Self-reference and the encoding of personal information*. Journal of Personality and Social Psychology, 1977(5).

31. Symons, C. S., & Johnson, B. T., *The self-reference effect in memory: ameta-analysis. Psychology* Bulletin, 1997 (6).

32. Sani, F., & Bennett, M. *Children's Inclusion of the Group in the Self: Evidence From a Self–Ingroup Confusion Paradigm*. Developmental Psychology, 2009(4).

33. Tajfel, H., *Experiments in Ingroup Discrimination. Scientific American*, 1970 (5).

34. Tajfel, H., *Differentiation Between Social Groups: Studies in the Social Psychology of intergroup Relations.chapters1-3*. London: Academic Press,1978.

35. Tafel, H., & Turner, J. C., "The social identity theory of intergroup behavior." In: Worchel, S., & Austin, W. (eds). *Psychology ofIntergroup Relations*. Chicago: Nelson Hall, 1986.

36. Turner, J. C., Hogg, M. A., Oakes, P. J., Reicher, S. D. & M. S. Wetherell. *Rediscovering the Social Group: A Self-categorication Theory*. Oxford, UK: Blackwell, 1987.

37. Philippe, S. & Wagner, W., Duveen, G., & Farr, R., *Theory and methods of*

social representations. Asian Journal of Social Psychology, 1999(2).

38. Watson, L. A., Dritschel, B., Obonsawin, M. C., & Jentzsch, I., *Seeing yourself in a positive light: Brain correlates of the self-positivity bias*. Brain Research, 2007(11).

39. Wheeler, S. C., & Petty, R. E., *The effects of stereotype activation on behavior: A review of possible mechanisms*. Psychological Bulletin, 2001(5).

40. Yang, H. S., Liao, Q. M., & Huang, X. T., *Minorities remember more: The effect of social identity salience on group-referent memory*. Memory, 2008 (8).

后 记

1987年，我从西北师范大学教育学系毕业，到张掖师专教育学科教研组任心理学教师刚刚两年，图书馆一本《社会》杂志引起了我的巨大兴趣，杂志的文章思想活跃，文笔犀利，其中有一篇关于中国城乡二元社会结构的论文，使我这个纯粹的农民子弟，对中国国情有了更深刻的认识。我复印了这篇署名刘纯彬的文章，并订阅了《社会》杂志。第二年，该杂志竟然发表了作者写的系列文章，专论中国城乡十大不平等，包括户籍制度、粮油供给制度、燃料供给制度、婚姻制度、教育制度等。到1990年，我终于根据杂志消息，买到了郭书田、刘纯彬主编的《失衡的中国》，这本著作使我更加深刻的认识了中国农民苦难的根源。恰在此时，心理学界开始广泛介绍一门新的学科——跨文化心理学，经过研读，我觉得既然不同民族文化背景下的心理比较研究可以称为跨文化心理学，那么，城市和乡村两种亚文化背景下人的心理差异的比较研究，也可以纳入跨文化心理学范围。于是，我动笔写了长文《中国城乡跨文化心理学刍议》，也许是因为我当时还是一个小助教，没有一家杂志愿意发表，最后不得不发表在张掖市委党校主办的一个内部刊物《张掖学刊》。实际上早在1992年我就写了《"三西"农民消极社会心理分析》(三西是指甘肃的定西、河西和宁夏的海原、固原、西吉，其中宁夏三县合称一西)，但没有杂志愿意发表，只好发表在内部刊物《兰州师专学报》。再后来听说刘纯彬被调出农业部农业发展研究中心，我感觉这是一个政治敏感区域，就没有敢再涉足这个课题。从1985—2001年，经过16年奋斗，我的教学和研究涉及了普通教育学、普通心理学、发展心理学、教育心理学、社会心理学、学校心理咨询、教育科学研究方法、高等教育学、哲学、文化学等领域，发表论文90多篇，出版了《跨越青春的障碍——青少年心理咨询与治疗的理论和实践》、《来自河西走廊的报告——心理卫生与心理教育的理论与实践》、《教育理论与高师教学改革》

等著作。2004年，我被西北师范大学聘任为心理学硕士导师，学术研究有了新的起点。恰在此时，第十七届国际跨文化心理学大会在中国西安召开，我得到信息，忍耐不住，又重新修改了《中国城乡跨文化心理学刍议》，投给大会组委会，没想到我竟然接到了会议通知，参加大会的同时，论文摘要被收入大会论文集。这使我进一步坚定了做这个课题研究的信心。也正是这个时候，甘肃省教育厅终于批准我申报的《甘肃城乡民众社会心理跨文化研究》课题立项资助。第二年，这个课题得到甘肃省555创新人才工程基金科研项目配套资助。

课题立项后，我偶然在网上查到了华东师范大学心理学系教授、中国心理学会副理事长、《心理科学》主编杨志良先生的邮箱号，随即将《中国城乡跨文化心理学刍议》一文通过邮件寄给了《心理科学》主编杨志良教授，并给杨先生写了一封言辞恳切的短信，陈述了这个课题研究的10年苦涩。我本来没有抱什么希望，因为我们在河西走廊的河西学院，这个不起眼的大学做学问，早就被心理学界边缘化了。但这次不同，我很快收到杂志编辑部的回复，要求尽快修改，发表在2005年第5期。这对我是一个极大的鼓舞。接着我和王大涛、安桂花等老师做了三个月的文献综述和理论思考，最后形成了自我意识、自杀行为、人格心理、心理健康的跨文化研究等综述，并写作了中国城乡跨文化心理学与心理测量的本土化、中国城乡跨文化心理学与区域心理学和心理学的本土化等论文，陆续发表。这些论文不仅得到参加2005年5月在宁夏大学召开的第四届西部大开发与中国心理学研讨会的奖励，受到中国心理学会副理事长、北京师范大学心理学院林崇德教授，中国心理学会副理事长、西南师范大学黄希庭教授的高度评价，而且摘要入选2005年10月在上海召开的中国心理学第十届学术大会，并收入论文集，我本人也被邀请作为正式代表参加了大会。

会议以后，我想继续深入研究这一课题，但缺少合作者。因为我的研究生都在西北师范大学整理《现代女性心理学》书稿，而安桂花老师又在整理我们合作的学校心理卫生与心理教育教材。与此同时，我还在继续进行着人格与心理健康的研究，发表了30多篇论文和研究报告，出版了《心理健康与心理素质——中国本土的概念、标准、测评》、《中国学校心理卫生与心理教育》、《人性人格人生——现当代心理学视野的理论探索》等著作。所以我不得不尝试让本科生做这个课题。

先是在我任教的应用心理学专业2003级班宣传这个课题的意义，在杨明科、姬俊梅同学的组织下，动员学生报名，然后以河西学院教育科学研究所名义印发通知，成立《甘肃城乡和区域社会心理跨文化研究》课题组。通知明确了第二阶段（理论建设和资料综述可以算作第一阶段）乡村民族志调查和第三阶段实证研究的课题组成员名单、研究方法、研究取样范围、研究步骤、调研时间、调研经费等，规定课题组为每位调研人员报销来回车费2次，不计远近，实报实销；对调研资料和报告进行评分，对A级每天补助3元；B级2元；C级1元；调研资料印刷费由课题组开支。

2004—2005学年寒假，14名同学被选派到白银、定西、庆阳、天水、平凉、武威、张掖、酒泉8个地级市的14个村，开展民族志的田野调查。

2005—2006学年暑假，我又编制了《甘肃8个地理区域农民心理调查手册》，选择SCL—90量表、Y—G量表、男女人格双性化量表、社会支持评定量表、主观幸福感量表、青年自我意识量表、自我意识20问量表、父母教养方式量表等作为测验工具。采取同样的补助方式，选拔24名同学到14个村开展调查。总计发放量表1500套，收回700余套，然后对这些量表进行统计处理，形成了河东河西农民心理比较研究论文6篇，逐步发表在大学学报、心理学刊物、社会学刊物。

2006—2007学年寒假，又编制了《甘肃8个地理区域市民心理调查手册》，选择同样的量表，采取同样的补助方式，选派2004级20多名同学到8个市的一些社区开展调查，发放量表500套，收回480套。然后对这些量表进行统计处理，形成了河东河西市民心理比较研究论文6篇，也逐步发表在一些大学学报和心理学刊物以及社会学刊物。

2008年7月，经过连续5年的申请，我牵头申报的课题《区域文化心理差异与和谐社会建设》终于获得全国哲学社会科学规划办公室国家社会科学基金立项支持。当年12月，我组织河西学院安桂花、王欢、段宝军等教师和各个专业系应征的231名学生，两套问卷合并，并增加了刻板印象、社会态度、攻击性、自我意识、人际信任等问卷，在我的学生张安旺的组织下，采取同样的补助方式，再次开展第四轮问卷调查，其中农村126人，带问卷1309套；城区105人，带问卷1309套，所带问卷分数总计2618套。经过一个暑假的调查，获得有效问卷1900套，经过我指导毕业的研究生——甘肃民族师范学院赵文进老师的SPSS统计，分头开始撰写调查报告。形成10余篇调查报告，其中王欢完成1个报告，分两个部分发表，段宝军完成1个报告，缩写成一个论文发表，我和赵文进、安桂合作，完成7篇报告，陆续发表在心理学刊物和社会学刊物或者大学学报。

与此同时，我在西北师范大学挂职任校长助理期间，受到区域经济学、区域教育学的启发，开始思考一个新的问题：既然城市乡村的文化心理比较研究可以称为跨文化心理学，那么中国不同地理区域、生态区域、行政区域的文化心理比较研究，是否也可以称为跨文化心理学？于是，我在2008年发表了《中国区域跨文化心理学与和谐社会建设》，提出了建设中国区域跨文化心理学的思路。随后，我们陆续发表了一系列相关理论文章。

2009年，我调动到兰州城市学院教育学院工作，与我兼职指导的西北师范大学心理学研究生有了更多的讨论机会。这几年，在我的指导修改下，张小龙完成了一个调查报告；胡志军、张万里完成两个报告；张鹏英完成并发表1篇相关报告。值得表扬的是姜永志，完成并发表实验报告、调查报告10余篇，还完成理论探索论文10余篇。特别是在与我经常性讨论过程中，根据我的思路，协助编写了老乡心理调查问卷，发表了老乡心理效应、老乡认同、老乡心理表征研究的系列论文，成为本成果的重要组成部分。期间，我任班主任的兰州城市学院教育学院思想政治教育专业（心理咨询方向）071班20多名学生，通过各种关系，发放老乡心理研究问卷，协助我们完成了研究。同时在我的指导下，安桂花老师和姜永志做了一系列关于省市区域相互刻板印象的研究报告。2010年10月，国家社会科学基金项目终于可以告一段落了。我们申报鉴定的40多万字研究成果《中国区域跨文化心理学与甘肃区域文化心理研究》，得到了充分的肯定。同时我们也对专家提出的修改意见高度重视，进行了必要的修改，顺利通过鉴定。随后，我们的研究受到华南师范大学心理学院张积家教授的关注，安排我在中国心理学会学术大会分会场做了报告，并推荐部分成果在《心理科学进展》发表。

由上述内容可见，这个成果其实是集体研究成果，河西学院和兰州城市学院将近500名本科生参加了调查工作，西北师范大学10多名研究生参与了问卷整理和统计工作，8名教师或研究生参与了研究报告的撰写和发表。其中赵文进老师在前期的统计工作中做了重要贡献，让我们向这些同学和老师表示衷心的感谢。这本著作第一章的主要作者是张海钟，第二章的主要作者是张海钟和姜永志，第三章的主要作者是赵文进、安桂花、张小龙，第四章的主要作者是安桂花、赵文进、姜永志，第五章的主要作者是张海钟、王欢、段宝军，第六章的主要作者是姜永志、张海钟、胡志军、张万里，第七章的主要作者是张海钟，第八章的主要作者是安桂花、姜永志、张海钟，第九章的主要作者是张海钟和姜永志，第十章的主要作者是姜永志和张海钟，第十一章的主要作者是姜永志、张鹏英、张海钟，第十二章的主要作者是张海钟和姜永志。在项目结题过程中，姜永志、安桂花、赵文进、张小龙、张鹏英做了细致的校对工作。

20 世纪 80 年代以来，实证主义一直是心理学研究方法的主流。但是我们发现，实证研究并没有使心理学得到公众和学术界的承认，究其原因是，心理学家研究方法的数字化、西方化，关注课题的贵族化、城市化，使用概念的抽象化、怪异化，使心理学距离大众越来越远，正如台湾心理学家杨国枢所说，我们是中国人，我们的心理是中国人的心理，但我们在研究心理学时却必须先把自己变成外国人。近年来，我们从跨文化心理学中得到启示，把农民心理研究置入跨文化比较研究视野，把调查实证研究、田野工作研究、叙事研究以及文化调查分析等本土心理学方法综合运用，以甘肃城乡文化心理差异比较研究背景叙事为开局，从一个城乡边缘人的农民情结，到跨文化心理学学习与研究的启示，以及失败后的沉寂与心理学本土化浪潮的推动等叙事中，正式记录研究者的思想嬗变；以甘肃区域文化心理比较研究的背景叙事为依据，从区域经济学、区域文化学、区域教育学的启发；河西文化、陇右文化、陇东文化研究与体验；从大学到社会到甘肃各地人群的地域性格与交际体会等角度，叙述区域心理跨文化研究的必要性。从城市乡村的文化社会学溯源、中国城市乡村的地理历史差异描述、中国城市乡村文化心理差异的框架性叙事描述等层面，构建中国城乡跨文化心理学的理论。进而通过中国文化区域形成的历史地理原因考察、文化与人格的西方跨文化心理学研究综述等方面讨论中国区域跨文化心理学的学科建设。然后以区域和城乡比较研究的 20 多篇报告作为实证支撑，对甘肃城乡和区域社会心理差异做初步的概括。

我们的方法既有心理学的，也有社会学的，更有文化学的。我们认为问题决定方法的选用，而不是方法决定研究范围。西北师范大学万明钢教授曾说，在当前的各门学科论文中，心理学论文是最没有文才的，我们深有同感。考察心理学史、社会学史、文化学史，几乎所有大师的著作都是充满睿智的、行云流水的、前因后果清晰可见的叙事报告，没有一篇像现代中国大陆心理学这样，满篇数据表格，有骨架而无血肉。所谓本土的心理学，不仅是指研究问题的本土化、研究方法的本土化，更应包括话语和报告形式的本土化。我们的研究仅仅是一种探索，我们希望更多的心理学工作者在研究中国人自己的心理问题时，探索出适合中国本土的心理学研究方法。我们的探索刚刚开始，随后的县域、省域文化心理比较研究将把课题引向深入，期盼不久的将来，建立一门中国区域跨文化心理学学科。

在这本著作出版之际，让我们诚挚感谢甘肃省社会科学规划办公室主任（中共甘肃省委宣传部理论处处长）张炯女士给予国家社会科学基金课题立项的支持和关心，诚挚感谢甘肃省教育厅科技处处长（甘肃学位委员会办公室主任）余学军先生给予课题前期立项资助的支持和关心，诚挚感谢甘肃省人力资源与社会保障厅专业技术人员管理处处长李杰先生给予课题中期——甘肃省555创新人才基金课题立项的支持和关心。诚挚感谢河西学院科技处副处长谢晓蓉博士、盛学明科长、冯建平科长、刘慧玲女士为课题研究给予的服务，诚挚感谢兰州城市学院科技处前任处长郑小平博士、新任处长高天鹏博士、周厚玲科长、王恩涌科长、田云霞科长给予的课题管理和服务。诚挚感谢河西学院教育学院和兰州城市学院教育学院各位同人给予课题研究的讨论和启发。诚挚感谢河西学院财务处和兰州城市学院财务处给予课题的经费管理服务。我更要特别感谢我的妻子张维英女士为我提供的家务劳动支持，使我有足够的时间带领我的团队开展研究。也要感谢儿子张靖为课题结项提供的刻录光盘工作和校对工作。

张海钟

2012年7月3日